세상을 속인 의사: 닥터 웨이크필드

과학, 속임수, 백신과의 전쟁

브라이언 디어 지음
이윤정 옮김

마르코폴로

THE DOCTOR WHO FOOLED THE WORLD: Science, Deception, and the War on Vaccines
Copyright © 2020 by Brian Deer
All rights reserved.
Korean translation rights arranged with Aevitas Creative Management, New York through Danny Hong Agency, Seoul.

이 책의 한국어판 저작권은 대니홍 에어진시를 통해 Aevitas Creative Management사와의 독점계약으로 마르코폴로 출판사에 있습니다. 저작권법에 따라 한국 내에서 보호를 받는 저작물이므로 무단 전재와 복제를 금합니다.

The Doctor Who Fooled The World.
Andrew Wakefield's War On Vaccines

목차

한국어판 서문　　　　　　　　　　　　6
프롤로그　　　부활　　　　　　　　　8

제1장　　　기네스 모멘트　　　　　　17
제2장　　　홍역이 틀림없다　　　　　26
제3장　　　충돌하는 여정　　　　　　36
제4장　　　선행 연구　　　　　　　　47
제5장　　　4번 아동　　　　　　　　56
제6장　　　윤리적 문제　　　　　　　66
제7장　　　누구나 알고 있다　　　　　77
제8장　　　최초의 접촉　　　　　　　89
제9장　　　거래　　　　　　　　　　98
제10장　　실험실 내부의 문제　　　107
제11장　　스파턴버그 과학연구소　　117
제12장　　질문과 대답　　　　　　127
제13장　　세기의 전환　　　　　　138
제14장　　미국 국회의사당에서　　150
제15장　　해고　　　　　　　　　160
제16장　　다리　　　　　　　　　171
제17장　　눈가림 해제　　　　　　181

제 18 장	임무	193
제 19 장	쿰비 병원	203
제 20 장	스포일러	213
제 21 장	텍사스	225
제 22 장	보이는 것이 전부는 아니다	236
제 23 장	세서미 스트리트	247
제 24 장	장염	257
제 25 장	우리는 진실을 밝힐 수 있다	269
제 26 장	중상모략	283
제 27 장	정교한 사기	293
제 28 장	밑바닥	304
제 29 장	복수의 시간	314
제 30 장	벡스드의 광풍	327
제 31 장	웨이크필드의 세상	340
제 32 장	원인과 영향	350
에필로그	훌륭한 의사	362
연표		373
독자 여러분께		380
감사의 말		382

한국어판 서문

해외에서 이 책에 대해 이야기할 때, 저는 종종 다음과 같은 질문으로 이야기를 시작합니다. "왜 저일까요?" 서울이나 부산의 청중이 왜 미국에서 주도하는 국제적인 의학 전쟁에 대해 한 영국인 기자의 이야기를 듣고 싶어할까요?

간단히 대답하자면 영국이 이 전쟁의 발원지입니다. 백신 갈등의 시작이 여기서부터죠. 그리고 저는 25년 동안 "백신 반대 운동"으로 알려진 캠페인을 추적해 왔고, 영국에서 미국으로 그리고 전 세계로 퍼져 나가는 것을 지켜봐 왔습니다.

영국에서는 19세기 천연두 백신, 1970년대와 1980년대 백일해 백신, 그리고 최근 수십 년 동안 전 세계를 휩쓸고 있는 홍역, 볼거리, 풍진, 또는 MMR 백신에 대한 논쟁이 있었습니다. 이 논쟁은 자폐증과의 연관성을 주장하는 측과 말도 안되는 토론을 해야 했습니다.

런던의 선데이 타임즈의 탐사보도 기자로서 저는 백일해 사건을 파헤치는 데 1년을, MMR 백신 논쟁의 진실을 폭로하는 데 20년을 보냈습니다. 세상을 속인 의사가 바로 그 내용입니다.

제가 여기서 이야기하는 것은 건조한 의학 텍스트가 아닙니다. 일부 평론가들은 이 책이 스릴러처럼 읽힌다고 말합니다. 이 책은 실제 인물과 구체적인 사실에 대한 이야기입니다. 누가, 무엇을, 언제, 왜, 그리고 그래서 어떻게라는 질문에 대한 답을 알려줍니다. 오늘날의 "예방 접종 반대" 같은 "정교한 사기"에 대한 보고서입니다.

이 의사는 '백신 반대 운동의 아버지'로 칭송받는 영국인 앤드류 웨이크필드입니다. 그가 한 일은 유명한 한국의 스캔들과 유사합니다. 2006년 서울대학교의 황우석 박사가 시험 결과 조작, 재정 사기, 윤리 위반 등의 이유로 해임된 사건입니다.

두 사람의 사기 행각에서 배울 수 있는 교훈은 무섭습니다. 과학조차도 사기꾼들로부터 안전하지 않다는 것입니다. 그러나 웨이크필드는 황우석보다 훨씬 더 멀리 갔습니다. 단순히 자신의 이익과 명예를 위해 세상을 속인 것이 아니라, 트리니다드에서 도쿄에 이르기까지 모든 곳에 공포, 죄책감, 전염병을 퍼뜨렸습니다.

브라이언 디어, 2025년 봄

프롤로그

부활

도널드 트럼프가 취임하던 날 밤, 의학계와 과학계를 공포에 떨게 한 영상이 인터넷에 올라왔다. 영상 속에는 취임 축하 무도회를 배경으로 검은색 넥타이에 턱시도를 입은 60대 남자가 파란 조명과 하얀 조명 아래에서 휴대폰을 든 채 활짝 웃고 있었다.

"미안합니다, 여러분."

남자는 제임스 본드나 해리 포터처럼 부드러운 영국 억양으로 말한다.

"아이고, 다시 찍고 있는지 몰랐네요."

그런 다음 한번 더 사과한다.

"미안합니다."

중간 정도 길이의 갈색 머리 아래에서 땀에 젖은 얼굴이 반짝거린다. 하얀 조명이 회색 눈동자를 비춘다. 그는 말을 하며 걷는다. 조명 아래에서 생각에 잠긴 듯 입술을 꽉 오므린 채 걷다가 그림자 속으로 들어간다. 그런 다음 주먹으로 입을 가리고 기침을 한다.

"중요한 사람이 있는지 살펴보고 있습니다."

권력에 근접해진 그가 웃음을 터뜨린다.

"이 사람들을 설득할 수만 있다면."

영상은 흔들리고 길이도 길지 않다. 2분 30초 정도에 좌우가 바뀐 해당 영상은 그날 밤 실시간 스트리밍 애플리케이션 페리스코프에서 독점 생중

계됐다. 쿵쿵거리는 음악이 재생된다. 눈부신 조명이 비춘다. 화면에 비밀 경호국 요원들이 등장한다.

영상을 보는 사람들의 눈에(나 역시 영국에서 이 영상을 시청하고 있었다) 그는 완벽한 파티 손님이었다. 운동 선수 같은 체격, 카리스마 넘치는 매력, 신뢰할 수밖에 없는 자신감 있는 그의 모습을 보고 잘생겼다거나 섹시하다고 하는 사람들도 있었다. 그날 밤 나비 넥타이를 매고 턱시도를 차려입은 그를 외교관이나 기사 작위를 받은 연극 배우, 은퇴한 야구 스타라 해도 믿었을 것이다.

그러나 그의 등장에 충격을 받은 이들도 있었다. 어둠의 왕자가 무대 위로 올라온 것이다. 그 남자는 사기와 부정직, 아이들의 고통을 '냉담하게 무시했다'는 죄목으로 직장에서 해고된 전직 의사 앤드루 웨이크필드였다.

그날 밤 많은 트위터 게시물이 올라왔고 그중에는 "도저히 이해가 안 된다"라고 조롱하는 텍사스의 위장병 전문의가 쓴 트윗도 있었다. 로스앤젤레스에 산다는 화학자는 "메스꺼워서 약을 먹어야겠어요."라며 신음했다. 네덜란드의 자폐증 연구자는 "정말 무서운 세상이네요."라고 글을 남겼다. 브라질 생물학자는 "사기꾼을 위한 정부"라고 올렸다. 뉴질랜드 북섬에서 박사 과정 중에 있다는 학생은 "쥐구멍에나 찾아 들어갔으면."이라고 올렸다.

그럴 가능성은 없다. 그는 유명세를 즐겼다. 그것은 그의 본성이고 또 유명세가 필요한 처지였다. 1990년대에 환자 200명을 살해한 혐의로 체포된 연쇄살인범 해럴드 시프먼을 제외하고 영국 역사상 그토록 경멸을 받은 의사도 없었다. 뉴욕 타임스는 웨이크필드를 '당대에 가장 욕먹는 의사'로 묘사했다. 타임스는 역사상 '최대 규모의 과학 사기 사건'으로 선정했다. 데일리뉴스는 '히포크라테스가 토할 것'이라는 제목의 기사에서 그를 세계적인 수치라고 비판했다. 그의 추락은 최근에 벌어진 일도 아니었고, 손님 명단을 확인한 트럼프의 팀이 그것을 몰랐을 리도 없다. 그의 오명은 급성적이면서 만성적이었고 대중 문화에 흡수된 상태였다. 연재만화 「앤드루 웨이크필드 박사 사건의 사실관계」 속에는 그는 악당으로 등장했고, 한 고등학교에서 시험문제('웨이크필드 박사의 논문은 신뢰할 수 있는 과학적 증거에 근거하였는가?')로 출제되어 학생들의 진땀을 빼게 했고, 공적 토론장에서 그의 이름은 신뢰할 수 없는 사람의 대명사가 되었다.

생물학의 앤드루 웨이크필드,

정계의 앤드루 웨이크필드,

교통계획 분야의 앤드루 웨이크필드.

그런데 그런 그가 2017년 1월 20일 금요일 저녁 7시를 조금 넘긴 시각에 트럼프의 취임 축하 무도회에 나타난 것이다. 그의 등 뒤로 월터 E. 워싱턴 컨벤션 센터 2층의 보안 검색대를 제일 먼저 통과하고 형광등으로 장식된 바로 향하면서 부산한 소리를 내는 사람들이 보였다. 나중에 트럼프는 이곳에서 영부인 멜라니아와 함께 1960년대 프랭크 시나트라의 명곡 〈마이 웨이My Way〉에 맞춰 춤을 췄다.

"네, 맞아요. 아주, 아주 즐거운 시간입니다."

웨이크필드가 말을 쏟아냈다.

"여러분이 여기 함께할 수 있으면 좋을 텐데요."

나도 그렇게 생각한다.

4일 후 기사를 요청하는 전화를 받았다. 이 상황을 어떻게 800단어 분량의 기사로 설명한단 말인가? 런던 선데이타임스의 기자였던 나는 13년 동안 쉬지 않고 그를 추적해 온 터였다. 영국 언론상에 명예 박사 학위까지 받은 나는 드라큘라 백작에게 아브라함 반 헬싱과 같은 존재가 되어 있었는데, 드라큘라가 무덤에서 기어나오고 있는 게 분명했다.

웨이크필드는 원래 주 활동 무대인 대서양 건너편 영국에서 먼저 경력을 쌓았다. 당시 그는 무명 인사였다. 런던의 삼류병원 의과대학에서 일하는 '환자 없는 의사'였다. 소화기외과 수련의를 거쳐 실험실에서 위장병학자로 근무했지만 다른 것으로 정의되기도 했다. 그는 바이러스학, 면역학이나 전염병학의 전문의가 아니었다. 신경과 전공의나 심리학자나 정신과 의사도 아니었다. 소아과 의사도 임상의도 아니었다. 그러나 시간이 지난 후 세계 곳곳에 지문을 남긴 인물이 되었다. 치료법이나 과학적 통찰력을 제공해서가 아니었다. 두려움, 죄책감, 질병을 퍼트려서였다.

그는 이것들을 미국으로, 또 인간이 태어나는 모든 곳으로 수출했다. 〈뉴 인디언 익스프레스〉는 사설에서 그를 신랄하게 비판했다.

"한 사람이 세상을 바꿀 수 있냐고? 앤드루 웨이크필드에게 물어보라."

1998년 2월 저명한 의학 저널 〈란싯〉에 게재된 그의 논문에서 나는 처음으로 그의 이름을 봤다. 5장 분량에 4,000단어가 두 단으로 배열된 논문에서 그는 어린아이의 뇌와 장에서 무시무시한 장뇌증후군을 발견했다고 주장했다. 두 번째 장에서 그가 '명백한 촉발 사건'이라고 언급한 것은 수억 명이 일상적으로 투여받는 백신을 가리키는 것이었다. 그는 피해가 급속히 확산되고 있다고 주장했다. 나중에는 B형 간염에서 인유두종 바이러스까지 거의 모든 백신을 공격했다. 그러나 원래 그의 표적은 하나였다. 홍역, 볼거리, 풍진을 동시에 예방하는 MMR 백신이었다. 그는 언어와 사회성을 잃게 되는 '퇴행성' 자폐증이 증가하는 원인이 MMR 백신이라고 주장했다. "이 아이들은 의사소통이 안 되기 때문에 침묵만이 존재하는 자기만의 세계에서 살아야 한다"라고 경고했다.

영국 전역에서 아이를 키우는 부모들은 공포에 떨었다. 그는 자신이 일하던 병원, 정확히 말하면 의과대학에서 십자군 운동 같은 백신 반대 운동을 시작했고 에이즈가 등장한 이후로는 유례가 없는 공중 보건 위기를 촉발했다. 예방 접종률이 곤두박질쳤다. 살인적인 질병이 돌아온 것이다. 발달에 문제가 있는 아이를 키우는 수많은 부모가 의사의 지시에 따라 예방 접종을 시킨 자신을 자책하는 끔찍한 일이 벌어졌다.

"비통하고 속이 뒤틀렸죠. 죄책감이 심하게 듭니다."

"8년 전 부모로서 끔찍한 실수를 저지른 겁니다."

"우리가 잘못한 게 아니라고 확신했었는데, 우리 잘못이었다는 걸 알게 된 거죠."

당시에 나는 크게 개의치 않았다. 백신들을 조사해봤는데 그의 논문에서는 어딘가 수상쩍은 냄새가 났다. 연구 결과가 지나치게 깔끔했고 이상하리만치 낯익었다. 나는 그의 연구 결과를 확인하는 일은 불가능하다고 생각했다. 나는 (제약회사들이 꾸민 음모와 사기를 추적하는) 굵직한 의학 사건들을 제법 취재했는데 앤드루 웨이크필드가 저지른 일을 증명하는 증거를 찾으려면 평생도 더 걸릴 것 같았다. 환자정보 보호라는 금고 안에 묻힌 증거들은 트럼프의 세금신고서만큼이나 접근하기 어려울 게 분명했다.

그런데 4년 후 특집 기사를 쓰게 되면서 모든 것이 바뀌게 되었다. 당시 영국에서 앤드루 웨이크필드는 워낙 유명 인사라서 그에 관한 이야기는 언론의 황금기에 저널리스트들이 말했던 이른바 '좋은 기삿감'이었다. 그래서 나는 〈란싯〉에 실린 그의 의학 논문에 세부 정보가 익명으로 실린 한 발달장애 아동의 엄마를 인터뷰했다. 거기서부터 그의 추락이 시작되었다.

사실 쉬운 것은 하나도 없었다. 그는 인터뷰를 거부했고 질문을 하며 접근하면 달아나 버렸다. 그는 〈란싯〉 측의 옹호와 의료계의 보호를 받았다. 저널리스트들은 내게 전쟁을 선포했다. 그러나 내가 끈질기게 질문하고 자료를 수집하고 입막음을 위해 제기된 소송에 맞서면서 '완전한 허위'로 드러난 그의 논문은 철회되고 의사로서의 나날들은 끝이 났다.

"많은 사람들이 〈란싯〉에 논문을 게재합니다만, 저는 철회시켰죠."

나는 농담삼아 이렇게 말했다. 뻔뻔하고 당당했지만 나무랄 데 없는 타이밍이었다.

나 같은 기자들이라면 '결과'라고 부를 만한 성과였기 때문에 다른 프로젝트로 넘어갈 참이었다. 내가 칼을 빼든 대상은 스타틴 계열 약물들(콜레스테롤 억제제 계열의 초대형 블록버스터급 약물들)이었는데, 그중에는 당시 가장 많이 처방된 제품도 있었다. 아무도 찾지 못한 뭔가를 발견해서가 아니라 에베레스트산이 늘 거기에 있듯 거대 제약회사에도 늘 뭔가를 숨기고 있었기 때문이다.

그런데 감방에서 죽은 시프먼과 달리 웨이크필드는 무대를 떠나려 하지 않았다. 그는 미국에 처음 왔을 때부터 미국 CBS의 탐사보도 프로그램인 〈60분Sixty Minites〉에 출현하고 의회에서 연설을 하고 백신을 반대하는 색이 짙은 컨퍼런스에 참석하는 등 애를 썼다.

그러다 트럼프의 눈에 띈 것이다.

"제가 어렸을 때는 자폐증이 많지 않았는데 요즘에는 자폐증이 전염병처럼 되었습니다."

미국의 제45대 대통령이 된 트럼프는 억만장자로 리얼리티 방송에 고정 출연하던 시절 이렇게 단언했다. 지역 방송에 출연해 "누구나 나름대로 이론을 가지고 있다"라고 말해 트위터에서 폭풍을 일으키기도 했다.

"저도 어린아이를 키우고 있어서 공부를 하는데 제 이론은 백신입니다."

그런데 그것은 트럼프의 이론이 아니었다. 이론의 기원이 어디인지 트럼프가 알았든 몰랐든 간에, 그건 웨이크필드의 이론이었다. 그리고 전 세계를 놀라게 한 선거를 불과 3개월 앞둔 시점에 교통사고 피해자에게 의료와 법률 서비스를 제공하는 카이로프랙틱 의사이면서 공화당의 고액 기부자이기도 한 인물이 두 사람을 서로 소개해 주었다. 그들은 중부 플로리다 키시미에서 한 시간 남짓 옹기종기 모여 있다가 휘날리는 국기 옆에서 포즈를 취하고 사진을 찍었다. 트럼프는 도저히 말을 참기 힘든 듯 입을 벌린 채로, 끝부분이 닳은 황갈색 부츠에 검은색 정장 상의와 청바지 차림을 한 웨이크필드는 깍지 낀 두 손을 사타구니 언저리에 포갠 채로 씨익 웃으며 사진을 찍었다.

둘 사이에는 공통점이 정말 많았다. 웨이크필드도 이를 감지한 게 확실했다. 많은 면에서 둘은 같은 부류의 사람이었다. 당시 두 사람은 기이할 정도로 비슷한 목표를 좇아 (한 사람은 보잉 757 전용기를, 다른 한 사람은 검은색 레저용 차량을 타고) 전국을 누비는 중이었다. 트럼프의 우선순위가 소외되고 상처받고 분노한 백인 노동자 계층이었다면, 웨이크필드가 찾아다닌 사람들은 (자폐증이나 유사한 문제가 있는 자녀를 둔) 상처받고 소외되고 분노한 부모들이었다. 사람들은 자폐 범주성 장애가 유행인 듯 말하곤 했는데 그럴 만도 했다. 그러나 분명한 자폐 증세를 보이는 아이의 엄마와 아빠에게 자폐증은 희망과 두려움으로 엉킨 미로를 필사적으로 헤쳐나가야 하는 앞날을 예고하는 것이었다.

그런 경험이 없다면 잠깐이라도 상상해보라. 당신의 삶에서 가장 소중한, 완벽한 모습으로 태어난 존재가 처음으로 말을 하고 걸음을 뗐다. 그런데 갑자기 미묘한 차이가 보인다. 뭔가가 잘못됐다. 당신의 딸 혹은 아들이 말을 하지 않거나 안기려 하지 않고 자기 손가락만 집요하게 쳐다본다. 느닷없이 발작을 일으키기도 한다. 심각한 장애가 있을 가능성이 보인다.

그때 영웅이 나타나 누구도 풀지 못한 수수께끼에 대한 답을 내놓는다. 한때 웨이크필드의 조교였던 사람은 뉴욕타임스와의 인터뷰에서 이렇게 말했다.

"앤드루 웨이크필드는 의학계에서 넬슨 만델라와 예수 그리스도를 합쳐 놓은 존재나 마찬가지입니다."

그를 로마 가톨릭교회에 맞선 이탈리아 천문학자 갈릴레오에 비유하는 사람도 있었다. "서구 세계의 마지막 남은 정직한 의사 중 한 명이죠. 천재… 과학적 진실을 밝히는 등대… 놀라운 용기와 정직, 겸손… 높은 도덕성을 지닌 뛰어난 임상 과학자라 할까요."

이런 사람들에게 앤드루 웨이크필드는 이기적인 음모에 짓밟힌 선구자였다. 그는 자신에게 아무런 잘못이 없다고 주장했다. 제기된 소송은 전부 거짓이라고 했다. 자신은 극악무도한 음모와 싸우고 있으며, 정부와 제약회사가 아이들이 끔찍한 피해를 입고 있다는 사실을 은폐하고 있다고 주장했다. 그는 자신을 추락시킨 폭로가 일종의 전략이라고 선포했다.

"분명히 의도적인 전략입니다. '우리는 이자의 명예를 실추시키고, 동료들로부터 고립시키고, 이자의 경력을 엉망으로 만들었다. 우리 일을 감히 방해하려는 의사들은 똑같이 당할 것이다'라는 홍보 전략입니다."

트럼프가 "미국을 다시 위대하게"라는 캠페인 슬로건을 들고 희망을 말했던 해에 웨이크필드도 미국 전역을 돌아다녔다. 하지만 그가 드리운 건 고통의 그림자였다. 대통령 취임 축하 무도회를 불과 몇 주 앞두고 유고브(YouGov)가 실시한 여론 조사에서 미국인의 약 3분의 1이 자폐증을 유발하는 원인은 백신이 '확실하다' 또는 '거의 확실하다'라고 응답해 우려를 나타냈다. 부모들은 자녀의 예방 접종을 면제받으려 앞다퉈 소아과를 찾았고 예방 접종률은 떨어졌다. 트럼프의 취임식이 끝나고 3개월도 채 지나기 전에 꺼졌다고 생각했던 불씨가 되살아나더니 세계 곳곳에서 홍역이 폭발적으로 늘어나기 시작했다.

웨이크필드가 캠페인을 벌였던 미네소타에서 처음으로 감염 사례가 보고되었다. 한때 지구상에서 없어질 것 같았던 전염병이 유럽, 남아메리카, 아시아, 호주 등지로 다시 퍼지자, 사람들이 병들고 죽어갔다. 트럼프가 재선을 노릴 무렵 미국은 30년 만에 최악의 전염병을 겪었고, 국제 기구들은 인류 건강의 10대 위협 중 하나로 백신 기피 현상을 꼽았다.

비단 한 사람만이 아니었다. 대표적으로 유명 배우 제니 매카시와 변호사 로버트 F. 케네디 주니어도 백신을 비판했다.

백신에 대한 논란은 중국인들이 천연두에 걸리지 않는 법을 터득한 시기인 천년 전으로 거슬러 올라간다. 그러나 현시대 '백신 반대 운동의 아버지'라는 왕관을 쓰기 위해 앞으로 나온 건 웨이크필드였다. 사이언톨로지교를 창시한 L. 론 허버드나 몰몬교의 금판을 받았다는 조셉 스미스와 마찬가지로 웨이크필드가 설파한 신념을 평가하는 데 사상이나 학문에 대한 설교를 들을 필요는 없었다. 그에 대해 알기만 하면 된다.

내가 보기에 그의 이야기는 오즈의 마법사의 이야기와 비슷하다. 한 가지 이상의 이유가 있다. 구체적인 사실들과 실제 사람들, 구불구불한 길 위의 주인공이 등장하는, 어느 독자라도 깜짝 놀라고 분노하게 할 이야기가 여기 있었다. 어떻게 속임수가 쓰였는지 낱낱이 드러내는 "밝힐 수 있다"라는 제목의 이야기도 있었다. 커튼이 올라가고 기계가 보인다. 마법사가 나타난다. 마법사는 자신이 무엇을 하고 있는지 정확히 알고 있다. 그러면서 그것이 자신의 권리라고 생각한다. 규칙은 쉽게 속는 사람들을 위한 것이다. 자신은 특별한 사람이었다. 그러나 과학을 악용해 트럼프의 취임식까지 온 그의 길은 인류를 위협하는 극단적인 여정이었다. 그가 그런 짓(그 실체에 대해서는 본문에서 밝히겠다)까지 했는데 언젠가 우리 목숨을 맡기게 될지도 모르는 병원과 실험실에서 또 누가 무슨 일을 하고 있을지 어떻게 안단 말인가? 또 누가 자신의 카리스마 뒤에서 세상을 속이며 음모를 꾀하고 있을까?

취임식 무도회에서 휴대폰에 얼굴을 대고 웃던 그는 신이 난 상태로, "도널드의 사진을 찍어오겠다"라고 약속하며 영상을 마무리 했다.

환자 없는 전직 의사가 돌아온 것이다.

제1장

기네스 모멘트

상상 속의 어떤 우주에서 그는 교수님이자 앤드루 웨이크필드 경으로 추앙받고 있을지도 모른다. 트럼프의 취임 축하 무도회에 초대되기 20년 전, 그에게 유혹의 손짓을 보내온 곳은 워싱턴 DC나 미국의 그 어떤 곳도 아닌 스톡홀름 시내의 콘서트홀이었다. 프레드 아스테어처럼 하얀 넥타이에 연미복을 차려입고 스웨덴 국왕으로부터 메달을 받는 것이 그의 꿈이었다고 사람들은 말했다.

"구내식당에서도 들을 수 있는 얘기입니다."

"노벨상을 말하는 거예요."

그의 전 동료가 말했다.

그가 노벨상을 받는 우주이든, 아니면 또 다른 우주이든, 그가 지니고 있던 모든 가능성으로 통하는 문은 동일하다. 그 문은 그때나 지금이나 런던에서 서부로 가는 기차를 타면 90분 거리에 위치한 서머셋주 바스 시의 고지대, 비컨힐에 있다. 여기서 그가 어린 시절을 보냈던 집으로 들어가는 입구와 이후 그가 여행하게 되는 모든 길로 통하는 출구를 찾을 수 있다.

담장에는 팻말이 걸려 있지 않다. 톰 소여가 살던 곳은 아니니까. 건물 프레임의 무게는 1톤이 넘어 보인다. 3미터에 달하는 도리스식 기둥 두 개와 그에 걸맞은 벽체들, 여러 겹의 처마도리 위에 새겨진 화려한 프리즈 장식은 빅토리아 시대의 영묘 입구나 로마 콜로세움의 옆문과 닮아 있다. 부, 계급, 권위, 자격을 드러내고 있다. 상인방에는 대문자로 새겨진 '히스필드'라는 글자가 보인다. 여기서 '히스'는 '바스 의자(Bath chair)'에 대해 특허를 소유하고 있던 기업가 제임스 히스라는 인물에서 따왔다. 바스 의자는 접히는 후드와 세단형 인클로저가 달려 있고 손으로 밀거나 말로 끌어 사용하는 정교한 소형 의자였다. 히스는 이 의자를 판매한 수익으로 빙퇴석이 풍부하고 샌프란시스코만큼 경사가 가파른 험준한 절벽 위에 집을 지었다(실제로 거주한 적은 없다고 한다). 예나 지금이나 이 저택에서는 에이번강 계곡과 연노란빛 도시가 내려다보이는데, 어란상 석회암 위에 지어진 이 도시는 현재 유네스코 세계 유산으로 지정되어 있다.

이 석조 주택은 침실이 6개가 딸린 이탈리아풍 별장으로 1848년에 완공되었다. 파란색 슬레이트 지붕과 키가 큰 굴뚝 아래에는 천장이 높고 큰 창문이 딸린 2층짜리 거실이 있고, 그 아래에는 한때 식사 시중을 드는 하녀와 요리사 네 명이 함께 사용했던 빙퇴석으로 지어진 반 층짜리 공간이 있다. 이 두 사회는 벽 속에 감춰진 전선으로 연결되어 있었고, 그 전선의 한쪽 끝은 벽난로의 금속 레버에, 다른 쪽 끝은 종에 달려 있었다. 20세기 중반에 접어들면서 이런 기계들은 사라졌지만 한때 그곳에 있었다는 사실은 결코 잊힐 수 없다.

1960년대부터 1970년대까지 웨이크필드 부부와 자녀 다섯 명은 이 집에서 누가 봐도 행복한 삶을 누렸다. 문틀에 달린 그네가 흔들거리고 나무로 된 마룻바닥을 개가 긁고 있는 집 안은 온통 난장판이었다. 하지만 어머니 브리짓 에트투빌 매튜는 훗날 백신 반대 운동에 앞장서는 둘째 아들을 소란스러운 분위기에서도 침착하고 순응적이었던 아이로 기억했다.

"앤드루는 아주 온순했어요. 굉장히 순응적인 아이였습니다."

그녀는 이 상황을 설명하려 애쓰는 몸부림을 배반하는 어조로 말했다.

"어렸을 때 앤드루는 방이 어수선하다고 야단을 치면, 저를 보며 '죄송해요, 엄마'라고 말하는 그런 아이였어요."

"다른 아이들처럼 치울 시간이 없다고 발뺌하거나 이런저런 핑계를 대지 않았죠. 그럴 때면 저는 도리어 어안이 벙벙해지고는 했습니다."

브리짓의 부모님도 그녀와 그녀의 남편처럼 의사였기 때문에, 앤드루는 4대를 이은 의사인 셈이었다. 이렇게 훌륭한 혈통이 위대함을 담보하지 못했다고 한다면, 적어도 야망은 입증한 셈이다. 영국의 완고한 계급 사회에서 앤드루 웨이크필드는 벽난로의 레버를 눌러 종을 울렸고 종이 울려도 대답할 의무 따위는 없는 계단 상층부의 사람이었다.

앤드루 웨이크필드의 첫 번째 롤 모델이었던 아버지 그레이엄 웨이크필드는 위풍당당한 풍모를 지닌 귀족으로 바스에 위치한 로열 유나이티드 병원에서 국립보건서비스(National Health Service: NHS)의 최고 직위인 컨설턴트를 지냈던 신경과 전문의였다. 그는 스캐닝 기술이 등장하기 전에 뇌를 치료하는 훈련을 받았는데, 이 때문에 그가 정확한 사실을 전부 파악하기도 전에 확신해버리는 성향을 갖게 되었다고 보는 사람들도 있다. 그는 컴퓨터단층촬영(CT)이나 자기공명영상(MRI)을 사용하지 않고 의학보다는 관찰이나 심문, 추측에 뿌리를 둔 형성적 진단(formative diagnosis)을 내렸다.

신경과 컨설턴트는 신 중의 신이었다. 이들의 회진은 마치 위엄 있는 행렬처럼 보였다.

"그레이엄의 질문은 아주 구체적이었습니다."

그의 전직 수련의는 회상했다.

"절대 모욕이나 창피를 주려는 질문은 아니었습니다. 충분한 설명이 따랐죠. 환자 한 명 한 명이 그에게는 가르침의 기회였으니까요. '이게 무슨 뜻이죠?', '뇌병변이 어느 정도 수준입니까?', '원인이 뭐라고 생각하시죠?' 따위의 질문을 했습니다."

그레이엄은 바쁜 임상의였지만 잠깐 연구에도 손을 댔고 그중에는 〈란싯〉에 게재된 연구도 있었다. 1969년 10월 그가 제2저자로 참여한 비타민

B12와 당뇨병의 신경학적 합병증에 관한 세 쪽짜리 논문이 발표되었다. 로열 유나이티드 병원 환자 여덟 명의 사례를 자세히 다루고 환자 네 명의 최신 사례가 부록으로 실린 논문이었다. 이 논문이 당시에 집으로 배달되었다면 열세 살의 어린 앤드루가 현관에서 발견했을 것이다.

브리짓은 그녀의 남편에게 완벽하게 어울리는 짝이었다. 그녀는 가정의 혹은 일반의로 단호하고 군더더기 없는 성격에 장난기라고는 찾아볼 수 없었다. 그레이엄과는 런던 서부에 위치한 패딩턴 지역의 세인트메리 병원 부속 의과대학교를 다니고 있었을 때 학생으로 만났다. 제2차 세계 대전이 벌어졌을 때 10살의 나이로 세 자매와 함께 미국 뉴멕시코주로 대피했다가 4년 후에 군함을 타고 영국으로 돌아온 브리짓은 철의 심장을 지닌 투지가 강한 사람이었다.

그녀의 아버지 에드워드 매튜는 아이들을 보내기 전에 바다 건너 전시 주둔국에 이렇게 경고했다.

"브리짓은 아무것도 두려워하지 않는 데다가 결연한 턱과 강한 의지, 괴팍한 성미를 지닌 아이입니다. 잔혹한 구석도 있으며, 이 잔혹함으로 자신의 섬세함을 감추고 악의적으로 상대방을 무너뜨리는 말도 합니다."

그러나 앤드루가 성장기에 부모님의 영향만 받은 것은 아니다. 히스필드라는 글자 위로 우뚝 솟은 나무는 한 그루 더 있었다. 로열 유나이티드 병원의 정신과 의사인 그의 할아버지 에드워드는 집에 있는 방 하나를 환자들을 상담하기 위한 공간으로 사용했다. 에드워드 역시 세인트메리 병원 의과대학에서 수학하였고, 사위가 뇌 전문의로 자리잡고 있을 때 자신은 정신과 의사로 명성을 떨쳤다.

에드워드의 거대 프로젝트는 소년들을 위해 200장 분량에 이르는 『섹스, 사랑, 그리고 사회 Sex, Love and Society』라는 제목의 책을 쓰는 것이었다. 그는 60세가 되던 1959년에 이 책을 출판하면서 '마음의 기본 패턴을 발견하려는 시도'라고 했다. 그러나 그가 말한 마음은 거의 자신의 마음이었다. 흔들리는 60년대에 접어들자, 그는 자신의 책을 이용해 혼전 성교, 매춘, 동성애, 여성의 '증가하는 공격성'에 반대하는 운동을 펼쳤다. 그는 주제 구문에서 그리스 신화를 꼼꼼히 짚으며, "트로이의 전쟁에서 1천 척의 군함을 출정시킨 것은 헬레네의 얼굴이지, 거친 말이나 알통이 아니었다."라고 설명했다. 그가 자신의 손자 앤드루, 찰스, 리처드에게 헌정한 이 책은 허무한 쾌락에 대한 일종의 해독제였다.

"자위 행위를 하는 사람은 항상 지치고 피곤한 상태이다."

"하고 싶지 않은데 참기가 힘들다면, 가능한 한 빨리 하고 끝내는 게 좋다."라고도 경고했다.

당시에 어린 앤드루는 겨우 세 살이었다. 나중에 그가 어디에 관심을 뒀는지는 분명하지 않다. 앤드루는 1956년 9월 3일 월요일 런던에서 서쪽으로 40마일 떨어진 버크셔주 태플로 인근에 위치한 캐나다 적십자 병원에서 태어났다. 미국 애스터 가문이 기증한 토지에 오타와 정부가 지불한 비용으로 건설한 캐나다 적십자 병원은 1·2차 세계대전으로 고군분투하던 영국을 위해 북미가 기부한 건물이었다.

앤드루가 태어날 당시 웨이크필드 부부는 수련의였고 이미 가정을 꾸려 첫째 아들을 키우고 있었다. 바스로 이주해 웅장한 히스필드 저택의 현관문을 지니 평온한 시기로 넘어가기 전까지는 글로스디셔주의 작은 집에서 온 가족이 함께 살았다. 교육은 동네에서 받았다. 1552년 특권층을 위해 설립된 학교인 킹에드워드에 다녔는데 특별히 영리한 아이는 아니었다. 실제로 그의 어머니는 아들이 가족들처럼 세인트메리 의대에서 가려고 졸업 시험을 두 번이나 치렀다고 털어놨다.

"공부를 잘했다고는 말 못하겠어요. 실은 재시험을 봤죠."

앤드루의 타고난 카리스마는 학교에서 눈에 띄게 두드러져 사람들 사이에서 회자되었고 그가 훗날 벌어질 일에 대비할 수 있게 해주었다. 사람의 마음을 사로잡는 그의 놀라운 능력이 선명하게 드러난 건 스포츠에서였다.

"학교에서 럭비부 주장이었어요. 그다음엔 학생회장이 됐죠."

어머니 브리짓이 회상했다.

대학교에 가서도 똑같았는데, 대학에서도 학업 성취는 두드러지지 않았지만 럭비 주장을 맡으며 뛰어난 사회성을 보여주었다. 그는 모두가 탐내던 등번호 8번 포지션을 맡아 팀을 이끌었다. 다른 선수들은 프롭이나 플라이 하프 등의 포지션을 맡았는데, 번호로만 불리는 8번 포지션을 맡은 웨이크필드는 '웨이커스'로 불렸다. 8번 포지션은 경기의 중심에 있는 거친 포워드로 엄청난 힘과 강인한 체력, 민첩함, 그리고 적진 한가운데로 돌진하는 대담함이 필요한 자리였다.

"전형적인 세인트메리 대학 학생이었죠."

내막을 들으려 전화를 걸은 내게 럭비 클럽의 역사를 쓴 무뚝뚝한 저자가 말했다.

"모란 경이 쓴 책을 읽어보세요."

"좋습니다. 제목이 뭐죠?"

"『용기 해부학Anatomy of Courage』입니다."

실제로 웨이크필드에게는 용기가 있었다. 8번 포지션으로 훈련을 받았던 2주 동안만이 아니라 백신을 맹비난하는 20년 세월을 위해 필요한 만큼의 용기를 갖고 있었다. 그러나 야망이라는 연료를 동력으로 삼는 용기는 사람을 세속의 바람 속에 던져 넣을 수도 있다. 성공이냐 실패냐. 칭송이냐 비난이냐. 명성이냐 오명이냐. 기쁨이냐 고통이냐. 삶은 이쪽저쪽 어디로든 흐를 수 있다.

그의 첫 번째 계획은 외과 교수가 되는 것이었다. '확신이 안 서면, 버리는' 정도의 계획이었다. 내과 의사는 박사(Dr.), 외과 의사는 미스터(Mr.)나 미스(Miss.)로 구분하여 부르는 중세 관습에 아직도 집착하는 영국에서 외과는 자존심이 필요한 의학 분야였다. 이런 우월의식은 신체 일부분을 절단해야 하는 환자를 이발사에게 데려갔던 시절부터 전해져오고 있다.

"앤드루는 늘 외과 의사가 되고 싶어했어요."

브리짓이 말했다.

"아주 어릴 때부터 자기 바지를 스스로 꿰맸는데 항상 예쁘게 잘 했어요. 늘 외과 의사가 되고 싶어했습니다. 다른 걸 하고 싶다고 한 적이 없어요."

아마도 그는 의대 교수가 되기를 갈망했을 것이다. 만약 외과 전문의의 길을 걸었다면, 교수가 되지 말라는 법도 없었을 것이다. 그러나 처음에는 학생으로서, 그다음에는 수련의로서 가까이서 의술을 지켜보니 아무리 영웅적인 절개와 봉합이라도 그의 삶에 필요한 것을 채워주지는 못했다. 환자의 장을 절제하는 의사는 환자의 삶에 차이를 만들어 낸다. 하지만 그는 더 큰 꿈을 꾸고 있었다. 서른 살이 되기 전까지는 메스와 클램프를 놓지 않았다. 1981년 세인트메리 의과대학을 졸업하고 런던 인근에서 수련 과정을 마친 후 토론토 종합병원에서 2년간 임상 강사로 일하기 위해 캐나다로 향했다.

당시 토론토 종합병원의 외과 의사들 사이에는 활기가 넘쳤다. 기량이 뛰어난 외과 의사들은 최초가 되기 위해 경주하고 있었다. 그들이 목표로 삼던 분야는 외과 의사들의 버킷 리스트에서 가장 영웅이 필요한 분야인 위장 이식 수술이었다. 반면 웨이크필드는 연구에 몰두했는데(그의 어머니는 "어쩌나 보니 그렇게 흘러갔다"라고 했다), 연구는 장기 이식을 넘어 훨씬 뿐 아니라 세상을 위한 업적을 성취할 가능성이 큰 길이었다.

첫 논문은 수은 전지로 인한 수은 중독에 관한 논문으로 그는 8명의 저자 중 제7저자였다. 두 번째 논문은 쥐의 면역력에 관한 논문으로 7명 중 제4저자로 참여했다. 수년 뒤 외과 교수 제인 코헨은 〈토론토 스타〉와의 인터뷰에서 이렇게 말했다. "그는 좋은 연구를 아주 많이 했습니다. 부패한 사람은 확실히 아닙니다."

하지만 그때는 1987년이었고 이후 히스필드의 유산이 발현되기 시작했다. 참고로 웨이크필드의 문 앞에서 세속의 바람이 불기 시작한 순간을 '기네스 모멘트'라고 부르겠다. 웨이크필드는 런던의 저널리스트 제레미 로렌스와의 인터뷰에서 딱 한 차례 기네스 모멘트를 공개적으로 언급했다.

기네스 모멘트는 그가 몹시 추운 어느 겨울날 토론토 시내의 한 술집에 있을 때 찾아왔다. 홀로 아일랜드의 국민 술인 기네스 흑맥주를 마시며 아내 카르멜을 그리워하고 있을 때 처음으로 그의 인생을 결정지을 아이디어들이 떠오르기 시작했다. 거기서부터 모든 게 시작되었다. 당시 염증성 장 질환은 소화기내과의 성배였다. 대표적인 염증성 장 질환에는 궤양성 대장염과 크론병이 있는데 그의 주요 표적은 크론병이었다. 버릴 버나드 크론 박사의 이름을 따서 명명되고 1930년대에 처음으로 체계적으로 기술된 크론병은 소화기관 전체에 영향을 미칠 수 있는 질환이다. 과학자들은 발병 원인을 두고 합의점을 찾지 못했다. 대부분 장내 세균이나 음식에 대한 자가면역 반응 문제가 크론병의 원인일 것이라고 생각하고 있다.

그런데 바다를 사이에 두고 고향과 멀리 떨어진 곳에서 하얀 거품이 올라간 기네스 맥주를 쳐다보던 웨이크필드는 불현듯 깨달았다.

"염증성 장 질환이 장 질환이 아니라, 혈액 공급에 차질이 생겨 발생하는 혈관 질환이라면?"

로렌스는 이 부분을 인용했다.

웨이크필드의 논리는 거대한 아이디어였다. 실은 아주 놀라운 아이디어였다. 캐나다에 있던 웨이크필드는 여기서 더 나아가 혈관내피세포의 사멸과 염증을 일으키는 주범이 바이러스라는 가설을 세웠다. 인생을 좌우하게 될 대담한 가설이었다. 이 가설이 맞고 바이러스의 정체를 규명할 수 있다면 하얀 넥타이와 연미복은 그의 것이 될 수도 있었다.

바이러스라고? 왜 아니겠는가. 때는 1980년대였다. 에이즈가 발견된 시기였다. 수세기 동안 선구적인 의사와 과학자들이 원인을 알 수 없는 질병을 특정 감염원과 연계하려 좌절했지만 크론병의 원인을 규명하는 사람은 인생의 금메달을 받을 자격이 있었다.

매년 발생하는 크론병 환자는 10만 명당 6명 미만으로 그렇게 많은 숫자도 아니었다. 사실 크론병의 매력은 대담하고 똑똑한 사람들을 좌절하게 한 정체불명의 수수께끼 질환이라는 데 있었다. 지리적으로는 남반구보다 북반구에서 만연하고, 농촌보다는 도시에서 일반적이고, 흡연자들 사이에 많고, 유전이 많으며, 온수 탱크를 사용하는 가정에서 발견될 가능성이 높았다.

그는 용기를 내어 임상 강사 생활을 마친 후 의료용 메스를 영원히 손에서 놓았다. 그러고는 잘 알려지지 않은 런던의 한 의과대학에서 연구자 가운을 입었다. 로열프리 병원에 자리를 잡고 몹시 추웠던 겨울날 밤에 토론토에서 마음먹었던 자신과의 약속을 이행하기 위해 13년 동안 노력했다.

표면적으로 그는 많은 것을 갖추고 있었다. 팀을 만들고 공을 가지고 달려가는 데 필요한 자신감과 카리스마를 모두 가지고 있었다. 의학은 영감과 협력이 혼합된 분야로 리더가 용기를 보여줄 때 생산성이 가장 높은 분야이다. 이 모든 것을 갖추고 자신의 생각이 옳음을 증명하는 침착한 결단력까지 있었다.

그러나 과학에서 용기는 자신이 옳음을 증명하는 데 있지 않다. 자신이 틀렸음을 인정하는 데 있다. 브리짓의 아들에게는 자기 자신의 목숨뿐 아니라 많은 사람의 목숨을 앗아길 수도 있는 문제가 있었던 것이다.

제 2 장

홍역이 틀림없다

런던 햄스테드에 있는 로열프리 병원과 의과대학은 트래펄가 광장에서 북쪽으로 4마일 떨어진 곳에 있는 큰 언덕의 경사면에 자리 잡고 있다. 18세기 연립주택들과 벽돌로 된 19세기 교회 건물들 사이에서 콘크리트 성처럼 동네를 감싸안고 있는 로열프리 병원은 브루탈리즘이라는 건축 양식으로 지어진 14층의 현대 건축물인데, 내부에서는 햄스테드 히스의 초원과 삼림 지대가 내다보이고 공중에서는 불규칙한 모양의 십자가처럼 보였다.

USS 엔터프라이즈 항공모함 처럼 로열프리(Royal Free)도 여러 차례 바뀐 이름이다. 1830년대에 지금 있는 곳과는 다른 지역에서 문을 열었고 빅토리아 여왕이 하사한 '로열(Royal)'이라는 명칭에 영국 국가보건의료서비스(NHS)보다 100년 앞서 무상의료를 제공하면서 얻게 된 이름 '프리(Free)'가 붙어 로열프리 병원이 되었다. 설립 초기에는 런던 여성의과대학과 함께 런던 유일의 여의사를 배출한 기관이기도 했다.

그러나 웨이크필드가 합류했던 1980년대 후반에는 어떤 분야에서도 최고가 아니었다. 학장에 따르면 의과대학은 거의 파산 상태였고 병원(건물의 4분의 1을 임대한 상태였다)은 간 진료를 제외하고는 인정을 받지 못했다.

웨이크필드가 이곳에 온 건 1988년 11월이었다. 당시 그는 서른두 살이었다. 조지 부시 대통령이 로널드 레이건 대통령의 후임으로 백악관에 입성하는 장면을 전 세계가 지켜본 해였다.

오스카 수상작 〈레인맨〉이 할리우드 영화로는 최초로 자폐증을 다뤘다. 수개월 후에는 영국인 팀 버너스리가 인터넷(월드와이드웹)을 창시했다.

웨이크필드는 로열프리 의과대학에 합류하기 2년 전 카르멜이라는 여성과 결혼했다. 세인트메리 의과대학 학생 시절에 만난 카르멜 필로미나 오도노반은 식성이 까다로운 금발머리의 여성이었는데 웨이크필드가 스콧이라면 카르멜은 젤다였다. 웨이크필드와 마찬가지로 환자를 돌보는 일에 연연하지 않았던 카르멜은 의료 과실을 저지른 의사를 보호하는 의료방위연맹(Medical Defence Union)의 사무직으로 빠르게 직종을 전환했다.

"칼싸움 상대로 만나고 싶은 사람"이라고 카르멜의 매력을 평가한 사람도 있었다.

당시 웨이크필드 부부는 첫째 아들 제임스 와이어트와 함께 런던 템스강을 가로지르는 반즈철도 교량을 중심으로 서쪽 갯벌 근처에 위치한 2층 연립 주택에 살았다. 기차로 8마일 거리에 있는 새 직장으로 수시간씩 출퇴근을 하면서 웨이크필드는 크론병의 원인을 찾는 사명에 대해 숙고하곤 했다.

그가 선택한 분야에서 흥미진진한 일이 벌어지던 시기였다. 염증성 장 질환에 대해 알려진 바가 별로 없었고 호주인 두 명이 상부 위장관인 위와 (소장의 최상부인) 십이지장 분야를 뒤흔들고 있었다. 왕립 퍼스 병원의 병리학사 로빈 워런과 임상의 배리 마셜은 자신들이 저술한 논문에서 나선 모양의 세균(최종적으로 '헬리코박터 파일로리'로 명명됨)이 소화성 궤양의 주요 원인이며 저렴한 항생제로 치료가 가능하다고 주장했다.

두 사람의 주장은 맞았고 나중에 노벨상을 공동 수상했다. 당시 항생제는 식후에 마시는 브랜디만큼이나 대중적인 약이었다. 어느 의사라도 궤양이 과도한 위산이나 스트레스, 잘못된 식단, 흡연, 음주 또는 특정 유전자로 인해 발생한다고 했을 것이다. 의사들은 무기한 복용하면 증상이 완화될지도 모르는 제산제를 한 움큼 처방했고 주가가 상승한 제약 업체들은 미소를 지었다.

로빈 워런과 배리 마셜은 세계 2위의 일반 의학 저널인 〈란싯〉에서 환대를 받았다. 1823년 런던에서 외과 의사이자 선동을 좋아하는 정치인이었던 토머스 웨클리가 창간한 〈란싯〉은 논쟁을 불러 일으키는 주제를 다루는 데 자부심을 가졌고 워런과 마셜의 논문을 주저 없이 게재했다. 1984년 6월 워런과 마셜은 큰 성공을 거두었다. 권위 있는 저널 〈란싯〉 맨 앞쪽에 「위염 및 소화성 궤양 환자의 위장에 존재하는 미동정 만곡형 간균」이라는 제목으로 4장 분량의 논문이 실렸다.

웨이크필드는 워런과 마셜을 수년간 지켜보았다. 그들도 자신처럼 거대한 질문들을 던진 사람들이었다. 로열프리 병원 2층의 음산한 병리학 박물관 옆 작은 사무실에 자리를 잡은 지 몇 주도 지나지 않은 시점에 크리스마스를 맞아 한꺼번에 발간된 〈란싯〉 두 부를 훑어보던 웨이크필드는 두 호주인의 글을 읽었다. 이번에는 공동 저자 7명과 함께 저술한 5장 분량의 논문이 저널 맨 앞쪽에 실려 있었다. 히스필드, 기네스 모멘트, 워런과 마셜…. 모든 것이 웨이크필드 사건의 시작이었다. 수년 후 온갖 분야의 논평가들은 수백만 명이 백신 접종을 불안해하는 이유에 대한 설명을 미디어나 사회학, 신비주의적 시대정신에서 찾으려 했다. 그러나 연쇄적 인과관계 속에 실제 사람들과 사실만이 있을 뿐이었다.

웨이크필드의 반응은 불과 11개월 뒤에 나타났다. 호주인들로부터 영감을 얻은 그의 팀은 6장 분량의 논문을 〈란싯〉에 게재했다. 크론병 환자의 장에서 잘라낸 샘플을 전자현미경으로 촬영한 결과 위벽에 혈액을 공급하는 혈관에 염증, 폐색, 세포 사멸이 관찰됐다고 보고했다.

세계 2위의 일반 의학저널에 실린 6장의 논문. 웨이크필드는 물 위를 걸은 것이나 마찬가지였다. 논문 게재는 두 가지 연구성과 평가기준 중 첫 번째 기준이었고 〈란싯〉은 경력을 완전히 바꿔놓을 수도 있는 이름이었다. 로열프리 의대 학장과 운영자들에게 중요한 건 웨이크필드의 성과가 자신들의 평판과 계좌에 미칠 영향(그리고 다가올 일에 대비하는 일)이었다. 당시 로열프리 의과대학은 연구 평가를 위해 경쟁하고 있었다. 영향력 있는 저널에 실린 논문을 중심으로 고등 교육 기관의 활동에 5에서 1까지 순위가 매겨지고 그 결과에 따라 수억 파운드의 정부 보조금이 차등 지급되었다. 남쪽으로 3마일 떨어진 곳에 위치한 유니버시티 칼리지 런던은 두 주요 영역에서 5점을 받았다. 로열프리 의과대학은 2점과 3점을 받았다.

크론병에 관한 웨이크필드의 논문은 은행에 맡겨 놓은 돈이나 다름없었다. 하지만 바이러스를 규명할 필요가 있었다. 바이러스만 규명된다면 웨이크필드나 바이러스학자 아리 주커맨(Arie Zuckerman) 학장—이 사람이 이 사건에서 어떤 역할을 했는지는 봐야 믿을 수 있다—아니면 둘 다 영국 여왕 앞에 무릎을 꿇고 버킹엄 궁전에서 술을 마시게 될지도 모를 일이었다.

우연한 기회로 자신의 대표적인 업적을 발견하는 연구자도 있고 움직이는 모든 것을 대상으로 실험하는 연구자도 있다. 그러나 여전히 외과 의사라고 자칭하며 외과적 방식을 고수하는 웨이크필드는 시험에서 아주 간단한 기술을 사용했는데 과학적 훈련을 받지 못한 것이 오히려 도움이 된 셈이라고 나중에 저널리스트 제레미 로렌스에게 설명했다. 로렌스는 900단어 분량의 특집 기사에서 그의 말을 인용했다.

"바이러스학 교과서 두 권을 가지고 앉아서 연구 작업을 했습니다."

그렇게 간단히라니.

웨이크필드에 대한 기사를 쓸 때 그의 방식을 따라해보았다. 그가 말한 책은 『필즈 바이러스학*Fields Virology*』이었다. 벽돌 반 개 무게의 빨간색과 은색으로 된 두 권의 책이었다. 바이러스의 백과사전 격이고 제2판이었다. 책에는 18개 종으로 분류한 장내 미생물이 알파벳순으로 정리되어 있고, 미생물의 역사, 임상적 특징, 역학, 유전학 등의 내용이 실려 있었다. 상세한 설명이 수록된, 바로 그가 찾던 책이었다.

제레미 로렌스는 웨이크필드의 말을 들은 대로 인용했다. 후세에 전할 수 있게 정확한 기록을 남겨준 그의 근면함에 감사하자.

"어떻게 홍역바이러스가 위장에 침투해 궤양과 염증을 일으키는지 읽고 있었는데, 크론병에 대해 읽는 듯한 착각이 들었어요."

홍역바이러스. 파라믹소바이러스과의 모빌리바이러스에 속하는 단일가닥 RNA 바이러스. 32장으로 구성된 홍역바이러스장에는 홍역바이러스가 고대 로마나 중국에서 기원했을 가능성이 높고 우역바이러스에서 진화했다고 적혀 있다. 고대 의학을 개척했던 그리스 의사 히포크라테스와 로마 제국의 갈레노스도 언급한 적 없는 바이러스이며, 증상은 열, 기침, 발진, 입 안에 생기는 하얀 '코플릭 반점' 등이고, 도시가 발전하면서 발병한 것으로 보이며, 잠복 10일 전후로 발병하는 소아 질환이다.

"입 안의 점막에서 코플릭 반점의 괴사성 상피 세포가 벗겨지면서 작고 얕은 궤양이 남는다." 이 구절을 읽자 웨이크필드의 맥박이 빠르게 뛰었다.

코플릭 반점에 해당하는 병변이 전구증상으로 발견되며, 첫날부터 결막, 구인두, 비인두, 후두, 기도, 기관지 및 세기관지의 내벽, 위장관 전체, 질 등 전신 점막에 발진이 나타난다.

크론병은 위장관 전체에서 발병할 수 있다. 일반적으로는 회장(위에서 가장 먼 소장 부분)에서 발견되지만, 입에서 항문에 이르는 모든 소화기관에서 발생할 수 있다. 병변은 코플릭 반점에 해당한다. 따라서 염증성 장 질환의 궤양은 장이 홍역에 걸린 것과 같다.

유레카(Eureka)!

홍역바이러스가 크론병을 유발한다. 이것이 바로 웨이크필드의 위대한 첫 번째 가설이었다. 웨이크필드는 햄스테드에서 '염증성 장 질환 연구모임'을 조직해 기술을 갖춘 사람들을 모은 뒤 럭비부 주장을 할 당시처럼 그들을 전장으로 이끌었다.

"좋은, 아니, 당시에는 훌륭해 보이는 아이디어였어요."

런던 북부 변두리에 위치한 영국 정부 국립 생물 표준 및 통제 연구소(National Institute of Biological Standards and Control)의 바이러스 책임자인 필립 마이너가 말했다.

"당시 그는 자신을 도와줄 과학자를 찾고 있었습니다."

웨이크필드는 순탄한 길이 아님을 알고 있었다. 반대론자들은 털을 고르는 앵무새만큼 까다로웠다. 논문에 게재된 사진이 단순한 스냅샷에 불과하며, 염증이 장 내부가 아니라 외부에서 시작되었음을 증명하지 못한다고 지적했다. 전직 외과 의사가 과학을 이해하지 못하는 게 아니냐는 말이 돌았다.

"그는 우리 부서에서 세미나를 열었습니다."

한 학자가 점심을 먹으며 회상했다.

"우리 부서에는 평생 혈관 연구에만 몰두한 아주 똑똑한 기초과학자들이 많이 있습니다. 그가 진짜 과학에 대해 이야기하는 건 처음이었죠. 한 시간가량 되는 세미나였는데 거기 앉아서 세 문장 정도 듣고 나니까, 이 사람이 대체 무슨 말을 하는 건지 모르겠더라구요."

하지만 의학계의 목소리는 전에도 틀린 적이 있었다.

"위에서 세균이 살 수 없다는 건 누구나 아는 사실이라고 했죠."

호주의 병리학자 로빈 워런은 스톡홀름에서 메달을 받으며 반대론자들이 했던 말을 회상했다. 전문가들은 위산 때문에 세균이 살아남을 수 없다고 확언했다. 살아남을 수 있다면 이미 누군가는 발견했을 거라고 했다.

"왜 전에는 이 균들에 대해 설명한 사람이 없었을까요?"

의학계의 안일함에 반기를 든 웨이크필드는 격려를 받았다. 두 호주 학자들처럼 신경을 곤두세웠다. 700명의 교직원들 사이에서 별다른 인정을 받지 못하는 그는 계속해서 팀과 함께 혈관을 연구하고 공동 저술한 논문을 『위장병학과 위장 *Gastroenterology and Gut*』이라는 학술지에 게재했다. 1993년 4월에는 『바이러스학 저널 *Journal of Medical Virology*』에 논문을 게재하는 쾌거를 이루었다. 독자들에게 〈제이메드 바이롤〉이라는 이름으로 알려진 이 학술지의 편집장은 로열프리 의과대학 학장인 주커만이었다.

웨이크필드는 글씨와 그림이 빽빽한 9장의 논문을 이렇게 요약했다.

"이 연구는 장 조직 내 홍역바이러스의 생존이 흔한 사건이며, 살아 있는 홍역바이러스가 크론병에 감염된 조직에서 일관적으로 발견되는 특징임을 시사한다."

그가 저술한 27번째 논문이었고 자부심을 가질 만한 성과였다(그의 경력을 결정한 논문은 80번째 논문이다). 〈제이메드 바이롤〉은 영향력이 큰 저널이 아니었다. 하지만 팀장으로서 6명의 연구원들과 함께 거둔 인상적인 성과였다. 외과적으로 제거한 크론병 감염 조직에서 바이러스의 증거를 찾기 위해 사용한 세 가지 시험 표준방법은 모두 효과적이었다. 첫 번째 방법을 사용했을 때는 15명의 환자 중 13명이 양성 반응을 보였고, 두 번째는 9명 중 9명이, 세 번째는 10명 중 10명이 양성 반응을 보였다.

첫 번째 면역조직화학염색법(immunohistochemistry)은 RNA에 암호화되어 있는 홍역바이러스가 만들어내는 단백질의 징후를 찾는 기술이었다. 두 번째로 사용한 기술은 제자리부합법(in situ hybridization)이라는 기술로 바이러스의 유전자 깊숙한 곳에서 RNA의 특정 부분을 찾았다. 어느 방법도 확실하지는 않았다. 그러나 세 번째 방법은 대성공이었다. 전자현미경으로 85,000배 확대한 표본은 사진을 찍어놓은 듯 선명했다. 달 표면처럼 생긴 표본에서 큰 구멍과 작은 방울들, 소용돌이 모양의 물체들, 반점들 사이로 홍역(또는 홍역이라고 보고된 것)의 얼룩진 그림자가 보였다. 웨이크필드는 여기에 260단어 분량의 설명을 덧붙였다. 그는 해당 물체가 바이러스 입자와 감염 세포가 밀집된 바이러스의 뉴클레오캡시드라고 했다. 다가올 운명이 보이는 듯했다.

두 번째 성과 기준은 영국 의학연구위원회(Medical Research Council)의 보조금과 염증성 장 질환 분야의 자선단체들, 제약업계 등으로부터 유치한 기부금이었다. 토론토에서 그는 위스콘신 태생의 세일즈맨 헨리 웰컴이 설립한 거대 제약사 웰컴의 재단인 웰컴트러스트의 지원을 받았다. 그는 1993년까지 웰컴트러스트 재단의 지원을 받는 동시에 더 많은 지원금을 유치하기 위해 나서기도 했다.

또 가정의 경제도 생각해야 했다. 웨이크필드와 카르멘은 런던 서부에 큰 집으로 이사를 한 상황이었다. 이사한 집은 워털루 역에서 출발하는 노선 옆에 위치한 돌출형 창문이 달려 있는 벽돌로 된 연립주택이었다. 1896년에 세인트메리 의과대학을 졸업한 증조부(에드워드 매튜의 아버지)의 이름을 딴 둘째 아들 새뮤얼 라이더 웨이크필드가 태어나면서 이제는 두 아들의 부모였다.

웨이크필드의 작업은 반복적인 부분이 많아 장차 펼쳐지게 되는 흥미진진한 전개에 비하면 지루하기까지 했다. 시간이 없었다. 성과가 필요했다. 반대론자들이 그의 발뒤꿈치를 쪼아대고 있었다. 의과대학에서 연구비 지원을 받고 있는 데다가 적어도 선진국의 경우에는 예방 접종 도입과 함께 홍역 발병률이 바닥에 떨어졌지만 크론병 환자는 증가하고 있다는 비평가들의 지적이 이어지고 있었다. 투지가 없는 사람이 이런 비판을 들으면 자신의 이마를 치면서 술집에서 3주를 보냈을 것이다. 그러나 웨이크필드는 (나중에 다른 관점에서 설명하겠지만) 이 명백한 모순이 영감을 주었다고 한다. 홍역 백신에는 살아 있지만 약화된 홍역바이러스가 들어 있다. 따라서 그는 홍역 백신이 크론병을 유발할 수 있고 이로써 증가하는 유병률을 설명할 수 있다고 추론했다.

이 가설을 증명하려면 돈이 필요했다. 웨이크필드는 자신에게 필요한 돈을 얻을 수 있는 능력이 있음을 알고 있었다. 나는 웨이크필드의 자질에 관해 여러 차례 들었는데 솔직히 말하면 대부분의 사람이 갖지 못한 놀라운 능력이었다. '카리스마… 카리스마….' 그의 삶에서 북소리처럼 울리는 그 능력은 사람들의 마음을 움직이는 놀라운 힘이었다.

이제 그는 자선단체와 비영리단체, 제약회사 경영진을 상대로 자신의 카리스마를 이용했다. 미시간의 업존(Upjohn), 일리노이의 설(Searle), 스위스의 거대 제약사인 호프만 라로슈(Hoffmann-LaRoche), 런던에 기반을 둔 글락소(Glaxo, 현재 GSK)를 유인해 자신의 모자에 더 많은 돈을 넣게 했다.

몇 년 뒤 거대 제약회사들이 꾸민 음모에 자신이 희생되었다는 웨이크필드의 주장과는 어울리지 않는 사실이다. 더욱 아이러니한 것은 이후 웨이크필드를 백신과의 전쟁으로 이끈 구체적인 사실들 중 다음 연결 고리가 되는 연구를 뉴저지주 라웨이에 있는 세계 최고의 백신 제조사 머크가 일부 지원했다는 점이다.

"일종의 기초 작업이긴 했지만, 웨이크필드가 머크의 돈을 받은 것은 맞습니다."

머크의 은퇴한 전 임원이 농담조로 말했다.

바이러스학에서 역학으로 전환한 웨이크필드의 팀은 1950년대와 1960년대에 영국에서 이루어진 서로 관련 없는 두 건의 연구를 추적했다. 하나는 홍역 백신이 도입되기 전에 실시된 어린이 건강 조사였고, 다른 하나는 백신 도입 초기에 실시된 연구였다. 웨이크필드는 (추적 가능한) 연구 피험자들과 서신을 주고받은 뒤 예방 접종자들의 크론병 발병률이 미접종자들에 비해 3배 높다는 결론을 내렸다.

그가 목표로 삼은 학술지는 대중의 입맛을 중시하는 〈란싯〉이었다. 일반 의학 저널인 〈란싯〉은 의과대학을 다녔던 사람이라면 누구나 기억할 만한 거창한 주제나 노골적인 타블로이드지 주제를 종종 다뤄 다양한 전문 분야의 독자들에게 어필하고자 했다. 〈란싯〉은 1995년 4월 로열프리의 위장병학 교수 로이 파운더와 웨이크필드의 조수 스콧 몽고메리 등 4명의 이름이 저자로 올라간 웨이크필드의 3장짜리 논문을 출간했는데, 이들은 이후 모두 불명예를 안게 된다.

〈란싯〉은 모험을 감행하면서 특별히 석학들에게 논평을 의뢰해 명성을 지키려 했다. 〈란싯〉은 과도한 주장에 불만을 품을 수 있는 전문 독자들을 위해 종종 사설을 추가했다. 이번에는 미국 식품의약국(FDA)의 두 과학자에게 '비평'을 써 달라고 요청했다.

두 과학자는 웨이크필드가 자두와 망고처럼 비교가 불가능한 대상을 비교했다고 지적했다. 그들은 각각 1950년대와 1960년대에 실시된 두 연구의 피험자 모집 방법과 인터뷰 방법, 노출 및 질병에 따른 분류 방법에 근본적인 차이가 있다고 했다.

사실 웨이크필드는 논문에서 결점을 인정했다. 논문의 주장은 추측에 근거하고 있었다. 증명된 것은 아무것도 없었다. 홍역바이러스가 장 조직 내에서 생존할 '가능성이 있다', 조기 노출이 위험할 '가능성이 있다'라고 되어 있다. 크론병 환자는 면역기전이 변형되었을 '가능성이 있다'라고 기술했다. 예방 접종과의 연관성이 너무나 약한 나머지, 논문 제목—홍역 예방 접종은 염증성 장 질환의 위험 인자인가?—에 물음표까지 붙였다.

한계는 극명했다. 논문에서 두드러져 보이는 제목은 재미있기까지 했다. 예나 아니오로 대답할 수 있는 질문인 경우 정답은 항상 아니오라는 '힌츨리프의 법칙'(저널리즘에서는 '베터리지의 헤드라인 법칙'으로 알려져 있음)이 있는데, 웨이그필드의 논문 제목이 이 법칙의 사례라고 못 박는 사람도 있었다.

그런데 웨이크필드는 이제 크론병의 원인으로 자연에서 발견되는 홍역을 넘어 백신을 지목하고 있었다. 하지만 이렇게 거대한 아이디어가 맞다는 증거를 도대체 어디에서 찾을 수 있단 말인가?

제 3 장

충돌하는 여정

웨이크필드는 자폐증을 연구하는 여정이 한 엄마의 전화에서 시작됐다고 했다. 좁은 틀에서 보면 그의 말은 사실이다. 때는 1995년 5월이었다. 구체적으로 말하자면 5월 19일 금요일이었다. 그의 2층 사무실에서 전화벨이 울렸다. 한 여성이 여섯 살 난 자기 아들의 이야기를 들려주었다. 그후 모든 것이 바뀌었다. 웨이크필드는 두 모자가 자신의 삶에 가장 큰 영향을 미쳤다고 했다. 2번 아동은 예기치 못한 사건이었다.

"그렇게 해서 연구가 시작되었습니다. 그녀가 우리 팀을 한데 모은 셈이죠. 저는 그녀와 그녀의 아들을 2번 엄마, 2번 아동으로 불렀습니다(웨이크필드를 잊지 못할 인물로 만든 연구 프로젝트에서 두 사람은 익명으로 처리되었다). 이 엄마와 소년은 결코 이차적인 존재가 아니었습니다. 단연코 첫 번째였습니다."

아이는 임신 기간을 다 채운 1988년 7월 말 예정일에 3.9kg의 몸무게로 태어났다. 아무런 문제가 없었다. 임신 기간에도 특별한 일은 없었다. 출산 시에도 별다른 약을 투여할 필요가 없었다. 분만 후 4~5분 있다가 태어난 아기는 신생아의 건강 상태를 측정하는 아프가 척도(피부색, 심박동수, 자극에 대한 반사, 근긴장도, 호흡 능력)에서 10점 만점을 받았다.

런던 북동부 캠브리지셔 카운티에 있는 병원에서 집으로 돌아온 2번 아동은 20세기 영국 중산층 가정에서 최고의 삶을 누릴 준비가 되어 있었다.

아이의 아버지는 공학 분야에서 일하는 컴퓨터 전문가였고 어머니는 런던 최고 여행사에서 근무하는 정보 관리자이자 비즈니스 분석가였다.

유아기의 시작은 순탄했다. 아이의 시선은 또렷했다. 아이는 구르고, 옹알거리고, 웃음을 터뜨렸다. 기어다니기 시작하고는 이곳저곳으로 기어갔다가 가구를 잡고 일어나기도 했다. 손가락으로 가리키며 "엄마… 다다"라고 하고 어느 날인가에는 혼자 일어나 첫걸음을 떼고 넘어지기 전까지 아장아장 걸었다. 이 아이에게는 이유가 있고 궁극적 성취와 실존적 성취가 있었다.

2세가 된 아이의 안색은 좋아 보였다. 금발 머리에 파란 눈동자를 가지고 있었다. 아이는 욕조에서 물을 튀기며 장난감을 가지고 놀고 구불거리는 꼬리가 달린 장난감 강아지를 잡아당기고 장난감 벽돌을 쌓아 탑을 만들었다. 슬프고 끔찍하게도 이런 생활은 얼마 지속되지 않았다. 아이의 부모는 절박하게 알아보기 시작했다. 의료 기록에는 아이가 두 살이 되던 해의 중순이 지난 시점에 생일을 몇 달 앞두고 변화가 있었다는 기록이 있다. 아이는 위축된 상태로 의사소통을 하지 않았고 밤마다 소리를 지르고 자기 머리를 때리기도 했다. 놀랍게도 이런 시기를 겪었다가 다시 멀쩡해지는 아이들도 많다. 그러나 2번 아동은 그렇지 않았다. 아이는 부모를 무시하기 시작했다. 습득했던 언어 능력도 사라지고 없었다.

엄마가 공을 들면 둘째 아들인 아이가 '공'이라고 말했던 발달 단계가 있었다. 엄마가 책을 가리키면 아이는 '책'이라고 했다. 그런데 '공'이 '옹'이 되고 '책'이 '액'이 되다가 어떤 어휘도 구사하지 못하게 되었다.

"아이가 마지막으로 말했던 단어가 '주스'였어요."

자신의 집에서 인터뷰를 하던 중 그녀가 말했다. 웨이크필드에게 전화를 건 지 8년 만이었다.

"주스가 우스로 바뀌고 그다음에는 우로 바뀌었어요. 그리고는 아무 말도 하지 못했죠."

전문가들은 아이의 증상을 두고 공통된 원인이나 설명을 내놓지 못했다. 아이가 언어 능력과 놀이 능력을 잃어버리고 타인에게 무관심해지는 등 수년에 걸쳐 퇴행 증상을 보이자 전문가들은 자폐증이나 정신 지체라고 했다. 퇴행은 자폐증의 특징인 경우가 많지만 의사들은 정확한 진단을 내리기를 주저했다.

이런 악몽 앞에서 머뭇거릴 부모는 없다. 일본인 여행 가이드처럼 사람들을 통솔하는 위치에 있는 전문직 엄마는 주저하지 않고 도움을 찾아 나섰다. 웨이크필드에 전화하기 전에 그녀는 드라이버그 교수, 헌터 박사, 네빌 교수, 터크 박사를 찾았다. 워너 교수, 롤스 박사, 캐스 박사, 외과 의사 무어와도 접촉했다. 리셔 박사, 실베이라 박사, 데이비스 교수, 마틴 박사, 구디어 교수, 바트 박사, 카바나 박사, 워젠크로프트 박사도 있었다.

그리고 환자 없는 의사가 남아 있었다.

그녀가 웨이크필드에게 전화를 걸게 된 계기는 백신과 크론병 간 연관성을 제기하는 물음표가 붙은 〈란싯〉 논문이었다. 허점이 보이는 논리, FDA 과학자들의 혹평, 논문 제목에 분명히 붙어 있는 물음표에도 불구하고 〈란싯〉만큼 신뢰받는 두 기관까지 대중의 관심을 끌기 위해 명백한 결함에 눈을 감았다.

두 기관 중 하나는 로열프리 의과대학이었다. 로열프리 의대는 런던의 의료 체계 개편의 일환으로 인근 지역에 있는 유니버시티 칼리지 런던과의 합병을 앞두고 있었다. 합병 이후에도 학장의 자리를 차지하고 싶었던 햄스테드의 아리 주커먼 학장은 자신이 이끄는 인재들을 뽐내기 위해 웨이크필드의 논문이 저널에 게재되자 그 기회를 놓치지 않았다. 그래서 연구 경력이 35년임에도 불구하고 기자 회견을 여는 데 동의했다.

수년 후 그는 이 같은 자신의 결정을 '재앙'으로 일컬었다. 영국 역사상 가장 길었던 부정 의료행위에 대한 청문회에서 변호사와 의사들 사이에 앉은 그는 MMR 백신 접종률이 급격히 하락한 데 대해 유감을 표명했다. 12개월 동안 접종률은 겨우 0.3% 하락했지만(2세까지 예방 접종을 받는 아동의 접종률이 91.8%에서 91.5%로 하락함), 이 작은 하락폭이 웨이크필드 사건 발생 이전 수준으로 회복될 때까지는 거의 20년이 걸렸다

예전부터 의학계에서 기자 회견은 중급 연구자의 추측이 아닌 획기적인 치료법이나 전염병 발생을 발표할 때 열리는 것이었다. 그러나 4월 28일 금요일 아침, 병원의 나무 패널로 마감된 마스덴 병실에는 등받이가 푹신한 의자가 줄지어 늘어서 있고 맞은편에는 마이크가 달린 좁은 가대식 테이블이 놓여져 있었다. 이 장면은 이후 벌어지게 되는 유사하지만 훨씬 더 거대한 일의 전주곡이었다.

웨이크필드는 패턴이 들어간 넥타이와 버튼다운 셔츠, 어두운 색 바지에 가벼운 재킷을 걸치고 자리에 앉았다. 그의 머리카락은 마치 헬멧에 젤을 붙어 있는 것처럼 이상하게 굵어 보였다. 그의 가슴 왼쪽 주머니에는 몰타 십자가 문양이 새겨진, 사진이 부착된 신분증이 있었는데 신분증 중앙에는 뒤를 바라보는 사자의 모습이 보였다.

그가 오른손으로 제어기를 잡자 프로젝터에서 소리가 나더니 슬라이드가 천으로 된 스크린에 비쳤다. 파란색 바탕에는 흰색으로 '가설'이라고 써 있었다.

> 크론병은 장간막 미세혈관 내피 세포가 바이러스에 지속적으로 감염될 경우 이에 대한 세포 매개성 면역 반응으로 인해 발생한다. 이 바이러스가 홍역바이러스일 가능성이 있다.

그것이 그날의 주요 뉴스는 아니었다. 가디언지는 8면에 300단어 분량의 기사로 보도했고 타임스는 96면에 4장 분량의 기사로 실었다. 그러나 그날 저녁 두 번째 기관인 BBC 방송국도 선보일 인재가 있었다. 물리학과 컴퓨터를 전공한 새로운 과학 기자가 BBC2의 뉴스나이트라는 프로그램에

서 의학 관련 내용에 관해 말할 수 있는 13분의 출연 분량을 배정받은 것이었다.

"오늘 의학 저널 〈란싯〉에 실린 한 논문은 예방 접종을 받은 사람이 심신을 약화시키는 장 질환에 걸릴 위험이 더 높다는 것을 시사하고 있습니다."

어두운 갈색 머리를 가진 쇼의 앵커 제레미 팩스먼은 신랄한 어투로 거의 모든 것을 과장했다.

"백신 접종이 모든 사람에 좋지 않을 수 있다는 암시는 과학 특파원 수잔 왓츠가 보도한 대로 신념이 되어버린 정책에 대한 분노를 자아내고 있습니다."

신념? 과학이 아니라 공중 보건? 그리고 나서 왓츠는 조심스럽게 보도를 이어갔다. 왓츠는 문제의 논문에 대해 자세히 보도하기보다 이야기를 확장하여 위험에 장 질환뿐 아니라 뇌 손상을 추가했다. 그리고 MMR 백신(웨이크필드의 논문에서 언급된 적 없음)을 장 질환과 뇌 손상의 원인으로 지목했다.

나중에 2번 엄마는 방송을 본 적이 없다고 말했다. 32세의 왓츠는 기자 회견 영상과 서너 명의 인터뷰 영상과 함께 (촬영을 위해 준비한 듯한 회의 자리에서) 예방 접종에 반대하는 단체와 홍역의 위험에 대해 경고하는 정부, 여덟 살 난 아이(그 아이에게 무슨 문제가 있는지는 언급하지 않았다)에 관한 분량, 그리고 화려한 주황색 원피스를 입은 재키 플레처라는 여성과의 인터뷰 영상을 내보냈다.

"자, 플레처 부인."

팩스먼 앵커가 그녀에게 말했다.

"아드님인 로버트는 아주 어렸을 때 예방 접종을 받았습니다. 어떤 부작용이 있었나요?"

"음, MMR 백신을 맞고 나서 정확히 10일이 지난 후였어요. 아이는 중병에 걸렸고 그 후로 인생이 완전히 바뀌었습니다."

그녀의 원피스를 제외하고 가장 눈에 띈 건 단정하게 빗어내린 어깨 길이의 짙은 갈색 머리와 모든 것을 꿰뚫어 보는 듯한 갈색 눈동자였다. 그녀는 아이가 30개월, 그러니까 3살이 되던 해에 발작을 일으켰고 이후 심각한 뇌전증 증세와 학습 문제를 보였다고 설명했다(장 질환이나 자폐증은 아니었다).

그녀는 부모들에게 이런 문제에 대한 정보가 더 필요하다고 주장했고 16개월 전에 자신이 만든 단체라며 잽스(JABS)라는 약어로 모호하게 언급했다. 잽스는 영국의 많은 지역에서 백신 주사를 가리키는 속어인데, 누군가 그 뜻을 묻는다면, 그녀는 '정의(Justice), 인식(Awareness), 기본적 지원(Basic support)'이라고 영리하게 대답했을 것이다.

그러나 전직 은행원이었던 38세 플레처는 여러 동기에서 자유로울 수 없었다. 잽스를 만든 그녀의 개인적인 야망은 백신 제조사를 고소하는 것이었다. 그러나 혼자서는 가능성이 없었다. 그렇게 승산 없는 거대한 싸움은 영국 정부의 법률구조제도를 통해서만 감당할 수 있는 것이었다. 소송 비용이 정당화되려면 비슷한 처지에 있는 수백 가구의 소송 비용도 지원해야 함을 의미했다.

당시에는 혼합백신에 대한 별다른 논란이 없었다. 플레처는 그 고요한 상태를 깨고 싶었다. 그래서 웨이크필드가 출연했던 저녁 뉴스 프로그램에 출연한 후 웨이크필드와 연락을 취했고 다른 사람들에게도 똑같이 하라고 조언했다.

2번 엄마는 웨이크필드와 가장 먼저 전화가 연결된 사람이었다. 당시 2번 엄마는 40세(웨이크필드보다 두 살 연상) 여성으로 런던에서 200마일 떨어져 있는, 한때 방앗간 마을이었던 프레스턴에서 성장했다. 웨이크필드가 전화를 받았을 때, 그녀는 영국 북서부 지역의 억양으로 빠르게 말했는데, 자신감 있고 당당한 태도였다.

"제 말을 좀 들어주세요."

웨이크필드는 여성의 말대로 했다. 통화는 약 2시간 동안 이어졌다.

"표현이 분명한 여성이었습니다."

수년 후 그가 회상했다.

"그녀는 상당히 일리가 있는 이야기를 했습니다."

하지만 처음에는 혼란스러웠다. 잘못 걸려온 전화인가? 2번 아동은 자폐 스펙트럼 장애 진단을 받았고, 순식간에 발달상의 차이를 보였는데, 사고, 의사소통, 행동에 있어 특이한 패턴이나 결함, 장애로까지 보였다.

하지만 그녀는 왜 위장병 전문의이자 연구원인 그에게 전화를 한 것일까? 웨이크필드도 뜻밖이라는 반응을 보였다. 외과를 전공하기 전에 일반의학을 배웠지만 1980년대 초 세인트메리 의과대학에서 공부할 당시 자폐증에 대해서는 배운 게 없었다.

"죄송합니다. 어떻게 도와드려야 할지 모르겠네요. 전 자폐증에 대해 아무것도 모릅니다."

(웨이크필드에 따르면) 그랬더니 그녀가 이렇게 말했다.

"우리 아이는 심각한 위장 문제도 가지고 있습니다. 그리고 위장 문제와 행동 문제가 관련이 있다고 생각해요. 하나가 나쁘면 다른 하나도 나빠요. 하나가 좋으면 다른 하나도 그렇게 나쁘지 않죠."

그렇게 그들은 (나중에 재구성해 보면) 자신들의 여정을 하나로 묶어준 대화를 계속했다.

두 사람 모두 대화 초반에 그녀가 자신의 아들이 백신 피해자라고 주장한 것을 기억했다.

"그녀는 아주 분명하게 말했습니다. 정상적으로 발달하던 아이가 MMR 백신을 맞고 몇 주만에 퇴행을 보이기 시작했다는 겁니다."

웨이크필드가 이후 회상했다.

퇴행. 어느 부모도 자신의 아들이나 딸과 관계가 있다는 말을 듣고 싶지 않은 단어이다. 당시에는 자폐 아동의 약 4분의 1에서 3분의 1이 이 고통스러운 유전자 변이에 영향을 받은 것으로 추정되었다. 일반적으로 영아(보통 남자아이)는 약 12~24개월 동안 발달하는 것처럼 보이다가 언어 능력과 사회성을 상실했다. 전문가들은 자폐증이 뇌의 급격한 팽창, 유전자 발현과 연관이 있다고 했다.

2번 엄마는 의사의 관심에 깜짝 놀랐다. 전에 자신의 말을 그렇게 들어준 사람이 없었기 때문이다. 하지만 웨이크필드는 고용 계약상 환자를 만날 필요가 없었기 때문에 금요일에도 다른 임상의라면 부족한 시간을 충분히 갖고 있었다. 그에게는 대기실이나 병동이 없었고 만나야 할 환자도 없었다. 일정도 원하는 대로 계획할 수 있었다. 이제 가르치는 일은 거의 하지 않고 오로지 한 가지 일에만 몰두하고 있었다. 홍역바이러스, 특히 백신에 포함된 홍역바이러스가 크론병의 알려지지 않은 원인이라는 것을 증명하는 일이었다.

2번 엄마는 그가 환자를 돌보지 않는 의사라는 사실을 몰랐으나 플레처에게 들어 그의 관심사가 무엇인지는 알고 있었다. 잽스 활동가인 플레처는 물음표가 붙은 그의 〈란싯〉 논문뿐 아니라 장 질환 환자의 장에서 홍역이 발견되었다고 주장하는 〈제이메드 바이롤〉에 실린 그의 초기 연구에 대해서도 언급했었다.

"깨달음의 순간이었어요."

2번 엄마가 내게 말했다.

"재키의 말을 듣는 순간 그곳에 방법이 있으리란 걸 알았어요. 그때가 전환점이었습니다."

웨이크필드는 그녀의 말에 더욱 열심히 귀를 기울였다. 그녀가 한 말은 그의 목표와 일치했다. 웨이크필드는 그녀의 아들이 복통과 설사를 앓고 있다고 말했다고 한다. 둘 다 염증성 장 질환의 증상일 가능성이 있었다. 그녀는 이 증상들이 예방 접종으로 인해 발생했다고 추론했고 아이가 이렇게 행동하는 원인이 백신 때문이라고 생각했다.

"저는 아이가 이렇게 된 게 MMR 백신 때문이라고 생각합니다."

그녀는 웨이크필드에게 이렇게 말했다고 한다.

"우리 아이는 이제 자폐 아동이고, 장 문제가 먼저, 뇌 문제는 이차적으로 발생한다고 생각합니다."

그것은 추측이었다. 웨이크필드는 그녀의 추측이 마음에 들었다. 웨이크필드와 마찬가지로 그녀의 아버지도 의사였다. 돌아가신 그녀의 아버지는 프레스턴 병원의 일반의로 그녀에게 거대한 아이디어를 도출하는 법을 물려주었고, 그녀는 이를 금요일 전화 통화에서 실천한 것이었다. 수수께끼를 푸는 데 절박했던 그녀는 아들을 위해 온갖 치료법을 동원했었다. 영양제를 먹이기도 했다. 한 의료진은 식단에서 식용 색소와 식품 첨가물을 제거하는 파인골드(Feingold) 식이요법을 제안하기도 했다. 아들에게 다량의 비타민 B12를 주사해 달라고 의사를 설득하기도 했다. '알레르기 유발 자폐증'이라는 부모 모임에 가입해 음식, 특히 빵과 우유에 들어 있는 특정 물질이 자폐 행동을 유발할 수 있다는 '아편유사제 과잉'이라는 개념도 알게 되었다.

"그녀는 차분하고 명료하게 표현했습니다."

웨이크필드가 회상했다.

"아주 신중히 따져본 게 분명했습니다."

그는 그녀의 말을 들었다. 듣고 또 들었다. 그녀는 대사 질환, 황화, 경로에 관해 이야기했다. 그리고 그 부모 모임에 같은 일을 겪은 가족들이 많다고 설명했다.

사실이라고 믿기 힘든 소리였다.

이 여성은 그가 찾던 모든 것을 가지고 있는 듯했다. 많은 부분이 그의 생각과 일치했다. 비타민 B12(대부분 회장에서 흡수됨)까지도 그의 가설과 일치했다. 전자현미경, 조직 샘플, 오래된 전염병학 연구 결과들은 이제 필요 없었다.

2번 아동과 여성이 말한 부모들의 아이들이 크론병의 원인이 백신임을 증명할 살아 있는 증거가 될 수 있었다.

웨이크필드는 그녀에게 전문가의 의학적 소견을 구하자고 제안했다.

이후에 그는 학장이 받은 것과 동일한 징계 절차에서 다음과 같이 주장했다.

"당시 저의 유일한 관심은 아이들의 상태였습니다. 그녀가 어머니로서 대응할 수 있게 돕는 것이 의사이자 인간으로서 나의 의무이니까요."

그래서 그는 남쪽으로 4마일 떨어진 세인트 바스톨로뮤 병원 혹은 바츠 병원에서 일하던 존 워커스미스라는 호주 의사를 여성에게 추천해주었다. 58세의 소아 위장병학 교수 존 워커스미스는 (웨이크필드로부터 2년 넘게 로비를 받은 후) 자신의 팀을 데리고 햄스테드로 적을 옮길 예정이었다. 그는 대장 내시경 검사에 능숙한 컨설턴트 두 명을 자신과 함께 햄스테드로 데려와 연구 기회를 확장했다.

여성의 전화에 힘을 얻은 웨이크필드는 워커스미스에게 전화를 걸었다. 그리고 1995년 8월 어느 화요일(2시간의 대화를 하고 10주 후였다) 2번 엄마는 아들과 함께 남쪽으로 75마일 거리에 있는 런던에 왔다.

워커스미스 교수는 바츠 병원에서 아이의 의료 기록을 넘겨받았다.

정상 임신, 정상 분만… 20개월까지 모유 수유… 18개월에 설사를 하기 시작함… 15개월에 MMR 백신 접종… 이후로 악화됨.

워커스미스 교수의 설명은 웨이크필드의 설명보다 길고 상세했다. 그러나 그는 아이를 검사한 후 자신의 메모에 세 글자로 반복해서 썼다.

복부 NAD, 항문 NAD, 구강 NAD.
최종 소견: 크론병의 증거가 없음

그의 메모에서 NAD는 식별할 수 있는 질환이 없다는 뜻이다. 워커스미스는 다른 의사에게 쓴 편지에서, "엄마가 아동의 질환이 MMR 백신과 관련이 있다고 믿어 홍역과 크론병의 연관성을 고려하여 로열프리 병원의 앤드루 웨이크필드로부터 아이를 소개받았다"라고 적었다. 그리고 환자의 말을 들어보니 여러 식품에 대한 알레르기나 과민성 대장 증후군인 듯하다고 덧붙였다.

"검사에서 크론병으로 의심될 만한 것은 전혀 없었다."

2번 아동에게는 좋은 소식이었고 웨이크필드의 가설에는 나쁜 소식이었다. 그러나 웨이크필드는 이제 겨우 시작이었다. 대부분의 의사는 질병이 발견되지 않으면 기뻐하지만 이 의사는 아니었다. 그는 포기할 수 없었다.

"그녀는 주장하는 바가 매우 분명하고 똑똑한 사람이었으며, 그녀의 말은 매우 일리가 있었습니다."

수년 후 웨이크필드는 그녀와의 전화 통화에 대해 이렇게 말했다.

"그녀는 백신 반대론자가 아니었습니다. 아이를 데려가 백신을 접종했습니다. 그런데 아이가 백신 접종으로 피해를 입은 것이 분명했고 그것은 대형 사고였습니다."

제 4 장

선행 연구

존 워커스미스는 로열프리 병원으로 옮기고 싶지 않았다. 그러나 선택의 여지가 없는 듯했다. 런던 내 의과대학들의 합병이 진행되는 동안 바츠 병원에 있는 그의 부서는 폐쇄 위협에 처해 있었다. 그래서 웨이크필드의 제안과 수년간 이어진 설득 끝에 그의 팀과 함께 북부 햄스테드에 오기로 계약을 했다.

존 워커스미스에게 병원은 전 세계에서 단 한 곳뿐이었다. 바츠. 바츠 병원이어야만 했다. 시드니에 사는 외과 의사의 자녀였던 그는 1123년 수도자들이 설립한 바츠 병원이 '대영제국 병원의 모태'라고 들어왔다. 만약 1972년 당시 바츠 병원에 자리를 잡지 못했다면 뉴사우스웨일스주 웨스트미드에 있는 로열 알렉산느라 어린이 병원에 머물렀을 것이다.

그는 "고대 서양 의학의 기원인 그리스의 코스섬에서 로마의 티베리나섬, 그리고 런던의 바츠에 이르기까지 일종의 '사도 계승'이 있었다"라고 설명했다.

그가 우월 의식에 빠져 있다고 생각하는 이들도 있었다. 영국인보다 더 영국인 같은 사람이라고 했다. 그가 영국 문화에 대한 종속적인 태도로 내면의 불안함을 감춘다고 말하는 사람도 있었다. 예컨대 그는 영국이 식민지였던 호주를 독립시켜 '포기'한 행위는 '부적절'하고 '용납할 수 없다'고 주장했다.

그는 헐값에 온 게 아니었다. 로열프리 병원은 그를 햄스테드로 데려오기 위해 특별 대우를 해주었다. 그를 맞이하기 위해 병원 뒤편 6층 구역에 사무실과 연구실을 새로 지었다. 그의 환자들을 위해 개인 병동인 말콤 병동도 개조했다. 그리고 소아 소화기내과라고 명명한 팀을 이끌도록 최고 지위를 주었다.

1995년 9월, 보수적인 검은색 정장을 입은 그가 자신의 취약점을 감추려 애쓰면서 정중하게 자신이 차지한 영역으로 들어왔다. 그는 자신의 자서전 『오랜 기억 Enduring Memories』에서 자신이 로열프리에 임용된 일이 '국제적으로 중요한 사건'이었다고 설명했다.

"나는 의대 외과 교수들과 함께 대학 위원회의 자리를 맡아 정식 교수가 될 예정이었다."

병리학 박물관 근처의 2층 사무실에서도 엄청난 환대를 받았다. 이후 웨이크필드는 2번 엄마의 전화가 '포문을 열었다'고 표현했는데, 재키 플레처의 잽스와 관계가 있는 가족들과 2번 엄마가 가입한 '알레르기 유발 자폐증'이라는 부모 모임이 '귀를 기울이는' 의사에 대한 뉴스를 퍼트렸기 때문이다.

웨이크필드는 워커스미스와 소아과 의사들로 구성된 그의 팀이 이 가족들의 아이들을 대상으로 연구를 하길 원했다. 장 내에서 생존하는 홍역바이러스의 영향에 대해 배울 수 있는 전례 없는 기회였다. 바이러스는 일반적으로 장에 들어가면 몇 주 안에 사라진다고 하는데, 어쩌면 살아남아서 크론병을 유발할 수 있을까? 더 대담하게, 장과 자폐증 사이에 연관성이 있을까? 2번 엄마의 발상은 아주 흥미로웠다.

워커스미스는 답을 알아낼 기회에 뛰어들었다. 오랫동안 그가 열정을 보인 연구 분야였다. 바츠 병원에서 그의 부서는 영국에서 유일하게 소아 위장병학에 특화된 실험실을 보유하고 있었고 그는 그 일을 계속할 수 있기를 열망했다. 게다가 새 협력자 웨이크필드는 〈란싯〉이 가장 좋아하는 사람이었고, 그때 마침 1980년대에 햄스테드에서 일하며 웨이크필드와 같은 복도를 썼던 리차드 호튼(Richard Horton)이 〈란싯〉의 새 편집장으로 임명되었다.

워커스미스가 그런 결정을 한 또 다른 이유는 웨이크필드를 우러러 보았기 때문이다. 워커스미스는 키가 작고 체격이 보통 남성의 3분의 2에 불과했기 때문에 이는 말 그대로 사실이었다. 동료들은 워커스미스가 웨이크필드를 '진정한 왕자'라고 불렀다고 회상했다. (내가 그를 만나기 몇 주 전) 자서전을 출간했을 때도 웨이크필드의 영향 아래 있었던 워커스미스는 영국 다이애나 왕세자비의 '그림자'를 언급할 정도였다.

그는 키가 크고 잘생겼고 유창하고 카리스마가 있고, 무엇보다 신념이 있는 사람입니다. 아주 성실하고 정직합니다. 유행에 뒤떨어지는 말이긴 하지만 현실에서는 "진실을 추구하는 성전사"라는 말이 가장 잘 어울리는 사람입니다.

회의가 소집되고 많은 임상의들이 합류하고 조사가 승인되었다. 워커스미스는 나중에 자신의 자서전에서 이렇게 말했다.

"앤드루 웨이크필드는 이 아이들에 대한 연구팀을 조직하려 했어요. 그가 위장병 연구에서 오케스트라의 지휘자와 같은 리더였기 때문에, 저는 이 모든 일에서 자유로웠습니다. 팀이 구성되자 윤리위원회의 승인이 떨어졌고 선행 연구가 진행되었습니다."

초기 계획은 크론병이나 염증이 있는 어린이 10명을 조사하는 것이었다. 바이러스에 대한 웨이크필드의 가설이 옳다면 질환이 가장 흔히 발견되는 말단 회장에서 바이러스가 발견되어야 했다.

아이들은 의사들이 '웨이크필드 프로토콜'이라고 명명한 템플릿에 따라 한 명씩 일요일 오후에 입원했다가 금요일에 퇴원했다. 입원 기간에는 힘든 과정을 거쳐야 했다. 진정제를 맞거나 전신 마취를 하고, MRI 뇌 스캔, 뇌파 측정, 혈액 및 소변 검사, 뇌척수액 채취를 위한 척추 주사, 바륨 삼킴 검사와 복부 엑스레이, 비타민 B12 흡수 장애 여부를 알아보는 쉴링 검사, 그리고 가장 중요한 회장 내시경과 결장 내시경 검사(종종 '회장결장경검사'로 불림)를 받았는데, 내시경을 소장에 삽입하는 방식이었다.

이런 프로젝트를 진행한 경험이 있는 병원은 없었다. 경영진은 이 프로젝트를 '유일무이한' 프로젝트라고 표현했다. 발달 문제의 원인을 찾기 위해 백신에 홍역 성분이 있다는 것을 전제로 대장 내시경 검사를 하는 것 자체가 매우 파격적인 접근 방식이었다. 숙련된 의사들은 어떻게 윤리위원회가 이토록 문제가 있는 연구 프로젝트를 승인할 수 있었는지 의문을 제기했다.

바츠 병원에서 워커스미스의 팀과 함께 건너 온 소아과 컨설턴트 시몬 머치(Simon Murch)는 이후 학교에서 "연구계획서를 검토하는 회의 자리에서 우리는 많은 추천서를 받았다"라고 내게 설명하면서, "정해진 수의 어린이에 대한 전향적 연구라는 게 이 연구의 한계였다"라고 말했다.

우선 부모들은 동네 병원 의사의 추천서가 필요했는데, 이 추천서는 비응급 상황에 있는 환자를 입원시킬 수 있는 유일한 방법이었다. 첫 번째 요청은 1996년 2월 런던에서 북서쪽으로 200마일 떨어진 리버풀 외곽에 있는 일반 개업의로부터 접수되었다. 그녀는 워커스미스에게 쓴 추천서에서 자신의 6세 환자에 대해 이렇게 말했다.

"아이를 봐주신다고 해서 감사하다는 말씀을 드립니다. 아이는 MMR 백신 접종 후 자폐증과 심한 변비, 학습 장애 등을 보이고 있습니다."

시작은 좋았다. 얼마 지나지 않아 로열프리 병원은 발달장애 아동을 필사적으로 치료하려는 가족들의 메카 혹은 루르드(성모마리아가 병자를 치유하는 기적을 일으켰다고 알려진 프랑스 마을)가 되었다. 연구가 시작되기도 전에 웨이크필드에 대해 다음과 같이 쓴 엄마도 있었다.

"그는 [아들의] 질환을 제거하거나, 질환과 홍역백신 간 연관성을 찾을 수 있는 검사가 있다고 말했습니다."

정보를 얻을 수 있다는데 어떤 부모가 그 상황에서 시련을 마다하겠는가? 미국을 포함한 전 세계에서 부모들이 차, 기차, 비행기를 타고 햄스테드로 모여들었다. 웨이크필드는 예기치 못한 첫 사례를 잊지 않고 있었다. 크론병이 아니라는 워커스미스의 진단에도 불구하고 첫 번째 아이는 (웨이크필드의 말을 빌리자면) 핵심적인 환자였고 처음으로 검사를 받게 되었다.

사실 워커스미스와 전화를 하고 나서 그해 5월 지원한 아이의 엄마는 두 번째 지원자였다(그래서 2번 아동이 되었음). 웨이크필드는 워커스미스 교수에게 아이에게 크론병이 있든 없든 여전히 장에 '경미한' 염증이 있을 수 있으니 대장 내시경 검사를 하는 데 이점이 있다고 주장하면서 그녀를 지지했다. 그의 말에 동의한 워커스미스는 금요일에 한 식품 알레르기 클리닉에서 엄마와 아이를 다시 만났다. 그는 염증 상태를 알아보는 혈액 검사(정상으로 나옴)를 지시하고 두 달 후인 9월 1일 일요일 오후 말콤 병동에 2번 아동을 입원시켰다.

이때가 1번 아동이 입원했다가 퇴원한 지 5주 만이었다. 100마일 떨어진 공군 기지에서 온 3세 남자아이는 의사들에게 실망을 안겨주었다. 장 청소제를 마신 후에도 변비가 너무 심해 내시경이 소장에 도달할 수 없었다. 3일 후에도 마찬가지였다.

다음으로 2번 아동이 연구계획서에 따라 검사를 받았다 아이가 병원 6층 병동에 도착하자 후배 의사인 데이비드 캐슨(David Casson)이 엄마에게서 아이의 의료기록을 전달받았는데, 기록에는 예방 접종과의 연관성이 언급되어 있었다.

엄마는 아이가 생후 13개월에 MMR 백신을 접종했고, 접종 2주 후부터 머리를 부딪치고 밤새 비명을 질렀다고 언급했다. 그녀는 병동에서 어린 환자들을 돌보는 소아 정신과 의사 마크 베렐로위츠에게도 똑같이 말했다. 2번 엄마는 [2번 아동이] MMR 백신을 접종하고 나서 약 2주 후부터 머리를 박기 시작하고 시선을 맞추지 못했다고 반복해서 말했다.

아이는 병원에 도착한 다음 날 아침 말콤 병동에서 4층 위에 위치한 내시경실로 옮겨졌다. 미다졸람과 페티딘 진정제의 효과가 나타나기 시작하자, 아이는 왼쪽으로 누운 상태에서 내시경 검사를 받았다.

윤리 강령에 따르면 이 절차는 '고위험' 절차에 속했지만 워커스미스는 어린이들에게 사용해도 괜찮을 정도로 섬세하고 유연한 광섬유 내시경을 사용한 경험이 꽤 있었다.

그러나 절차가 항상 생각대로 되지는 않았기 때문에 연구계획서 승인 후 입원한 아이들 중 5세 어린이 한 명은 장에 천공이 12개나 뚫려 병원에서 50만 파운드의 보상금을 지불해야 했다.

소장의 가장 마지막 부분(내시경으로 겨우 몇 센티미터만 접근 가능함)에 접근하기 위해서는 기기가 이동해야 하는 거리가 꽤 된다. 먼저 직장과 약간 S자 모양처럼 생긴 S자 결장을 통과한 다음, 인체의 왼쪽에 있는 하행 결장을 따라 구부러진 비장만곡까지 이동해야 한다. 거기에서 흉곽 뒤에 수평으로 처져 있는 횡행결장을 가로질러 또 다른 굴곡인 간만곡으로 간다. 거기서 오른쪽에서 다시 상행 결장으로 이동한 다음 충수로 갈라지는 맹장 부분(엉덩이 뼈에서 약 세 손가락)까지 내려간다.

이제 더 까다로운 조작이 이루어지는 부분, 돌막창자판막이 나온다. 이곳은 대장에서 음식물의 영양소를 흡수하는 회장(소장의 첫 번째 부분)으로 연결되는 부분이다. 회장은 비타민 B12를 흡수하는 구간이며, 일반적으로 크론병이 가장 심각한 곳이다.

일반적으로 워커스미스는 절차를 지시하고 아이들을 직접 검사하지는 않았다. 2번 아동의 경우 머치가 내시경실에 있는 얼굴 높이의 선반에 장착된 비디오 모니터를 통해 진행 상황을 관찰하면서 검사를 진행했다. 머치는 최근에 마흔이 되었고 그의 동료들과 마찬가지로 당당한 태도를 지닌 신사였다. 그의 취미는 조정이었고 10번의 삽관 시도 중 9번을 성공했다고 자랑스럽게 설명했다.

일회용 녹색 가운 뒤에 안전하게 셔츠와 넥타이를 보관해 둔 머치는 임무를 받자마자 2번 아동을 검사할 준비를 했다. 피부에 밀착되는 크림색 라텍스 장갑을 양손에 꼭 끼고 왼손은 컨트롤을, 오른쪽은 후지논 소아 대장내시경의 몸체를 움켜쥐었다. 길이 약 1.5미터, 지름 10~12밀리미터의 내시경은 매끄러운 폴리머가 씌워진 강철 메쉬였다. 뱀의 머리처럼 조정할 수 있는, 각도 변형이 가능한 와이어가 장비 전체에 내장되어 있었다. 의사가 부드럽게 압력을 주면, 와이어는 의식이 없는 아이(현재는 8세)의 몸속에서 동맥과 정맥이 보이는 분홍색 통로를 여행했다. 전면에는 광원 장치가 달린 렌즈와, 송풍기, 물 공급 장치, 흡입을 위한 채널과 도구가 보였다.

머치의 오른쪽에는 간호사 두 명이 서 있었다. 뒤에서는 2번 엄마와 웨이크필드가 모니터를 보고 있고 근처에는 닉 채드윅(Nick Chadwick)이라는 금발의 젊은 과학자도 있었다. 그는 조직이 제거되면 홍역 검사를 하기 위해 기다리는 시험 조정자(분자생물학 전공)였다.

내시경이 돌막창자판막에 도달하자 머치는 안도감을 느꼈다. 1번 아동 때에는 지나가지 못했던 곳이었다. 비틀고 미는 마지막 기동으로 내시경은 파라오의 무덤 속으로 들어가듯 2번 아동의 회장 속으로 들어갔다. 목표는 금고였다. 적어도 웨이크필드는 그렇게 희망했다.

그곳에 있던 사람들이 반응이 어땠는지는 결코 알 수 없을 것이다. 그러나 2번 엄마는 내시경 검사가 막바지에 이르자 공포를 느꼈다. 내시경의 빛을 받은 결절들이 반짝였다. 점막 위로 튀어나온 창백하고 부어오른 결절들은 사악하고, 악성이고, 뭔가 잘못된 것처럼 보였다.

본 적도 들어본 적도 없는 것들이었다. 그녀는 충격을 받았고 이제 증거를 찾았다는 생각이 들었다.

"의사들은 이것들이 염증성 장 질환의 증거라고 말했습니다."

그녀는 2년 반 전 재키 플레처가 결성한 잽스의 출범을 보도한 메일온선데이의 의학 담당 기자 로레인 프레이저에게 말했다.

"안도감을 느껴졌어요. 마침내 우리는 그곳에 있으리라 믿었던 것을 찾았습니다."

뱀의 머리에서 악어 턱처럼 생긴 집게가 나와 작은 살덩이를 잘라냈다. 그런 다음 내시경은 다시 뒤로 돌아가 맹장, 상행 결장, 횡행 결장, 하행 결장, 직장에서 살덩이 다섯 점을 더 잘라냈고 이 다섯 점은 분석을 위해 다시 반으로 잘라졌다. 한 세트는 포르말린 보존제에 고정된 상태로 병원 2층 조직병리과로 보내져서 의사가 현미경으로 볼 수 있도록 얇게 자른 후 슬라이드 위에 올려놓고 염색되었다. 다른 한 세트는 채드윅이 10층 실험실로 가지고 가서 영하 70°C의 액체 질소에 얼려 바이러스의 흔적이 있는지 조사했다.

나머지 한 주 동안 더 많은 검사가 진행되었다. 2번 아동은 말콤 병동을 오가며 요추 천자, MRI 뇌 스캔, B12 조사, 뇌파 검사, 혈액 및 소변 검사 등을 받았다.

검사 결과는 모두 정상이었다. 그런데 2번 아동의 조직검사 결과를 연구한 병리학자들은 경미한 염증의 징후가 있다고 보고했다. 그들의 전문 분야는 '조직학'(조직에 대해 연구하는 현미해부학의 한 분야)이었는데, 이후 웨이크필드의 경력이 흥망성쇠를 거치면서 연구의 조직학적 측면은 검토되고 또 검토되게 된다.

병리학자들은 내시경 검사 3일 후 이렇게 보고했다.

"림프성 응집체와 여포를 포함하는 경미하고 비연속적인 염증 세포의 증가는 매우 특이적이지는 않지만, 낮은 수준의 염증성 장 질환 잠재군일 수 있다."

유레카? 웨이크필드의 팀은 그렇게 생각했다. 이러한 발견과 부은 땀샘을 고려하면 크론병이라는 게 워커스미스의 잠정 진단이었다. 찾고 싶었던 것을 찾은 듯했다. 8세 아이에게 크론병이라니, 침울한 진단이었다. 앞날 역시 암울할 가능성이 컸다. 아이는 발달 문제로 어려움을 겪게 되고 위장 질환에 시달릴 것이다. 완화와 재발을 특징으로 하는 크론병의 특성상 아이는 평생을 장기간의 힘든 약물 치료와 반복적인 수술을 받아야 할 것이다. 심한 자폐증은 또 어떻게 다뤄야 할까? 예후가 더 나쁜 경우도 있다. 크론병은 우울증, 관절염, 안과 질환, 암을 비롯한 여러 질환에 걸릴 위험을 높였다. 치료를 하다가 뼈가 약화되어 부서지기 쉽게 변하는 경우도 있었다.

그러나 워커스미스는 흥분을 감추지 못했다(내가 아니라 2번 엄마가 한 말이다). 그녀는 아들이 크론병일 수 있다는 소식을 전하기 위해 워커스미스가 말콤 병동에 올 때 '두 살배기 아이처럼 뛰어들어왔다'고 했다.

"부인의 말이 맞았습니다."라고 워커스미스는 거듭 말했다.

제 5 장

4번 아동

몇 년 후, '자폐증을 위한 미션을 수행하는 엄마들'이라는 미국 단체는 웨이크필드를 심문할 기회를 가지게 되었다. 그가 가장 좋아하는 영화는? 닥터 지바고. 가장 좋아하는 배우는? 잭 니콜슨. 가장 좋아하는 노래는? 〈그대의 찬 손 Che gelida manina〉. 인생에서 가장 행복했던 때를 떠올리게 하는 노래는? 안드레아 보첼리의 〈콘 테 파르티로 Con Te Partirò〉.

후자는 풍부한 현악기와 휘몰아치는 선율이 특징인 대중적인 오페라였다. 총 4분의 로맨틱한 곡으로 들으면 곡조에 맞춰 휘파람을 불 수 있다. 번역하면, '당신과 함께라면 떠나겠어요'라는 뜻인데, 테너 보첼리가 1995년 2월 이탈리아 북부 산레모에서 열린 축제에서 처음 공개한 곡이다. 그 후 이류 소프라노와 듀엣으로 〈Time to Say Goodbye〉이라는 제목으로 불러 2년 동안 큰 인기를 끌었다(1997년 2월 독일 판매 기록 경신).

웨이크필드의 선행 연구 시절부터 지금까지 반복 재생중인 곡이다. 이름을 알리기 위해 시작한 프로젝트가 비윤리적이고 부정직하고 해로운 의학 연구로 사람들의 기억 속에 남아 의학계의 수치가 된 것이다.

1부터 12까지 번호가 매겨진 아이들 12명이 검사를 받은 결과는 〈란싯〉에 게재될 예정이었다. 첫 번째 아이는 1996년 7월에, 마지막 아이는 이듬해 2월에 입원했다. 두 살 반에서 아홉 살 반 사이의 아이들이었다. 11명은 남자아이로 전부 백인이었다. 9명은 영국 출신이었다. 웨일즈, 프랑스 근처의 영국 저지섬, 캘리포니아 베이 지역에서 각각 한 명씩 왔다. 모두 무의식 상태에서 내장에 홍역바이러스의 증거가 있는지 내시경 검사를 받았다.

이즈음 웨이크필드는 큐 테일러 애비뉴 43번지로 이사를 했다. 이곳은 히드로 공항으로 들어가는 비행 경로 아래에 위치한 식물원 큐 가든으로 유명한, 녹음이 우거진 서부 런던 지역이었다. 아내 카르멜과 함께 침실 여섯 개, 욕실 세 개짜리 교외 별장을 샀는데, 이제는 막내 이모젠 마리까지 세 명의 어린 자녀가 있었다.

2번 아동은 영원히 그에게 예기치 못한 사건으로 기억될 것이다. 그러나 당시 더 좋았던 사례는 다른 남자아이였는데, 아이의 엄마는 1번 아동이 내시경 검사를 받기 3개월 전인 1996년 4월에 웨이크필드에게 연락을 했다. 이 아이는 아홉 살이며, 한때 탄광과 조선소로 유명했던, 햄스테드에서 북쪽으로 280마일 떨어진 타인사이드(Tyneside) 출신이었다. 웨이크필드는 이 아이의 병력이 백신 피해 환자 중 '가장 흥미로웠다'고 한다.

이제부터 이 아이를 4번 아동, 세 장 분량의 꽃무늬 메모지에 연구에 관한 정보를 요청했던 아이의 엄마를 4번 엄마로 지칭하겠다.

> 친애하는 웨이크필드 박사님께
>
> 잽스 고디네이디인 재키 플레쳐로부터 박사님께 연락해 보라는 조언을 받았습니다. 제게는 자폐증 진단을 받은 9살 난 아들[4번 아동]이 있습니다. 홍역 주사와 MMR 백신 주사가 아들의 자폐증과 관련이 있다고 생각해 최근 뉴캐슬에서 [변호사를] 만났습니다. … (중략)…
>
> 이 모든 것에 대해 어떻게 생각하시는지요? 백신 주사가 문제의 원인인지 확인하는 데 도움이 될 만한 [우리 아이가 받을 수 있는] 검사가 있을까요?

4번 아이에게는 2번 아동이 앓고 있는 증상과 유사한 증상도 있었다. 그러나 태어날 때는 문제가 없었던 2번 아동과 달리 4번 아동은 처음부터 어려움이 많았다. 4번 엄마의 자궁은 심장 모양 또는 Y자 모양인, 이른바 양각 자궁이었다. 임신 기간은 평균보다 5주나 짧았고 아이는 거꾸로 뒤집혀 머리가 위에 있는 상태였다. 4번 엄마는 제왕절개를 제안받았지만 수술을 집도할 수 있는 의사가 없었다고 한다. 아기의 특징적인 얼굴 모양 때문에 걱정했는데, 일반적으로 학습 문제와 관련이 있는 취약X염색체증후군의 유전자에서 '미세한 결실'이 발견되었다.

그녀는 내게 도움을 주겠다는 이메일을 보내고 나서 몇 년 후 끔찍한 출산이었다고 고백했다.

> 벌써 수년 전에 했어야 할 일이지만, 당시 저는 아들을 돌보며 많은 스트레스를 받았고, 웨이크필드 박사를 신뢰했고, 그의 진실성을 믿었기 때문에 신의를 지켰습니다.

그녀는 가벼운 체구의 여성으로 2년간의 아동복지 과정을 마치고 16년 동안 정신 건강과 장애 분야에서 일한 요양보호사였다. 보자마자 나는 그녀의 스타일이 마음에 들었다. 우리는 뉴캐슬 기차역에 있는 한 술집에서 만났는데, 그녀는 오토바이에서 막 내린 사람처럼 검은 가죽에 금속이 박힌 핸드백을 걸친 채 도착했다. 그러나 영국 북동부 지역의 따뜻한 '조디' 억양으로 자신의 첫째 아이에 대해 이야기하는 그녀한테서 세속의 바람은 전혀 느껴지지 않았다.

"행복하고 정상적인 아이였는데 계속해서 퇴행 증상을 보이더니 행동이 느려지고 사회성을 전부 잃어버렸어요. 결국 내 아이에게 마지막으로 남은 유일한 기술은 숟가락을 쓰는 겁니다."

아이가 처음 배웠던 단어는 12개 정도였는데, 대략 15~16개월차에 발달이 느려지더니 이내 멈춰버렸다. 네 살 때까지는 장난감을 가지고 놀았고, 아동기 자폐증의 척도인 반복적인 행동도 보이지 않았다. 그런데 네 살에서 네 살 반 정도가 되자 자기만의 세계로 사라져버렸다고 한다.

"벽에 머리를 부딪히며 이리저리 뛰어다녔습니다. 제가 누군지 알아보지 못하고 작은 소리를 내기 시작했어요. 모든 능력이 사라졌고, 사회성도 없어졌습니다. 더 이상 아무것도 하지 못했어요. 놀지도 못했구요. 두 살 때는 장난감 자동차를 가지고 놀았는데, 어느 날 모든 능력이 사라졌습니다. 이제는 아이를 안을 수도 없어요. 아무것도 할 수 없습니다."

그녀의 삶은 산산조각났다. 아무런 설명도 없었다. 아빠는 비탄에 잠겼다.

"아이 아빠는 저를 탓했어요."

심적 고통이 너무 컸던 그는 가족을 떠나버렸다.

"정말로 저를 탓하더군요. 저 때문에 벌어진 일이라고요."

2번 엄마와 달리, 그녀는 답을 안다고 주장하지는 않았다. 웨이크필드의 영향권 아래 들어온 대부분의 부모와 마찬가지로, 그녀는 그가 답이 있다고 말해주길 바랐다.

"MMR 백신을 생각해 본 적은 없었어요."

그녀가 아들이 처음 문제를 보이기 시작할 당시에 대해 말했다. 그러나 뉴스나이트가 방영되고 나서 5개월 뒤 MMR 백신에 대해 생각하게 되었다. 지역 주민 센터에 방문한 것이 계기가 되었는데 그곳에서 그녀는 게시판에 붙어 있는 지역 신문 스크랩에서 다음과 같은 헤드라인을 발견했다.

백신 때문에 안전에 위협을 느끼는 사람들을 위한 긴급전화

신문에는 플레처가 만든 잽스 지부를 맡고 있는 담당 엄마의 전화번호와 함께 이 여성의 아들이 백신을 맞은 뒤부터 퇴행 증상을 보였다고 설명하며 리차드 바라는 변호사의 이름이 적혀 있었다.

"게시판에 사연이 적혀 있었습니다."

4번 여성은 아들이 여덟 살일 때 처음으로 MMR 백신을 의심하게 된 순간을 기억했다.

"사연이 [내 아들의] 이야기와 똑같았어요. 완전히 정상이었다가 퇴행 증상을 보이더니 모든 능력을 상실했다고요."

그녀는 신문에 있는 번호로 전화를 걸고 몇 달 후에는 웨이크필드에게 자신을 소개하는 편지를 썼다. 편지를 보낸 지 열흘 만에 놀랍게도 웨이크필드가 그녀의 집으로 전화를 걸었고 둘은 이야기를 나눴다. 그녀는 파란색 잉크로 기록한 당시 대화의 사본을 나중에 내게 넘겨주었다.

"그는 자신이 홍역으로 인한 장 문제를 연구할 사람을 모집하고 있다면서, 홍역 백신이 장 문제의 원인인지 밝힐 것이니 제게 법적 지원을 받을 수 있게 3-4개월 후에 전화를 하거나 편지를 쓰라고 했어요."

그녀는 (과일 주스나 요구르트를 먹으면) 가끔 설사를 하는 것을 제외하면 아들에게 심각한 장 문제는 없다고 그에게 말했다.

그러나 4번 아동의 사례에 웨이크필드가 그토록 흥미를 느낀 이유는 그의 특이한 병력이었다. 그가 태어난 건 1987년 1월로 MMR 백신이 출시되기 20개월 전이었다. MMR 백신은 미국에서 1971년에 처음 허가되었지만, 영국 땅에는 1988년 10월이 되어서야 도입되었다. 그래서 4번 아동은 15개월 차에 MMR 백신이 아닌 홍역 주사(영국에서는 최소 1968년부터 시행됨)를 맞았고 MMR 백신은 49개월차에 맞았다.

그래서 홍역바이러스가 들어 있는 두 가지 백신을 아이의 발달 과정과 대조할 수 있었다. 소아과 의사들은 일반적으로 백신과 자폐증 사이에 연관성이 보인다 해도 단순히 우연에 불과하다고 설명했다. MMR 1차 접종은 대부분 생후 2년차에 이루어지는데, 이 시기는 보통 부모들이 자폐증 증상을 처음으로 인지하는 시기와 같았다.

그러나 이 아이의 경우 병력이 추가적인 증거가 되었다. 홍역 성분이 포함된 주사를 두 차례(처음에는 홍역 백신, 그다음에는 MMR 백신)를 맞았기 때문에 통상적인 사례가 아닐 뿐더러 백신에 관한 일반 상식에 맞지 않았다.

웨이크필드는 '더블 히트'나 '재투여' 효과라고 주장해 홍역 백신이 원인이라는 인상을 강화할 수 있었다.

웨이크필드는 4번 아동을 언급한 적이 없었지만, 4번 엄마와 나눈 대화와 편지는 여러 생각이 들게 했다. 그러고 나서 두 달 후 4번 엄마는 아들이 대구 간유를 먹고 설사를 했다는 편지를 보냈고 웨이크필드는 주치의의 추천서를 받으라고 제안했다. 그런 다음 자신이 주치의에게 직접 전화를 걸어 확인했다.

그래서 2번 아동이 퇴원하고 3주 후인 1996년 9월 일요일, 4번 엄마와 아들은 햄스테드에서 6일을 보내기 위해 벽돌과 치장 벽토로 된 저렴한 집에서 출발했다.

4시간 후, 그들은 로열프리 병원의 6층에 있는 굳게 닫힌 문 앞에 도착했다. 말콤 병동이었다. 그곳은 통풍이 잘되고 밝은 투베이 구조에 12개의 침대가 있었으며, 부모가 자녀 옆에서 잘 수 있도록 여분의 침대를 설치한 침실도 있었다. 환자들의 기분 전환을 위해 가져다 놓은 원형의 놀이 테이블과 탄력 있는 파란색 매트, 모든 연령대가 갖고 놀 만한 장난감 등이 병실 분위기를 밝게 만들었다.

그러나 편안해 보이는 풍경, 친절한 의료진에도 불구하고 4번 엄마는 아들이 병동에 있었던 시간이 악몽 같았다고 했다.

"의사를 믿었으니까," 그녀는 고통을 떠올리며 말했다.

"MMR 백신이 자폐증을 유발하는지 알아내는 검사인 줄 알았어요. 그래서 거기에 갔던 거죠. [내 아들에게] 그렇게 외과적인 시술을 하는지 알았다면 가지 않았을 거예요."

도착할 당시에는 몸이 피곤해서 더 힘들었다. 다음 날 아침 대장내시경 검사를 진행하는 시몬 머치를 만났을 때 그녀는 먼 길을 오느라 녹초가 된 상태에도 간절히 도움을 구하고 있었으며, 거의 쓰러져 흐느끼는 상태였다.

검사 과정은 2번 아동과 동일했다. 엄마가 아이의 병력기록을 전달하고 검사를 위한 준비가 시작됐다. 그런 다음 월요일 오전 8시 30분에 아이는 4층에 있는 내시경실로 옮겨져 필수 절차인 내시경 검사를 받기 위해 진정제를 맞았다.

직장… 결장… 판막… 회장.

종창들이 보였다.

2번 엄마를 충격에 빠트렸던 점막 위로 튀어나온 결절들이 모니터에 선명히 드러났다. 의사들은 '과형성'이라는 단어를 사용했다. '회장 결절성 림프양 증식증(Ileal lymphoid nodular hyperplasia)'이었다.

4번 엄마는 검사가 한 시간 넘게 걸렸다고 일기장에 적었다. 그녀는 고통의 나날들을 기록해두었다. 의료진은 웨이크필드가 계획했던 일련의 시험이 진행되자, 4번 아동이 '발작적인 울음'을 보였다고 기록했다.

아이는 간호사들에게 저항했다. 아이의 대변에서 혈액이 발견되었다. 아이는 침대에서 매트리스를 잡아당기고 구토를 반복했으며 시술 내내 울먹였다.

수요일 아침 9시 15분. 엑스레이를 찍으려면 바륨 식사를 해야 하는데 [아들이] 백악질 음료를 마시려 하지 않았다. 병동으로 돌아가 아들을 누르고 주사기를 사용해보려 했지만 [아들이] 의료진에게 저항했다. 코에 튜브를 삽입하려 시도해도 소용이 없자 의료진은 포기했다. 그런 다음 진정제를 놓기로 결정했다가 또다시 마음을 바꿨다. 검사는 취소되었다.

가족들이 아이를 위한 필사적인 여정을 하면서 검사 단계에서 겪었던 일이다. 부모들은 자녀의 상태에 대한 답을 찾기 위해 무슨 일이라도 했을 것이다. 하지만 4번 아동에게는 혹독했다. 심각한 자폐증을 가진 아홉 살 아이는 검사가 시작되고 이틀 만에 쓰러졌다.

"아이가 복도에서 쓰러졌습니다."

4번 엄마가 말했다.

"주변에 아무도 없어서 다시 엘리베이터를 타려고 했습니다. 서류나 그런 비슷한 걸 가지러 가려고 두 층 아래로 내려갔던 것 같아요. 아이가 혼자 걷고 있었는데 갑자기 쓰러졌습니다. 주위에 아무도 없어서 도움을 요청할 수 없었어요. 약간 당황했고, 그 이후는 기억이 잘 나지 않는데, 아이가 다시 쓰러졌습니다."

그날 아이는 세 번이나 쓰러졌다고 한다. 연구에 참여한 다른 아이들도 고통스러워했다. 2번 아동의 표준 혈액을 채취하는 데만 세 사람이 필요했다. 어떤 네 살배기 아이는 요추 천자를 하고 나서 두통이 너무 심해, 퇴원 후에 엄마가 응급 의사를 불러야 했다. 일곱 살이었던 5번 아동 역시 동일하게 전신 마취하에 뇌척수액을 채취하는 검사를 받고 나서 상태가 좋지 않아 자택에서 구급차로 급히 이송된 후 이틀 동안 병원에 입원해야 했다.

5번 엄마는 처음부터 척수 천자가 필요하다는 말에 이의를 제기했다.

"전 하지 않겠다고 했었어요. 관련이 없다고 생각했으니까요. 그런데 병원에서 빌다시피 하는 바람에 하기로 결정한 거예요."

4번 아동은 다행히 요추 천자를 면했다. 뇌파 검사와 MRI(둘 다 목요일에 진정제를 투여받은 상태에서 진행됨)를 받고 나서 요추 천자는 하지 않기로 했다. 아이가 너무 아파하고 계속 구토를 해서 다음 날인 금요일에 엄마와 함께 택시를 타고 280마일 떨어진 집으로 돌아갔다.

금요일 저녁, 웨이크필드는 런던에서 열린 잽스 회의에서 뉴스나이트에 주황색 옷을 입고 출연한 플레처, 신문 기사에 등장해 4번 엄마에게 MMR 백신을 알린 변호사 바와 함께 연설을 했다.

"짧지만 유익하고 흥미로운 연설이었습니다."

연설을 본 6살 아이의 엄마가 웨이크필드에 편지를 썼고, 그 후 검사를 받기 위해 자신의 아들(12번 아동)을 데리고 왔다.

2주 후 타인사이드로 돌아온 4번 여성에게 좋은 소식이 들려왔다. 회장 결절성 림프양 증식증이 있는데도 불구하고 장 질환에 대한 혈액 검사는 정상으로 돌아왔다. 질병의 증거를 찾기 위해 아들의 조직 검사를 실시한 병리학자(조직학은 현미경으로 조직을 연구하는 것이므로 엄밀히 말하면 '조직병리학자')들이 조직병리학적 이상을 발견하지 못했다고 했다.

그녀는 모든 것이 끝났다고 생각했다. 그런데 이상한 일이 벌어졌다. 거의 6개월이 지난 시점에서 존 워커스미스가 아이에 대한 진단을 바꾼 것이다. 워커스미스는 4번 아동에 대해 추가적인 검사를 실시하지는 않았지만 소아과 의사와 병리학자들의 동의를 얻어 정상 소견을 재검토하고 결과를 질환으로 재분류했다. 위장병 전문의가 볼 때 그는 4번 아동이 삶을 송두리째 바꿀 수 있는 심각한 상태를 의미하는 원인 불명의 결장염을 앓고 있다고 주장했다. 그 시점에서 궤양성 대장염이나 크론병으로 진단할 수 없었던 것은 분명했다.

4번 아동은 사실 궤양성 대장염도 크론병도 아니었다. 2번 아동도 마찬가지였다. 2번 아동에게 내시경 검사를 실시하고 나서 워커스미스는 흥분한 상태였다. 그런데 두 달 동안 특별 유동식을 하고 연구와 관계 없는 의사가 다시 실시한 내시경 검사의 결과는 완전히 정상이었다. 워커스미스와 마찬가지로 그 의사도 2번 아동이 바츠 병원에 있는 동안 음식 불내증을 앓았다는 결론을 내렸다.

그런데도 워커스미스는 1997년 3월 화요일 4번 아동의 주치의에게 편지를 썼다. 그는 대장염의 조직 검사 소견에 비추어 크론병 환자에게 자주 투여되는 강력한 항염증제인 메살라진의 처방을 권고했다고 설명했다.

11년 후 위법 혐의를 받고 나서, 워커스미스는 진단이 어떻게 수정된 건지 설명할 수 없다고 인정했다. 그는 2번 아동의 임상 기록에 해당 내용을 적지 않았다고 했다. 메살라진은 약물 사용 지침상 심각하거나 생명을 위협하는 부작용이 생길 수 있음을 의미하는 블랙박스 경고가 표시된 의약품이지, 가벼운 증상에 사용하는 약물이 아니었다. 더구나 말을 하지 못하는 발달장애 아동과 관련이 있는 의약품은 아니었다. 약물안전위원회는 메살라진과 올살라진 또는 설파살라진을 복용하는 환자는 설명할 수 없는 출혈, 타박상, 자반병, 인후통, 발열 또는 권태감이 발생할 경우 보고해야 한다고 권고하고 있다. 혈액병이 의심되면 혈구 수를 측정하고 약물 복용을 즉시 중단해야 한다.

4번 엄마는 약물 치료가 필요한지 확신하지 못했다. 그녀는 좋은 식단을 하면 설사가 예방되었다고 말했다. 하지만 일기에 적은 대로 당시에는 자신이 신뢰하는 의사와 약물 치료에 대해 어떻게 생각하는지 상담했다. 웨이크필드 박사는 약이 염증을 완화하고 행동 문제와 자폐증을 줄여줄 거라고 했습니다.

"저는 약물을 좋아하지 않기 때문에 [아들에게] 약을 먹이고 싶지 않았어요. 웨이크필드가 제게 약을 써보라고 강력히 권했고 두 명의 다른 엄마들에게는 약을 써 본 결과가 어땠는지 제게 말해주라고 했습니다."

결국 그녀는 명백히 실험으로 보이는 일에 굴복하고 말았다. 약을 먹이자 아들에게 복통이 생겼고 행동도 나아지지 않았다. 메살라진은 '완전한 재앙'이었다고 한다. 그녀는 약이 담긴 상자를 보고 '큰 충격'을 받았다고 했다.

"상자에는 '대장염'이라고 써 있었어요… 그게 대체 어디서 튀어나온 걸까요?"

그러나 햄스테드에 있는 웨이크필드의 팀은 집단 히스테리에 가까울 정도로 도취된 상태였다. 웨이크필드는 이제 자폐증을 염증성 장 질환으로 생각했고 워커스미스는 프로젝트에 등록한 거의 모든 아이들에게 메살라진, 올살라진, 설파살라진을 처방하고 있었다.

제 6 장

윤리적 문제

공포와 죄책감, 질병을 퍼뜨리기 위해서는 준비가 필요하다. 햄스테드 히스가 내려다보이는 콘크리트 성에서 웨이크필드의 대표적인 성과를 만들기 위한 기반이 마련되고 로열프리 병원과 의과대학이 믿기 힘들 정도로 지원을 해줬다. 수개월이 지나자 남자아이 11명과 여자아이 1명을 대상으로 실시한 그의 연구가 공식적으로 세상에 발표되었다.

뉴스나이트 방송이 나간 뒤에 그의 인지도는 치솟았다. 선데이타임스 매거진은 웨이크필드와 재키 플레처, 변호사 리차드 바를 소개하는 다섯 장 분량의 특집기사 「어둠 속에서 한 발 *A Shot in the Dark*」를 실어 보도에 앞장섰다. ITV 네트워크는 MMR 백신과 크론병이 상관관계가 있다는 웨이크필드의 주장에 관한 30분 분량의 빅스토리 레포트를 황금 시간대에 방영했다. 잽스의 출범과 2번 아동의 내시경 검사를 보도했던 메일온선데이의 로레인 프레이저는 웨이크필드를 지지하는 캠페인을 시작했다.

그러나 이 모두가 역사 속에 사소한 변화로 차츰 사라졌다. 1997년 여름까지 웨이크필드는 선행 연구 결과, 특히 림프 부종의 발생 빈도와 부모들이 병원에 많이 보고한 내용으로 의기양양한 상태였다. 존 워커스미스의 팀에 자녀가 MMR 백신을 맞고 행동 문제와 장 문제가 생겼다고 하는 부모들이 계속 늘어났다. 통상적으로 연구 결과는 동료 심사(peer review)를 거쳐 저널에 게재되기 전까지는 기밀로 유지되어야 한다. 그런데 연구 결과가 의학잡지 〈펄스*Pulse*〉에 유출된 8월부터 MMR 백신과 자폐증, 그리고 크론병과의 연관성을 주장하는 햄스테드에 관한 언론 보도가 쏟아져 나오기 시작했다.

죽이거나 치료한다?

두 아이가 자폐증 진단받으면서 행복했던 결혼 생활 산산조각

백신 피해자들의 서글픈 눈물

웨이크필드는 논문 다섯 편이 곧 나올 예정이라고 했다. 그는 이 논문들이 "우리의 의심을 확신으로 바꿔줬다"고 했다. 연구 결과에 대한 관심을 더욱 부추긴 인물은 영국 의료계의 고위직 인사였다. 53세의 로이 파운더(Roy Pounder)는 위장병학 교수로 정치적 야망을 품은 영국 왕립의사협회 회원이었다. 10년 전 웨이크필드를 고용한 적이 있고 이후에도 계속 그의 멘토였던 사람이었다.

로이 파운더는 BBC와의 인터뷰에서 "매우 확신한다"라고 말했다. 그는 "거의 모든 데이터가 '생물학적 개연성'이 있었다"라고 전제하고, "바이러스가 거기에 있다"고 설명했다.

공개적인 발언이었다. 그러는 동안 선행 연구의 결과가 실린 두 편의 논문이 〈란싯〉에 비공개로 제출되었다. 한 편은 웨이크필드와 11명의 저자가 공동 저술한 「새로운 증후군: 장염과 퇴행성 행동 장애」라는 제목의 논문으로 신경심리학적 진단과 연구 결과 등이 실린 임상 논문이었다. 다른 한 편은 약간의 분자생물학적 자료가 실린 면역조직화학에 관한 과학 논문이었다.

고도의 예술적 기교에 버금가는 성과였다. 또다시 해낸 것이다. 헬리코박터 파일로리를 발견한 로빈 워런과 배리 마샬조차도 〈란싯〉에 두 편의 논문을 한꺼번에 제출한 적은 없었다. 그는 이제 네 자녀의 아버지로서(막내 코린 존 오길리비에는 당시 4개월이었다) 저널의 결정을 기다렸다.

그다음 어떤 일이 벌어질지는 쉽게 예측할 수 있었다. 그의 등 뒤에는 세속의 바람이 불고 있었다. 지난 여름 웨이크필드의 연구에 쏟아졌던 엄청난 언론의 관심은 다른 사람들은 몰라도 로열프리 병원 편집장 출신인 리차드 호튼을 사로잡았던 게 확실했다. 연구자들의 인용 횟수를 근거로 한 성과 측면에서 〈란싯〉의 영향력은 세계 최고 권위의 의학논문인 〈뉴잉글랜드 의학저널New England Journal of Medicine〉에 뒤떨어졌다.

운 좋게도 편집장이었던 호튼이 논문 게재를 결정하는 자리에 앉은 사람은 존 비그넬(John Bignall)이었다. 그는 재치 있는 54세의 가정으로 희귀 뇌질환인 변종 크로이츠펠트-야코프 병에 관한 논문을 신속 심사해 게재한 후 승승장구하고 있었다. 그는 동료들이 '비그넬 법칙'이라고 이름붙인 정책을 고수했는데, 논문에 대한 논의가 10분 이상 이어지면 흥미로운 논문이니 실어야 한다는 정책이었다. 그러나 그가 수락한 원고들의 점수는 쟁쟁했다. 성공은 쉽게 없어지는 것이 아니었다.

많은 것이 동료 심사에 달려 있었다. 그런데 또다시 웨이크필드에게 따뜻한 바람이 불었다. 1997년 11월 중순 비그넬은 런던에서 남서쪽으로 80마일 떨어진 곳에 있는 소아 위장병학 교수 데이비드 캔디(David Candy)에게 웨이크필드의 논문 두 편을 보냈다. 그는 〈란싯〉에 게재될 논문을 검토한 적이 없었고, 그의 멘토는 존 워커스미였다. 그가 내게 말했다.

"저는 알고 있었어요."
"존이라면 분명 잘 썼을 거고 신뢰할 수 있다는 것을요."
좁은 세상이다.

로열프리 병원과 의과대학은 준비에 돌입했다. 수십 년 만에 찾아온 일생일대의 순간이었다. 웨이크필드와 파운더는 두 기관의 경영진을 만나 지난번 기자 회견보다 더 큰 규모의 기자 회견을 열어야 한다고 설득했다.

"웨이크필드 박사는 모든 주요 언론사에서 연락을 받았다고 했습니다."
언론의 폭풍 같은 관심을 받았던 여름이 지나고 병원의 홍보 담당자인 필리파 허치슨이 당시 학장이었던 아리 주커먼에게 말했다.

부엉이만한 안경을 쓴 주커먼은 키가 크고 덩치도 큰, 명예를 얻으려 애쓰는 65세 남성이었다. 그는 미생물학 교수이고 〈제이메드 바이롤〉의 편집자이기도 했다. 또한 세계보건기구의 이사이자 B형 간염 백신의 선구자였다. 그는 임상 연구에서 보고된 위장관의 변화에 초점을 맞춰 기자 회견 대신에 브리핑으로 진행해야 한다고 판단했다.

이 엄청난 오판을 그는 영원히 후회할 것이다. 그는 자신이 학장으로서 언론을 지휘하고 웨이크필드의 기여를 이해시켜야 한다고 생각했다. 그는 연구 결과에 "논쟁의 여지가 있다"고 설명한 학교의 사전 발표가 기자들의 취재 열기에 찬물을 끼얹었을지 모른다고 생각했다. 발표 자료에는 "적절한 국가 및 국제 당국과 세계보건기구(WHO)가 MMR 예방 접종과 관련된 정책을 재검토하기로 결정하지 않는 한, 로얄프리는 현행 프로그램을 계속 지지할 것"이라는 내용이 담겨 있었다.

그러나 주의하라는 주커먼의 지시에도 불구하고 홍보 회사가 고용되어 행사 준비가 수개월간 이루어졌다. (배터리 크기 때문에 휴대전화의 편의성이 제한되던 시대였기 때문에) 본격적인 행사를 위해 추가로 유선 전화를 설치하고 기자들이 데스크에 곧바로 전화를 할 수 있게 했다. 대중의 반응을 끌어내기 위한 기계식 자동 응답기가 설치되었다. 원활한 진행을 위한 리허설 일정도 잡혔다. 영상의 효과를 극대화하기 위해 21분짜리 홍보용 비디오도 주문했다.

관계자라면 누구나 무슨 일이 일어날지 예측할 수 있었다. 제목에 물음표가 붙은 웨이크필드의 논문이 불러일으킨 불안은 MMR 백신 접종율을 1%나 떨어뜨렸는데, 지난해에 비하면 큰 숫자였다. 펄스의 보도가 나간 지 수일 만에 병원에 검사 문의가 쇄도했다(웨이크필드가 쓴 표현이다). 병원이 의뢰한 홍보 영상에서 웨이크필드는 12명의 아이들에게 내시경 검사를 한 결과를 보면 정부는 복합백신의 접종을 '중단'하고 단독백신을 접종해야 한다고 주장했다.

동일한 메시지를 담은 네 개의 버전 중 한 영상에서 그는 복합백신(MMR 백신)의 장기적인 안전성에 우려할 만한 이유가 충분하므로 중단해야 한다고 생각한다고 밝혔다.

"다시 한번 말씀드리면, 이런 맥락에서 홍역, 유행성 이하선염, 풍진 각각에 대한 단일백신이 더욱 안전할 것이라는 게 제 소견입니다."

(의과대학에서 더 높은 자리를 차지하고 싶었던) 로이 파운더는 정부에 앞으로 일어날 일에 대해 경고했다. 과학 논문은 〈란싯〉에 의해 거부되었지만(나중의 제기된 소송에서 웨이크필드는 해당 논문의 사본을 보관하지 않았다고 주장했다), 임상 논문은 엄청난 논란을 일으킬 게 뻔했다. 파운더는 영국의 최고 의료 책임자 케네스 캘만(Kenneth Calman)에게 이렇게 썼다.

"현재 사용 가능한 (홍역) 단일백신의 양이 제한적인 것으로 알고 있습니다. 담당 부서에서 문제가 될 수 있는 이 사안을 살펴 주시기 바랍니다."

그러나 위장병학 교수인 로이 파운더는 자신의 분야에 대해 더 관심을 가지고 있었다. 제자의 논문이 게재되었다고 그의 부서가 얻는 이익은 전혀 없었다. 국가 연구평가에서 정부 보조금은 성과가 가장 좋은 부서에 지원되는데 학술지 게재가 주요 측정 지표였다. 요약하자면 웨이크필드의 논문은 의과대학을 위한 돈일 뿐 아니라 위장병학을 위한 돈일 수도 있었다. 실제로 몇 년 후 조사를 하던 중 로열프리 병원에서 일했던 과학자에게 이 현상을 어떻게 설명할 수 있겠냐고 묻자, 그녀는 두 마디로 답했다.

"로이 파운더."

모든 준비는 끝난 상태였다. 기자실에는 사람들이 넘쳐났고 커피와 비스킷 50명 분이 구비되어 있었다. 1998년 2월 26일 목요일 오전 10시를 조금 넘긴 시각, 웨이크필드의 최신 논문이 발표되었다.

행사 장소는 정문 근처 1층에 있는 아트리움이라는 곳이었다. 가로 30미터, 세로 15미터의 아트리움은 나방이 하늘로 착각할 일 없는 흰색 용마루까지 높이가 6미터나 되는 자연 채광이 없는 공간이었다. 가장자리에는 7개의 기둥이 있고 단단한 직사각형의 옅은색 나무로 된 바닥에는 중급 호텔의 연회장처럼 카펫이 깔려 있었다.

열 시가 되자 기자, 프로듀서, 카메라맨이 등받이가 딱딱한 의자 대열로 모여들었다. 그들은 웨이크필드 일행이 앉을 파란색 테이블보가 씌워진 탁자와 주커만이 서 있을 나무 강연대를 마주보고 있었다. 타임스, 가디언, 데일리 텔레그래프, 인디펜던트 등의 언론들이 참석했다. 메일온선데이, 익스프레스, 실무 간호사(Practice Nurse)에서도 왔고 채널 4, 채널 5, BBC, 스카이 뉴스도 있었다. 언론협회와 로이터 통신도 있었다. 〈펄스〉는 두 사람을, 〈란싯〉은 세 사람을 보냈다.

웨이크필드의 팀은 총 12명이었다. 〈란싯〉에 처음 제출된 이후 수개월 동안 논문의 내용은 상당히 바뀐 상태였다. 병리학 컨설턴트인 수잔 데이비스(Susan Davies)가 저자로 추가되어 이제 저자는 모두 13명이었다. 논의 끝에 제목도 바뀌었다. 고딕체의 제목이 달린 다섯 장의 논문이 기자들의 손에, 의자에 하나씩 놓여졌다.

'아동의 회장 결절성 림프양 증식증 및 비특이성 장염과 전반적 발달장애', 이렇게 긴 논문 제목을 한 호흡에 말할 수 있는 사람은 일반인 중에는 거의 없었고, 설령 그럴 수 있다 해도 이해할 수 없었다. 하지만 '해석' 부분에 있는 결론은 모두가 이해할 만큼 명확했다.

백신 접종 전 정상이었던 아동 집단에서 위장 장애와 발달 퇴행이 확인되었으며, 이는 일반적으로 환경적 요인과 관련이 있었다는 것이다.

물론 논문은 아무것도 증명되지 않았다는 점을 명확히 했다. 그러나 언급된 유발 요인들('명백한 촉발 사건들'로 묘사됨)은 확실한 뉴스거리였다. 둘째와 셋째 장에는 아이들에 대한 명백한 사실들을 항목별로 분류한 가로 7.6센티미터의 표 두 개가 나란히 놓여 있었다. 1번부터 12번까지 번호가 매겨진 아이들의 이름은 익명으로 처리되었다. 3~9세의 남아 11명과 여아

1명이었다. 크론병 진단을 받은 아이는 없었다.

표 1은 복잡했다. 노련한 의학 저널리스트들조차도 용어를 해독하느라 진땀을 뺐다. 환자 번호 옆에 있는 세 개의 칼럼에는 각각 비정상 결과, 내시경 결과, 조직학 결과가 적혀 있었다. 거의 모든 줄에 불가사의한 문구가 적혀 있었다. 거의 모든 칸에 만성 비특이성 장염(대장의 염증성 장 질환)과 결절성 림프양 증식증(소장의 보기 흉하게 부어오른 림프종)이 있었다.

표 2는 간단했다. 커다란 표지판에 쓰인 '위험'이라는 글자만큼 읽기 쉬웠다. 종이 크기만한 직사각형에는 '신경정신과 진단', 첫째 칸에는 '행동 진단', 둘째 칸에는 '부모나 의사가 식별한 위험'이라고 적혀 있었다. 그 아래에는 각 아동에 대해 보고된 진단과 명백한 촉발 사건이 나열되어 있었다.

자폐증… 자폐증… 자폐증… 자폐증…
MMR… MMR… MMR… MMR…

사람들은 이 논문이 무슨 논문인지 이해했다. (4번 아동은 '자폐증?' '소아기 붕괴성 장애?'로 표기되었지만) 11명 중 9명이 '자폐증'으로 보고되었다. 8명의 아이들이 노출되었던 위험은 'MMR 백신'이었다.

첫째 장으로 돌아가서, 도입부 개요에 실린 논문의 연구 결과는 분명히 2번 엄마와 4번 엄마 같은 부모들이 존 워커스미스와 그의 팀에게 말한 내용을 기반으로 했다.

12명 중 8명의 부모들이 자녀의 행동상의 문제가 홍역, 볼거리, 풍진 예방 접종과 관련이 있다고 말한다. 12명 중 8명? 그것은 3명 중 2명이나 마찬가지였다. 그래서 자폐 아동이 있는 세 가족 중 두 가족이 MMR 백신을 탓했다.

더욱 놀라운 정보는 그다음 장의 맨 아래에 적혀 있었다. 끔찍한 문제들이 갑자기 발생한 사례가 보고되었다. '첫 번째 행동 증상'(행동 특징 또는 행동 변화라고도 함)은 주사를 맞고 나서 수일 내에 나타난 것으로 보고되었다. 8명의 경우 최초 행동 증상을 보인 후 다음 증상이 나타날 때까지 걸린 평균 기간은 6.3일(전체 범위는 1~14일)이었다. 2번 엄마가 의사들에게 아들이 머리를 부딪치기 시작했다고 보고한 시기, 즉 발병까지는 최장 14일이 걸렸다. 가장 짧은 시간은 '24시간'과 MMR 백신 접종 '직후'였다.

마지막은 가장 장황한 '고찰'이 장식했다. 다른 가설과 함께 2번 엄마가 통화 중에 제기했던 비타민 B12 문제와 '아편유사제 과잉' 등의 손상 기전들이 가설로 설정되어 있었다. 마지막에는 웨이크필드의 아버지이자 신경학자였던 그레이엄이 1969년 출간한 논문처럼 이례적으로 부록이 실렸다. 40명의 환자들이 추가적으로 검사를 받았고 이중 39명이 '해당 증후군'을 앓고 있다고 했다.

파란색 테이블보가 씌워진 테이블에는 (단독으로 논문을 쓴 것으로 밝혀진) 웨이크필드, (공동 저자에 포함되지 않은) 파운더, (제2저자로 등재된) 시몬 머치, 이마가 매끄럽게 생긴 아동 정신과의사 마크 베렐로위츠(13명의 저자 중 제7저자로 인정됨) 등 네 명의 연사가 앉았다.

강연대에 오른 주커먼은 언론을 향해 오른쪽으로 몸을 돌리고는 분위기를 안정시켰다. 그는 "지금까지 전 세계적으로 수억 회 분량의 백신 접종이 이루어졌고, 이들은 절대적으로 안전한 것으로 나타났습니다"라고 말했다.

주커먼이 사회자라면 웨이크필드는 지휘자였다. 그는 사람들이 이곳에 온 이유였다. 어깨가 둥근 검은 양복과 흰 셔츠, 무늬가 있는 넥타이를 한 채 눈부신 조명 아래에서 발언하는 그는 영락없이 위험한 과학의 경계에 선 정직한 의사이자 믿음직한 안내자처럼 보였다.

"MMR 백신과 자폐증 사이의 연관성, 즉 시간적 연관 관계는 미국에서 처음 발견되었습니다."

그가 말했다.

"우리는 작은 집단에서 그 시간적 연관성을 확인했습니다."

여기저기서 수십 개의 손이 움직였다. 기자들은 웨이크필드가 한 말을 휘갈겨 썼고 프로듀서들은 녹화했고, 홍보 담당자 허치슨은 기록했다.

선발 기준: (1) 정상 발달 (2) 퇴행 (3) 장 관련 증상
평균 시간: 6.3일 (총 1~14일 범위)
결절성 림프양 증식증과 만성 대장염

논문은 장과 뇌에 문제가 있다는 증후군을 네 번이나 언급했다. 웨이크필드는 맨 앞쪽에 있는 자신의 의자에서 "우리가 설명하는 이 특정 증후군은 매우 새로운 것"이라고 설명했다.
"MMR 백신이 처음 도입된 1988년 이후에 생겨난 것으로 보입니다."
학장은 홍역 통계를 들고 나왔다. 그는 작년 루마니아에서 2만 명의 환자가 발생하고 13명의 어린이가 사망했다고 말했다.
그러나 웨이크필드는 배경 설명은 제쳐두고 MMR 백신의 접종 중단을 촉구했다.
"제게는 도덕적 문제입니다. 이 문제가 해결될 때까지 저는 혼합백신의 사용을 지지할 수 없습니다."
웨이크필드 한 사람의 소견으로도 충분했을 것이다. 그런데 웨이크필드의 오른쪽에 앉은 파운더도 마이크를 조정하며 그를 거들었다. 초승달처럼 휘어진 파운더의 눈이 관중들을 관찰했다.
"이 백신에 대해서는 저도 앤드루 웨이크필드와 같은 생각입니다."
파운더가 말했다.
"세 개의 바이러스가 들어 있는 혼합백신을 같은 날 접종한다는 것은 부자연스럽고 이례적인 사건일 수 있습니다."
그날은 그걸로 충분했다. 수개월에 걸친 계획 끝에 웨이크필드, 파운더, 이류 의과대학은 사람들이 붐비는 장소에서 "폭탄이야!"라고 외친 셈이다.
그날 밤 방송국들은 이렇게 보도했다.

[ITN] 오늘 유행성 볼거리, 홍역, 풍진을 동시에 예방한다는 혼합백신의 안전성에 의문이 제기되었습니다…
[채널4] 자폐증으로 이어질 수 있는 장 질환과 백신의 상관관계를 보여주는 새로운 연구가 나왔습니다…
[채널5] 흔한 소아기 백신과 자폐증 사이에 연관성이 있을 수 있다는 주장이 나왔습니다…

트럭과 기차들이 밤새 실어 나른 신문들이 매대와 우편함에 꽂혔다. 이튿날 아침, 전국은 눈을 뜨자마자 언론 매체의 각종 보도를 접했다. 가디언지는 3편의 관련 레포트를 실었는데 이중 하나는 1장에서 시작했다.

한 의학 연구에 따르면 생후 2세 어린이에게 접종한 홍역, 볼거리, 풍진 백신(MMR)과 염증성 장 질환 및 자폐증 사이에 연관성이 있을 수 있다고 한다.
 런던 햄스테드에 있는 로열프리 병원의 앤드루 웨이크필드 박사와 동료들은 자폐증과 장 문제의 징후가 있는 아동들이 지금까지 알려지지 않은 장 증후군을 앓고 있으며 이를 치료하면 자폐증의 일부 증상이 완화된다고 〈란싯〉에 보고했다.
 또한 방금 배운 기초적인 어휘를 잊어버리는 등의 행동 변하는 전형적인 자폐 증상인데, 이같은 행동 변화가 MMR 백신 접종 후 수일 이내에 시작됐다는 점을 발견했다.

반대론자들은 히치콕에 나온 까마귀 떼처럼 꽥꽥 소리를 질렀다. 연구 규모가 너무 작았다. 아동 12명은 아무 의미가 없었다. 상기 증후군이 해당 집단에 고유한 것인지 확인할 수 있는 대조군, 즉 자폐증이 없거나 MMR 백신 접종을 하지 않은 집단이 없었다. 부모는 '회상 편향(recall bias)'에 취약했다. 시험에서 눈가림법(blind)이 적용되지도 않았다.

〈란싯〉도 공격을 받았다. 확실히 증거도 없이 의혹을 제기한다는 것은 무책임한 일이었다. 게다가 고작 12명의 아동을 대상으로 실시한 연구를 학술지에 개제했다? 그러나 3년 전 물음표가 붙은 제목의 논문이 출간됐을 때처럼 〈란싯〉은 이번에도 적당히 둘러댔다. 역학자인 프랭크 데스테파노(Frank DeStefano)를 포함한 미국 질병통제예방센터(CDC)의 두 과학자가 웨이크필드의 연구를 반박하는 1200단어 분량의 기고문을 작성해달라는 요청을 받고, 이렇게 비판적으로 지적했다.

"영국에서 매년 약 60만 명의 어린이가 MMR 백신을 1회 접종 받고 있는데, 자폐증은 대부분 생후 2년경에 처음 발현된다. 따라서 MMR 백신을 접종하고 나서 자폐증 증상이 발현되는 것은 놀라운 일이 아니다."

그러나 공중보건 의사들의 외침에 귀를 기울이는 사람은 없었다. 회중은 듣지 않았다. 자녀가 MMR 백신을 맞고 며칠 만에 행동장애를 보였다고 하는 부모들이 수개월 사이에 모여든 위장전문병원이 있다는 게 사실이라면, 당연히 설명이 필요한 게 아닌가? 전 세계 병원의 의사들은 경계심이 덜 해서 피해 사례들을 놓쳤을지도 모른다.

12명이 충분하지 않다고? 대조군이 없다고? 무슨 말인가? 반대론자들은 더 잘 대처했어야 했다. 크론병은 1932년 단 14명의 환자의 장 표본에서 발견될 때부터 체계적으로 보고되었다. 자폐증은 1943년에 겨우 11명의 아동에게서 발견된 것으로 보고됐다. 후일 AIDS로 알려진 증후군은 1981년 로스앤젤레스 출신의 남성 동성애자 5명에서 최초로 발견되었다. 경보를 울리는 것이 두려우면 이 사례들도 그냥 지나쳤어야 했을까?

논문이나 아트리움에서 재키 플레처와 잽스가 한 역할에 대해서는 언급되지 않았다. 연구에 참여한 아이들은 단순히 일반적으로 의뢰받은 환자가 아니었다. 나는 이 모든 것을 발견했고 수년 후에 논란을 촉발시켰다. 그러나 그 연구의 시험 대상자와 결과가 보이는 그대로였다면 〈란싯〉에 게재될 가치는 충분해 보였다. 정말로 보이는 그대로였다면.

제 7 장

누구나 알고 있다

나는 백신 주사에 대해 알게 되었을 때 분명히 울었던 것 같다. 울지 않을 아기가 어디 있을까? 런던 북부의 켄티시 타운, 래글런 스트리트에 있는 진료소에서 내 피부를 뚫고 들어가던 피하주사기는 무시무시한 존재였다. 오보에만큼 두꺼워 보이는 일회용 유리 배럴에 배수구도 청소할 만한 흡입력을 가진 니켈 도금된 플런저, 어머니가 니트 스웨터를 만들 때 사용할 법한, 열멸균 처리한 스테인리스 바늘이었다.

기억은 기만적이기 마련이다. 아무튼 제2차 세계대전이 끝나고 나서 10년이 지난 당시의 주사기 표준은 그랬다. 그로부터 13년이 더 지나고 유방암으로 돌아가신 어머니는 내게 휴대용 타자기와 판단하는 성향, 예방 접종 기록이 보관된 서류 폴더(출생 증명서, 학교 성적표 등)를 남기셨다. 내가 처음 맞은 주사는 디프테리아 백신이었는데, 가로 10센티미터, 세로 7센티미터 녹색 카드에 적혀 있던 접종일은 1955년 5월 4일 수요일이었다. 당시 나는 15개월하고도 12일 된 아기였다.

거기서부터 내 나이를 계산하면 된다. 지금은 훨씬 더 나이가 들었는데 솔직히 말하면 너무 늦었다. 내가 합류할 당시에 선데이타임스는 영국 최고의 매체였다. 끝이 뾰족한 검은색 스웨이드 구두를 신은 오만한 20대였던 나는 1980년대에 비즈니스 섹션에서 교열기자로 기자 생활을 시작했다. 마치 프린터가 등장하면서 밀려나기 전까지 두꺼운 강철로 된 비석처럼 생긴 수동타자기로 민달팽이처럼 느린 글자판을 두드리느라 진땀을 뺐다. 아마 온몸에서 땀냄새가 펄펄 났을 것이다.

그러나 내가 앤드루 웨이크필드와 충돌하게 된 이유는 열여섯 개의 단어 때문이었다. 그 기사를 쓸 당시 나는 선데이타임스의 사회부 기자였고 장애인에게 새로운 권리를 부여하는 국회 법안을 발의하기 위한 캠페인을 벌이고 있었다. 문제의 날인 1988년 4월 1일 금요일 나는 천자 분량의 칼럼에서 백신 논란을 비판했다. 백일해를 예방하는 백신에 관한 논란이었는데 1970년대와 1980년대에 (많은 의사와 부모들이) 해당 백신이 드물게 뇌 손상을 일으킬 수 있다고 생각했다.

한 세대가 지나자 그 소동은 잊혀지고 MMR 백신에 대한 불안으로 대체되었다. 그러나 내가 그 문제의 글을 쓰기 불과 이틀 전, 템스강 제방 근처에 있는 영국 왕립법원의 웅장한 고딕 양식 궁전에 앉아 있던 한 판사가 획기적인 판결을 내렸다. 제출된 증거와 전 세계 전문가들의 의견을 들은 63일 동안의 심리를 마치고 세 아들과 세 딸을 둔 60세의 판사 스튜어트 스미스(Stuart-Smith)는 숨이 막힐 듯 답답한 법정에서 관련법 제14장의 273쪽을 큰 소리로 낭독해 논쟁을 종식시켰다.

그의 대답은 '아니오'였다. 개연성을 따져보면 백일해 주사는 많은 사람들이 생각하는 만큼 해악을 끼치지 않았다. 사격과 첼로 연주가 취미라는 전직 기병 장교는 "근거가 충분한 주장이라고 믿었는데, 수주 동안 증거와 주장을 듣고 조사하면서 점점 더 의심하게 되었다"라고 말했다.

나는 동의하지 않았다. 동쪽으로 2.5마일 떨어진 런던 타워 근처에서 나는 판사의 의견을 무시했다. 그주 금요일, 나는 선데이타임스 보도국의 내 흔들 의자에 앉아 이리저리 돌면서 고무줄을 끊고 누런 신문 기사 쪼가리로 가득찬 서류철을 뒤지며 혼자 조사를 했다. 내가 수집한 증거는 꽤나 많았고 압도적이었다. 선데이타임스는 '백신 피해자들'이라는 자체 로고까지 만들었다.

백신 피해자 보상금 투쟁 1라운드에서 승리

백신 피해아동 부모들, 백일해 백신 위험이 은폐됐다

백일해: 부모들이 듣지 못한 사실

증거는 차고도 넘쳤다. 의심의 여지가 없었다. 선데이타임스의 의학담당 기자는 '특별 조사' 지면에서 백일해 자체보다 예방 접종의 위험이 더 크다고 결론지었다. 그는 "정부는 왜곡된 통계를 내세워 자기 주장이 정담함을 입증하려 한다. 전문가들의 의견은 은폐됐다."라고 썼다.

신문 스크랩을 뒤적이다 보니 단순한 그림이 아니었다. 부모들이 불안해했고 예방 접종률은 급감했다. 한편 백일해 신고 건수는 연간 8,500건에서 25,000건으로 급증했다. 1970년대 말 발병한 많은 질병 가운데 발작적인 기침으로 사망에 이른 어린이는 34명, 뇌 손상을 입은 어린이는 7명이었다.

예방 접종 감소가 전염병으로 이어질 수도

백신 공포 후 백일해 감염 32,463명

어린이 4명 백일해로 사망

훌륭한 기삿감이었다. 일석이조였다. 그리고 이후 등장하는 열여섯 개 단어에는 원인이 무엇이든 뇌 손상으로 어려움을 겪는 아이들과 가족들에게 도움이 필요하다는 의미가 함축되어 있었다. 나는 이 기사에 "비판보다 도움이 필요할 때"라는 제목과 다음의 리드를 붙였다.

"지난 주 백신 피해 판결 이후, 아이들은 도움을 받지 못하게 된다. 브라이언 디어는 장애를 지닌 모든 사람에게 평등한 권리가 주어져야 한다고 말한다."

나는 여전히 다음 열여섯 개 단어를 제외하면 별로 기억에 남지 않는 기사였다고 생각한다. 법원에서 백만 번은 인쇄했던 것 같다.

"백일해 백신과 심각한 뇌 손상 사이에 연관성이 거의 없다는 사실은 누구나 알고 있다."

이메일이 등장하기 전 행복했던 그 시절에 항의를 하려고 편지를 쓰는 사람은 없었다. 그러나 내 말이 특정 이해관계를 증명하려던 사람들 사이에 일종의 표지를 남겼던 것 같다. 수년 뒤 나는 당시 반백신 운동의 여왕이던 아일랜드 여성의 전화를 받았다.

그녀의 이름은 마가렛 베스트였다. 그녀는 비가 그칠 줄 모르는 아일랜드 남부 코크 시 근처에 살고 있었다. 그녀는 아들 케네스(Kenneth)의 신경 장애로 웰컴 제약회사(우연히도 경력 초반 웨이크필드에게 자금을 지원했던 회사)로부터 275만 파운드에 변호사 비용을 더한 막대한 규모의 합의를 이끌어냈다. 1969년 9월(당시 마가렛은 스물두 살, 아들은 4개월이었다) 그녀는 아들에게 디프테리아와 백일해, 파상풍을 동시에 예방하는 DPT 백신을 접종시켰다.

접종 후 수 시간이 지나고 케네스가 끔찍한 발작을 일으켜 동네 의사에게 전화를 걸었다.

"얼굴은 엄청나게 빨개지고 두 눈은 오른쪽으로 쏠렸어요."

"온몸이 굳은 것처럼 두 팔이 가슴까지 올라왔습니다."

1996년 11월, 나는 그녀의 초대를 받았다. 검은색 곱슬머리에 키가 작고 활력이 넘치는 적극적인 47세 여성이었다. 그녀는 전남편 켄과 헤어진 후 남자친구 크리스티와 함께 전기 게이트가 설치되고, 자갈길이 있으며, 개가 짖고, 한 두 시간 전에 백화점에서 사온 것 같은 가구가 놓인 새 집에서 살고 있었다.

27살 케네스는 별관을 썼다. 그는 말을 하지 않았지만 때때로 소리를 질렀다. 다양한 색깔의 털실을 뭉쳐 크고 부드러운 공으로 만드는 것이 그의 가장 큰 즐거움이었다.

마가렛과 식탁에서 이야기를 나누면서 나는 사건을 머릿속에 그려보려 노력했다. 앞에는 그녀가 더블린 법원에 제출했던 녹취록 증거와 메모할 수고를 덜어주는 파란색 소형 마그네틱테이프 마이크로카세트 음성 녹음기가 놓여 있었다.

"자, 어디에서 의사에게 전화를 하셨죠?"

30분쯤 후에 나는 그녀가 끔찍했다고 한 그날 밤을 재구성해 보려는 희망에서 물었다.

마가렛이 일어나더니 가스레인지 주변을 더듬거렸다. 나는 녹음기를 껐다가 그녀가 돌아오자 다시 켰다.

"그러니까… 제가 가끔 전화기를 빌려쓰던 이웃이 있었어요."

그녀가 말했다.

수긍이 갔다. 전화기가 귀하던 시절이었다. 사건은 인류가 최초로 달에 착륙한 해에 킨세일(Kinsale)이라는 가난한 어촌에서 발생했다.

"그래서 전화기를 빌리셨나요?"

설명이 더 필요했던 내가 재촉했다.

마가렛이 다시 일어나서 가스레인지 쪽으로 가더니 잠시 말을 멈췄다가 대답했다.

"아니요."

다시, 나는 기다렸다. 테이프를 껐다가 다시 켰다.

"그러면 공중전화를 사용하셨습니까?"

"네."

별거 아니었다. 당시에는 그랬다. 그런데 런던으로 돌아와 테이프를 다시 재생하자 입이 벌어지고 눈썹이 치켜올라갔다. 공중 전화를 사용했는데 왜 굳이 이웃을 언급했지? 왜 대화 중에 돌아다니고, 시간을 끌고, 대답은 짧게 했을까? 아이의 삶이 망가진 그날 밤이 지울 수 없는 상처로 마음에 각인되어서 그랬을까?

이 일을 계기로 나는 웨이크필드를 추적하게 되었다. 아일랜드로 출장을 다녀온 후 일주일 뒤 베스트 v. 웰컴의 판결문을 신청하자 35일 간의 재판 기록으로 꽉 찬 큰 상자가 하나 도착했는데, 변칙된 비정상적인 기록들로 가득하다는 생각이 들었다. 예컨대 마가렛의 설명과 모순되는 의료 기록들이 있었고, 그녀는 백신 접종 후 이상 반응을 보인 아들에게 2차 접종까지 하게 했다.

1989년 6월 웰컴의 수석 변호사 헨리 히키(Henry Hickey)는 재판장에게 이렇게 말했다.

"베스트 씨가 거짓말을 하고 있다는 게 아닙니다. 베스트 씨의 기억이 잘못됐고, 그 사건은 실제로는 6주에서 8주 후에 일어났습니다."

수년이 지난 일을 누가 정확히 말할 수 있을까? 그러나 판사는 쉽게 설득되지 않았다. 아일랜드 고등법원의 리암 해밀턴 판사는 스튜어트 스미스가 앉았던 의자만큼 낡은 의자에 앉아 "거기서 더 나아가야 한다고 생각합니다"라고 대답했다.

"만약 베스트 씨의 진술이 정확하지 않다면 저는 그녀가 거짓말을 하고 있다고 확신합니다."

그러나 웰컴이 기존 입장을 유지하면서 사건은 흥미로워지기 시작했다. 아이를 진료한 의사는 온갖 증세(코 훌쩍임, 습진, 흉부질환의 징후 등)를 기록했지만 마가렛이 하루에 20번까지도 발생했다고 증언한 발작에 대한 기록은 없었다.

웰컴측 변호사는 어머니가 "헷갈렸다"라며, 자신의 주장을 끈질기게 고수했다. 그는 "사람들은 과거에 벌어진 사건들을 회상하며 자신이 믿는 게 진실이라고 확신할 수 있다"며, "교통 사고 현장에서 매일 발생하는 일"이라고 말했다.

그러나 이 발언이 사실상 웰컴의 운명을 결정지으면서 소송은 아일랜드 대법원까지 가게 되었다. 아이가 매일 발작을 일으켜 의사를 찾아갔다는 마가렛의 진술은 지나치게 복잡해 이것이 사실이 아니라면 거짓임을 추론할 수 있었다. 따라서 그녀의 진술이 거짓이 아니라는 회사의 주장을 논리적으로 생각하면 그녀의 말은 사실인 셈이었다.

"그들은 입을 다물 수도 있었어요."

마가렛은 작은 언론사에서 축제처럼 보도한 자신의 승리에 대해 이렇게 말했다.

"변호만 제대로 하고 제 말이 거짓이든 진실이든, 아니면 제가 헷갈렸든 아니든, 아무 말도 하지 않고 가만히 있었다면(상관도 없지만), 자기들한테 그 편이 더 나았을 겁니다."

고백하자면, 그때가 내 기네스 모멘트였다. 그녀가 그럴 수 있을까? 그녀가 그랬을까? 그러지 말란 법이 있나? 여기 내가 가치 있다고 생각한 아이콘이 있었다. 그녀는 워킹맘이었다. 열두 살에 학교를 그만둔 그녀였다. 그런 그녀가 제약회사를 이겼다. 멋진 승리였다.

그런데 곰곰이 생각해 보니 이 승리에는 클리셰가 녹아 있었다. 이 승리는 그녀 혼자만의 것이 아니었다. 백신 주사의 이익과 위험을 저울질하며 선택에 직면한 다른 가족들에게도 중요한 승리였다. 게다가 나는 기자였다. 운동가가 아니었다. 나는 진실에 자유가 있다고 믿었다.

그래서 조금 더 파고들어갔다. 사실 1년 정도 더 조사했다. 그리고 고등법원 판사와 주간지 기자 사이에 의견 차이 이면에 숨겨진 이야기(실제 인물과 구체적인 사실이 담긴)를 발견했다.

놀랍게도 그 이야기는 런던에 있는 병원의 한 의사로부터 시작되었다. 그는 의학 저널에 연구논문을 발표했고 TV와 신문은 열광했다. 복합백신을 맞고 나서 14일이 이내에 신경학적 손상을 입은 아이들에 관한 논문이었다. 공포라는 전염병이 전 지구로 퍼져 나갔다.

그러나 이 의사는 웨이크필드가 아니었다. 소아 신경과 컨설턴트인 존 윌슨이었다. 병원은 런던 그레이트 오몬드 스트리트에 위치한 세계 최고의 소아과 센터 중 하나인 '아픈 어린이를 위한 병원(Hospital for Sick Children)'이었다. 햄스테드에 있는 로열프리 병원에서 남쪽으로 3.5마일 떨어져 있는 곳이었다. 논문이 실린 학술지는 중급 수준의 학술지인 〈어린이 질병 기록Archives of Disease in Childhood〉이었다. 그리고 논문의 내용은 영국에 TV 채널이 3곳뿐이었던 당시 '디스 위크This Week'라는 쇼에서 방영되었다.

나는 그 영상을 주문해서 여러 번 시청했다.

"백일해 백신과 뇌 손상 간에 연관성이 있다는 것을 확신하십니까?"

1974년 4월 큰 카라가 있는 분홍색 셔츠에 두툼한 안경을 끼고 턱까지 구레나루를 기른 윌슨이 디스 위크 기자에게 질문을 받았다.

"개인적으로 그렇습니다. 지금까지 심각한 질병(발작, 의식불명, 국소적인 신경학적 증상 등)과 예방 접종 사이에 매우 밀접한 관련이 있는 아이들을 굉장히 많이 봤습니다."

윌슨이 대답했다.

"많이 봤다니, 무슨 말씀이시죠?"

"음, 이곳에서 지난 8년 반 동안, 개인적으로 이 지역에서 본 환자만 80명이에요."

그는 그레이트 오르몬드 스트리트에서 재직했던 시절을 떠올렸다.

윌슨은 웨이크필드의 아버지 그레이엄과 동시대 사람이었고 그와 마찬가지로 신들 중의 신이었다. 헤어 오일을 바른 검은 머리에 반짝이는 커프스 단추가 달린 검은 양복을 입은 그가 천주교 주교처럼 나지막한 어조로 말했다.

그는 사람들을 공포에 떨게 한 천연두가 정복되기 전부터 예방 접종에 관심을 가지고 있었다. 영국은 18세기 후반 에드워드 제너가 최초 백신으로 인정된 천연두 백신을 발명했을 때부터 천연두 퇴치에 앞장섰다. 1960년대 막바지에는 백신 피해에 대한 보상금을 청구하는 등 개인상해 전문 변호사와 부업을 했다. 디스위크에 출연하기 3개월 전인 1974년 1월에는 DTP 백신에 관한 논문을 발표했다. 웨이크필드가 독일인 마르시아 쿨렌캄프(Marcia Kulenkampf)와 브라질인 조제 살로망 스시와르츠망 (José Salomão Schwartzman) 등 2명의 수련의와 함께 12명의 아이들에 관한 연구를 진행하기 24년 전, 윌슨은 어린이 질병 기록에 4장 분량의 논문을 게재했다.

윌슨은 논문에서 "1961년 1월과 1972년 12월 사이에 약 50명의 어린이가 DPT 백신 접종이 유발한 것으로 보이는 신경 질환으로 병원에 입원했다"라고 설명했다.

"이 시기와 관련해 적절한 데이터가 존재하는 아동은 36명이며, DPT 백신 접종 후 14일 내에 발생한 신경계 질환만 포함하였다."

윌슨은 후배 의사 두 명에게 백신과 관련된 어린이 기록을 샅샅이 뒤지도록 했다. 그런 다음 기간을 2주로 설정하여 백신 피해자를 골라냈다. 40여 년이 지난 후 브라질 상파울루에서 만난 슈왈츠만은 "그건 매우 어리숙한 연구였다"라고 평가했다.

방송이 나가기 전에는 영국 어린이의 79%가 DTP 백신을 접종했다. 하지만 언론이 가세하고 난 후부터 1978년까지 접종률은 31%로 떨어졌다.

소송이 뒤따랐다. 자료를 꼼꼼히 살피다가, 나는 캐나다와 미국에서 벌이진 대규모 소송과 런던에서 제기된 두 건의 소송(둘 다 첼로를 연주하는 스튜어트 스미스가 주관했음)에 관한 보도를 찾을 수 있었다. 그리고 여기서 웨이크필드가 만든 이야기에서 삐져 나온 썩은 양파 껍질을 벗겨내는 데 도움이 된 몇 가지 인생 교훈을 배웠다.

영국에서 있었던 첫 DTP 백신 소송은 발달장애를 가진 조니 키니어(Johnnie Kinnear)라는 이름의 소년과 관련된 것이었다. 어머니 수잔은 아들이 백신을 맞은 날 밤 '대여섯 번'의 발작을 일으켰다고 증언했다. 발작을 일으키는 횟수는 매일 늘었다고 했다. 그러나 아이의 진료 기록에 따르면 백신 접종 후 5개월 동안 경미한 질병으로 여러 차례 진료를 받았지만 심각한 문제는 없었다.

그녀의 말은 거짓이었다. 현장은 비극적이었다. 법정에서 수잔은 새끼를 보호하는 암사자처럼 으르렁거렸다.

"저를 혼란스럽게 하려고 그러시는군요."

스튜어트 스미스는 그녀의 말이 진실이 아니라고 판단했는데, 가장 먼저 손을 뗀 건 조니 측 변호사였다. 변호인은 1986년 5월 판사 앞에서, "법정에서 증인들의 진술을 듣고 진술과 의료기록상의 불일치를 본 사람이라면 누구라도 그의 승소 가능성이 사실상 제로라는 걸 알 수 있습니다"라고 말했다.

두 번째 소송은 발달장애를 지닌 여자아이 수잔 러브데이가 당사자인 소송이었다. 그러나 이번에는 (막대한 비용과 시간 지연을 우려해) 과학적 근거가 없으면 부모가 증거를 제공하는 것이 허용되지 않았다. 주목할 만한 점은 재판에서 DTP 백신 접종 시 31만 건당 1건의 확률로 발생하는 영구적 뇌 손상의 기여위험도(attributable risk)를 분석한 연구가 다뤄졌다는 점이다.

3년에 걸쳐 진행된 해당 연구(소아뇌증 연구로 명명됨)는 200만 회 분량의 DTP 접종 사례가 포함되어 어떤 조사보다 확실한 조사였다. 제품 설명서에, 그리고 전 세계 의사들에게 인용될 만한 내용이었다.

그러나 판사의 검토 결과, 해당 연구는 궁극적으로 불과 7명의 환자에 의존하고 있었다. 판사는 담당 연구자들의 반대 의견을 기각하고 7명의 검사 결과를 제출받아 하나하나 검토했다. 한 명은 백신으로 유발되지 않는 라이 증후군을 앓고 있었다. 3명은 바이러스에 영향을 받았고 나머지는 정상이었다. 즉 기여위험도는 제로였다. 스튜어트 스미스는 더 많은 아동의 사례를 살펴보고 아무리 진술이 딱해도 항상 신뢰할 수 있는 건 아니라는 결론을 내렸다.

사건 1473: 부모의 진술이 이전 진술과 일치하지 않는다.

사건 1509: 증상이 발현된 건 지난 10월인데, 수개월 뒤 24시간 이내에 발병한 것으로 부모의 진술이 바뀌었다.

사건 1215: 문서에 기록된 대로, 아이가 백신 접종 전에 정상이었다는 부모의 주장은 잘못된 주장임이 명백하다.

판사는 또한 사기인 듯 보이는 점을 발견했다. 달리 설명하기는 어려웠다. 능력진단검사의 점수가 설명하기 힘들 정도로 바뀐 서로 다른 검사결과지가 발견되었다. 두 건은 모두 같은 환자가 치른 동일한 종류의 검사였지만, 두 번째 결과는 비정상적으로 낮아 특정 경계선에 있는 환자가 지나치게 단순화된 점수였다. 판사는 "동일한 데이터인데, 왜 최종 점수가 다르게 나왔는지 이해하기 어렵다"라며 "기이하다"고 말했다.

그러나 36명의 백신 피해자가 있다고 주장한 연구로 최악의 상황에 놓인 사람은 윌슨이었다. 스튜어트 스미스는 모든 자료를 검토했다. 윌슨은 8명의 질병이 백신과 상관관계가 없다고 인정했다. 15명은 합리적인 다른 발병 원인이 있다고 인정했다. 12명에 대해서만 기존 입장을 고수했다. 남은 12명 중에서 상황을 이해하기에 충분한 정보가 있는 아동은 3명뿐이었는데, 이 3명의 아동에게 백신이 어떤 영향을 미쳤는지도 입증하지 못했다.

놀랍게도 윌슨이 보고한 어린이 중 일부는 예방 접종을 받기 전에도 이미 증상을 가지고 있었다. 가장 두드러진 사례는 일란성 쌍둥이 자매로, 둘은 유전성 질환 진단을 받은 데다가 (20세기 백신 패닉 사태를 유발하는 데 일조했음에도 불구하고) DTP 백신을 맞은 적이 없었다.

잊을 수 없는 사건이었다. 내 조사의 결실은 선데이타임스 매거진에 실린 7천 자에 달하는 여섯 장 분량의 품격 있는 기사였다. 이 사건으로 나는 백신 피해자의 부모나 의사라고 무조건 믿어서는 안 된다는 점을 배웠다. 다시 필요할 일 없는 불가사의한 주제들(쥐의 체중 증가 시험부터 알윈 그리피스의 주장까지)을 통달하고 나니, 백신은 충동적으로 다루기에 너무나도 어려운 주제라는 것도 알게 됐다.

1998년 2월 27일 금요일, 햄스테드의 병원 대기실에서 가디언지를 들고 첫 장을 읽을 때 내 머릿속에 있던 건 그 사건이었다. 웨이크필드가 MMR 백신으로 뉴스에 나왔을 때 나는 여전히 DTP 백신에 대해 생각하고 있었다.

"조사하셔야죠." 병원을 나오는데 의사가 제안했다.

"아뇨, 그럴 일은 없을 겁니다." 나는 웃으면서 답했다.

제 8 장

최초의 접촉

그렇다면 어디서부터일까? 정말로 모든 게 시작된 시점은 웨이크필드가 말한 것처럼 예상치 못한 사건을 들려준 2번 엄마의 전화였을까? 뉴스나이트에 출연한 주황색 옷을 입은 여성이 보상금 소송에 도움을 줄 협력자를 모집하려고 잽스를 결성했을 때? 아니면 수십 년 전 그레이트 오몬드 스트리트에서 한 의사가 또 다른 복합백신을 문제 삼았을 때?

썩은 양파 껍질은 내가 벗길 테니 당신은 그러지 않아도 된다. 헤드라인은 나중에 다음을 외칠 것이다.

진실은 태초에 전화 한 통이 있었다. 하지만 웨이크필드에게 걸려온 전화는 아니었다. 웨이크필드가 어떤 영국 공무원에게 건 전화였다. 그는 46세의 데이비드 솔즈베리라는 백신 관련 고위 공무원이었다. 절대 경솔한 법이 없는 담담한 성격을 지닌 사람으로 한때 신경과 의사인 존 윌슨 밑에서 일한 적이 있는 소아과 의사였다. 그때의 경험은 그의 인생을 완전히 바꿔놓았다.

백일해 위기가 닥칠 당시, 그는 병동에서 인공호흡기를 단 어린이들을 그레이트 오르몬드 스트리트로 호송하는 구급차를 맞이했다. 그는 구급차에 실려오면서 목숨을 걸고 기침을 하는 아기들, 울고 있는 부모, 서두르는 간호사, 좋지 않은 환자들의 결말을 지켜보았다. 뇌 손상, 난청, 실명, 심장병으로 이어질 수 있는 선천성 풍진 증후군(congenital rubella syndrome)

을 보았다. 아급성 경화성 범뇌염(Subacute sclerosing panencephalitis, SSPE)의 공포를 보았다.

아급성 경화성 범뇌염은 홍역바이러스에 감염된 후 뇌가 오랫동안 공격을 받아 발생한다. 일반적으로 가벼운 기억 상실로 시작해 넘어지고, 발작하고, 그러다 혼수 상태에 빠져 식물인간 상태가 되면 1~3년 후에 사망한다. 그는 윌슨과 함께 아급성 경화성 범뇌염 진단을 받은 어린 소년의 부모에게 진단 사실을 알리러 가기도 했다.

솔즈베리는 어느 날 저녁 전화에서 이렇게 말했다.

"아이의 부모에게 아이가 어떻게 죽게 되는지 매우 조심스럽고 섬세하게 설명하던 존의 모습을 잊지 못할 것이다."

웨이크필드의 전화를 받을 당시 솔즈베리는 템스강에서 남쪽으로 1마일 남짓 떨어진, 쇠락한 동네 엘리펀트 앤 캐슬에 위치한 프라이어스 하우스(Friar's House)라는 밋밋한 직사각형의 사무실 건물에서 근무하던 중이었다. 그곳에는 연금, 복지, 사회 서비스를 제공하는 정부 건축물들이 모여 있었고 주차장이 내려다보이는 솔즈베리 사무실 388호보다 나은 사무실은 거의 없었다.

2번 엄마가 웨이크필드에게 전화를 하기 2년 반 전, 재키 플레처가 뉴스나이트에서 아들 로버트가 예방 접종을 받았다고 말하기 2개월 전이었다. 1992년 9월 23일 수요일, 솔즈베리의 사무실 앞 비서의 자리에서 모든 것의 시작을 알리는 전화벨이 울렸다.

당시 솔즈베리가 맡은 대형 프로젝트는 b형 헤모필루스 인플루엔자 백신을 출시하는 것이었다. 그는 제약회사에 공급되는 물량을 확인하고 보건부와 운송 문제를 해결하려고 애쓰면서 의사들의 끝없는 문의까지 처리하고 있었다.

"로얄프리 의과대학 앤드루 웨이크필드 박사의 전화입니다. MMR 백신에 관한 것이라네요."

또 MMR 이라니. 솔즈베리는 안전 문제에 관한 뉴스로 엄청난 문의를 받고 있었다. 지난 주 월요일, 최고 의료 책임자인 케네스 캘먼이 잉글랜드와 웨일즈의 모든 의사에게 서신을 보내 두 브랜드의 백신 사용이 중단될 예정이라고 발표한 터였다. 하나는 영국 제약회사 스미스클라인비참(SmithKline Beecham)의 플러스아릭스(Plusarix), 다른 하나는 프랑스 파스퇴르-메리외(Pasteur-Merieux)의 임라백스(Immravax)였다. 미국의 공급만 유지된다면 머크의 MMR II 한 종류만 남는 셈이었다.

캘먼이 서신에서 밝힌 이유는 단순했다. 유행성 이하선염의 바이러스 원액이 이따금씩 질병을 유발했다. 혼합백신에는 홍역이나 풍진과 마찬가지로 이하선염의 생바이러스도 포함되어 있었다. 또한 두 제품에 사용된 Urabe AM9 주사는 이하선염을 예방하지 못하고 도리어 경미한 뇌수막염 증상을 일으키는 경우가 있었다.

캐나다와 일본은 이미 행동을 취한 후였다. 뒤늦게 영국 정부 연구소가 측정한 위험은 주사 11,000건당 1건 정도의 확률이었다. 그러나 캘먼은 이 비율이 자연 발생보다 상당히 낮다고 강조했다.

9일 동안 솔즈베리는 매일 아침 그의 책상으로 배달되는 신문들을 모니터링했다. 타임스가 9월 15일 화요일 처음으로 140자 분량의 관련 기사를 보도했다. 절제된 톤의 기사였는데, 해당 제품들이 철회되면서 대중의 우려도 미미했다.

솔즈베리는 웨이크필드에 대해 들어본 적이 없었다. 비서가 버튼을 눌러 전화를 연결한 뒤, 흉통이 울리는 저음의 목소리가 자신을 소개하자 솔즈베리는 당혹감을 느꼈다. 2년 반 뒤, 2번 엄마가 웨이크필드의 직장으로 전화를 걸었을 때 웨이크필드가 그랬던 것처럼, 솔즈베리 역시 웨이크필드가 전화한 이유가 궁금했다.

이후 벌어진 일에 비추어 볼 때 기자가 한 사람의 기억에만 의존하는 것은 현명하지 못한 일이다. 그런 면에서 나는 당시 대화를 두 장 분량으로 요약해 준 웨이크필드에게 빚을 졌다. 당시 그는 크론병 바이러스학에 관한 그의 논문이 게재된 〈제이메드 바이롤〉이 출간되기를 기다리는 중이었다. 홍역바이러스의 발견을 보고한 바로 그 논문이었고 그의 팀은 관찰한 것을 사진으로 남겼다.

솔즈베리는 이렇게 말했다.

"그래서 이런 생각이 들었죠. 왜 우리가 이걸 심각하게 받아들여야 하지? 우리에게는 아주 훌륭한 백신 프로그램이 있는데. 이제 홍역은 없어졌잖아."

그러나 그날 전화 통화에서 웨이크필드는 직설적이었고 자신의 자격을 입증하기 위해 〈제이메드 바이롤〉을 인용했다. 그는 자신의 논문이 백신과는 아무 관련이 없음(유행성 이하선염이나 뇌와도 관련이 없었다)을 인정하면서 자신의 목적을 설명했다. 그는 만나기를 원했다. 그리고 돈을 원했다.

초기 쿠엔틴 타란티노 영화처럼 화면을 분할한다면 지금이 바로 그 순간이었다. 정부의 두 백신의 사용을 중단한 것을 기회로 포착한 사람은 웨이크필드만이 아니었다.

다른 하나는 변호사였다. 리차드 바였다. 게시판에서 4번 엄마에게 의구심을 심어준 선데이타임스 매거진 기사에 나온 그 이름이었다. 검은 머리에 미간이 넓고 시골 억양을 사용하는 리차드 바는 피아노 조율사나 카펫 판매원, 맥주집 사장님이라고 해도 될 것 같았다. 당시 42세였던 그는 『집을 사고 팔고 옮기는 방법 Which? Way to Buy, Sell and Move House』이라는 책의 공동저자로 유명했다. 두 백신이 단종된 그해 11월 전까지 그의 경력은 정상에 한참 못 미쳤다.

약 12년 후 처음 만난 자리에서 그는 자신을 "여러 일을 하는 변호사"라고 소개했다.

"오전에는 법원에 갔다가 점심 때는 부동산 일을 하고 오후에는 공증 일을 합니다."

그는 영국 동부 지역의 중간 지점인 노퍽 해안 근처에 있는 킹스린(King's Lynn)에서 일했다. 그러나 로열프리의 '로열'처럼 킹스린의 '킹'에는 아무런 의미도 없었다. 인구 4만 명의 도시는 중세의 유산을 지키지 못하고 해이한 도시 기획과 저녁을 밝히는 대학교의 부재, 백인들의 완강한 단일 문화로 1960년대부터 쇠락했다.

그러나 바 역시 대부분의 변호사들이 갈망하는 것을 갈망했다. 그와 별개로 끈질긴 야망도 가지고 있었다. 그는 분쟁의 중심지인 왕립 재판소에서 재판을 하기를 원했다. 변호사 아버지와 의사 어머니를 뒀던 그는 제약회사를 상대로 한 집단 소송을 무엇보다 간절히 원했다.

타임스에 첫 기사가 나간 후 그는 그레이하운드처럼 재빨리 움직였다. 보도가 나가고 몇 시간 만에 그는 기자들과 만났다. 8년 전 그는 운 좋게 킹스린에서 북동쪽으로 10마일 떨어진 여왕의 거처 중 한 곳 샌드링엄 하우스 근처에서 침실 4개짜리 방갈로 주택을 구입한 엔젤라 랜캐스터라는 출장요리사의 부동산 매매계약을 중개한 적이 있었다. 일회성 거래였기 때문에 대단한 가치가 있는 건 아니었다. 그런데 어느 날 그 의뢰인이 다시 나타났다. 두 백신이 철회되기 2년 반 전인 1990년 5월, 의뢰인의 아들 열세 살의 리차드가 볼거리 뇌수막염에 걸렸다. 사립학교에 다녔던 리차드는 학교에서 친구들과 줄을 서서 MMR 백신을 맞았다.

"끔찍했습니다."

안젤라는 두통, 광 민감증, 열, 구토, 뻣뻣한 목, 무기력으로 들것에 실려 심각한 상태로 병원에 누워 있던 아들을 떠올렸다. "의료진이 10분마다 체온을 쟀어요."

그녀는 바에게 의사를 고소할 수 있냐고 물었다. 다른 엄마에게서 일반 개업의들이 백신을 접종한 대가로 상여금을 받는다는 말을 들었다고 했다. 그녀의 눈에는 학교에 온 사람이 이 위험한 절차를 통해 이득을 본 당사자로 보였다.

바는 제일 먼저 비용을 감당할 수 없는 사람들을 위해 납세자의 세금으로 운영되는 법률 지원을 요청했다. 영국에서는 미성년자도 소송 자격이 되기 때문에 그다음에 녹색 양식(전문가 보고서)과 아들에게 언제 무슨 일이 일어났는지에 관한 엄마의 진술서를 작성했다. 사건은 전도유망해 보였고, 변호사 비용은 이기든 지든, 정부의 법률구조위원회에서 지불할 예정이었다.

그런데 캄캄한 방에서 5주 동안 치료를 받던 아이가 완전히 회복되었다. 잃은 수입은 없었다. 아이에게 부양 가족이 있는 것도 아니었다. 엄마는 백신이 도리어 아이에게 좋은 영향을 미쳤다는 인상을 받았다.

"백신이 제 아들을 변화시킨 것 같아요."

엄마는 염증이 아이의 집중력을 예리하게 만들었을지도 모른다는 자신의 생각이 우스운 듯 웃으며 말했다.

"컴퓨터 잡지만 읽어댔어요. 열세 살 때 나사(NASA)에서 일하고 싶다고 하더니, 스물세 살에는 나사의 입사 제의를 거절했습니다."

1992년 11월 두 백신 제품이 철수되었을 때, 바는 랜캐스터의 사건을 기억해냈다. 타임스에 보도가 나간 화요일 오후 4시경, 집에 돌아온 랜캐스터는 변호사의 메시지를 확인했다. 아들의 사연이 뉴스가 되었다. 정부를 최대한 나쁘게 보이게 만들 수 있는 완벽한 일화였다.

데일리 메일 기자와 인터뷰도 했는데 기자가 제출 마감일을 놓쳤다고 한다. 선수를 친 건 인디펜던트였는데, 당시 해당 매체의 의학 담당 기자인 셀리아 홀은 DTP 백신 공포의 전문가였다. 그날 저녁 그녀는 한 편도 아닌 두 편의 기사를 작성했다. 바는 두 편의 기사 모두와 관련이 있었다.

간접적으로 드러난 관계는 당시 인구가 5,800만 명인 국가에서 우연의 일치일 수 있었다. 셀리아 홀은 킹스린에서 13마일 떨어진 위스벡(Wisbech) 근처에 있는 마을에 사는 한 가정의를 인터뷰했다. 위스벡은 바가 다니는 회사의 지점이 있고 그의 아버지가 오랫동안 변호사로 일했던 마을이었다.

둘째 장에 세 단으로 구성된 지면에 「백신과 뇌수막염 간 상관관계가 있는데도 아이들은 백신을 맞았다」라는 제목으로 실린 그녀의 첫 번째 기사는 보건부의 늑장 대처에 대한 가정의의 비판에 의존한 기사였다. 한 개업의는 정부가 최대 안전을 보장하기보다 행정적 편의를 선택했다고 비판했다. 케임브리지셔 위스벡 근처에 있는 아웃웰(Outwell)에 거주하는 데이비드 베반(David Bevan) 박사는 "정부는 이 사실이 우리에게 알려지기 전에 MMR II 공급이 충분히 이뤄지기를 원했다"라고 말했다.

이는 전국적인 뉴스를 정당화하는 예리한 반론도 정당한 출처도 아니었다. 정부의 대처를 비판한 의사 역시 미국 백신을 접종하는 것이 백신을 안 맞는 것보다는 낫다고 인정한 사실을 고려하면 더욱 그랬다. 그러나 셀리아 홀이 백신 논란에 지면을 반이나 할애한 것은 바와의 거래였다.

인디펜던트에 두 번째로 실린 기사의 제목은 「끔찍한 경험은 법적 행동으로 이어진다」였다. 기사에 등장한 유일한 사례는 오래전 끝난 랜캐스터의 사연이었다. 기사에는 그녀가 소송을 하려 했던 이야기가 네 문단에 걸쳐 실려 있었다. 그리고 어딘가 찜찜한 문장도 실려 있었다.

> 그러나 킹스린의 리차드 바 보상 전문 변호사는 MMR 백신 접종 후 뇌수막염에 걸려 심각한 청각 장애를 갖게 된 잉글랜드 북부의 5세 남아의 가족을 변호하고 있다.

바가… 보상 전문 변호사라고? 홀은 예언자 같았다. 1990년대 초반 당시 (인도 레스토랑들이 온라인에 메뉴를 게재하기 전) 신문 지면에 이름을 올리는 것은 변호사들이 고객을 유치할 때 선호하는 방법이었다.

그랬다. 그렇게 자신의 분야에서 아무도 알아주지 않던 한 변호사가 법률구조위원회로부터 계약을 따내 MMR 백신 피해를 입었다는 가족을 대표해 소송을 제기하며 등장한 것이다. 언젠가는 모든 곳에서 체감할 백신 위기를 키운 것이어서 웨이크필드와 바는 향후 12년 동안 꽃을 피울 계약을 따낸 것이었다.

변호사와 의사는 만나본 적도 없는 상태였다. 그러나 공무원인 솔즈베리에게 전화를 걸 즈음, 웨이크필드의 거대한 아이디어는 진화한 듯 보였다. 이제 홍역바이러스가 아니라 홍역 백신 바이러스였다. 웨이크필드는 이 문제가 〈제이메드 바이롤〉에서는 "다뤄진 적 없지만, 가장 먼저 제기될 문제"라고 경고했다.

자신의 3층 사무실에서 솔즈베리는 심상치 않은 일이 벌어지고 있음을 감지했다. 이런 추측이 어떤 부정적인 결과를 불러올 수 있는지 이전에도 본 적이 있었다. 그는 DTP 백신 공포가 퍼지던 시기 병동의 모습을 떠올렸다. 구토하던 아기들과 아급성 경화성 범뇌염, 자녀가 어떻게 죽게 되는지 부모에게 알리던 윌슨의 모습이 떠올랐다.

웨이크필드는 "제가 우려하는 점은 홍역, 특히 홍역 백신이 궁극적으로 크론병과는 전혀 관련이 없을지도 모르지만, 크론병 발병률 증가와 홍역 백신 사이에 명백한 연관성이 있다는 사실이 언론에 포착될 것이라는 점입니다"라고 말했다.

언론에 포착된다고? 어째서? 웨이크필드가 암시하는 바는 명확했다.

웨이크필드는 솔즈베리와 다른 길을 선택한 것이다. 환자는 그의 우선순위에 놓인 적이 없었다.

"그러니 가까운 시일 내에 만나서 앞으로의 방향을 논의하는 것이 시급하다고 생각합니다."

편지에 따르면 웨이크필드는 강력히 주장했다고 한다.

"이 연구 프로그램에는 적절한 자금 지원이 매우 중요한데, 우리가 만나서 논의해야 할 문제입니다."

솔즈베리의 말을 듣기까지 10년이 넘는 시간이 지났다. 그런데도 솔즈베리는 그와의 대화를 어제 일처럼 기억하고 있었다.

"처음 걸려온 웨이크필드의 전화부터 경보음이었던 겁니다."

 그는 갈취처럼 느꼈던 감정을 다른 말로 표현했음을 인정했다.

 "협박하거나 괴롭히는 듯한 어조였어요. '당신은 여기에 주목하게 될 거야. 당신은 이걸 원하게 될 거야. 대가를 치러야 할 수도 있어.' 마치 이런 식으로요."

제 9 장

거래

리차드 바는 의학과 법이 만나고 미국과 영국이 만나 태어났다. 네브래스카주 스코츠블러프 출신의 병리학자였던 그의 어머니 마조리는 나치 독일의 잔해 속에서 영국 변호사였던 그의 아버지 데이비드를 만났다. 소송은 큰 실패로 끝났지만 두 백신 제품이 사용 중단된 뒤 쿠데타를 일으키기 훨씬 전부터 그가 서사적이고 개혁적인 집단 소송을 열망했다는 사실은 놀라운 일이 아니었다.

다른 변호사에 따르면 바는 1995년 10월 즈음 웨이크필드와 처음 접촉했다. 두 백신이 퇴출되고 3년이 지난 후이자 뉴스나이트에서 장뇌 질환에 관한 촬영분이 방송된 지 6개월 후였다. 또한 로열프리 병원에서 12명의 아이들 중 첫 번째 아이가 내시경을 받기 9개월 전, 그리고 〈란싯〉에 게재된 논문이 공개되기 2년 전이었다. 당시에는 아직 부모도 아니었던 사람들을 괴롭히기 위해 수년에 걸친 협업을 시작한 것이었다. 두 달 후, 두 사람은 추측으로 이뤄낸 승리를 공유했고 재키 플레처와 나란히 선데이타임스 매거진에 실렸다. 1996년 1월 바는 홍역바이러스 성분이 들어 있는 백신의 피해자 70명의 소송을 진행 중이고 이 외에도 수백 명이 소송을 제기하려 준비 중이라고 주장했다.

몇 년 후 내가 폭로하고 나서야 밝혀진 사실이지만, 조사를 거쳐 첫 폭로가 이루어질 때 그들은 이미 한통속이었다. 선데이타임스에서 읽은 사람이 있을지도 모르지만, 바는 그해 1월 고객과 접촉자들에게 우편으로 발송한 네 번째 뉴스레터에서 이렇게 썼다.

"앤드루 웨이크필드 박사는 백신의 홍역 성분과 크론병 사이의 명확한 연관성을 나타내는 매우 충격적인 자료를 발표했습니다."

글쎄, 그건 사실이 아니었다. '명확한 연관성'은 없었다. 뉴스레터(바가 언론에 이름을 알릴 수 있게 도와줬던 엔젤라 랜캐스터가 구해주었다)에서는 그 연관성을 '찾아야 할 징후'라고 표현했다. 이 징후는 체중 감소, 설사, 설명할 수 없는 경미한 발열, 구강 궤양, 관절 통증 등이었다. 그는 이렇게 요청했다.

"자녀가 이러한 증상의 일부 또는 전부를 겪었다면 저희에게 연락 주십시오. 웨이크필드 박사를 소개해 드리겠습니다."

아트리움에 모인 사람들에게는 거의 알려지지 않았던 행위들이다. 플레처뿐만 아니라 바도 웨이크필드에게 고객과 연락처를 전달했다. 아주 모호하거나 흔한 증상들이었기 때문에 거의 모든 부모가 자신의 자녀가 끔찍한 염증성 장 질환을 앓고 있는 건지, 병원에 의뢰하는 것이 좋을지 고민했을지도 모른다.

메일을 보내고 나서 2주 뒤, 바는 기차를 타고 겨울에도 푸른 영국의 녹지를 지나 남쪽으로 질주했다. 그는 더 이상 좀도둑을 변론하거나, 불륜으로 인한 이혼 소송을 제기하거나, 행복한 유족에게 유언장을 읽어주는 일에 의존하지 않아도 되었다. 그는 기차로 2시간, 택시로 10분을 달려 칙선 변호사(Queen's Counsel, 최고 등급의 공판 변호사)와 카리스마 넘치는 로열프리 병원 의사와 상의하기 위해 웅장한 조지안 시대 양식의 갈색 사암 건물로 들어가 앉았다.

그날 바의 옆에는 그의 조수인 커스틴 림(Kirsten Limb)이 앉아 있었다. 둘은 5년 뒤에 결혼했다. 갈색 생머리가 허리까지 오는 10살 연하의 림은 원래 바의 고객이었다. 딸 브리오니(Bryony)가 의료 사고로 심각한 뇌 손상을 입자 소송을 제기하려 했었다.

바는 MMR 백신 문제로 찾아온 고객에게 림을 '과학 및 의료 조사 전문가'나 과학 전문가, 혹은 간단히 '과학자'라고 소개했다. 인디펜던트가 보도한 대로 웨이크필드에 대한 언급은 하지 않았다.

자녀의 예방 접종을 거부한 바 씨는 과학자를 고용해 사건에 도움이 될 만한 조사를 하고 있다고 했다.

그러나 림은 부모들이 생각하는 그런 과학자가 아니었다. 첫 남편이었던 로빈 림은 그녀와 대학에서 만났고 함께 농학 학사를 취득했다고 했다. 전공 커리큘럼을 보면 농사에 대한 학문도 아니었다. 이후 둘은 케임브리지 동부의 평지에서 실험적으로 사탕무 농장을 일궜다.

바와 림이 그날 만나려 했던 사람은 아우구스투스 울슈타인(Augustus Ullstein)이라는 49세의 남성이었다. 유쾌한 성격에 파란 눈을 가진 그는 비교적 최근에 칙선변호사로 임명된 개인 상해, 의료과실, 제조물책임소송 전문 변호사였다. 변호사 사무실 판촉물에는 "최선을 다할 준비가 되어 있는 진정한 신사"라고 적혀 있었다.

선임 비용은 저렴하지 않았다. 하기는 변호사 선임 비용이 저렴한 적이 있었나? 입수한 문서에 따르면, 몇 년 후 백신 소송이 마무리될 때쯤 그는 36만 파운드의 세금(현재 기준 59만5천 파운드)을 수임료로 가져갔다고 한다.

당시 바의 유일한 전문가였던 웨이크필드에게는 MMR 백신이 문제를 유발한다는 증거가 거의 없었다. MMR 백신이 초래한 피해 범위에 대한 합의조차 없었다. 림이 서류를 산더미만큼 긁어모았지만 설득력 있는 데이터는 없었고(사용 중단된 백신에 관한 것을 제외하고는), 농업계는 몰라도 의학계에서는 백신의 안정성에 대해 압도적 합의가 이루어져 있는 상황이었다.

웨이크필드가 바에게 준 임무는 그 합의를 깨뜨리는 것이었다. 특히 타이밍에 있어서 너무나 비밀스러운 거래였기 때문에 내가 폭로한 지 몇 년이 지난 후에도 웨이크필드는 대중의 분노가 두려워 사건이 시작된 시점을 부인했다. 그는 아이들이 순수하게 장 문제로 햄스테드에 왔고 자신은 나중에야 변호사에게 도움을 달라는 요청을 받았다고 주장했다.

내 보도를 중점적으로 다룬 데이트라인(Dateline)이라는 쇼에서 NBC 네트워크의 기자 매트 라우어(Matt Lauer)가 묻자 그는 이렇게 답변했다.

"명확하게 짚어드리죠. 아이들은 증상이 있어 로열프리 병원에 입원했습니다. 연구와는 관련이 없었어요. 집단 소송과도 무관했고요. 백신과 관련이 없었습니다."

노퍽 변호사와의 관계에 대해서는 벨기에 브뤼셀에서 열린 한 컨퍼런스에서 이렇게 말했다.

"변호사가 아이들에게 접근했을 때, 요청을 받았습니다. 아이들이 로열프리 병원에서 진료를 받고 난 후예요. 백신 제조사를 상대로 법적 소송을 제기할 수 있는지 결정하는 데 의료 전문가로서 도움을 달라고요."

사실, 그는 아우구스투스 울슈타인을 만나기 며칠 전 이미 바와 함께 일하기로 동의한 상태였는데, 〈란셋〉에 게재할 논문 프로젝트에 참여한 아이들 중 한 명도 아직 로열프리 병원의 문턱을 넘지 않은 상황이었다.

웨이크필드는 1996년 2월 19일 월요일 변호사 바에게 "지난주 칙선변호사님과 뵙고 나서 친절하게 설명해 주셔서 감사드립니다. 시간당 150파운드(현재 기준 약 248파운드)에 경비를 더한 비용으로 귀하의 의뢰인의 전문가 증인으로 일하게 되어 기쁩니다."라고 쓴 서신을 보냈는데, 이는 12명의 아이들 중 첫 번째 아이가 병원의 1층 스위트룸에 있는 외래진료소로 오기 6주 전이었다.

이후 그는 수년 동안 자신은 단지 전문가로 도움을 줬을 뿐이며, "수없이 많은 의사들이 자신의 일 외에도 의료 전문가로 활동한다"라고 변명했다.

그러나 그가 한 건 단순한 전문가 역할이 아니었다. 전문가는 의견을 제시하고 과학 지식으로 법원에 도움을 주며, 소송 당사자를 위해 의학 분야를 대표한다. 그는 백신에 불리한 증거를 만들어 내는 전례 없는 일을 했다.

그와 바 사이에 수백 통의 전화가 오고갔다. 의료 기록이 담긴 박스들이 트럭으로 실려왔다. 바의 회사에서 일했던 조수 아델 코츠는 웨이크필드의 테일러 애비뉴 자택 옆에 설치된 비좁은 사무실에서 그를 도왔다.

웨이크필드는 '역사상 최대 규모의 의료 소송'이 될 것이라고 예측한 사건을 함께 계획했다.

시작은 크지 않았다. 바가 DTP 백신 소송에서 차용한 울슈타인의 '상세 계획'이 그 시작이었다. 두 번째 재판 말미에 스튜어트 스미스 판사는 수잔 러브데이의 이름으로 (내가 지금은 '누구나 알고 있는' 의견을 제시하기 전) 백신이 피해를 일으켰다고 법원을 설득하는 데 필요한 증거 목록을 제시했다.

처음에 판사는 '뚜렷한 특정 증후군'이라고 했다.

다음은 '특정 병리적 증상'이였다.

세 번째는 백신 접종 시기와 증상이 나타난 시기 사이에 '시간적 연관성'이었다. 네 번째는 '개연성 있는 기전(또는 생물학적 기전), 다섯 번째는 중요도가 가장 낮은 '동물 실험'이었다. 그리고 마지막은 '역학적 증거'였다.

웨이크필드는 바와 거래를 하는 동안 (동물 실험을 제외한) 모든 것을 만들어내려 했다. 로열프리는 소송 공장이 되었는데, (입수한 법원 기록에 부모의 이름이 기재됨) 연루된 아이만 최소 100명이었고 다른 출처에서 밝혀진 것까지 합하면 그보다 두 배 이상 많았다. 소아 위장병학 부서는 내시경 검사실에서 일주일에 네 자리를 할당 받았는데, 아마 1년이 훨씬 넘는 기간 동안 다른 환자를 일절 받지 않았으니, 이는 워커스미스의 병동의 전체 수용 인원이나 마찬가지였다.

바는 먼저 웨이크필드에게 임상 증거(증상, 징후, 병력 등)와 과학적 실험 또는 실험 형태의 검사를 모두 포함한 연구를 설계해 달라고 요청했다. 그런 다음 울슈타인과 만난 지 5개월만에 (여전히 아이들이 내시경 검사를 받기 전이다) 법률구조위원회에 소송 지원을 요청했다.

만약 내게 증거 서류가 없었다면 그해 여름 그들이 제출한 제안서를 믿을 수 없었을 것이다. 3장의 '임상시험계획서 및 비용 제안서'와 17장의 '임상 및 과학연구 제안서'에서 그들은 아이들이 겪게 될 가혹한 검사들과 〈란싯〉에 게재될 직원 8명의 이름, 법률구조위원회에 청구할 항목별 추정 비용, (놀랍게도) 예상되는 결과가 적혀 있었다. 백신 피해 검사였다.

"아이들은 존 워커스미스 교수의 보살핌 하에 소아 위장병동에 들어갈 것입니다."

웨이크필드가 제안서에 명시했다.

"아이와 부모의 4박 숙박과 대장 내시경 검사의 비용은 1,750파운드입니다."

제안서에는 젊은 과학자 닉 채드윅이 '임상시험 조정자-분자생물학 연구'로 내시경 검사실에서 대기해 있다가, 질소로 생체 조직을 얼려 홍역바이러스의 균주별 시퀀싱(유전자 코드를 해독해 백신, 자연, 실험실 중 어디에서 왔는지 알아내는 것을 의미함) 서비스를 제공한다(건당 500파운드)라고 쓰여 있었다.

어린이 5명으로 구성된 두 집단이 제안되었다. 웨이크필드는 첫 번째 집단이 크론병 환자 집단이었다고 했다. 크론병은 그의 우선순위였다. 나머지는 바의 야망인 새로운 연구 분야가 될 예정이었다. DTP 재판에서와 마찬가지로 바의 목표는 뇌 손상을 입은 아동, 그중에서도 특히 자폐 스펙트럼 장애 아동이었는데, 흔한 발달장애이므로 플레처의 고객 중에 있을 수밖에 없었다.

임상계획서에는 자폐 아동집단이 '새 증후군'(스튜어트-스미스의 증거 목록1)의 일부라고 적혀 있었다. 이는 염증성 장 질환을 '자폐증과 유사한 증상'과 결합시켰다. 그리고 증거(증거 목록2)가 특정 백신이 유발한 병리적 증상을 명백히 입증하고 있다고 말했다. 물론 어떤 결론이 나올지 예상할 수는 없지만 이 지표들은 백신과 두 질환 사이에 명확한 인과관계가 정립될 수 있음을 보여주고 있다.

다시 말해, 연구를 시작도 하기 전에 연구에서 무엇을 찾아야 하는지 먼저 결정한 것이다.

바는 1996년 6월 6일 목요일 제안서를 법률구조위원회 사무실로 보냈다. 그러나 (6만 달러 미만의 저렴한 가격에) 제안한 백신 피해 검사는 환영받지 못했다. 영국에서 제약회사를 상대로 제기한 집단 소송은 항상 실패했다. 위원회는 DTP 백신 사건뿐 아니라 벤조디아제핀계열 진정제에 대한 대규모 소송(수백 건의 '피해' 주장이 허위로 판명됨)까지 '한번 찔러보는' 소송에 불만을 품고 정부에 제도 개혁을 호소한 터였다.

위원회는 36장 분량의 보고서에서 "변호사들에게는 의심스러운 사건을 거를 만한 인센티브가 없다"고 말했다.

"신청인이 소송 비용을 직접 부담하지 않는 점, 언론의 주목을 끌기 위해 소송을 제기할 수도 있는 점으로 인해 문제가 악화하는 것으로 보인다."

그러나 울슈타인의 의견이 일견 증거가 확실하다고 보여지는 사건(prima facie case)이 존재함을 보여주었다고 바가 주장을 펼치자, 위원회는 신중한 답변을 대놓고는 굴복했다. 그래서 1996년 8월 22일 목요일 조앤 코위라는 29세의 위원회 변호사가 2장 분량의 계약 허가서에 서명하고 앤드루 웨이크필드 박사의 사전 보고서 작성을 지시한 후 다음의 지원금을 승인했다.

> 웨이크필드 박사가 제안한 임상 및 과학 연구 지원을 위해 10명의 지원 인력과 최대 5만5천 파운드를 지원함

바는 이후 웨이크필드에게 편지를 보내 의사의 의무를 설명하면서, "검사가 양성이면 법률구조위원회에서 추가적인 검사를 허용해줄 것이라고

확신한다"라고 썼다. "주된 목적은 법정에서 반박할 수 없는 증거를 제시해 이 백신들이 위험하다고 법원을 설득하는 것이라고 앞서 말씀드린 바 있습니다."

바는 기뻐했다. 누구라도 물으면 자신의 의뢰인을 검사하겠다는 병원이 생겼다고 말했을 것이다. 웨이크필드가 개인적으로 받은 보수는 기밀사항이었는데, 조앤 코위가 거래를 승인한 지 한 달 후 첫 할부로 수표가 한 장이 전달되면서 로열프리 의과대학 내에 위기를 촉발시켰고 그 위기는 이후 수개월 동안 조용히 지속되었다.

학장 아리 주커먼은 웨이크필드가 받은 돈이 적정성 문제를 일으킨다는 점을 즉시 알아차렸다. 그는 30년이 넘도록 학술 연구에 몸담으면서 그러한 자금 출처를 본 적이 없었다. 원칙적으로 담배 제조사가 후원하는 폐 질환 연구와 크게 다르지 않았다. 그의 눈에 비친 바의 역할은 분명히 상당한 논란의 여지가 있는 것이었다.

주커먼은 로열프리 병원의 건장한 마취 전문 컨설턴트이자 윤리위원회 위원장인 마이클 페그와 주고받은 극비 서신에서, "학교가 직면한 딜레마는 법률상의 조치가 고려되는 특정 연구에 변호사가 자금을 지원하는 것이 윤리적인지의 여부입니다."라고 썼다.

페그의 답신은 주커먼을 전혀 진정시키지 못했다. 윤리학자 페그는 뭔가 잘못되었음을 알았다. 그는 이렇게 회신했.

"2년간 웨이크필드가 윤리위원회에 제출한 모든 제안서를 검토했는데, 자금 출처에 법률구조위원회는 없었습니다. 웨이크필드 씨가 윤리위원회에 거짓 진술을 한 증거가 있다면, 위원회에 공식 제출해야 합니다."

그러나 주커먼은 눈을 감았다. 이후에는 당시 자신이 과로 상태였다고 변명했다. 개인적으로는 그가 마법에 사로잡혔었다고 생각한다. 어느 쪽이든, 이틀 후 그는 페그가 자신의 질문을 '잘못 이해했음'을 강조한 답신을 보냈다.

"앤드루 웨이크필드 박사가 위법 행위를 했다는 암시는 전혀 없습니다.". 학장은 돈을 학교가 직접 받지 않고 병원 CEO 마틴 엘스(Martin Else)가 관리하는 특별기금으로 이체하자고 제안했다. 마틴 엘스는 (논란이 발생할 경우 문제가 되지 않도록) 이해 상충이 없다는 서면 확인서를 비공개로 요청했고, 웨이크필드는 이를 기꺼이 제공했다.

저는 본 임상연구를 위한 법률구조자금과 관련하여 이해 상충이 없음을 확인합니다. … (중략) … 본 임상연구는 법률구조위원회가 후원한 것입니다.

정리하자면, 임상 및 과학 연구를 위해 바가 로열프리 의과대학에 지불한 돈은 로열프리 병원의 특별 기금으로 전용되었고, 여기서 세탁된 돈은 다시 로열프리 의과대학에서 웨이크필드의 연구 비용으로 쓰였다.

누가 이 사실을 알았을까? 〈란싯〉의 편집진, 동료 검토자, 독자, 그 누구도 알지 못했다. 백신의 안전성에 대한 경보를 들은 수백만 역시 알지 못했다. 내가 12명의 어린이를 대상으로 실시한 연구 이면에 숨겨진 계획들을 폭로하기 전까지 누가 그 거래 혹은 돈세탁을 추측할 수 있었을까?

"연구비 지원에 대한 감사의 말이 없었던 걸로 기억하는데, 별일 아니라고 생각했습니다."

바는 논문에 대해 이렇게 말하고는 더 이상 언급하지 않았다.

제 10 장

실험실 내부의 문제

1997년 2월 마지막 주 월요일 아침, 택시 한 대가 로열프리 병원에서 나왔다. 택시는 환자 수송 차량과 주차 공간을 찾는 방문객들로 붐비는 병원 건물 앞에서 폰드 스트리트 방향으로 나갔다가 다시 남쪽으로 방향을 틀어 속도를 냈다. 비가 내리는 온화한 날씨에 11월 들어서 제일 습한 날이었는데, 개의 차지가 된 버려진 이불처럼 우중충한 하늘이 런던 하늘을 뒤덮고 있었다.

택시를 타고 있던 승객은 남성이었다. 검은 머리에 체격이 건장하고 값비싼 옷을 걸친 남성은 침울한 표정이었다. 캘리포니아 베이 출신의 40세 백인 엔지니어인 그는 스테인리스 스틸과 알루미늄을 다루는 전해 연마 사업을 운영하는 사업가이기노 했다. 부유하고 총명하고 엔지니이의 정확성을 가진 사람이었다. 이제부터 그를 11번 아빠로 칭하겠다.

목적지는 인근에 있는 마스덴(Marsden) 병원과 함께 세계 4대 연구소로 꼽히는 영국 암 연구소 소속 체스터비티연구소(Chester Beatty Laboratories)였다. 한때 '구리왕'으로 불리던 뉴욕 시민의 후원으로 첼시 풀럼 로드에 위치한 협소한 벽돌 건물에 지어진 체스터비티연구소는 생물학의 수수께끼가 풀리는 과학 연구의 중심지로, 로열프리 의과대학이 그레이칩이라면 여기는 블루칩 정도 되는 그런 곳이었다.

11번 아빠는 손가락으로 플라스틱 단지를 움켜쥐었다. 그는 자신의 삶이 걸려 있기나 한 듯 단지를 조심스럽게 다루었다. 패딩턴, 하이드 파크, 사우스 켄싱턴을 거쳐 런던 중심부 6마일을 달리는 택시가 방향을 바꾸거나 제동을 걸 때마다 단지에 담긴 부드러운 액체의 움직임이 느껴졌다.

한편 햄스테드에 있는 그의 아들, 11번 아동은 대장 내시경 검사를 받고 말콤 병동으로 돌아와 있었다. 자폐증 진단을 받은 다섯 살 소년이었다. 그러나 발달 문제를 가진 많은 아이들과 마찬가지로 정확한 진단은 요원해 보였다. 11번 아동은 2번 아동이나 4번 아동과는 달리 똑똑했다. 얼핏 보면 수줍음 많고 인간 관계에 조금 서투른 괴짜 십 대 소년처럼 보였다.

그가 열여섯 살이 되던 해, 나는 로스앤젤레스 남부에 있는 한 식당에서 그의 아버지를 만났다. 그는 아들이 몹시 무례할 때가 있다고 했다.

"아이가 기술 학술지를 읽는데요. 교수들에게 이메일을 보내 얕보듯 거만한 태도로 말하곤 합니다. 그런데 그 아이 말이 다 맞아요."

아들이 그런 행동을 하는 이유를 모르니 (그는 백신을 의심했다) 어린 시절에는 무척 걱정스러웠다고 한다. 아이는 두 살이 되기 전까지 말을 하지 못했고, 흡수 장애와 면역 문제를 가지고 있었으며 인지 발달이 늦었고 행동은 강박적이고 반복적이었다.

11번 아빠는 "모든 게 이상했다"라고 말했다가 다시 "20% 이상했다"라고 고쳐 말했다. 아들의 문제를 두고 이유와 해결 방법을 찾아나선 사람은 특이하게도 아빠였다. 그는 200가지도 넘는 자폐 증상이 백신, 중금속, 살충제, 불소가 함유된 수돗물, 바이러스 따위에 의해 초래될 수 있다고 믿었다.

"뭐든 원인이 될 수 있어요."

그가 말했다. 런던으로 온 것 역시 기술자답게 아들의 병을 진단하고 고쳐보려는 수많은 시도 중 하나였다.

일찍이 그는 '산화 스트레스'에 대해 알아봤고 자폐증의 원인과 치료에 관해 수없이 많은 책과 논문을 찾아봤으며, 혈액 검사와 B12, 엽산, 글루타

치온과 같은 보충제에 막대한 돈을 쓴 상태였다.

"한 가지는 확신할 수 있어요. 아들의 뇌는 좋아지고 있습니다."

"아들에게 받게 할 아주 구체적인 검사들이 있습니다. 원인을 찾는 검사인데, 저는 조절 장애나 결핍일 것이라고 추측해요."

그는 런던에 다녀온 뒤 12개월 후에 출판될 〈란싯〉 논문에 대해서 전혀 모르고 있었다. 사우스캐롤라이나 출신의 파이프 담배를 피우는 괴짜 면역학자 휴 푸덴버그에게서 로열프리 병원에 백신 피해자가 받을 만한 검사가 있다는 말을 들었을 뿐이다.

11번 아빠는 12명의 아동을 대상으로 한 웨이크필드의 연구가 막바지에 달할 무렵 그에게 편지를 썼다.

"바이러스의 정체와 감염 정도를 알 수 있다면, 병이 성공적으로 치료되고 아들이 회복될 수 있으리라고 확신합니다."

6주 후에 그는 단지를 손에 꼭 쥔 채 택시를 탔다. 단지 안에는 포르말린 방부제에 둘러싸인 아들의 장 조직이 들어 있었다.

"저는 아내와 함께 방에 있었습니다. 의료진이 생검 재료를 가져와 반으로 자르고 그 조각을 특수 용기에 넣었습니다. 저는 병원에서 뛰쳐나와 대기하고 있던 택시를 탔어요. 30분 만에 이곳으로 내려왔습니다."

검사는 면역학자 푸덴버그의 생각이었다고 설명했다. 69세의 푸덴버그는 2차 소견을 받아보라고 추천했다. 웨이크필드는 홍역바이러스가 염증성 장 질환을 유발한다고 확신했지만, 미국 국립 의학 도서관의 펍메드(PubMed) 데이터베이스를 아무리 검색해도 도출되는 결과는 희망적이지 않았다. 웨이크필드가 법률구조위원회에 낙관적인 연구계획서를 제출한 이후 그의 연구를 재현해 보려는 시도가 이어졌지만 번번이 실패로 끝났다.

이러한 시도는 4년 전 〈제이메드 바이롤〉에 그의 논문이 실리면서 시작되었다. 위장병학의 성배인 크론병의 원인을 찾는 연구를 한 기관에만 맡겨둘 수는 없는 노릇이었다.

1993년 4월부터 로열프리의 연구를 재현하려는 경쟁이 시작되었다.

첫 스타트를 끊은 건 도쿄에서 북쪽으로 600마일 떨어진 아키타 대학의 마사히로 이즈카(Masahiro Iizuka)가 이끌던 연구팀이었다. 그들은 1995년 1월 〈란싯〉에 보낸 편지(물음표가 붙은 웨이크필드의 논문이 게재되기 3개월 전)에서 햄스테드에서 사용된 것과는 다른 방법을 사용해 15명의 크론병 환자의 조직을 관찰하고 그 결과를 보고했다. 마사히로 이즈카 팀은 분자증폭기술인 중합효소 연쇄 반응법(PCR, Polymerase chain reaction—강간범과 연쇄 살인범이 수년 전 핥았던 우표를 분석해 검거에 성공하여 유명해진 DNA 지문 분석)을 사용해 바이러스의 핵, 협막, 돌출부를 암호화하는 6개 유전자 중 4개 유전자의 염기서열을 분석했다.

연구원들은 '아무것도 찾지 못했다'고 보고했다.

다음은 미국 코네티컷 대학 연구팀이었다. 2번 엄마가 웨이크필드에게 전화를 건 달에 위장병학 저널은 더 큰 프로젝트의 일환으로 웨이크필드의 연구를 재현한 9장 분량의 논문(Ying Liu et al.)을 게재했다. 15개 표본 중 13개 표본이 양성으로 나타났다고 보고한 웨이크필드의 연구에서 사용된 면역조직화학법(〈제이메드 바이롤〉에 게재된 세 가지 기술 중 하나)으로 환자 16명의 조직에서 홍역 단백질이 검출되는지 시도했다.

면역조직화학은 염색 기술이다. 분자생물학적 기법이 아니라 현미경적 기법이었다. 특수 제작한 항체가 표적 단백질에 부착되면 색깔이 보통 갈색으로 바뀐다. 리우의 연구팀은 로열프리 연구팀에게서 항체를 얻었다. 웨이크필드의 팀이 성공한 연구였지만 코네티컷 팀은 실패였다. 코네티컷 팀은 항체가 정상 세포에 달라붙는 것으로 보인다는 결론을 내렸다.

"따라서 우리의 연구 결과로는 홍역바이러스의 존재 여부와 관련하여 웨이크필드팀의 데이터를 확인할 수 없었다."

푸덴버그는 이게 무슨 말인지 쉽게 이해했다. 로열프리 연구팀의 결과는 항체가 같은 물질을 다른 물질로 착각한 교차 반응으로 인한 것임을 시사한다는 것은 어느 면역학자라도 알 수 있었다.

크게 놀랄 일은 아니었다. 생물학계에서 일어나는 일이었다. 표적이 항상 고유하지는 않기 때문이다.

그러나 웨이크필드는 여느 때와 같이 포화 속에서도 침착함을 유지했다. 그는 코네티컷 대학팀의 검사에 결함이 있었거나 신중함이 부족했던 것이라며, 바이러스가 있을 만한 위치를 잘못 짚었거나 홍역바이러스가 조직에 극히 소량으로 존재하기 때문에 해당 방법으로 찾지 못한 것이라고 주장했다(그런데 그 자신도 같은 방법을 사용했다). 그는 자신이 현미경으로 바이러스를 직접 관찰했다고 주장했다. 홍역바이러스는 '존재'했고 감염은 '확인'되었다고 강조했다.

학계는 그의 답변을 수긍하지 않았다. 11번 아동이 내시경 검사를 받기 위해 런던으로 오기 1년 전이자 웨이크필드가 리차드 바와 정식으로 계약을 체결한 1996년 2월, 일본 히로사키 대학의 요이치 하가 팀이 장에 관한 6장 분량의 연구를 발표했다. 요이치 하가 팀은 (홍역의 단일 비리온을 검출할 수 있다고 판단한) 매우 민감한 PCR 증폭법을 사용해 웨이크필드가 말한 조직내 교잡법에서와 동일한 유전자 염기 서열을 표적으로 삼았다고 주장했다. 그러나 10개 중 10개에서 성공했다고 보고한 웨이크필드의 팀과 달리 요이치 하가 팀은 15개 중 15개 모두 실패였다.

요이치 하가 팀은 "크론병의 병인은 아직 알려지지 않았으나 원인으로 추정되는 바이러스에 대한 증거는 오랫동안 모색되어 왔다."라고 말했다.

웨이크필드에게 말하기 전에 모든 것을 확인해보자는 건 푸덴버그의 생각이었다. 11번 아빠가 아들의 내장 조직이 든 단지를 가지고 택시를 탄 이유는 바이러스의 존재 여부를 검사하기 위해서였다. 그는 웨이크필드의 가설을 검증하거나 소송에 합류하기 위해 런던에 온 것이 아니었다. 샌프란시스코에는 햄스테드보다 더 나은 병원이 많았다.

"양성이든 음성이든 저는 그저 정보가 필요했습니다."

그가 말했다.

"엄청난 보고서를 요청한 게 아니에요."

11번 아동은 부모와 함께 공항에 도착한 다음날 말콤 병동에 입원했다. 그는 나머지 12명과 마찬가지로 밤새 내시경 검사를 받을 준비를 마치고 월요일 아침 내시경실로 옮겨졌다. 부모는 내시경이 직장, S자 결장, 하행 결장, 횡행 결장, 상행 결장, 맹장, 판막, 회장을 통과하는 모습을 모니터로 지켜보았다.

그리고 볼지어다.

반짝거리는 분홍색 점막 사이로 부풀어오른 창백한 결절들이 보였다. 흉측하게 부은 림프종, 결절성 림프양 증식증이었다. 이것이 바로 11번 아빠가 알지 못했던, 웨이크필드가 법률구조위원회에 제안했던 홍역 가설의 증거일까? 그는 림프종이 감염에 대한 반응이라는 말을 들었고, 웨이크필드는 그것이 바이러스 감염이라고 확신했다. 〈란싯〉에 두 번째로 제출되었던 (그러나 게재를 거부당한) 과학 논문의 주제였다.

11번 아동이 다시 병동으로 옮겨지고 나서도 림프종이 홍역바이러스의 증거라는 주장에 대한 논쟁은 더욱 불거졌다. 논쟁은 햄스테드에서 수천 마일도 떨어져 있지 않은 곳에서 발생했다. 미국인인 11번 아빠가 첼시연구소로 향하고 있을 때 시험 조정자(분자생물학 전공)인 닉 채드윅은 〈란싯〉 논문에 실린 아동 12명과 다른 아동들의 장, 혈액, 척수액으로 PCR 검사를 실시했다.

조용하고 왜소한 채드윅은 크론병 진단을 받은 젊은 과학자였다. 그는 로열프리에 웨이크필드의 제자로 왔고 박사 과정에 등록하기 전에는 1년 동안 다른 하급 연구소에서 실험실 기사로 일한 경력이 있었다. 그가 처음 한 일은 〈제이메드 바이롤〉에 실린 웨이크필드의 연구를 재현하는 것이었다. 그는 집요하고 세심하고 평판이 좋은 조사관이었고, 긴 시간 동안 동일한 분석을 반복하는 것도 잘 견뎠으며, 실험실 내의 인간관계도 좋았다. 병원에서 일하는 것의 기쁨 중 하나는 11번 아동과 같은 환자의 상황에 맞는 연구를 수행할 수 있다는 것이었다. 채드윅 자신도 웨이크필드의 스승인 로이 파운더의 보살핌을 받았던 환자였다.

채드윅은 병원 10층에 병과 상자로 어수선하고 선반으로 구분한 벤치가 설치된 연구실 324호실에서 일하던 네 명의 연구원 중 한 명이었다. 워크스테이션과 직각을 이루는 곳에 설치된 유리 창문 너머로 런던 북부가 한눈에 들어왔다.

그의 프로젝트는 홍역 RNA 증폭기술을 평가하는 것으로 시작되었다. 이 프로젝트로 그는 연구책임자인 웨이크필드와 함께 12장 분량의 논문을 〈제이메드 바이롤〉의 자매지 〈바이러스학적 방법론Journal of Virological Method〉에 싣게 되었다. 그런 다음 그는 크론병 환자의 조직에 가장 민감하고 특별한 것을 적용했고, 그의 직장 생활은 엉망이 되었다.

검사는 일본팀과 코네티컷 팀의 결과와 마찬가지로 음성이었다. 바이러스는 스파이크 단백질이 있는 대조군 조직과 오염 물질에서만 이따금씩 발견되었다. 그가 연구 결과를 보고했을 때 공동 지도교수인 웨이크필드는 그다지 기뻐하지 않았다.

"그는 자신의 가설에 맞는 긍정적인 데이터만 믿고 부정적인 데이터는 무시하는 경향이 있었습니다." 채드윅이 말했다.

병원에서 이뤄지는 연구의 단점은 과학자가 아니라 의료진의 지시를 받아야 한다는 점이었다. 채드윅은 웨이크필드가 어떤 기술도 직접 한 적이 없는 걸로 기억했다.

"그는 잘라낸 조직을 관찰하고 결과를 검토하는 데 많은 시간을 할애했습니다. 그리고 대부분의 연구책임자가 그렇듯 자금을 마련하고 연구 결과를 해석하고 논문을 작성했습니다. 실제 연구 측면에서는, 제가 기억하기로는, 그는 실험실 가운을 입은 적이 없었어요."

그해 2월, 채드윅은 전년도 6월에 법률구조위원회가 정한 대로 (그는 이에 대해 전혀 몰랐다) 표본을 검사하기 시작했다. 11번 아동을 포함한 22명의 어린이와 비교를 위한 6명의 대조군 환자의 생체 재료에서 (볼거리, 풍진과) 홍역을 찾으려는 시도를 했다.

"이 아이들이 〈란싯〉에 게재된, MMR 백신 공포를 불러일으킨 바로 그 아이들인가요?"

나는 방송 인터뷰에서 그에게 물었다.

"네, 맞습니다."

그가 대답했다.

"그 아이들에게서 홍역바이러스가 발견됐습니까?"

"아니요. 홍역바이러스가 발견된 아이는 단 한 명도 없습니다."

"요추 천자로 뇌척수액을 살펴보셨나요?"

"네, 그렇습니다."

"거기서 홍역바이러스가 발견되었나요?"

"아니요."

"그렇다면 MMR 백신 공포의 중심에 있던, 대중에 알려진 바로 그 아이들에게서 홍역바이러스가 발견되지 않았다는 말이군요. 웨이크필드 박사의 이론은 장 질환의 원인이 홍역바이러스이고, 그게 자폐증을 일으킨다는 건데, 홍역바이러스가 발견되지 않았다는 거죠?"

"맞습니다."

병리 검사를 위해 포르말린에 보존한 11번 아동의 장 조직과 달리 채드윅이 검사한 장 조직은 환자에게서 채취하고 나서 5분 만에 질소에서 동결한 것이었다. 게다가 그는 연구에서 시험 조정자였는데도 그의 연구 데이터는 발표되지 않았고 법률구조위원회에 제출한 웨이크필드의 보고서에도 실리지 않았다.

나는 채드윅의 다른 지도교수인 존경받는 분자생물학자 이안 브루스에게서 이 데이터에 관해 알게 되었다. 당시 런던 남동부에 있는 그리니치 대학의 교수였던 그는 이 젊은 과학자가 사용한 실험 방법을 보증했다.

"닉은 해당 표본에서 홍역바이러스를 검사하려고 당시 최고의 검사를 개발했습니다."

웨이크필드는 그렇게 생각하지 않았다. 그는 채드윅의 PCR 검사가 충분히 민감하지 않다고 믿었다. 검사 방법에 뚜렷한 한계가 있다고 주장했다. 채드윅의 검사 결과가 '거짓음성(false negatives)'이라고 했다.

그러나 어째서 웨이크필드가 현미경으로만 보이는 크기의 스타틴으로 바이러스를 찾으면서도 (분명히 훨씬 더 민감한) 분자생물학적 기법으로는 아무런 반응을 얻지 못했는지 사람들은 이해하지 못했다. 실제로 생물학을 전공하는 학부생들에게 웨이크필드의 제안서를 보여주자 학생들은 웃음을 터뜨렸다. 학생들은 내가 장난을 쳤다고 생각했다.

11번 아빠는 채드윅과의 웨이크필드의 갈등에 대해서 알지 못했다. 그렇지만 웨이크필드가 바이러스에 대해 외부와 교차 확인하는 것을 좋아하지 않는다는 건 알고 있었다. 그는 로빈 바이스(Robin Weiss)라는 시니어 바이러스학자의 도움을 받아 첼시 연구소에 표본을 전달하고 나서 아내와 아들과 함께 캘리포니아로 돌아가 결과를 기다리고 또 기다렸다.

"결과는 제게 공개되지 않았습니다."

여전히 혼란스러웠던 그가 말했다.

"솔직히 왜 공개하지 않는지 모르겠습니다."

그는 계속 기다렸다. 편지도 써봤다. 아무런 소용이 없었다. 1997년의 여름이 지나고 가을로 접어들었지만 웨이크필드는 항상 바빠 보였다. 그해 6월, 웨이크필드는 홍역바이러스를 발견했다고 주장하는 두 번째 과학적 연구와 함께 첫 번째 논문을 〈란싯〉에 제출했다. 8월에는 펄스와 인터뷰를 해 언론에 불을 지폈다. 9월에는 경영진과 만나 기자 회견에 관해 논의했다. 그런 다음 2주 후에는 버지니아에서 열린 백신 반대 집회에서 연설을 했다.

11번 아빠는 캘리포니아 자택에서 고군분투하고 있었다. 그는 런던의 변호사들로부터 조언을 얻었다. 그는 고소하겠다고 경고했다. 자극적인 보도가 폭풍처럼 몰아치고 있어 이런 정보는 변화를 일으킬 수 있었는데, 체스터비티연구소의 바이러스학자가 11번 아동의 장 조직에 관한 연구 결과를 발표한 건 그로부터 한참 지나서였다.

  이 연구에서는 바이러스가 인간 세포에서 자랄 수 있는지 확인하기 위해 또 다른 기술을 사용했다. 성장은 불가능하다는 결론이었다. 11번 아빠가 내게 보여준 보고서에는 '가장 그럴듯한 이유'로 '생검에 홍역이 포함되어 있지 않아서'라고 적혀 있었다.

제 11 장

스파턴버그 과학연구소

지하에 있는 의과대학의 지휘 본부는 콘크리트 성의 측면으로 들어간 뒤 유리문을 통과해 건물을 동서로 가로지르는 넓고 반짝이는 복도를 따라 내려가면 있었다. 오른편에는 학장과 비서가 함께 쓰는 사무실이 있었고 학생회관을 지나 안쪽으로 들어가면 재무 담당자의 사무실이 나왔다.

아트리움에서 행사가 열린 지 5일 만에 웨이크필드는 회의를 하러 사무실로 들어갔다. 1998년 3월 3일 화요일, 하얀 가운을 입은 그는 햄스테드를 너머 영국 전역에서 나병환자들의 구세주처럼 나타났다. 학교 측은 목요일에 있었던 행사를 놓친 사람을 위해 토요일 아침 성명을 발표하고 미국의 지지를 인용한 〈란싯〉 논문에 실린 12명의 아이들에 대한 자료를 배포했다.

부모들은 자녀가 MMR 백신을 접종한 후 행동 변화(8건) 또는 홍역 감염 증상(이전에 MMR 예방 접종을 받은 어린이 1명)이 나타나기 시작했다고 보고했다. 행동 변화는 반복적인 행동, 놀이에 대한 무관심 또는 머리 부딪치기 등이었다. 이와 같은 MMR 백신과의 시간적 연관성은 미국 근로자들 사이에서도 관찰된 바 있다.

주말 동안 사우스웨일즈 이브닝포스트(South Wales Evening Post), 벨파스트 뉴스레터(Belfast News Letter), 노던 에코(Northern Echo), 글래스고의 헤럴드(The Herald) 등이 보도 경쟁에 합류했다. 이브닝 스탠다드는 단일백신이 부족한 상황이라고 보도했다. 인디펜던트는 "제가 틀렸다면 저는 나쁜 사람이 되겠지만, 환자들이 제게 남긴 의문을 해소해야만 합니다"라는 웨이크필드의 말을 인용 보도했다.

기자 회견이 있기 전 화요일에 회의가 잡혀 있었고 이후 수개월에 걸쳐 기자 회견 준비가 이루어졌다. 냉철한 연구원이라는 웨이크필드의 대중적 이미지 이면에는 변호사 리차드 바와의 거래와 성공을 향한 그의 야심이 도사리고 있었는데, 그는 그날 경영진과 이에 대해 논의했다. 버릴 버나드 크론, 워런, 마셜은 이제 잊으라. 역사상 가장 위대한 위장병 전문의는 웨이크필드가 될 것이었다.

1998년 초 그는 자신이 크론병의 수수께끼를 풀었고 의학계가 본 적 없는 새로운 염증성 장 질환을 발견했다고 생각했다. 그때는 그랬다. 그는 아이들에게 내시경 검사를 실시하기도 전에 법률구조위원회에 퇴행성 자폐증을 동반하는 새로운 증후군으로 발견했다고 주장했다. 다른 연구진의 의견이나 분자진단 검사 결과에 아랑곳 하지 않고 홍역바이러스, 그중에서도 특히 백신에 들어 있는 변종이 원인이라고 확신했다. 이제 그는 이 회의를 통해 더 높은 곳, 상상조차 하기 힘든 성취의 정점에 도달하기를 희망하고 있었다.

그날 웨이크필드의 동업자 두 사람도 회의에 들어왔다. 벤처 캐피탈을 운영하는 사업가들이었다. 한 명은 생명공학 스타트업에서 20년을 보낸 알레스 코다(Alex Korda)라는 전문 투자자였다. 다른 한 명은 역시 비슷한 배경을 가진 로버트 슬릿(Robert Sleat)이라는 환경미생물학 박사였다. 슬릿은 〈란싯〉에 실린 아동의 아버지로 2번 엄마의 자폐증 모임에서 웨이크필드를 처음 만났다.

그들은 재무 책임자이자 부국장인 39세의 첸기즈 타한(Cengiz Tarhan)을 만나기 위해 지하로 내려갔다. 엉뚱한 유머 감각을 지닌 터키 출신의 첸기즈 타한은 클래식 록과 빠른 자동차에 열정을 지닌 사람이었다. 지난 목요일, 그는 비서 브라이언 블래치(Bryan Blatch)와 함께 웨이크필드가 MMR 백신의 사용 중단과 단일백신의 사용을 촉구하는 것을 들었다.

(나중에 인터뷰를 거부한) 타한은 연구 평가와 〈란싯〉에 게재된 논문이 벌어다 줄 돈에 대해 알고 있었다. 그는 직원의 발명이나 발견을 통해 이윤을 남기는 것이 목적인 학교의 회사 프리메딕(Freemedic)을 책임지는 사람이기도 했다. 화요일 회의는 웨이크필드가 수개월 동안 선전해 온 비즈니스에 대해 논의하는 자리였다.

타한이 막강한 로이 파운더의 제자 웨이크필드와 만난 것은 이번이 처음이 아니었다. 웨이크필드는 이상적인 과학자라는 대중적 이미지를 가지고 있었지만, 오랫동안 상업적인 성공을 갈망해 온 터였다. 실제로 그는 캐나다에서 영국으로 돌아온 이후 줄곧 특허를 출원하고 사업을 구상하고 거래를 성사시키기 위해 애를 썼다.

타한은 캐비닛에서 서류철을 꺼낼 필요가 없었다. 사업가로서 웨이크필드의 성과는 인상적이었다. 그의 첫 회사는 히스필드에서 2.5마일 떨어진 서머셋의 바스에 주소지를 둔 엔도젠 리서치(Endogen Research)였다. 이 회사를 통해 그는 1991년 8월부터 3년 동안 학교와 단클론항체 개발을 협의했다. 그 후 1993년 9월에 인셀텍(Inceltec)을 세웠고, 1994년 12월에 히스도젠(Histogene)을 세웠다. 이중 지금까지 남아 있는 회사는 하나도 없다.

그러나 자신의 전문성으로는 다소 감당하기 힘든 야망을 지닌 웨이크필드의 모습이 타한의 머릿속을 맴돌았다. 웨이크필드의 특허 중에는 분자 증폭에 사용되는 짧은 핵산 서열인 PCR 프라이머 관련 특허도 있었다. 그중 내가 가장 좋아하는 건 주방 가전인 전자 레인지처럼 턴테이블과 팬을 사용해 화학 반응을 수행하는 장치였는데, 나는 이것을 웨이크필드의 상자(Wakefield 's Box)라고 불렀다.

확실히 대담한 시도였다. 어쩌면 혁신적일 수도 있었다. 그러나 그의 목표에는 언제나 사심이 가득했다. 그의 첫 번째 시도 후, 타한은 학교가 개인의 이익보다 우선되어야 한다고 경고했다. 웨이크필드는 지분 배분을 통해 적절한 인센티브를 받고 싶다고 말한 적도 있었다. 세 번째 시도 때 웨이크필드가 자신의 논문으로 2,400만 파운드의 기금을 마련할 계획임을 알게 된 경영진은 그를 교수로 승진시켰다.

타한의 상사들은 웨이크필드의 계획을 탐탁치 않아 했다. 그의 계획은 학교의 계획과 충돌했다. 그의 자기 홍보 역시 용인할 수 없었다.

"교수 칭호가 부여되는지 아닌지는 당신이 결정할 문제가 아닙니다."

비서인 블래치가 그를 비판했다.

그 후 크론병과 자폐증에 대한 아이디어가 떠올랐고, 엄청난 서류 작업이 이어졌다. 2번 아동이 내시경 검사를 받고 나서 이틀 뒤 (8세 아이와 엄마가 말콤 병동에 있는 동안) 웨이크필드는 기막힌 계획을 세웠다. 그는 염증성 장 질환에서 홍역바이러스를 진단하면 영국과 미국에서만 연간 최대 3억 8,500만 파운드(현재 기준 약 7억 1,000만 파운드)의 현금 흐름이 창출될 것으로 추산했다.

11장 분량의 '발명가/학교/투자자 회의 문서'에서 그는 "회사는 독자적인 기술을 통해 고유한 서비스를 제공하므로 프리미엄 가격을 요구할 수 있음"이라고 적었다.

2번 아동에게 크론병이 있다고 판단했을 때 그가 흥분한 건 놀라운 일이 아니었다. 웨이크필드는 이미 특허 출원을 한 상태였다. 자택에서 자신의 이름으로 출원한 특허는 솔직히 믿기 힘들 만큼 놀라웠다. 그는 장 조직과 혈액에서 홍역바이러스를 검출해 크론병(궤양성 대장염까지)을 진단하는 방법을 발견했다고 공언하고, '크론병과 궤양성 대장염을 치료하는 약제'를 등록했는데, 더 놀라운 건 '홍역바이러스 게놈의 일부 또는 전부를 발현하는 시스템으로 구성된 홍역 백신에 대한 치료제'까지 등록했다는 점이었다.

처음에는 크론병이었고, 그다음에는 자폐증이었다. 자폐증 관련 특허는 극비 사항이라 존 워커스미스도 전혀 몰랐다고 한다.

〈란싯〉 논문이 공개되기 9개월 전, 웨이크필드는 부모들과 함께 혼합백신의 사용 중단을 촉구하면서, 훨씬 훌륭한 돈벌이인 세 가지 질환을 동시에 치료하는 기적의 약을 발견했다고 주장했다. 그 약은 MMR 백신과 홍역바이러스를 제거하는 '백신'이자, 크론병과 기타 염증성 장 질환(IBD), 그리고 동시에 퇴행성 행동 질환(자폐증)을 치료하는 '치료제'로도 쓰일 수 있었다. 주사나 알약 또는 좌약으로도 투여할 수 있었다. 놀랍게도 부작용조차 없다고 했다.

그는 이후 내가 선데이타임스 1면에서 공개한 문서에서 다음과 같이 주장했다.

"저는 신생아뿐 아니라 모든 사람에게 더 안전한 복합백신/치료제를 발견했습니다. 이 약은 염증성 장 질환을 치료하거나 증상을 완화하는 데도 사용할 수 있습니다."

이것이 바로 화요일에 그가 코다, 슬릿과 함께 타한에게 제안한 사업이었다. 그들은 프리메딕의 자금으로 이뮤노스피픽스 바이오테크놀로지(Immunospecifcs Biotechnologies)라는 회사를 시작하려 했다. 또한 진단 검사, 치료법, 백신을 개발하는 데 필요한 210만 파운드를 로열프리의 지원으로 마련하려 했다.

타한은 사업 제안을 듣고 나서 3일 후 사업설명서 초안을 받았다. 웨이크필드의 연구실에서 부정적인 결과가 나왔는데도 불구하고, 도쿄 어린이병원의 일본 협력자인 히사시 가와시마(Hisashi Kawashima)가 닉 채드윅이 발견하지 못했던 홍역을 발견했다고 주장했다.

16장 분량의 사업설명서에는 9개의 목표가 나열되어 있었다. 세 개의 목표는 현금 확보, 협력사 발굴 등 절차와 관련한 목표였다. 네 번째 목표는 면역 치료제와 백신을 상품화하는 것이었고 그 외에는 전부 홍역, 홍역, 또 홍역과 관련된 목표였다. 염증성 장 질환을 유발하는 홍역에 특화된 치료, 발달장애에 특화된 치료, 규제 승인을 위한 제품 정제 계획, 홍역에 특화된 진단 프로그램, 백신의 가능성을 검토할 계획이었다.

거창한 아이디어? 이보다 거창한 아이디어가 있을 수 있을까? 불과 5일 전, 웨이크필드는 방송에 출연해 눈부신 빛을 응시하며 '백신의 안전성'은 도덕적 문제라고 괴로움을 토로하면서 한편으로는 (홍역 백신이 아닌 MMR 혼합백신을 공격하기 위해) 바와 비밀 거래를 하고 있었을 뿐 아니라, 혼합백신에 대한 대중의 신뢰가 무너져야만 성공할 수 있는 (단일백신을 포함한) 자신의 제품을 출시하기를 꿈꾸고 있었다.

타한은 자신의 눈앞에 있는 과학에 대해 판단할 수가 없었다. '전이 인자(transfer factor)'라는 기술이었다. 림프구(백혈구의 일종) 추출물은 1950년대에 몇몇 과학자에 의해 처음 제기되었는데, 의학 분야의 판도를 바꾸어 놓았다. 한 사람의 몸에서 채취한 신체의 일부를 다른 사람의 몸에 붙일 수 있다는 고대의 기발한 아이디어를 바탕으로 알츠하이머에서 AIDS에 이르는 모든 질병에 대해 임상적 유익(clinical benefits)을 기증자로부터 수혜자에게 전달하는 것이 목표였다.

회계사가 보기에도 무리한 계획으로 보였지만 프로젝트는 믿을 만해 보였다. 웨이크필드와 함께 온 사업가들은 자신들과 프리메딕, 사우스캐롤라이나주 스파턴버그에 있는 신경면역치료제 연구재단이 3자간 계약을 맺자고 제안했다.

매력적인 제안이었다. 웨이크필드는 그럴듯하게 보이게 만드는 데 선수였다. 타한의 비서가 복도를 지나 학장에게 제안서를 전달했지만 그의 반응은 퉁명스럽고 부정적이었다.

학장은 타한에게 보낸 서신에서 이렇게 말한 바 있었다.

"저는 전이 인자와 바이러스 감염 연구 경험이 상당한 사람입니다만, 투자를 지지하지 않습니다."

현명한 조치였다. 해당 재단은 11번 아빠에게 조언을 해주었던 파이프 담배를 피우는 면역학자 휴 푸덴버그의 돈벌이 수단이었다. 그의 이력서는 한마디로 다채로웠다. 스파턴버그로 자리를 옮기기 전 샌프란시스코 캘리포니아 대학에서 교수로 있으면서 폐기종의 유전학을 연구하려 담배업계의 자금 지원에 굴복했다. 위험한 치료법을 처방했다는 혐의로 식품의약국(FDA)에 고소를 당한 적도 있었고 규제의약품 위법 행위로 의료위원회에서 정직처분을 받았고 현재는 자폐 아동 부모들에게 눈물 날 정도의 비용을 청구하는 컨설팅 회사를 운영하고 있었다.

그는 MMR 백신과 자폐증 간 연관성을 최초로 주장한 사람이기도 했다. 사람들은 웨이크필드가 '백신 반대 운동의 아버지'이고 최초로 어린이 12명을 대상으로 연구를 했다고 했지만, 사실상 푸덴버그가 그보다 먼저였다. 실제로 로열프리가 토요일 발표한 보도 자료에서 말한 '미국 근로자들 사이에서 관찰된 시간적 연관성'은 푸덴버그의 논문에서 인용한 것이었다.

1995년 6월 이탈리아 볼로냐에서 열린 컨퍼런스에서 처음 발표된 푸덴버그의 5장 분량의 논문은 9개월 후 〈바이오테라피*Biotherapy*〉라는 공신력이 낮은 학술지에 게재되었지만 곧 출판이 중단되었다. 그는 40명의 자폐 아동 중 15명이 MMR 백신을 맞고 나서 일주일 이내에 자폐 증상을 보였다고 보고했다. 3명은 하루 만에 고열과 경련을 일으켰고 나머지는 15개월에서 18개월 사이에 점진적으로 문제(자폐증의 가장 흔한 증상)가 발생했다고 한다.

그는 자신의 논문이 '선행 연구'이며, 자폐 아동 40명에 관한 정보는 메리 콜먼(Mary Coleman)이라는 발달 문제 전문가이자 뉴욕 신경학자로부터 입수했다고 밝혔다. 그런데 내 전화를 받은 메리 콜먼은 푸덴버그를 '위험하고 미친 사람'으로 표현했다. 그녀는 "머리가 이상해졌다. 이 분야에 돌팔이를 끌어들이는 뭔가가 있는 거 같다."라고 말했다.

돌팔이든 아니든 푸덴버그는 웨이크필드를 끌어들였다. 그래서 나는 그를 만나기 위해 차를 타고 사우스캐롤라이나로 갔다. 그곳에 도착했을 때 늙고 허약한 푸덴버그는 데님 비니 모자와 짙은 색 안경을 끼고 두꺼운 갈색 재킷을 입은 채 휠체어에 앉아 웃고 있었다. 그는 웨이크필드를 '신사'라고 부르며, 웨이크필드는 런던에서 살고 있고 자신이 그를 거절했다고 말했다.

어느 습한 오후에 샬럿(Charlotte)에서 남서쪽으로 80마일 떨어져 있는 그의 자택에서 이야기를 나누고 있을 때 그가 말했다.

"웨이크필드는 나와 사업을 하고 싶어 했습니다."

"그러면 어떻게 되었을까요?"

"많은 돈을 벌었겠죠."

"돈 버는 것 말고는 어땠을까요?"

"아마 유명해졌겠죠. 모르겠어요. 거물급 사업가라면 유명해지기 마련이니까요."

그는 웨이크필드의 가치가 마음에 들지 않아 이뮤노스피시픽스를 같이 하자는 제안을 거절했다고 했다.

"그는 자신이 옳다는 걸 증명하고 싶어 했어요. 그게 그의 주된 동기였습니다. 자신이 옳음을 증명하는 거요. 시종일관 그걸 고집했어요. 그리고 너무 돈만 생각했어요."

우리는 규제상의 어려움을 있었을 것으로 추정되는 전이 인자에 대해 대화를 나눴다.

내가 물었다.

"이 기술로 자폐증을 치료할 수 있다고 믿으세요?"

그의 반응을 보려고 던진 질문이었다. 나는 그가 돌팔이든 노벨상 수상자든 개척자가 할 만한 대답을 하리라고 생각했다. '괜찮은 결과가 나오고 있다' 정도가 현명한 대답이었을 것이다.

푸덴버그의 대답은 '그렇다'였다. 예상치 못한 대답이었다. 그러나 때는 사건의 초창기였다.

"치료할 수 있다고요?"

"그렇죠."

그는 자신의 주장을 반복했다.

바로 이 사람이 위기의 할아버지였다. 웨이크필드는 그보다 한 수 아래였다. 푸덴버그는 식탁 위에 까는 세 뼘 정도 넓이의 천 한 장으로 치료제를 만들었다고 주장했다.

"치료제가 어디서 나온 건데요?"

"제 골수에서 나왔지요."

"선생님의 골수에서요?"

"네."

웨이크필드가 제시한 과학의 비밀이란 전이 인자를 알약으로 바꾸는 것이었다. 미국인의 제품이 기증자에서 환자에게 직접 전달되는 반면, 이뮤노스피시픽스는 중간에 동물이 들어갔다. 타한에게 제출한 웨이크필드의 특허에 따르면, 홍역 성분을 쥐에 주입해 만든 추출액에서 림프구를 분리한 다음 인간 세포와 함께 성장시켜 임신한 염소에게 주입시키는 것이었다. 그 염소의 초유를 동결 건조해 '로열프리'라는 제품명으로 판매하는 것이었다. 나중에 한 전문가(케인브리지 대학교 면역학 교수)가 설명한 것처럼 푸덴버그가 단순히 괴상한 발상을 하는 데 그쳤다면, 웨이크필드는 거기에서 더 진화해 완전히 기괴한 발상을 한 것이었다.

타한은 어떻게 성과 분배가 이루어질지에 대해 자세한 설명을 들었다. 소유권 계획이라고 묘사한 '초기 지분'은 슬릿, 웨이크필드, 파운더, 코다, 푸덴버그(제안을 거부함), 로열프리 의과대학, 자선 신탁 순으로 설정되어 있었다.

스파턴버그의 미치광이도 아닌데 어째서 이런 만화 같은 회사인 이뮤노스피시픽스에 시간과 돈을 쓰겠냐고 물을지도 모른다(내가 그랬으니까).

그때 1990년대 후반 '세계 최초의 AIDS 백신'이었던 에이즈백(AidsVax)을 조사하던 기억이 떠올랐다. 조지아주 애틀랜타에 있는 미국 질병통제예방센터(CDC)의 전직 직원들은 브로드웨이 뮤지컬 성공작보다 실패작으로 더 많은 돈을 벌 수 있다는 발상에 기반한 멜 브룩스의 영화 〈프로듀서〉에서 영감을 받았다. 그들은 샌프란시스코 남부에서 거대한 오물통과 다름없는 회사 백스젠(VaxGen)를 차려 보조금으로 1,260만 달러를 챙긴 뒤 회사를 나스닥에 상장시키고 은퇴했다.

의도가 있었다고 말할 수는 없지만, 생명공학 스타트업의 매력이 여기에 있다. 이뮤노스피시픽스가 폭격을 당하면 (가능하다면) 회사의 소유주가 비용을 감당해야 한다. 사업설명서에는 웨이크필드가 초기 지분(거품이 꺼지기 전에 충실분자들에게 팔 수 있음) 외에도 (바와 일하고 의과대학에서 근무하는 동시에) 파트타임 연구 이사로 연간 3만3천 파운드를 받고, 슬릿에게서 풀타임 연구 이사로 그 금액의 두 배를, 코다에게서 최고 경영자로 2만 파운드를, 파운더에게서 연간 7천5백 파운드를 받는다고 나와 있었다.

로열프리와 〈란싯〉, 언론의 지원을 받아 초기 자본을 조달할 수만 있다면 괜찮은 계획이었다. 이기든 지든 상당한 돈을 벌게 되는 것이다. 이 프로젝트에 대해 알았던 한 소식통은 이메일을 통해 내게 이렇게 말했다.

"그 특허가 뭔지 이해할 만한 기술 지식이 있는 벤처 캐피털은 거의 없습니다. 이해한다고 해도 어쨌든 투자 가치는 있다고 생각할 겁니다. 돈을 투자하고 나서 엄청난 대중의 관심을 기반으로 AIM(대체 투자 시장)에 회사를 과대 광고한 뒤 도망가면 되니까요."

제 12 장

질문과 대답

웨이크필드와 첸기즈 타한의 회의가 있은 지 3주 뒤 나보다 먼저 웨이크필드가 실시한 연구의 진짜 정체를 드러낼 뻔한 사람이 있었다. 그녀의 이름은 앤 퍼거슨(Anne Ferguson)으로 57세의 과학자이자 임상의 아내이자 엄마였다. 스코틀랜드 에든버러 대학교의 위장병학 교수인 그녀는 최소 5개의 왕립대학과 학회의 석학회원인 장 질환 분야의 최고 전문가로 인정받았다.

1998년 3월 23일 월요일(아트리움에서 기자 회견이 있은 지 25일 후) 하루짜리 과학 회의가 열리는 날이었다. 그녀가 거기에 있었다. 웨이크필드도 마찬가지였다. 그녀가 던진 아주 간단하고 기본적인 질문에 웨이크필드가 (과학 회의에서 그래야 하듯) 진실하고 완진하고 공개적인 답변을 했더라면, MMR 백신과 자폐증에 대한 경보는 그때 그쳤을 것이다.

그 과학 회의는 웨이크필드의 연구 결과를 검토하기 위해 의학연구회에서 조직한 행사였다. 이후 웨이크필드는 이 행사가 사악한 음모였다고 주장했지만, 사실상 그 행사에서 그는 20세기 영국에서 받기 힘든 존경과 관용을 누렸다. 퍼거슨, 웨이크필드, 애틀랜타에서 비행기를 타고 온 미국 질병통제예방센터 직원들을 포함해 총 57명이 그 자리에 참석했는데 개중에는 면역학자, 바이러스학자, 전염병학자, 위장병학자, 소아과 의사, 통계학자 등도 있었다. 20명은 교수였고, 그중 6명은 영광스러운 기사 작위를 받아 '경'으로 불리기까지 했다.

회의가 열린 곳은 특권 의식과 웅장함이 돋보이는 신고전주의 양식으로 지어진 영국 왕립외과대학의 본부로 히스필드 저택 입구와 똑같이 생겼는데 크기만 더 컸다. 이오니아 양식의 거대한 주랑 현관에 장식용 세로홈(flute, 플루트)이 파인 6개의 기둥이 서 있고 포틀랜드 석회암으로 마감된 5층 높이의 건물에서는 런던 최대 정원 광장인 링컨즈 인 필즈(Lincoln's Inn Fields)의 잔디와 나무들이 내려다 보였다.

그날 아침 나무로 된 방에 펼쳐진 직사각형 모양의 테이블에서 두 사람의 눈이 마주쳤다. 그녀는 히말라야를 등반하고 국제 농구 경기에 참여하고 300편의 논문과 책을 출판한 바 있는 긴 머리의 건장한 스코틀랜드 여성이었다. 웨이크필드는 자신의 계획과는 다르지만 어쨌든 의학 역사에 영원히 이름이 남긴 위장관 외과 의사 출신의 카리스마 넘치는 운동가였다. 뒤에는 참관한 사람들이 둘째 줄에 있는 의자를 가득 메우고 있었다. 슬라이드 영사기가 발표 자료를 띄웠다.

소개를 마치고 커피 시간이 끝나자 웨이크필드는 집중 조명을 받았다. 사람들의 관심은 그가 원했던 곳에 집중되었다.

"그는 날아오르고 있었어요."

7년 전 두 백신 제품이 철회된 후 돈을 요구받은 보건부 공무원이자 소아과 의사인 데이비드 솔즈베리가 회상했다.

"이 자리에 서게 되어 기쁩니다."

웨이크필드가 크론병에 대한 자신의 연구를 요약한 40여 개 슬라이드 중 첫 번째 장을 띄워 놓고 말했다.

"매우 흥미로운 자료이므로 적어도 발표가 완전히 끝나기 전까지는 판단을 유보해 주시기를 바랍니다."

사람들은 그의 말을 들었다. 메모를 했다. 그러나 그의 말이 끝나자 바이러스학자와 면역학자들이 남부 지방에서 튀긴 닭을 때리듯 그를 때리기 시작했다. 그들은 단백질을 이용하는 면역조직화학법('상대적으로 둔감하다'는 데 이견이 거의 없는)으로 바이러스를 발견했다면서 어떻게 뉴클레오타이드를 표적으로 하는 고도로 민감한 분자 증폭으로는 반응이 거의 없었는지 의구심을 품었다.

그날 의장을 맡은 사람은 의학미생물학 교수이자 임상 바이러스학의 원리와 실제 및 임상 바이러스학 실용 가이드의 편집자인 존 패티슨 경이었다.

"그 특정 단백질을 생산하는 게놈은 어디에 있습니까?"

그가 수수께끼를 간단명료하게 정리해 물었다.

"만약 당신이 핵산(nucleic acid)을 찾을 수 없다면?"

순식간에 테이블에 둘러앉은 기자, 교수, 의사들이 팝콘을 먹으며 구경할 만한 순간이 찾아왔다. 홍역이 크론병을 유발한다고 확인했다고 주장한 최고의 증거는 그가 사전에 제공한 원고에 포함되어 있었다. 그는 수년 동안 현미경으로 특별한 금이 접합된 항체로 단백질을 염색하여 관찰해오다 최근 바이러스의 지속적인 감염을 발견했다고 주장했다.

퍼거슨이 앉아서 듣고 있는데, 그레이트 오르몬드 스트리트 출신의 면역학자 데이비드 골드블랫이 웨이크필드가 사용한 항체에 대한 제조업체의 지침을 스크린에 띄웠다. 결정적으로 그들은 거짓 양성 반응을 방지하기 위해 (다른 유형의 항체를 동시에 사용한) 4개의 음성 대조군을 지정했다.

"제 의견보다는, 금이 접합된 항체를 판매하는 제조사가 음성 대조군에 대해 뭐라고 하는지 말씀드리겠습니다."

골드블랫이 말했다. 웨이크필드는 딱 걸렸다. 슬라이드는 자명했다. 그가 제공한 연구 자료도 마찬가지였다. 제조업체가 요구하는 4개의 음성 대조군 중 웨이크필드의 작업에서 골드블랫이 찾을 수 있던 건 하나뿐이었다. 골드블랫은 케이크 레시피를 읽듯 지침을 소리내 읽었다.

"간단합니다. 음성대조군은 반드시 포함되어야 합니다."

그 순간 팽팽한 긴장감이 돌았다. 웨이크필드의 연구 방법으로 교차 반응이 나왔다는 코네티컷팀의 진술 때문에 더 그랬다.

30분간의 점심 식사 시간을 가진 뒤 웨이크필드의 조수 스콧 몽고메리의 발언이 이어지면서 회의의 방향이 바뀌었다. 종종 어수선해 보이는 몽고메리는 36세의 전염병학자로 뉴스나이트에서 방영된 웨이크필드의 논문을 공동저술한 4명 중 한 명이었다.

몽고메리는 (백신 감염과 자연 감염에서의) 바이러스와 크론병 발병의 연관성을 다뤘다. 그러나 그는 그 자리에 있던 통계학자들에게 신랄한 지적을 받았다. 발표를 마칠 즈음, 그는 자신의 데이터가 해당 논문을 뒷받침하지 못할 뿐 아니라 사실상 백신이 질병을 예방할 수 있음을 시사했음을 인정하고 있었다.

"우리의 연구와 다른 연구는 홍역 단일백신이 위험하다는 것을 뒷받침하지 못합니다."

뒷받침하지 못한다고? 홍역 백신과 크론병이 관련이 있다는 주장이 모든 것의 핵심이 아니었나?

세 명의 연사는 '혼란스럽다'고 선언했다.

모두 112장, 6만 5천 단어에 달하는 그날 토론의 녹취록을 살펴보면 혐오감이 들 수밖에 없다. 3년 전 저렴한 가격에 홍보 효과를 노린 〈란싯〉과 돈을 밝히던 의과대학, 멍청한 BBC 뉴스나이트 기자들과 함께 웨이크필드와 몽고메리가 〈란싯〉 논문을 대중에 퍼뜨렸기 때문에 재키 플레처가 텔레비전에 출연하고 2번 엄마가 햄스테드로 전화를 걸게 된 것이었다. 비교할 수 없는 것들을 비교하면 쓸데없는 결과가 나오게 되리라는 건 누구나 알지 않나? 그럴 것이라 생각한다.

웨이크필드는 여느 때와 같이 침착했고 전혀 허둥대지 않았다.

"우리가 모든 것을 아는 채로 태어났다면 이 탁자에 둘러앉아 있지 않았을 것입니다."

그는 뱀이 허물을 벗듯 처음으로 대중의 관심을 사게 해 준 자신의 논문을 버리며 말했다.

"분명히 가설은 진화합니다."

매우 광범위하고 깊은 전문 지식을 가지고 있던 퍼거슨은 그날 24번이나 개입했다. 차가 제공되기도 전에 그녀는 핵심을 찔렀다. 웨이크필드의 논문이 토론의 주제가 되어 있었고 그녀는 수년 후 내가 품은 의문과 똑같은 의문을 품었다.

이 아이들은 어디에서 온 걸까?

이것은 핵심적인 문제였다. 그런데 마치 예의가 아니라는 듯 아무도 묻지 않았다. 표면적으로 논문은 자녀가 MMR 백신을 맞고 수일 만에 행동 증상을 보였다며 자폐증과 MMR 백신 사이에 연관성이 있다는 충격적인 주장이 담긴 소아 장 질환 클리닉의 사례를 바탕으로 작성한 것이었다.

"이 일련의 사례에 대해 편견 문제를 제기하는 사람이 아무도 없어 제가 단도직입적으로 말씀드리겠습니다."

퍼거슨이 말문을 열었다.

선택 편향. 출판 규칙은 연구자를 위한 공식 지침에 이를 규정하고 있다. 〈란싯〉을 포함한 500개 이상의 출판물에서 채택한 생의학 학술지 투고 원고의 통일양식이라는 제목의 문서에는 저자가 공개해야 하는 내용이 규정되어 있다. 당시 시행 중인 규정 제5판은 논문의 초록에 '연구 대상자'를 명시하고 '방법'에서 이를 상세히 설명해야 한다고 규정하고 있다. 즉 관찰이나 실험의 대상자(환자, 실험동물 및 대조군) 선정 방법을 명확히 기술해야 한다.

퍼거슨은 그럴 만한 이유가 있었다. 그녀는 뉴스나이트에 출연한 적이 있었다. 홍역 백신의 도입과 크론병의 패턴 변화 사이에 상관관계가 없다고 말했다. 일부 부모들의 완고한 모습이 카메라에 포착됐다. 주황색 옷을 입고 있는 잽스라는 단체를 만든 재키 플레처라는 여성도 보였다.

퍼거슨은 회의에서 웨이크필드에게 말했다.

"제가 알고 있는 시간과 사실이 정확하지 않을 수도 있지만 적어도 제가 인지한 바는 이렇습니다. 1994년경 당신의 팀이 홍역 백신을 위험 요소로 우려하게 된 시점은 잽스가 창설되었거나, 지원 또는 후원을 받거나, 홍역 백신에 관심을 가지게 된 시기와 일치합니다."

그녀는 핵심을 찌르고 있었다. 잽스는 1994년 1월 플레처가 소송을 제기하겠다는 결심으로 설립했다. 그녀의 아들은 1992년 11월에 백신을 접종했다. 그녀는 웨이크필드가 뉴스나이트에 출연한 뒤 그에게 사람들을 소개했다.

퍼거슨은 이어서 로열프리에 대해 말했다.

"아이에게 자폐증이나 장 질환이 있다면 로열프리를 찾으라는 광고가 텔레비전과 신문, 인터넷에 많이 있습니다. 맞습니까?"

맞는 말이었다. 그러나 정확하지는 않았다. 잽스뿐 아니라 변호사 리차드 바도 자신의 고객들에게 웨이크필드에게 연락을 취할 것을 권했다. 그 결과 (내가 조사하기 전에 발견되지 않은) 병원에 다녀온 거의 모든 부모가 고소할 의사를 보였다.

퍼거슨은 한 변호사가 제1 저자에게 시간당 요율을 지불하고 법률구조위원회를 통해 납세자의 돈으로 논문을 고안했다는 사실 즉 자신에게 알려지지 않은 논문의 진실을 물고 늘어지고 있었다.

(아트리움에서 열린 기자 회견에 참석하기를 거부한) 존 워커스미스가 프로젝트의 무결성에 대해 우려한 것도 이 때문이었다. 그는 마지막 아이가 내시경 검사를 받기 전에 웨이크필드에게 편지를 썼다.

"거의 모든 부모가 연구에 개인적인 이해관계를 가지고 있기 때문에 부모들의 법적 개입은 분명 연구에 영향을 미칠 것입니다."

나는 그 편지의 사본(제목은 '장염과 퇴행성 자폐증')을 입수했고 워커스미스가 말한 핵심 부분을 발췌하여 선데이타임스에 실었다.

지금까지 일을 하면서 진행 중인 연구와 관련된 부모들이 소송을 제기한 적은 단 한 번도 없었습니다. 이로 인해 우리의 작업, 특히 출판과 발표가 어려워질 수 있습니다.

그랬다. 특히 출판과 발표.

퍼거슨은 이 사적인 서신에 대해 알지 못했다. 그녀는 기자나 변호사도 아니었다. 그녀는 열어야 할 문을 더 세게 밀지 않고 궤양, 부종, 이통 등 임상적인 질문으로 넘어갔다.

그런데 웨이크필드가 대답을 했다. 마침내 답변을 한 것이었다. 조직병리학과 가설에 대해 하루 종일 망신을 당한 그는 퍼거슨이 증거도 없이 비난을 하고 있다고 주장했다.

"솔직하게 말씀해주셔서 감사합니다."

웨이크필드는 퍼거슨이 말한 적 없는 용어로 상황을 정리하려 했다.

"불만이 가득한 부모들에게 우리가 일종의 불만의 쓰레기통이 되어주고 있다고 말씀하시는 거죠? 아니요, 그렇지 않습니다."

그녀는 '쓰레기통'이나 '불만이 가득한 부모들'이라는 말을 한 적이 없었다. 그러나 웨이크필드는 자신의 혐의를 부인하고 그녀가 그렇게 말한 적이 없다는 사실을 분명히 알면서도 완강히 밀어부쳤다.

"이 부모들은 다른 단체를 통하지 않고 처음부터 우리에게 왔습니다."

잽스의 설립자가 그 자리에 있었다면 그녀는 다르게 말했을 것이다. 캘리포니아에서 온 한 가족을 제외하고는 거의 모두가 잽스와 관련이 있는 사람들이었다.

웨이크필드는 워커스미스의 편지를 잊었던 걸까? 꽃무늬 편지지의 서두에서 플레처와 소송을 언급했던 4번 엄마와 '가장 흥미로운' 병력을 가지고 있었다던 4번 아동을 잊었던 걸까? 잽스에서 만난 뒤 아들을 햄스테드로 데려왔던 12번 엄마는? 바와 자칭 과학자인 커스틴 림이 로열프리에 편지를 보내 입원을 요청했던 또 다른 아동은? 사례는 차고도 넘친다. 그러나 인생은 짧다. 웨이크필드가 알고 있었다는 데는 의심의 여지가 없다.

그러나 그 나무로 된 방에서 웨이크필드는 퍼거슨에 승리했다. 그녀가 가지고 있는 사실만으로는 충분하지 않았다.

"최근에는 언론이나 단체를 통해 우리의 연구에 대해 들은 부모들이 우리를 찾아왔습니다."

최근? 그가 처음부터라고 말하려고 했던 게 틀림없다. 예기치 못한 2번 아동을 비롯한 모든 것이 조정되고 조직되고 계획된 일이었다.

뉴스나이트 방송이 나간 뒤 플레처가 웨이크필드에게 보낸 2번 엄마의 경우만 살펴보자. 웨이크필드는 그녀를 바츠 병원으로 보냈고, 그곳에서 그녀의 아들을 진료한 워커스미스는 염증성 장 질환을 무시했다. 그런데 그로부터 6개월 뒤 (2번 엄마의 진술에 따르면) 그녀는 바의 집단 소송 대열에 합류했다. 4개월 후 워커스미스는 웨이크필드의 제안에 따라 그녀에게 아들을 햄스테드로 데려가라고 권유했다. 로열프리 대학 회의실에서 웨이크필드는 최종적으로 제안했다. 그는 혼란이 계속되는 것을 원치 않았다.

"우리가 지금까지 검토한 모든 환자는 일반의나 소아과 의사 등을 통해 일반적인 경로로 의뢰되었습니다."

일반적인 경로라고? 그가 말하는 일반적인 경로란 이런 것이었다. 연구 대상으로 적합한 아이가 있으면 어머니에게 전화를 걸거나 전화를 해달라고 요청한 다음 담당 의사에게 전화를 했다. 전례가 없는 행위였다. 국립보건서비스의 컨설턴트들은 먼저 요청을 하지 않는다. 그러나 웨이크필드는 자신이 먼저 전화를 걸어 (진료한 적도 없는) 아이가 끔찍한 염증성 장 질환으로 고통받을 가능성이 있으니 로열프리에서 도움을 제공하겠다고 제안했다.

제안은 받아들여졌을 것이다. 걱정에 잠긴 부모의 모습을 상상해 보라. 환자 의뢰는 날림으로 이루어졌을 게 뻔했다.

영국 전역에 있는 의사들의 사무실에 있던 의료 기록이 신문기자의 낡은 조사 방식으로 빛을 보게 되리라는 것을 회의실에 있던 사람들은 짐작이나 했을까?

(1) 햄스테드에서 북서쪽으로 60마일 떨어진 곳에 사는 7세 소년
- 로열프리의 위장병 전문의 웨이크필드 박사가 전화를 걸어 [5번 아동이] 존 워커스미스 교수에게 의뢰되어야 하는 길고 설득력 있는 근거를 제공했음.

(2) 남쪽으로 60마일 떨어진 곳에 사는 4세 소년
- 웨이크필드 박사가 홍역-자폐증-염증성 장 질환의 연관성에 대해 논의하기 위하여… 관련이 있다고 생각되면 조사를 위해 로열프리의 워커스미스 교수에게 치료를 의뢰할 수 있음.

(3) 북동쪽으로 280마일 떨어진 곳에 사는 8세 소녀
- CT 스캔/장 생검을 위해 로열프리병원의 웨이크필드 박사에게 감. 크론병?
- 진료의뢰서가 필요하여 웨이크필드 박사에게 전화로 부탁했음. 법률구조에서 자금 지원함.

거기에는 웨이크필드나 워커스미스에게 보낸 진료의뢰서들도 있었다. 무슨 일이 일어나고 있는지 분명히 알아볼 수 있었다.

"이 7세 자폐 아동의 부모는 웨이크필드 박사와 연락을 취한 뒤 제게 진료의뢰서를 써 달라고 요청했습니다. 또 [이 어린 소녀의] 어머니가 찾아와서 제 연구 프로그램에 [아이를] 등록시키려면 제 추천서가 필요하다고 말했습니다."

일이 어떻게 된 건지 그 회의실에 있던 사람들이 알았을까? 아마 몽고메리도 몰랐을 것이다. 바가 돈을 지불한 것처럼 의뢰가 어떻게 이루어졌는지 알았다면 그 논문의 숨겨진 목적, 즉 법률구조위원회를 압박해 소송 자금을 받으려는 목적이 드러났을 것이다.

웨이크필드는 추격자를 따돌렸다. 식은 죽 먹기였다. 몇 주 뒤에도 성공했다. 〈란싯〉의 독자인 앤드루 라우즈 의사는 자폐성장애인협회라는 소규모 단체가 온라인에 게시한 바의 자료표에 대해 글을 썼는데, 나는 개인적으로 그 전이나 후에도 들어본 적이 없는 단체였다. 라우즈는 소송으로 인한 연구의 편향 가능성과 이것이 논문에서 다뤄지지 않은 점을 우려했다.

웨이크필드는 이번에도 공격을 막아내고 그를 따돌렸다.

"이해 상충은 존재하지 않습니다."

그는 추적자의 눈을 향해 먼지를 한 움큼 집어던지고는 〈란싯〉에 편지를 썼다.

"저는 자폐성장애인협회라는 단체에 대해 들어본 적이 없고, 배포 자료를 제공한 적도 없습니다."

거기에 자신의 결백과 정직함의 증거라고 주장하는 한 줄을 덧붙였다.

"한 명의 저자, 앤드루 웨이크필드만이 법률구조위원회를 대신해 소수의 아동을 검사하는 데 도움을 주겠다고 동의했습니다(has agreed)."

그는 자신의 입장을 공개했으니 이걸로 해결됐다고 생각했을 것이다. 그런데 내가 선데이타임즈에 그의 이해 상충을 폭로하고 〈란싯〉이 이를 비판하자, 그는 〈란싯〉에 소송을 제기하겠다고 위협했다. 아트리움에서 기자회견이 열리고 3개월 뒤 〈란싯〉은 반격을 가했다. 웨이크필드가 '동의했다'라는 현재 완료 시제를 써서 그의 '도움'이 2년 전 논문 작성과 함께 시작된 것임을 시인했다는 것이다.

퍼거슨은 최선을 다했지만 기회를 잡지 못했다. 그녀는 의사로 훈련된 사람이었다. 웨이크필드를 물리치려면 데이터, 문서, 증거 등 구체적인 사실이 필요했다. 웨이크필드의 대답을 들은 그녀는 그가 느껴야 할 죄책감을 자신의 어깨에 지고 순순히 물러났다. 웨이크필드는 안전했다.

"미안합니다."

그녀는 마치 자신이 부적절한 행동을 한 듯 사과했다.

"부적절하다고 시사한 건 아니었습니다."

그녀는 그의 전략의 심장부까지 갔던 것이다. 자폐증과 백신 사이에 상관관계는 발견된 적이 없었다. 상관관계는 그의 연구의 중요한 구성 요소였다. 상관관계는 연구에서 발견된 것이 아니라 연구를 수행하기 위한 수단이였던 것이다. 백신에 대한 부모들의 우려는 그들이 때로는 수백(어떤 경우에는 수천) 마일 떨어진 곳에서 병원을 찾아온 이유였다. 그것은 미리 계획된 포함 기준(inclusion criterion)이었던 것이다.

퍼거슨이 사과를 한 직후, 하루의 끝을 알리는 휴식 시간을 불과 몇 초 앞둔 시점에 웨이크필드가 쓰고 있던 가면이 미끄러지면서 첫 번째 거대한 아이디어 이후 변한 적 없는 그의 본성이 드러났다. 연설을 하기 위해 퍼거슨에게서 몸을 돌린 그는 한 과학자에게 자신의 성격이 낱낱이 드러나는 발언을 했고, 그날 토론을 주재했던 패티슨은 20년 후 내가 전화를 걸었을 때에도 그 순간을 기억하고 있었다.

"이 자리에 있는 대부분의 분들과 제가 다른 관점을 가지고 있다는 점은 분명하네요."

회의가 끝나갈 때 웨이크필드가 말했다.

"제가 실제로 전자현미경으로 이러한 것들을 직접 보고 작업을 수행하기 때문에 그런 차이가 생긴 것이라고 생각됩니다. 저는 절대적으로 그렇게 하는 것이 옳다고 믿습니다. 그래도 저는 홍역바이러스와 만성 장 질환 사이에 연관성이 있다고 생각합니다. 이제 제 일은 여기서 나가서 여러분들을 설득하는 것입니다."

그리고는 그렇게 할 것이라고 덧붙였다.

제 13 장

세기의 전환

파멸의 몽상가들은 세상의 종말을 예언한다. 20세기의 마지막 12개월 동안, 2000년으로 접어드는 자정이 되면, 은행 예금이 사라지고, 항공기가 추락하며, 러시아와 미국 간에 전쟁이 일어난다는 컴퓨터 버그 'Y2K'에 대한 이야기가 만연했다. 날짜를 두 자릿수로 기록하는 오래된 프로그램들은 숫자가 부족해 미쳐버릴 것이라고들 했다.

로얄프리의 웨이크필드에게 두 번째 천년기의 마지막 해는 달콤해 보였다. 1999년 1월, 2층에 있던 그의 사무실은 10층으로 옮겨졌고 런던 전역이 보이는 아름다운 전망 앞에 그의 삶도 밝아졌다. 진료의뢰서와 질의서가 가득 찬 우편함은 내시경 검사를 받을 아이가 훨씬 많아졌음을 의미했다. 한때 평행을 이뤘던 그의 소송, 과학, 사업 계획들은 밤하늘의 목성, 금성, 화성이 일렬로 정렬된 것처럼 맞춰졌다.

그는 먼저 법률구조위원회에 증거를 제출하기 위해 변호사 리차드 바와 비밀 계약을 맺었다. 그는 2년 반 전 법률구조위원회에 돈을 요구하면서 닉 채드윅을 시험 조정자로 고용해 분자 증폭과 홍역바이러스의 '균주 특이적' 염기서열 분석의 결과를 제공하겠다고 약속했다. 그러나 아무런 성과가 없었고, 그는 1999년 1월 26일 화요일 면역조직화학염색에 기반한 선행 연구에 관한 보고서를 제출했다.

아무도 신경 쓰지 않았다. 연구가 아니라 점심을 제출한다 해도 별일 없었을 것이다. 법률구조위원회가 단백질과 뉴클레오티드에 대해 무엇을 안 단 말인가? 〈란싯〉이 일으킨 폭풍 덕분에 바의 소송은 납세자들의 돈을 받을 수 있게 됐다. 4개의 주요 신문사가 이제 백신 반대 운동을 지지했다. 바의 연락처 목록은 1,800여 명의 가족으로 불어났다. 백신 제조업체를 대상으로 한 최초 '영장'에는 왕립 법원의 빨간색 직인이 찍혀 있었다.

위원회에 제출된 웨이크필드의 보고서는 첫 번째 아동에 대한 내시경 검사가 실시되기 전에 그가 예측한 새로운 장뇌 증후군의 발견을 주장하는 비밀 문서였다. 그것은 스튜어트 스미스 경의 증거 목록 1번, '특정 임상 증후군'을 충족했다. 그리고 웨이크필드가 '자폐성 장염'으로 명명한 질환, 즉 병리적 증상(증거 목록 2번)도 충족했다. 그는 바를 통해 "법률구조위원회의 지원을 받은 피해 아동과 유사한 피해를 입은 어린이들이 주치의의 의뢰로 검사를 받았다"라고 적은 보고서를 제출했다.

> 이 보고서의 결론은 일부 어린이의 경우 MMR 백신의 홍역바이러스와 다른 구성 요소 및 새로운 증후군 사이에 인과관계가 있을 가능성이 높다는 것입니다.

장에 관한 이야기는 그가 〈란싯〉에서 말한 것과 일치했다. 그는 장염과 부 은 분비선(회장의 결절성 림프양 증식증)은 '일관된 장 병리 패턴'이었고 바이러스가 원인인 점도 '일치했다'라고 위원회에 보고했다. 그러나 그가 말한 시간적 연관성(증거 목록 3번)은 눈에 띄게 바뀌었다. 아이들은 이제 12명이 아니라 40명 이상이었고, 백신 접종과 행동증상 발현 사이의 기간은 최대 14일에서 평균 4주로 바뀌어 있었다.

바도 그 변화를 감지했을 것이다. 그는 타이밍의 중요성을 알고 있었다. 논문이 출판되기 전(심지어 아이들이 내시경 검사를 받기도 전에) 바 변호사는 약혼자이자 과학자인 커스틴 림과 함께 시간적 연관성에 대해 웨이크필드에게 조언했다. 소송을 원하는 부모들을 위한 소송 비용을 위원회로부터 충당하기 위해서는 '명확한 반응'이 있어야 하고 가급적이면 '수일 내'인 긴밀한 시간적 연관성이 보여야 한다고 강조했다. 해야 할 말이 아니라 자신들에게 필요한 말을 하게 한 것이다. 처음 내가 한 질문에 바는 이렇게 대답했다.

"확실히 짚고 넘어가겠습니다. 제 역할은 고객을 위해 최선을 다하는 것입니다. 항상 그래왔고 앞으로도 그럴 것입니다. 고객들이 제게 와서 아이들에게 무슨 일이 벌어지고 있는지 설명했습니다."

사실이다. 그러나 부부는 쏟아지는 자료와 뉴스레터를 통해 많은 이야기를 했다. 림은 자신의 딸이 의료 과실의 희생자라고 믿었기 때문에 그녀가 그렇게 한 것은 놀라운 일이 아니었다. 대의명분이나 돈 때문에 그런 것일 수도 있다. 어느 쪽이든, 그들은 단순히 의사들이 틀렸다고 낙인 찍은 것이 아니라 그들이 부정직하다고 암시했다.

우리는 의사들이 실제 질병과 관련된 위험을 과장함으로써 사람들에게 두려움을 심어주고 예방 접종을 하도록 유도했을 수 있다는 점을 우려합니다.
그리고 의사들은 백신과 질환 사이에 명백한 연관성이 있는데도 이를 무시하고 백신이 원인이 아니라고 말합니다. 또한 수치에도 어느 정도 조작이 있었던 것으로 보여 우려됩니다.

이런 기만은 상심한 부모들에게는 환상적으로 들렸다. 이 독이 든 도토리들은 수십 년이 지나자 어두운 이데올로기로 진화했다. 캠페인을 펼칠 때 적을 바보나 거짓말쟁이로 만드는 것보다 강력한 전략은 없었다.

소송에 참여한 한 엄마는 림에 대해 이렇게 말했다.

"매우 거만했습니다. 그녀는 스스로 영국을 대변한다고 생각했고, 느긋한 법이 없고, 음모론에 빠져 있었어요."

"정말 솔직하게 말씀드릴게요, 브라이언."

집단 소송 준비를 도왔던 두 사람의 전 동료가 말했다.

"그들과 일하는 건 기름이 끓는 냄비에 팔을 담그는 것 같았어요."

바와 림은 고객에게 웨이크필드를 소아 위장병 전문의로 소개했지만 이는 사실이 아니었고, 백신의 안전성에 "이의를 제기하면, 공개적으로 신용을 잃게 된다"고 주장했지만, 이것도 사실이 아니었다. 그들은 자신들의 목표가 예방 접종이 필요한 근거에 "물음표를 던지는 것"이었다고 시인까지 했다.

"우리는 백신과 고객의 질환 사이의 연관성이 공상적인 것이 아니라 직접적인 인과관계라고 확신합니다."

둘은 〈란싯〉에 논문이 게재되기 2년 전, 아우구스투스 울슈타인을 만나기도 전에 뉴스레터를 통해 이렇게 선언했다.

그들은 공공 비용으로 소송을 진행하기로 마음 먹었고 이를 비밀로 할 생각도 없었다. 그들은 전문 지식으로 포장한 교묘한 속임수로 수년 동안 고객들에게 사기를 쳤다. 가정용으로 만든 일반 의학서적을 들먹이며, 홍역, 볼거리, 풍진은 통상적으로 가벼운 질환이며, 백신이 등장하기 전에는 의사들도 대단치 않게 생각했다고 부모들에게 말했다.

7장 분량의 보고서는 놀랍게도 백신이 허가된 뒤부터 홍역, 볼거리, 풍진에 대한 인식이 바뀌었다고 주장했다. 7때부터 의사들은 "뚜렷한 이유 없이" 세 질환의 위험을 강조했다고 한다.

"이 소아기 질환들이 공식적으로 인식되고 나서 이상한 일이 벌어졌습니다."

그들은 학식이 높지 않은 대부분의 고객들에게 이렇게 설명했다.

"백신이 도입되고 나서 공식적으로 심각한 질환이 되었습니다."

고객 수가 급증하면서 바와 림은 공간은 작지만 런던에 위치한 큰 회사로 적을 옮겼다. 부모들은 자신들이 보고 싶어하는 것을 보았고, 그 선두에는 언제나 그랬듯 2번 엄마가 있었다. 그녀는 자신이 이끄는 '알레르기 유발

자폐증'이라는 부모 모임에서 정부의 지원을 받아 작성된 웨이크필드의 연구 논문에 대한 성명을 발표하며, "진실을 숨기려는 이기적인 시도이자 대중을 기만하는 가증스러운 속임수"라고 외쳤다.

2번 엄마는 백만 명 중에 한 명 있을까 말까 한 사람이었다. 그녀는 출산을 돕는 산파처럼 빨랐다. 1999년 3월 그녀가 스타가 된 웨이크필드와 함께 국립 오토바이 박물관에서 연 컨퍼런스에는 워커스미스를 포함해 400명에 가까운 사람들이 참석했다. 놀랍게도 스튜어트 스미스의 증거 목록 4번인 손상 기전을 처음 제안한 사람은 그녀였다. 그녀는 뉴스나이트 방송이 나간 뒤 건 전화에서 손상 기전을 제안했는데, 바가 제기한 소송에서 끝까지 주장할 수 있는 것이었다.

그녀가 제안한 손상 기전은 아편유사제로 〈란싯〉 논문에 실리기까지 했다. 에스토니아의 심리학자 야크 팬크세프(Jaak Panksepp)의 아이디어에서 차용한 것이었다. 그는 실험용 쥐와 기니피그에 모르핀을 주입한 다음 기절하거나 미쳐가는 쥐와 기니피그를 관찰했다. 1979년 7월에 발표된 2.5장 분량의 논문에서 그는 (밀과 유제품에서 가장 많이 발견되는) '오피오이드(아편류) 펩타이드'가 '오피오이드 과잉'을 유발한다는 가설을 세웠다. 아이들에게 발생할 경우 정서 장애를 일으키는데, 그는 이것이 자폐증이라고 믿었다.

"모르핀이나 헤로인을 생각하면 요지를 이해할 수 있습니다."

2번 엄마는 이 아이디어를 대중화했다.

웨이크필드는 얼마나 많은 빵을 섭취해야 과잉으로 이어지는지 따위는 계산하지 않았다. 2번 엄마에게서 이 발상을 들은 그는 곧바로 이 기전에 집중했다. 나는 이것을 소아 자폐 설치류 모델(stoned rodent model of childhood autism)이라고 부를 것이다.

그는 논문에서 이 기전을 설명하는 데 200단어를 할애하고 법률구조위원회에 제출한 비밀 보고서에서는 더 많은 분량을 할애했다.

"장, 지속적인 홍역바이러스 감염, 자가면역, 자폐증 사이의 연관성에 대한 일관된 설명은 오피오이드 과잉 가설에 구체화되어 있습니다."

그가 위원회에 말했다.

"소아기에 각각 카제인과 글리아딘[글루텐 성분]에서 파생된 β-카에소모르핀과 β-글리아도르핀에 있는 오피오이드 펩타이드가 손상되었거나 새는 장을 통해 순환계로 들어간다는 가설입니다."

MMR 백신이 자폐증을 유발하는 방법은 다음과 같다. 지속적인 홍역바이러스가 장 염증을 유발한다. 그런 다음 음식에서 섭취된 과도한 펩타이드가 혈류로 들어간 뒤 뇌로 이동하여 손상을 입힌다. 2번 엄마는 법원에 다음과 같이 제출했다.

> 장의 조직에 홍역 백신 바이러스가 존재하면 면역 조절 장애 또는 자가 면역 반응이 일어나 염증성 장 질환이 발병하고 이는 생화학적 연쇄반응을 일으켜 순환계에 과잉 오피오이드 펩타이드가 발생해 자폐증을 일으킬 정도로 뇌를 손상시킨다.

추측일 뿐이었다. 그렇다. 그러나 전문가적 의견과 심리학자의 의견이 인용되었다. 그리고 1999년은 뇌에 영향을 미치는 예방 접종에 대한 새로운 아이디어들이 많이 나온 해였다. 7월 미국에서는 미국 공중보건국과 미국소아과학회가 신경 발달에 영향을 미칠 가능성이 있다는 이유로 백신에 포함된 수은 기반 방부제 티메로살의 사용 중단을 촉구하면서 우려가 나오고 있는 상황이었다.

티메로살은 약 70년 동안 박테리아로부터 다회용량 바이알을 보호하는 데 사용되어 왔다. 단계적 폐지 계획은 영국이 지시한 두 백신 제품의 철회와 유사하게 진행되었고 이에 대한 반응도 유사했다. 정부가 백신 안전성을 강화하기 위한 움직임을 보이자 변호사들이 들이닥쳤고 운동 단체들이 결성되고 집단 소송이 제기되었다.

생바이러스가 포함된 MMR 백신에는 티메로살이 함유되어 있지 않았다. 여기에 웨이크필드에게 유리한 점이 있었다. 그러나 그의 마음은 여전히 홍역에 있었고, 바의 소송을 도와주는 대가로 시간당 비용을 받고 2번 엄마에게서 아이디어를 얻은 자폐 설치류 모델에 대해 숙고했다. 전도유망해 보이던 그해 그가 세 번째로 우선순위를 두었던 것은 사업, 즉 돈을 버는 것이었다.

생명공학 회사인 이뮤노스피시픽스의 설립 계획은 의과대학과 여전히 논의 중이었는데, 당시 의과대학은 수많은 건물에 16,000명 이상의 학생과 7,000명의 교직원을 보유한 우량 기관인 유니버시티 칼리지 런던에 인수된 상태였다. 재직 중에 고안하고 고용주의 허가 없이 신청한 것이지만, 웨이크필드는 이제 검사, 치료법, 단일 홍역 백신에 대한 특허들을 보유하고 있었다.

사업 계획은 활기를 띠었다. 다른 회사를 세울 준비도 되어 있었다. 그는 그의 벤처 캐피털 파트너인 로버트 슬릿, 알렉스 코다, 위장병학 교수 로이 파운더와 함께 카르멜 헬스케어(Carmel Healthcare)라는 회사를 설립할 야심찬 계획을 준비하고 있었다. 우선 홍역바이러스를 검출하는 진단키트 판매에 주력하기 위한 회사였다.

내가 입수한 투자자들을 위한 사업설명서 초안에는 '비공개'라고 적혀 있었다. 대담한 계획이었다.

새 천년의 주요 의료 이슈에 대한 솔루션을 가진 카르멜은 독보적인 위치에 있습니다.

카르멜은 홍역에 특화된 임상 진단의 개발과 상업화를 전문으로 하는 새로운 생명 공학 벤처입니다.

수년 동안 조사를 이어가면서 나는 홍역바이러스를 진단하는 과정에서 어째서 홍역 외에 다른 건 발견할 수 없었는지 이해하지 못했다. 그러나 그의 계획은 2000년 1월 17일 월요일에 열리는 컨퍼런스에서 연설을 하기 전에 회사를 시작하는 것이었다. 행사에 앞서 그는 언론의 도움을 받아 2년 전 아트리움에서보다 더 큰 경보를 울릴 준비를 했다.

그는 자신의 팀이 자폐 아동의 내장에서 백신 유래 홍역의 분명한 증거를 찾기 위해 분자적 방법을 사용했다고 말할 계획이었다. 2번 엄마는 그와 함께 부모들의 입장을 밝히고 세계 최고의 과학 학술지 중 하나인 네이처에 연구 결과가 게재된다고 발표할 예정이었다.

웨이크필드는 이 컨퍼런스가 자신의 삶의 전환점이자 새로운 돈줄이 될 것으로 내다봤다. 자신의 자문을 근거로 제기한 런던 소송은 바와 합의한 수수료를 얻어낼 수단일 뿐 아니라 카르멜의 설립 토대를 마련하기 위한 수단이기도 했다. 35장 분량의 투자설명서에는 "영국 법률구조위원회가 첫 고객이 될 것이며, 자폐성 장염으로 막대한 수익을 창출할 잠재력이 있다"라고 적혀 있었다.

진단 프로그램의 초기 시장은 영국과 미국에서 제기된 소송으로 인해 실시될 자폐성 장염 환자에 대한 검사가 될 것으로 내다봤다. 이 검사로 3년 동안 창출될 수입은 330만 파운드에서 2800만 파운드(현재 기준으로 약 4,800만 파운드)까지 증가할 것으로 추정됐다.

자선 사업이 아니었다. 엄청난 몫이 그에게 떨어질 것이었다. 은밀한 법적 거래를 하고 언론을 장악하고 공포를 촉발할 증거를 만들어낸 그에게 돌아간 주식 지분은 37%였다. 피험 아동 12명 중 한 명의 아버지였던 슬릿의 지분은 22.2%, 코다의 지분은 18%, 파운더의 지분은 11.7%, 또한 다섯 번째 소유주의 지분은 11.1%였다. 웨이크필드와 주주들은 연간 3만 파운드의 자문료도 받을 예정이었다. 여기에 반대론자들에 대한 최종 승리가 있었다. 소송에 이기든 지든, 그는 회사로부터 돈을 받게 되어 있었다. 남아 있는 유일하고도 사소한 과제는 삐걱거리는 바퀴에 기름칠을 하는 것, 다시 말해, 햄스테드에 새로 부임한 대학 총장에게 잘 보이는 일이었다. 수년에 한 번 그의 매력과 카리스마를 발휘하면 되었다.

새로 부임한 마크 페피스(Mark Pepys) 총장은 그의 팀을 수용하기 위해 특별히 지어진 건물 뒤쪽의 센터에 자리를 잡고 1999년 10월 1일부터 근무하기 시작했다. 마른 체격의 55세 남성인 그는 남아프리카 공화국 태생으로 크게 성공한 사람이었다. 케임브리지 대학에서 복수 학위를 최고 우수한 성적으로 졸업한 면역학 교수이면서 왕립 학회(아이작 뉴턴 경을 전 회장으로 둔 세계 최고 권위의 과학 학술단체)의 회원이기도 했다. 간 전문의 쉴라 셜록(Sheila Sherlock)이 영국 최초로 여성 의대 교수가 된 1959년 전까지 로열프리에서 가장 중요했던 인물이었다.

페피스는 자신의 전문 분야 덕분에 웨이크필드의 방법을 꿰뚫어 볼 수 있었다. 그는 불량한 단백질 섬유의 축적으로 거의 모든 기관이 손상을 입을 수 있는 원인 불명의 희귀 질환 아밀로이드증(amyloidosis) 분야의 선두 주자였다. 그는 1980년대에 아밀로이드증을 진단하는 방법을 개발했다. 이후 10년 동안 그는 치료법을 찾기 위한 진단 스크리닝 시스템을 고안했다. 그는 찾기 힘든 것을 찾고 있었지만, 임상, 세포, 분자 등의 분야로 넓게 그물을 던지고 있었다.

빨간 재규어를 몰고 쉽게 넘어가지 않는 그는 제안을 받고 햄스테드에 도착했다.

"도저히 거절할 수 없는 제안을 받았습니다."

자신을 햄스테드로 오게 한 협상에 대해 그가 말했다.

"여기 제가 원하는 25가지 조건이 있으니, 1번에서 25번까지 학장님이 서명해주기를 바란다고 전 말했어요. 그중 하나는 제가 취임하면 웨이크필드는 나간다는 것이었습니다. 저는 그가 찌질한 사기꾼이라는 걸 알고 있었으니까요."

세기의 전환기에 웨이크필드가 통제할 수 없는 반전이 나타난 것이다. 종신 재직권 때문에 해고는 쉬운 일이 아니었지만, 페피스는 과학에만 뛰어난 사람이 아니었다. 그는 사내 정치에도 능했다. 웨이크필드가 제약회사 존슨앤존슨과 생명공학 스타트업 카르멜에 자문을 구하자는 제안을 했을 때, 페피스는 카르멜이 웨이크필드의 아내의 이름이라는 사실을 금세 알아차렸다.

"자신의 주장을 증명했고 자신의 논문이 네이처에도 실린다고 하더군요."

페피스는 자신의 사무실에서 웨이크필드와의 첫 만남에 대해 말했다.

"그래서 네이처에 실릴 논문이냐, 통과가 된 거냐고 물었더니, 그건 아니라고 해서 투고하셨냐고 물었더니, 그것도 아니라고 했어요. 제가 다행이라고, 뭘 제출하려고 하셨냐고 하니까, '이건 10건, 저건 7건이 있어서 우리가 증명했다'라고 하더군요… 그래서 제가 통계학 입문도 이해 못하시냐고 했죠."

이번에는 페피스가 거절할 수 없는 제안을 했다. 그는 웨이크필드에게 유급 휴가를 받아 1년 동안 회사에서 일하거나 가설을 입증하기 위한 검사를 수행하라고 제안했다. 유니버시티 칼리지 런던의 자금과 지원, 시설을 이용해 홍역바이러스에 대한 주장을 뒷받침하거나 반박할 분자 연구(유전자 염기서열 분석 포함)를 하라는 제안이었다. 의구심을 떨칠 수 있는 기회였다. 피험자 아동의 숫자는 최소 150명이어야 하고 연구의 정확성과 속도를 담보하기 위해 다른 두 곳에서 연구를 재현해야 한다는 것이 조건이었다.

어느 과학자라도 기뻐했을 시간, 지원, 돈이라는 제안이었다. 그러나 웨이크필드는 주저했다. 그는 의욕이 없어 보였다. 아무런 대답이 없었다.

페피스는 학교의 회사인 프리메딕이 투자가 성공할 경우 이익에 대한 옵션을 행사할 수 있지만 성공하지 못할 경우 지분 참여를 하지 않는다는 이례적인 협상에 대해 알게 되었다. 재무 담당자 첸기즈 타한은 1999년 11

월 웨이크필드에 보낸 서한에서, "학교와 병원은 옵션 미행사를 선택할 수 있습니다. 따라서 프리메딕이나 학교는 이 옵션을 공식적으로 행사하고 주식을 받기 전까지 카르멜에 어떤 식으로든 관여하지 않습니다"라고 썼다.

페피스는 학교와 이야기하는 단계를 건너 뛰고 웨이크필드를 위층에 있는 자신의 사무실로 소환했다. 둘은 파운더와 함께 남쪽으로 3마일 떨어진 블룸스버리로 갔다. 친절한 은여우와 돌사자, 이론 물리학자가 지키고 있는 대학 본부는 페피스가 했던 제안을 반복했다. 스위스 제네바에 있는 유럽입자물리연구소(CERN)의 전 소장이자 왕립 학회의 회원인 크리스 르웰린 스미스(Chris Llewellyn Smith)는 학교의 총장이자 교무처장으로서 축구장 절반 크기 정도 되는 사무실을 가지고 있었다.

육중한 회의 테이블에 앉은 르웰린 스미스는 웨이크필드에게 두려움에 떠는 가족들을 위해 재현 연구를 수행해달라고 부탁했다. 그는 또한 연구 결과를 발표하기 전까지는 공개 성명을 발표하지 말 것을 요청했다. 이 조건에 그가 동의하기만 한다면, 대학이 프로젝트를 지원할 뿐 아니라 검사와 백신, 각종 제품에 대한 특허를 그가 소유하고 카르멜을 통해 마음껏 활용할 수 있도록 하겠다고 했다.

웨이크필드는 12월 13일 월요일에 르웰린 스미스로부터 두 장 분량의 편지를 받았다.

"이 분야에서 당신이 관찰했거나 관찰하고 있는 것을 성급하게 발표하지 말 것을 강력히 권고합니다… 우수 과학 연구 수행 기준에 따라 당신이 주장한 MMR 예방 접종과 자폐증/'자폐성 장염'/염증성 장 질환 사이의 인과관계를 확인하거나 반박하기 위해 무엇보다 연구가 확실하게 재현될 수 있어야 합니다."

20세기가 저물어갈 때 콘크리트 성의 상황은 그렇게 돌아가고 있었다. Y2K에 대한 공포가 대화의 단골 주제였던 시기, 웨이크필드의 대답을 예상하는 페피스의 사무실 불은 밤늦게까지 꺼지지 않았다.

페피스는 웨이크필드가 몽상가라고 생각했다. 그가 제대로 된 과학에 응할 리가 없었다.

그런데 1월을 불과 11일 앞두고 웨이크필드가 회신을 보내왔다.

그가 보낸 회신에는 "우리의 회의와 총장님의 서한과 관련하여, 저는 요청에 따를 준비가 되어 있습니다"라고 적혀 있었다.

제 14 장

미국 국회의사당에서

존 오리어리는 입담이 좋은 사람이었다. 미국 국회의사당에서 350야드 떨어진 레이번 하우스 2154호에서 그는 자신에게 독립적 권위라도 있는 것처럼 연설을 했다. 웨이크필드와 함께 경기를 펼치고 있는 듯한 느낌이었다.

"그의 가설이 맞다는 건 제가 확인해 드릴 수 있습니다."

오리어리가 부드러운 아일랜드 억양으로 선언했다.

천장이 높은 위원회 회의실 앞쪽에서 보면 오리어리는 만찬장처럼 하얀 리넨이 덮인 좁은 테이블의 왼편을 바라보고 앉아 있었다. 대머리였지만 수도자처럼 앞머리를 내린 그는 건강이 우려될 정도로 비만이었는데, 터질 듯한 흰색 셔츠에 남색 정장을 입고 회색 넥타이를 매고 있었다. 그는 철사 테로 된 안경 사이로 관중을 응시했다.

36세의 조직병리학 부교수인 그는 화려하게 조각된 2층 단상에서 자신을 지켜보고 있는 십여 명의 의원들을 향해 연설을 했다. 영국이 아닌 다른 곳에서 예방 접종의 안전성 논란이 불거지는 결정적인 순간이었다.

"웨이크필드가 제 실험실로 자폐성 장염을 앓고 있는 아동들의 생검을 보냈고 이중 96%에서 홍역바이러스가 검출되었습니다."

2000년 4월 6일 목요일 아침, 내 보고서가 나오기 4년 전이다. 오리어리는 전문가로서 증거를 제시하기 위해 초청되었다. 그날 그의 증언은 대형 사건이었다. 청문회를 보기 위해 날아온 2번 엄마는 옆방에 있었고, 메일온

선데이의 의학 전문기자 로레인 프레이저도 주말 기사(단독: 의학계가 무시하기로 선택한 결정적 증거)를 쓰기 위해 런던에 있는 자신의 사무실에서 청문회를 지켜보고 있었다.

거의 2시간 동안 이야기를 듣고 있던 오리어리는 20분 전에 테이블로 나왔다. 먼저 앞줄에 있던 정치인들이 발언을 하고 그다음 6명의 학부모 패널이 테이블로 모였다. 댄 버튼 의원이 의장을 맡고 있는 하원 정부개혁위원회 앞에서 연설을 하기 위해서였다.

버튼은 인디애나 주의 한 구역을 대표하는 공화당원이었고 개인적인 탐구를 위해 청문회(강렬한 5시간이었다)를 소집한 것이었다. 그는 사랑하는 손자 크리스티안이 백신의 피해자임을 확신했다.

부모들이 오리어리와 5명의 의료 패널에 발언권을 넘기자 버튼이 말하기 시작했다.

"백신 접종이 그저 우연에 불과하다는 것을 믿을 수 없습니다. 함께 놀고 대화하던 평범한 아이가 백신 접종 후 며칠 만에 벽에 머리를 부딪치고 팔을 휘두르고 이리저리 뛰어다니기 시작했습니다."

버튼은 증인 6명을 지명했다. 증인들은 나란히 서서 오른손을 들고 진술의 정확성과 완전성을 담보하는 선서를 했다. 의원들은 약물 부작용을 경고하는 텔레비전 광고처럼 속사포로 물었다.

"숨김없는 진실을, 오직 진실만을 말할 것을 엄숙히 맹세합니까?"

오리어리가 그렇게 하겠다고 맹세했다.

그의 뒤에는 옷을 잘 차려입은 남녀가 앉아 있었는데, 절반이 그날의 토론 참여자였다. 오른쪽에는 자신이 시작한 캠페인을 미국으로 수출하려는 웨이크필드가 앉아 있었다. 백신 반대 활동가들이 참석하고 공공방송 C-SPAN이 생방송하는 그날 아침의 기자 회견은 자신의 메시지를 퍼프릴 기회이자 사업 계획을 실행할 기회였다.

그는 테이블 맨 왼쪽 끝에서 지금껏 본 적이 없는 빠른 속도로 등장했다.

숱은 없으나 잘 손질된 머리를 보면 얼마나 돈을 썼는지 알 수 있었고 43세 남성치고 매끄러운 그의 피부는 가볍게 화장을 했음을 암시했다. 그는 직사각형 무늬의 넥타이를 매고 가는 세로줄이 있는 격식 있는 검은 정장과 셔츠를 입고 있었다.

그는 오리어리보다 먼저 나와 벽면 높이 설치된 모니터에 나온 슬라이드를 설명했다. 우선 이런 말로 서두를 시작했다.

"제 증언의 어떤 부분도 백신에 반대하는 것으로 해석되어서는 안 됩니다. 저는 가장 안전한 예방 접종을 지지합니다."

그런 다음 13분 동안 상승 기류를 타는 행글라이더처럼 힘들이지 않고 명료하고 우아하고 그럴듯하게 자신의 증거를 설명했다. 그는 '자폐성 장염'이 실제로 있는 증후군이며, "놀라울 정도로 일관되게" 장 질환과 퇴행을 동반한다고 했다. 그는 부종이 "중요한 이미지"라고 말했다. 그리고는 금발 머리 2번 아이의 백신 접종 전후 사진을 띄웠다. 뇌에 영향을 미치는 오피오이드 펩타이드를 언급하고 고전적 자폐증과 퇴행적 자폐증을 구분하고 말콤 병동을 거쳐간 아동 60명의 연구 요약본을 의원들에게 나눠주었다.

"대다수가 자폐증을 가지고 있었습니다."

그가 연필을 만지작거리며 말했다.

"하지만 다양한 신경정신과적 문제들이 있었고, 여기에는 아스퍼거 증후군과 주의력 결핍 장애도 포함됩니다."

발달 진단의 발전을 고려할 때 아스퍼거 증후군은 살펴볼 가치가 있었다.

당시 유럽에서는 세계보건기구(WHO)의 국제질병분류에 따라 아스퍼거 증후군, 미국정신의학회에서는 아스퍼거 장애로 불린 아스퍼거 증후군은 자폐증보다는 덜 골치 아픈 질환이었다.

하지만 그날 아침 발표의 중심에는 언제나 그렇듯 그의 거대한 아이디어가 자리잡고 있었다. 홍역이었다. 오리어리가 발언하기 2분 30초 전, 그가 자백하듯 말했다.

"우리는 분자 증폭 기술로 이 바이러스를 식별하는 데 완전히 실패했습니다."

그가 시인했다. 리차드 바와 거래를 시작할 때 법률구조위원회에 약속한 닉 채드윅의 PCR 검사를 의미하는 것이었다. PCR 검사는 오랫동안 과학계에서 연구실의 핵심 기술로 이중나선 DNA를 분할하여 표적 염기서열을 증폭시키는 기술이다. 시험관의 가열과 냉각을 빠르게 반복하는 과정에서 이중가닥 DNA는 다리가 부서진 사다리처럼 분해된다. 그 후, 기적의 효소가 새로운 뉴클레오타이드와 결합하면서 동일한 이중 가닥 DNA 두 개가 만들어진다.

홍역은 RNA로 암호화되어 있어 DNA로 변환하려면 사전 단계(역전사)가 필요하다. 그런데 PCR 방법으로 두 배로 만들 수 있다. 아데닌, 티민, 사이토신, 구아닌과 같은 생명체의 구성 요소들의 배열이 뉴클레오티드 염기 서열 분석 기술로 검출되고, 읽히고, 확인될 수 있을 만큼 유전자를 기하급수적으로 증폭시킬 수 있는 기술이다.

그러나 젊은 과학자 채드윅은 자폐증 환자나 크론병 환자의 표본에서 아무것도 발견하지 못했다. 웨이크필드가 그를 지도했지만(검사를 검증하는 논문을 공동 저술하기까지 함), 외과의사 출신 채드윅은 다른 결론에 도달했다. 웨이크필드는 검사의 실패가 기술 자체에 있다고 주장했다. PCR이 충분히 민감하지 않다는 것이다. 그는 염색된 홍역 단백질이 관찰되었다고 보고하고, 분자적 방법으로는 게놈(단백질의 구성 요소인 아미노산을 결정하므로 이것이 없는 경우 바이러스는 존재하지 않음)을 찾을 수 없다고 주장했다.

오리어리의 차례가 오기 전 채드윅은 위원회에 이렇게 증언했다.

"실험실에서 반응은 사본을 1만 개 정도까지 늘릴 만큼 민감도가 높았다. 그보다 낮지는 않았다."라고 증언했다. 비리온은 백만 개까지 늘어날 수 있다는 의미였다.

웨이크필드 왼쪽에는 아일랜드인 남성이 앉아 있었다. 2년 동안 함께 일하며 알고 지낸 로버트 슬릿이었다. 웨이크필드는 벤처 투자자이자 피험자 아동의 부모인 슬릿의 조언에 따라 공동 연구를 제안하기 위해 뉴욕으로 날아갔고 여행 경비는 법률구조위원회에 청구했다. 당시 오리어리는 코넬 대학교의 방문 교수였으나 이후 아일랜드로 돌아와 더블린에 있는 쿰비 여성병원(Coombe Women's Hospital)의 연구실에서 책임자로 일하고 있었다.

"제가 병리학자이자 분자생물학자라는 사실을 말씀드려도 되겠습니까?"

오리어리가 지나치게 격식을 갖추고 말했다.

"이 연구는 방금 증언한 앤드루 웨이크필드 박사가 제안한 접근법에 따라 수행되었습니다."

그는 기술 용어들을 곁들여 채드윅이 실패한 부분에서 자신이 어떻게 성공했는지 설명하고 새로운 진단 키트에 대해 말했다. 자신의 연구실에는 혁신적인 유전자 증폭기가 구비되어 있다고 했다. 그는 그것을 'TaqMan PCR'이라고 불렀다.

그는 버튼과 모니터 사이를 오가며, "지난 6년간 이 기술 분야를 연구했다"라고 설명하면서 "약 천 배 더 민감한 기술"이라고 강조했다.

표준이나 용액상(solution phase) 방법(채드윅과 같은 연구자들이 쓰는 시험관의 반응에 의존하는 기존 방식)과 달리, TaqMan(지원 장비인 ABI Prism 7700와 함께 쓰이며 많이 언급됨)은 종소리와 호루라기 소리를 내는 자동화된 기기였다. 레이저 빔이 트레이를 스캔하고, 가열 및 냉각 중에 표적을 증폭하면서 유전자 세그먼트가 존재하는지 알리는 신호를 제공할 뿐 아니라, 신호를 내보내기 전에 주기를 계산하여 얼마나 많은 유전자가 있었는지도 계산한다.

오리어리는 커다란 제록스 복사기 크기 정도 되는 이 깔끔한 기계로 어린이 40명의 내장 표본을 검사했다고 말했다.

표본은 '자폐성 장염'이 있는 25명의 어린이와 비교를 위해 음성 대조군인 15명의 정상 아동을 포함했다.

2154호실에 중요한 순간이 찾아왔다. 오리어리가 주요 결과를 발표했다. 그는 염증성 장 질환, 특히 장염을 앓고 있는 웨이크필드의 환자들에게서 홍역 유전자 서열을 발견했다고 했다.

"웨이크필드가 제 연구실로 보낸 어린이 생검, 자폐성 장염을 앓고 있는 아이들의 생검을 맹검법으로 검사한 결과 25명 중 24명인 96%에게서 홍역바이러스 게놈이 발견되었습니다."

그가 선언했다.

"대조군 15명 중 1명(6.6%)이 홍역바이러스 게놈을 갖고 있었습니다. 25명 중 24명과 15명 중 1명 사이에 유의미한 차이가 있는 것은 위대한 통계학자가 아니라도 알 수 있다고 생각합니다. 다음 슬라이드를 보겠습니다."

O.J.심슨이 재판에서 피 묻은 장갑을 착용하는 장면 같았다. 방 안에 있던 산소가 전부 빠져나가는 듯했다.

"앤드루 웨이크필드가 말한 연관성 측면에서 그의 가설이 옳다는 것을 확인할 수 있습니다."

그는 그런 식으로 입증했다. 데이터의 독립성을 보여주는 자료는 더 있었다. 거미처럼 사악해 보이는 검은 물질이 보이는 슬라이드였다. 그는 이 검은 물질이 세포 조직에 있는 바이러스라고 했다. 그는 위양성 결과를 방지하기 위해 실험실에서 '엄격한 오염방지 조치'를 했다고 했다. 그리고 A, G, C, T 문자열을 출력하는 형광 기반 시퀀싱으로 바이러스를 식별했다고 했다.

그는 15분 동안 7번이나 시퀀싱을 강조했다. 그는 이것을 '세계 표준' 인증이라고 불렀다. 위원회에 제출한 서면 보고서에서 그는 자신의 다른 장비인 ABI Prism 310로 뉴클레오타이드까지 확인했다고 했다.

"우리는 이 아이들에게서 분리된 홍역바이러스를 시퀀싱할 수 있습니다." 그가 말하자 뒤쪽에서 파란 원피스를 입은 갈색 머리의 여성이 목을 좌우로 돌렸다.

"물론 시퀀싱할 수 있습니다. 그리고 아이들의 생검에 존재하는 홍역바이러스 RNA라고 말할 수 있습니다."

무슨 말이 더 필요하겠는가? 웨이크필드는 공개적인 지지를 받았다. 증거는 오리어리 교수에게 있는 듯했다. 프레이저는 주말 메일온선데이에 다음과 같이 보고했다. "MMR 백신 제조사를 고소한 아동 약 200명(대다수가 자폐증)의 변호사들은 오리어리 교수의 연구 결과가 시사하는 바를 놓치지 않을 것이다."

하지만 2154호에 있는 모든 사람이 설득된 것은 아니었다. 하얀 테이블보가 씌워진 테이블에서 오리어리 교수의 왼쪽에서 네 번째 자리에는 위원회에 백신 관련 연설을 하기 위해 유럽에서 날아온 한 교수가 앉아 있었다. 그의 이름은 브렌트 테일러(Brent Taylor)로 백발에 뭉툭한 뺨을 가진 뉴질랜드 태생의 소아과 의사였는데, 그는 로열프리 의과대학에서 일한 경력이 있었을 뿐 아니라 〈란싯〉에 MMR 백신에 관한 논문을 게재한 적도 있었다. 그는 MMR 백신이 도입되면서 자폐증 사례가 늘었는지 조사했지만 관련성을 찾지 못했다.

오리어리의 연구는 아직 출판되지 않은 연구였고 테일러는 그 방에서 연구 결과에 동의하지 않는 소수의 관찰자 중 한 명이었다.

"이 정보는 독립적인 실험실에서 확인되어야 합니다."

테일러는 자신이 발언할 차례가 오자 버튼에게 말했다.

이에 아일랜드 병리학자 오리어리는 분노하며 다시 발언할 수 있게 해달라고 요구했다.

"제가 제시한 것은 증거, 직접적인 증거입니다. 웨이크필드 박사의 연구실과는 다른 별도의 연구실에서 수행된 것입니다. 테일러 교수님, 제 연구에 불만이 있으시면, 그렇다고 말씀하세요. 제 연구는 완전히 독립적인 연구였습니다. 확실합니다. 저는 진실을 말하러 왔습니다. 거짓말을 해서 제가 얻는 것은 아무것도 없습니다."

이해할 만한 분노였다. 그는 자신의 연구 결과를 확신했다. 물론 나는 오리어리의 연구 결과에 이의를 제기할 수 없다. 위원회 앞에서 선서할 때 그는 숨김없는 사실만을 말하겠다고 맹세했다. 그가 항의를 했는지 궁금하다.

그는 웨이크필드의 권고에 따라 자신도 바와 거래한 사실을 언급하지 않았다. 나중에 알게 되었는데, 그는 청문회가 열리기 불과 일주일 전, 런던 집단 소송에서 번 돈을 받기 위해 더블린에 등록한 자기 회사의 이름을 유니제네틱스(Unigenetics, 웨이크필드가 이사 직책을 맡게 됨)로 바꿨다. 부모가 MMR 백신 소송을 제기한 100명 이상의 어린이가 그의 7700 기계로 검사를 받았다. 납세자가 부담한 그의 회사 청구서는 80만 파운드에 달했다.

이러한 이해관계가 그의 독립성에 영향을 미쳤을까? 그게 다가 아니었다. 유명해진 그는 부모들에게 검사 비용을 청구했다. 그와 웨이크필드와의 관계는 훨씬 더 복잡했다. 청문회 4개월 전에 입수한 회사 기록에 따르면 오리어리느 이뮤노스피시픽스에 주주로 합류했다. 카르멜의 비공개 투자설명서 초안(외과대학 학장 마크 페피스가 개입하기 전까지 청문회 3개월 전에 창립할 계획이었음)에 따르면 그는 카르멜의 주식 11.1%를 소유한 5대 주주였다.

'회사는 기술적으로 더블린의 쿰비여성병원의 병리과에 기반을 두고 있다.' '창립자 중 한 명인 존 오리어리 교수는 정량 PCR의 개념을 크게 발전시켰다.'

투자설명서 초안에는 오리어리가 메르세데스를 팔기라도 하듯 C-SPAN 라이브 방송에서 위원들에게 칭송했던 ABI Prism 7700에 대한 설명도 있었다.

아이러니하게도 버튼 의원은 갈등에 있어서는 매파였다. 오리어리의 분노를 촉발한 주제는 이제 토론의 주제로 되었다. 위원회의 민주당원(캘리포니아의 헨리 왁스맨)은 오리어리의 연구가 연방 기관의 조사를 받아야 한다고 주장했다. 그러나 버튼 의장은 이 제안을 좋게 받아들이지 않았다.

"우리는 FDA, HHS, CDC에 있는 사람들의 모든 재무 기록을 확인하고 있습니다. 그리고 그들 중 일부, 심지어 자문단에 있는 사람들까지 금전적 이해 상충이 있다는 걸 발견했습니다."

자기측 증인의 기록은 확인하지 않은 게 분명했다. 버튼은 탁자 쪽을 쳐다보았다.

"누가 당신의 연구에 자금을 지원했습니까, 웨이크필드 박사님?"

그가 물었다.

"저희가 했습니다."

웨이크필드가 2초 동안 생각한 후 대답했다.

"소규모의 기부를 받았습니다."

"자선단체의 기부를 받았군요. 알겠습니다."

"하지만 자금을 조달하기가 조금 어려웠습니다."

오리어리에게는 묻지 않았다. 버튼의 질문은 연극이었다. 테일러는 정부로부터 자금을 받았다고 시인했다.

나는 오리어리가 독립성을 강조하는 데 놀랐다.

그가 그날 아침 위원회 앞에서 한 말은 위원회에게는 아니더라도 내게는 더 많은 것을 드러내는 것이었다. 그의 동료의 증언에 비추어 볼 때, 과학적 변칙과 모순이 있는 것처럼 보였다. 웨이크필드는 또 다시 채드윅의 PCR이 충분히 민감하지 않았다고 말했다. 오리어리에게 더 민감한 장치가 있다면, 그 장치로 바이러스를 찾을 수 있다는 것은 논리적이었다. 앞뒤가 맞았다.

"TaqMan PCR은 천 배 더 민감합니다."

오리어리가 말했다.

TaqMan PCR의 제조사에 확인해 봤지만, 제조사는 그의 주장을 지지하지 않았다.

오리어리는 위원회 앞에서 발언하는 15분 동안 런던에서 가져온 동일한 조직에 '표준' PCR을 사용한 이야기도 했다. 그는 당시 채드윅이 사용했던 독특한 젤 밴드가 있는 슬라이드까지 보여주면서 이 슬라이드를 근거로 버튼에게 말했다.

"자폐성 장염이 있는 모든 어린이가 홍역에 양성 반응을 보였습니다."

그는 "이 PCR은 우리가 상당히 표준적인 실험실 프로토콜이라고 부르는 것"이라며 아이들의 장 생검에서 홍역바이러스가 검출되었으며, 음성 대조군은 적절하게 음성이라고 설명했다.

하지만 그 말이 맞다면 누가 7700를 필요로 할까? 훌륭한 기계이긴 하지만, 꼭 필요한가? 그리고 이 표준 어쩌고 하는 PCR이 어린이의 장 표본에서 홍역 유전자를 검출할 수 있다면 채드윅은 왜 찾지 못한 걸까?

웨이크필드의 단백질 염색에 문제가 제기됐던 크론병 연구도 나를 끊임없이 괴롭히는 수수께끼였다. 아키타대학과 히로사키대학의 일본팀은 왜 PCR로 바이러스를 찾지 못했을까? 그리고 왜 1998년 2월 28일자 〈란싯〉에 (웨이크필드의 논문에서 5장 뒤에) 영국 정부의 대표적인 공중보건 연구소의 과학자들도 실패했다는 내용이 있었을까?

오리어리는 크론병 환자의 표본도 검사했고, 4명 중 3명에게서 홍역이 발견됐다고 보고했다.

"흥미로운 생물학적 사실입니다."

그는 버튼에게 말했습니다.

우리는 이 병리학자를 다시 만나게 될 것이다.

제 15 장

해고

참을 만큼 참았다. 웨이크필드를 내보내야 했다. 어떻게 내보낼지는 아직 미정이었다. 워싱턴 D.C.에서 보도가 나간 지 며칠 지나지 않아 유니버시티 칼리지 런던의 경영진은 그를 해고하기 위한 절차를 논의하기 시작했다.

의학대학 총장이었던 마크 페피스는 버튼 의원의 회의가 열리기 13시간 전인 2000년 4월 5일 저녁 8시 27분에 레이번 위원회실 2154호에서 처음으로 그 소식을 접했다. 그는 팩스로 수신한 3장짜리 문서의 첫 장을 읽었다.

4월 6일 의회 청문회 전에 열릴 기자 회견의 참석자 명단을 첨부합니다. 앤드루 웨이크필드도 참석할 예정입니다.

발신자는 두 백신 제품이 철수된 이후 웨이크필드를 처음 알게 된 공무원이자 소아과 의사인 데이비드 솔즈베리였다. 그는 청문회에서 민주당을 돕고 있었다. 위장병 전문의로 맹렬한 백신 위기에 대응한 지 7년이 넘은 그는 이제 동정할 지경인 백신 설계자가 공개 발언을 자제해 달라는 요청을 받은 사실을 알고 있었다.

MMR 백신에 대한 영국 부모들의 신뢰는 얼어붙은 경사면에서 중심을 잃은 트럭처럼 미끄러져 내려갔다. 뉴스나이트 방송이 나가기 전에는 최고

91.8%였던 2세 이하 어린이의 MMR 백신 접종률은 87.6%까지 내려갔다. 예민하게 반응하는 백신 반대 집단의 규모가 커지면서 질병의 발병이 필연적으로 가까워지고 있었다.

웨이크필드는 자신의 가설을 지지하거나 반박하기 위한 표준 연구를 실시하는 데 동의했었다. 그러나 여전히 페피스에게 아무런 연구계획서를 제출하지 않고 그의 편지도 무시하고 있었다. 크리스 르웰린 스미스는 3월 16일 "당신에게 편지를 보낸 지 3개월이 지났습니다. 가능하다면 다음 주 내로 연구에 대한 진행 보고서를 보내주시기 바랍니다."라고 지적했다.

웨이크필드의 회신은 좋은 징조가 아니었다. 그는 해당 사안에 대한 추가적인 소통은 자신의 노조인 대학교사협회를 통해 이루어져야 한다고 답했다.

페피스가 맞았다. 웨이크필드는 그 제안을 받아들일 생각이 없었다. 그는 과학자라면 일생일대의 선물이 될 제안을 거절했다.

그래서 어깨가 떡 벌어진 사라 브랜트에게 직원 파일이 전달되었다. 유니버시티 칼리지 런던의 인사 책임자로 블룸스버리 본부에서 50명으로 구성된 부서를 이끌던 그녀에게 가능한 한 적은 비용으로 가능한 한 빨리 웨이크필드를 해고하라는 임무가 주어졌다.

웨이크필드는 페피스에게 공간을 낭비하는 존재였다. 그는 환자를 돌보지 않는 의사이고 학생을 가르치지 않는 교사이면서 과학자도 아닌 열성 분자이자 기회주의자였다. 페피스는 브랜트와 동료들에게 보낸 메모에서 "웨이크필드는 임상 업무를 하지 않고, 가르치는 일도 하지 않는 걸로 알고 있습니다"라고 했다.

"제가 보기에 그의 활동은 우리 기관의 평판을 심각하게 훼손하고 있습니다."

그의 뻔한 연구를 들여다 본 경영진은 입을 다물 수 없었다. 언론은 갈릴레오가 살아 돌아온 것 마냥 그를 칭송했고 발달장애 아동의 엄마들 중에는 그를 보기만 해도 흐느끼는 사람도 있었으며, (〈란싯〉에 실린 논문과 달리) 데이터를 확인하지 않아도 접근 가능한 논문들을 본 사람들이 터무니없는 이야기를 퍼뜨렸다.

기술적으로 가장 복잡한 논문은 가와시마 팀이 작성한 논문이었다. 의사 5명과 웨이크필드가 공동 저자로 기재된 이 논문은 의회에서 청문회가 열린 달에 공신력이 낮은 〈소화기 질병과 과학Digestive Diseases and Sciences〉이라는 학술지에 게재되었다. 도쿄의 소아과 의사 히사시 가와시마가 제1저자로 기재되고 이뮤노스피시픽스의 사업설명서에 인용된 이 논문은 아이들의 혈액에서 홍역 유전자를 발견했을 뿐 아니라 발견된 A, G, C, T의 염기서열이 백신주(strain)의 염기서열과 일치한다고 주장했다.

논문에는 "회장경 검사와 조직검사 결과 자폐성 장염을 앓고 있는 9명의 어린이는 모두 영국인으로 회장 림프성 결절 증식과 비특이적 장염을 가지고 있었다."라고 적혀 있었다.

양성으로 보고된 환자들 중에는 리차드 바의 집단 소송의 대표적인 사례인 2번 아동도 포함되어 있었다. 웨이크필드를 지지하는 사람들에게 이 7장 분량의 논문은 확실한 결론에 가까웠다. 〈USA투데이〉 전 칼럼니스트는 일본의 가와시마 박사는 바이러스가 MMR 백신에서 나온 것임을 확인했다며 "명백한 증거로 보인다!"라고 보도했다.

그러나 전문가 조사 결과 바이러스학자라면 손쉽게 찾아낼 만한 이상한 점들이 발견되었다. 가와시마는 채드윅이 사용한 기술과 동일한 기술을 사용했고 (동 기술이 충분히 민감하지 않다는 주장과 상반되게도) 발견된 염기서열은 실제로 결정적인 증거였다. 첫째, 발견된 염기서열은 영국에서 사용되는 어떤 백신과도 일치하지 않았다. 둘째, 발견된 홍역바이러스의 염기서열들도 서로 일치하지 않았다.

홍역바이러스 유전체에 들어 있는 약 1만 6천 개의 뉴클레오타이드는 (RNA에서 DNA로 변환될 때) A, G, C, T에서 소진될 수 있다. 가와시마 박사는 발견한 균주가 백신주와 일치한다는 것을 증명하기 위해 같은 환자에게서 표본을 두 번 채취하기도 했다. 그러나 과학자들은 반복되는 염기서열을 비교하다가 뉴클레오타이드가 바뀐 것을 발견했다. A는 C로, G는 T로, T는 G로 바뀌어 있었다.

전문가들은 "이러한 현상이 보통 교차 오염에 의해 발생된다"라고 했다. 웨이크필드와 그의 조수 스콧 몽고메리가 함께 출판한 2편의 보고서도 검토되었다. 스콧 몽고메리는 〈란싯〉 논문을 공동 저술하고 기자, 교수, 의사들이 참석한 왕립외과대학 행사에서 웨이크필드를 지지한 전염병학자였다. 가와시마 팀이 집필한 논문과 마찬가지로 두 보고서도 데이터 없이 텍스트와 표만 확인되었다. 이번에도 오염이 확인되었고 그 오염원은 인간일 수밖에 없었다.

두 보고서는 세 단으로 나뉜 〈란싯〉의 레터 섹션에 실리고 이스라엘 학술지에도 5장에 걸쳐 게재되었다. 왼쪽 아래에서 오른쪽 위로 대각선 두 개가 그어진 '자폐증의 시간적 변화'란 다이어그램이 포함되어 있었는데, 거기에는 이미 사용된 적 있는 캘리포니아와 런던의 데이터를 입력한 그래프가 중첩되어 있었다. 본문은 이 그래프가 지난 10년간 자폐증이 급격히 증가했고, 이러한 증가는 MMR 백신의 도입과 맞물려 있음을 보여준다고 주장했다.

그런데 그래프들은 잘못 정렬되어 있었다. MMR 백신은 영국보다 미국에서 17년 앞서 허가되었다. 캘리포니아 데이터도 왜곡되어 있었다. 경영진이 보기에 캘리포니아 그래프는 조작된 것이었다. 〈란싯〉 논문과 마찬가지로 이 다이어그램도 다른 사람들이 수집한 데이터를 비교함으로써 정당성을 확보하려 했다. 두 상승선이 비슷해 보이는 이유는 캘리포니아 데이터(등록된 자폐증 환자의 수)에서 '등록(enrolled)'이라는 단어가 삭제됐기 때문이었다. 실제 그래프의 데이터는 국립의료센터에 등록되어 지원을 받는 자폐 아동의 연령(좋은 소식)이었는데, '등록'이라는 단어를 빼고 자폐증 발병률(나쁜 소식)으로 완전히 바꿔버린 것이다.

누구의 소행이었을까? 누구의 소행인지 밝히는 것은 불가능했지만 웨이크필드는 의문이 제기된 후에도 계속해서 부모들에게 이 자료를 배포했다. 이 사건은 웨이크필드의 직원 파일이 블룸스버리에 있는 브랜트의 책상 위에 놓일 때까지 휴게실에서 농담처럼 회자되었다. 이후 바츠와 런던 의과대학의 면역학 교수이자 연구책임자인 톰 맥도날드는 놀라운 불일치를 하나 더 발견했다. 〈미국소화기내과 저널*American Journal of Gastroenterology*〉에 MMR 백신을 접종한 어린이의 말단 회장에 있는 소장과 '심각한' 회장 림프양 증식을 비교하는 두 장의 사진이 실렸다. 그러나 누군가 이미지의 날짜 소인을 지우지 않는 바람에 두 사진이 1분 50초 간격으로 촬영된 동일한 환자의 것임이 밝혀졌다.

웨이크필드는 후안무치한 사람이다. 내가 보기에 그는 양심이 없는 사람이었다. 그는 표준 연구를 시행해 그러한 오류(또는 그것이 무엇이든 간에)를 바로잡는 소임을 다해 사람들을 공포에 떨게 하는 주장을 증명해 달라는 대학의 요청을 단칼에 거절하며, 그러한 요청이 학문의 자유를 침해하는 행위라고 주장했다.

수개월이 지난 2000년 9월, 웨이크필드는 자신이 동의한 프로젝트를 진행하지 않겠다는 퉁명스러운 서신을 보냈다. 다음은 그가 르웰린 스미스에게 보낸 서신의 내용이다.

> 제 동료들과 공동 연구자들은 우리가 연구 목표를 정의하고, 우리가 적절한 검토와 승인을 거친 연구를 실시하고, 우리가 동료 심사를 위한 결과 제출 시기를 판단하는 것이 적절하다는 데 만장일치로 동의했습니다.

두 달 후, 그는 공개 성명을 자제해 달라는 학교 측의 요청을 무시하고 CBS의 〈60분〉에 출연했다. 홍보를 위한 최고의 기회였다.

5주 후 브랜트는 웨이크필드와의 상호 고용을 종료하는 3장 분량의 문서를 작성했다. 대학 경영진은 불가피한 폭풍우를 함께 견디기 위한 계획을 세웠다. 메일온선데이에서 선데이텔레그래프로 적을 옮긴 로레인 프레이저가 과장 보도를 할 것이 분명했다. 브랜트가 작성한 문서의 세 번째 장에는 실패한 독재자의 처형을 예고하듯 일곱 개의 점선과 이름, 직위가 적혀 있었다.

2000년 11월부터 2001년 1월 사이 브랜트가 작성한 문서는 사장, 부총장, 행정 책임자, 기획 책임자, 경영 책임자 등 모든 사람의 이름에 서명이 될 때까지 햄스테드와 블룸스버리를 오갔다.

계획은 최종적이었지만 집행에는 오랜 시간이 필요했다. 종신 재직권은 당시 학계에서 직업 안정성을 보장하는 권리였기 때문에 철회에만 거의 1년이 걸렸다. 외부 변호사들이 고용되었다. 회계사들은 웨이크필드의 지출을 조사하는 작업에 들어갔다. 미국에 머물던 기간 동안 장기 결근한 것에 대해 설명을 요청했다. 그가 사용한 편지지까지 부적절한 비용 청구인지 조사했다.

웨이크필드의 서신은 오랫동안 웃음거리였지만 이제는 증거였다. 다른 직원들과 마찬가지로 의사나 과학자도 회사 서류에 서명을 할 때 간단히 일반 직함을 쓴다. 예를 들어 〈란싯〉 논문에 실린 아이들 대부분이 내시경 검사를 집도한 시몬 머치는 '시몬 머치 박사, 부교수'라고 쓰고 서명했다. 반면 웨이크필드는 교내에서조차 스스로를 거창하게 표현했다. 어쨌거나 그는 중급 연구소 연구원에 불과했다. 그러나 주어진 직위에 만족하지 못했던 그는 자기만의 편지지를 만들었다. 그는 학교 이름, 학과, 소화기 내과 센터 뒤에 이렇게 덧붙였다.

염증성 장 질환 연구단
연구단장 A.J. 웨이크필드(외과학사(MBBS), 영국왕립외과학회 학사원(FRCS))

상관없다. 어차피 종이 위에 글씨일 뿐이니까. 이렇게 해도 수신자에게 자신을 알리기에 충분하지 않다는 듯 그는 서명 아래 32개 단어를 추가했다. 5줄이면 충분했겠지만 인상적으로 만들기 위해 6줄로 배치한 단어들은 해군 제독의 정모에 새겨진 스크램블 에그(영연방 국가의 군대에서 고위 장교의 정모에 있는 금색 참나무 잎 장식의 별칭)처럼 보였다.

A. J. 웨이크필드 영국왕립외과학회 학사원(FRCS)
의학 및 조직병리학과
실험적 위장병학 분야의 리더
로열프리 햄스테드 NHS 신탁의
실험적 위장병학 명예 컨설턴트
염증성 장 질환 연구단장

머치도 수식어를 덧붙일 수 있었다. 여기에 웨이크필드 망상의 그늘이 있었다. 브랜트는 그가 1998년 3월에 조직병리학 부서에서 나왔으므로 이런 수식을 자제하라고 지적했다. 왕립외과대학은 웨이크필드가 1996년 7월부터 회비를 납입하지 않아 학사원(FRCS) 호칭을 사용할 자격이 없다고 했다. 명예 컨설턴트는 대학 밖에서는 별 의미 없는 예의상의 경칭이었다. 마지막 줄은 그가 교수 자리에 지원했을 때 학교의 비서실장인 브라이언 블래치가 다음과 같이 말하고 난 뒤 삭제되었다.

"염증성 장 질환 연구단은 우리 학교의 소속 부서가 아니며, 나는 당신에게 단장이라는 직함을 부여한 기억이 없습니다."

자존감이 낮아 그런 것일까? 결코 아니었다. 이 모든 징후는 웨이크필드가 스스로를 특별하게 생각한다는 의미였다.

2001년 그는 스스로를 얼마나 특별하게 생각하는지 드러냈다. 그는 자신의 경력을 좌우하는 주장을 증명하지 않고 자신이 가장 좋아하는 조수와 함께 또 다른 논문을 저술했는데, 대영도서관에서 빌려다가 조사해보니 그 내용이 얼마나 터무니없던지 줄마다 이상한 점이 있었다.

그 논문은 2001년 2월 지금은 절판된 〈약물 부작용과 독성학적 연구 Adverse Drug Reactions and Toxicological Reviews〉라는 학술지에 게재되었는데 이 학술지는 겨우 350부만 발행되었다. 웨이크필드는 그보다 한 달 전 외부에서 자금을 조달할 목적으로 자신이 설립한 비서럴(Visceral)이라는 비영리 단체를 통해 이 논문을 언론에 발표한 바 있었다.

텔레그래프의 프레이저는 사전에 보도 준비를 마친 상태였다.

「MMR 백신이 안전하다는 공무원들, 부끄러운 줄 알라」

데일리 메일의 어느 기자는 다음과 같이 썼다.

「MMR 백신: 기적인가, 위협인가?」

그러나 불안에 떨던 영국 부모들은 신문 헤드라인 뒤에 숨은 쓰레기 같은 진실에 대해 알지 못했다. 19장에 달하는 웨이크필드의 새 논문은 과학에 대한 독립적인 평가처럼 보였다. 몽고메리(기록에 따르면 바의 소송을 지원하는 대가로 약 9만 파운드를 받을 예정이었음)가 공동 저술한 그 논문은 제목도 「홍역, 볼거리, 풍진 백신: 어두운 유리를 통해 Measles, Mumps, Rubella Vaccine: Through A Glass, Darkly」로 거창했다.

물론,

공식 입장은 MMR 백신이 안전하다는 것이며, 이 논문은 그 증거를 조사한다.

그러나 논문은 그 증거를 조사하지 않았다. 논문은 웨이크필드가 자기 주장을 펼치기 위해 만든 캠페인 책자였다. 그는 1960년대와 1980년대 사이 백신이 승인되기 전에 실시된 안전성 연구를 검토한다고 주장하며, 연구자들이 3개 백신을 결합하는 것의 위험성을 오랫동안 알고 있었던 것처럼 보이게 했다.

영국 의약품규제청은 15장 분량의 분석 기사에서 웨이크필드와 몽고메리를 비난했다. 그러나 더 효과적인 방법이 있었고, 나는 오랜 시간이 지나고 나서 이 방법을 사용했다. 웨이크필드는 논문에서 한 장에 가득 차는 표 하나를 집중적으로 다뤘는데, 6개의 연구 결과를 요약한 표라고 주장했다. 나는 도서관에서 퀴퀴한 냄새가 나는 책들을 한 트럭 빌려 확인하면서 논문에 정확히 인용된 책이 한 권도 없다는 사실을 알게 되었다.

나는 인용 출처를 한 줄씩 비교하며 지적하는 2천 단어 분량의 이메일을 몽고메리에게 보냈다. 내용은 다음과 같다.

> (b) 두 번째 논문(Stokes, 1971)과 관련하여 당신은 표에서 미국의 사례 77건을 포함한 총 228건의 사례를 미접종 대조군 106명과 비교했으며 추적 기간은 28일이라고 했습니다. 이 내용은 잘못되었습니다. 이 논문은 미국의 사례 228명을 포함해 총 685명의 어린이를 281명의 대조군과 비교하여 보고했으며, 추적 기간은 6주에서 9주였습니다.

또 다른 지적:

> (d) 네 번째 논문(Schwarz et al., 1975)과 관련하여 당신은 표에서 관련 없는 결과가 나왔다고 기술했습니다. 이것은 잘못된 것입니다. 이 연구의 결과는 MMR 백신이 단일 홍역 백신과 유사한 이상 반응 프로필을 갖는 것으로 밝혀졌다는 매우 관련성 높은 결과였습니다.

햄스테드를 떠난 뒤 스웨덴의 카롤린스카 대학(Karolinska Institute)에 있던 몽고메리가 답신을 보냈다. 다른 질문에 대한 답변은 있었지만 두 논문의 공동 저자임에도 '어두운 유리' 논문이나 캘리포니아 데이터의 설명 부분이 편집되었다는 지적에 대한 답변은 없었다. 그는 자신이 관여하지 않은, 자신의 책임이 아닌 작업의 특정 측면에 대해 추측이나 언급을 하는 것은 부적절하다고 했다.

웨이크필드는 연구든 어디에서든 자신에게는 어떤 규칙도 적용되지 않는다고 믿는 것처럼 보였다. 의료 기관들은 '어두운 유리' 논문이 끼치는 피해에 분노했고 햄스테드의 교수들은 그가 설명도 없이 장기 결근을 하고 권한도 없이 채용을 하고 경영진에게 알리거나 허가도 받지 않고 로열프리의 이름으로 특허를 등록한 데 대해 항의했다.

격렬한 갈등과 설전이 오가던 그해 웨이크필드는 영국 의료 규제기관인 의사협회(General Medical Council)에 신고하겠다며 페피스를 위협하고 그를 명예훼손으로 고소하기 위해 자문을 받았다. 그런 다음 2001년 7월 브랜트에게 짧은 이메일을 보내 카리스마 뒤에 숨기고 있던 실체를 드러냈다.

"어떠한 경우에도 급여대상자 명단에서 제 이름을 삭제하지 마십시오. 그렇지 않으면 즉시 법적 조치를 취하겠습니다. 제 입장이 분명하게 전달되었기를 바랍니다."

2001년 9월 11일 화요일, 런던의 하늘은 고요했고 짧은 순간 동안 모든 것이 멈추었다. 몇 주 동안 뉴욕과 세계무역센터를 겨냥한 공격에 대한 관심이 계속되었다. 그러다가 정산 합의서에 따라 교수직을 사임하기로 한 웨이크필드와의 접전이 재개되었다. 그는 10파운드에 검사, 치료제, 백신에 대한 특허를 양도하겠다고 했지만 페피스는 과도한 금액이라고 생각했던 것 같다.

웨이크필드는 11월 14일 아내가 보는 앞에서 25장 분량의 문서에 서명을 하고 학계 경력에 종지부를 찍었다. 세금을 공제한 그의 보수는 10만 9,625파운드(현재 기준 17만 8천 파운드)와 학교 측의 오점 없는 추천서였다. 추천서에는 이렇게 적혀 있었다.

"그는 팀장으로서 동료들의 열정을 이끌어내는 능력을 보여줬다. … 또한 그는 〈위장병학〉, 〈란싯〉 등의 학술지에 논문을 발표했으며, 수요가 많은 강연자였다."

학교는 그가 그만둔 진짜 이유, 즉 자신의 주장을 입증하는 연구의 수행을 거부했다는 것을 언급하지 않는 데 동의했다. 그는 미국에서 큰 돈을 버는 데 도움이 되는 정체성으로 갈아타기 위해 즉시 프레이저에게 이 소식을 전했다. 프레이저는 웨이크필드의 말을 기사에 인용했다.

"소아 자폐증 및 장 질환과 백신의 상관관계를 연구하고 있는 위장병 전문의 앤드루 웨이크필드는 어젯밤 자신의 연구 결과에 대한 평판이 좋지 않다는 이유로 사임해달라는 요청을 받았다고 전해왔다."

제 16 장

다리

워싱턴 DC의 습한 오후였다. 그곳에 있던 사람들은 처음으로 앤드루 웨이크필드의 새로운 모습을 공개적으로 보게 됐다. 햄스테드의 사무실을 비운 지 5개월이 지났고 이제 리치드 바 외에는 고용주가 없었던 그는 마침내 자유롭게 자신의 생각을 말할 수 있었다.

"우리는 세계적 전염병의 한가운데 서 있습니다."

바람이 불고 비가 오고 계절에 맞지 않게 추웠던 2002년 4월 말의 어느 날, 워싱턴 D.C.의 내셔널 몰 잔디밭에서 열린 집회에 참석한 웨이크필드가 말했다.

"이 전염병을 조사하고 해결해야 하는 책임자들은 실패했습니다. 실패의 원인 중 하나는 자신들이 전염병의 주범일지도 모른다는 가능성에 직면했기 때문입니다."

그것은 단지 그의 주장에 불과했다. 그가 말하는 전염병이란 백신으로 인한 피해를 뜻했다. 그는 문제를 해결해야 할 사람들이 자신들이 문제를 일으킨 주범일지도 모른다고 생각해 문제를 해결하지 않고 있다고 주장했다.

"그러므로 책임지지 않으려 애쓰는 사람들은 앞으로 나아가는 데 있어 걸림돌이 됩니다."

인쇄되고 소리 내어 읽히는 그의 말투는 우렁찬 웅변을 상기시켰다. 전쟁 지도자 윈스턴 처칠 경이 연설로 대중의 환심을 사는 것이 예술로 허용되는 영화 속에서 미국으로 옮겨진 듯했다.

세차게 내리치는 빗속에서 펄럭이는 성조기 앞에 당당하게 서 있는 위인. "보건 당국도 문제가 있다는 걸 알고 있으리라 믿습니다. 그러나 그들은 의무적 예방 접종이라는 공중 보건 정책의 성공에는 필연적으로 희생이 따른다는 이유로 문제를 부인하고 정확히 얼마나 되는지 알 수 없는 어린아이들의 희생을 용인하고 있습니다."

웨이크필드는 자신을 무시했다고 느낀 사람들을 행해 음모와 은폐를 저질렀다고 악의적인 혐의를 제기하고 있었다. 자신이 10년 전 돈을 요구했던 공무원이자 소아과 의사인 데이비드 솔즈베리와 같은 사람들이었다. 서면 제안서를 제출하지는 않았지만 자신이 느낀 모욕을 결코 잊지 않고 있었던 것이다. 그는 바에게 보낸 편지에서 솔즈베리를 중상모략으로 비난했고 수십 년 후에도 여전히 그에게 분노한 상태였다.

이제 그는 MMR 백신이 자폐증을 유발했다는 주장(그가 특허 출원에서 직접 주장한 주장)에 그치지 않고 바와 커스틴 림의 뉴스레터와 팩트 시트를 뛰어넘고 있었다. 둘은 암시로 양념된 주장을 펼쳤지만, 웨이크필드(두 부부와의 거래는 공개되지 않은 상태였음)는 악을 소환하고 있었다.

워싱턴에서 열린 청문회의 녹취록에서 웨이크필드는 "저나 제 동료들은 아이들을 소모품 취급하는 데 동의할 수 없다"며, 이렇게 규탄했다. "우리는 역사에서 이미 그러한 일을 겪었고 헤쳐나온 바 있습니다."

그것은 폭탄이 아니었다. 마음 상태였다. 그러나 우울한 오후 부모들이 4번가에서 들은 웨이크필드의 연설이나 루이지애나 록 밴드의 음악이 그들에게 얼마나 유익했는지는 알 수 없다. 날씨는 끔찍했다. 비 내리는 오후 4시, 온도는 섭씨 11도였다. 따뜻한 검보 수프나 아스퍼거 증후군을 가진 소년이 부르는 노래 〈아름다운 미국 America Beautiful〉조차 음산한 분위기를 떨쳐 낼 수 없었다.

'자폐증 해제(Autism Unlocked)'라는 단체가 동원한 사람들은 대부분

다른 의회 청문회를 위해 온 것이었다. 솔직히 말해서, 웨이크필드가 그곳에 있었는지, 그의 메시지는 잘 전달되었는지도 모르겠다. 그러나 그의 비난은 다른 연사를 통해 수십만 명에게 울려 퍼졌다.

그 연사의 이름은 캘리포니아 새크라멘토 출신의 레니 샤퍼였다. 웨이크필드가 건널 다리를 만들고 공포, 죄책감, 질병이라는 전염병을 영국에서 미국으로, 그리고 다시 세계로 밀매한 장본인이다.

백신에 대한 공포는 전에도 촉발된 적이 있었는데 당시에도 영국에서 시작되고 미국에서 포장되어 전 세계 구석구석으로 퍼져나갔다. 존 윌슨이 촉발한 DTP 공포에 관한 이야기다. 그러나 존 윌슨도 최초로 백신 공포를 촉발한 사람은 아니었다. 1879년 10월, 영국의 사업가이자 활동가였던 윌리엄 텝이라는 사람이 대서양을 건너 뉴욕 이스트사이드에서 열린 미국 백신반대연맹(Anti-Vaccination League of America)의 창립 회의에서 기조 연설을 했다.

"통계에 따르면, 매년 2만 5천 명의 어린이가 백신 접종으로 살해되고 있습니다."

텝은 천연두 예방 접종에 반대하는 캠페인을 촉구하면서 이렇게 선언했고 그의 발언은 다음 날 뉴욕타임스에 보도되었다.

이미 50대였던 샤퍼는 웅변가도 아니었고 활동가도 아니었다. 그러나 자신이 할 역할에 필요한 모든 것을 갖추고 있었다. 미시간주 디트로이트 출신의 분노한 청년이었던 그는 좌파 활동가였고 〈대안 언론〉에서 출판인으로 있다가 중년에 접어들면서 입양한 아들 이자크를 통해 자폐증과 만나게 되었다. 그는 소아 자폐증을 치료하는 가족(Families for Early Autism Treatment, FEAT)이라는 지역 부모 모임에 참여하게 되었다.

빽빽하게 기른 콧수염과 별난 유머 감각을 지닌 샤퍼는 1997년에 선구적인 인터넷 게시판에서 사람들을 모았다. 인터넷이 등장한 지 불과 6년만에 그는 자폐증에 관한 보고서를 선별하여 메일 수신자 목록에 있던 부모들에게 보내기 시작했다. 처음 6개월 동안 그 목록은 100개로 늘어났다. 이후 인터넷은 사람들의 일상 생활이 되었고 내셔널 몰 집회가 열릴 즈음에는 'FEAT 데일리 뉴스레터'라고 이름 붙인 메일링 서비스의 구독자가 1만 명이 넘었다.

이자크와 함께 그의 자부심이 새크라멘토의 올드 플레이서빌 로드의 비좁은 콘도미니엄에서 미국으로 뻗어나갔다. 그는 발달 문제가 있는 아이들을 지원하려는 노력을 언급하며, "대의를 위해 투쟁하는 모든 부모는 우리에게 희망의 빛을 가져다 줍니다. 이것은 나의 작은 빛이고, 나는 그것을 빛나게 할 것입니다."라고 말했다.

나중에 자신의 이름을 따서 이름을 바꾼 뉴스레터는 투박했지만 효과적이었다. 그는 몇몇 부모의 도움을 받아 자폐증에 관한 언론 기사를 검색하고 수집하여 일반 텍스트 파일로 만들었다. 그다음 저작권법을 무시하고 자신이 '뉴스 클리핑 서비스'라고 부르는 이메일의 구독자들에게 무료로 재배포했다.

초반에는 장애인 거주시설 내 신체 억제에 관한 보고서나 정신 질환에 관한 설문 조사 등 FEAT의 핵심 관심사를 전달했다. 그러나 웨이크필드의 캠페인이 세계에서 가장 경쟁력 있는 언론 시장인 영국에서 활기를 띠자 샤퍼는 그 어느 때보다 강력한 보도 자료들을 수집하여 자신의 논리에 따라 가장 민감한 대상인 부모들에게 전달했다.

'연구는 홍역바이러스와 새로운 장 질환과의 상관관계를 시사한다.'
'과학자의 증언, MMR 백신은 허가되지 않아야 했다.'
'이 아이들은 MMR 백신으로 인해 사망했는가?'

신뢰할 수 있는 비영리 기관에서 보낸 편지가 주는 울림을 생각해 보라. 그는 구독자들에게 "중요한 점은 우리는 이 뉴스를 생산하는 게 아니라 전달만 한다는 점"이라고 주장했다. "게다가 편집 방침 덕분에 우리에게는 신문 배달원만큼이나 편파적 편집을 할 수 있는 여지가 없다."

그는 결함이 있는 가와시마 논문의 내용을 재배포했다. 그는 보도는 많이 됐지만 내용은 잘못된 '어두운 유리' 논문을 공개적으로 지지했다. 그는 미국 언론에서 무시한 기사들을 재입수해 대서양 건너편의 소음이 커질 때까지 자폐 아동이 있는 가족들에게 계속해서 전달했고, 워싱턴 집회가 열리기 10주 전에 '웨이크필드 집회'를 선포했다.

샤퍼는 "현재 영국 대중이 MMR 백신 문제에 큰 관심을 보이고 있어서 굉장히 많은 보도가 나가고 있다"라고 설명했다. 집회는 단명한 학술지인 〈분자 병리학Molecular Pathology〉에 실린 오리어리의 논문에 의해 촉발되었다. 2년 전 워싱턴에 나타났던 오리어리는 유전자 증폭기 ABI Prism 7700을 사용해 명백한 홍역의 증거를 찾았다고 주장했다. 그는 자폐증, 장염, 회장 내 종창이 있다는 진단을 받은 91명의 어린이 중 75명이 바이러스 검사에서 양성이 나왔다고 보고했다. 70명 중 5명에 불과했던 대조군 환자와 비교되는 수치이다. 그는 이 데이터가 연관성을 확인해 준다고 했다.

이것은 영국에서 큰 관심을 끌 수밖에 없었다. MMR 백신 논란은 이제 전국적인 오락거리가 되어 있었다. 수상부터 유명 셰프까지 모두가 논란에 대해 한마디씩 했다.

오리어리의 논문을 공동 저술한 웨이크필드는 언론에 유리한 점이 많았다. 그가 기금 마련을 위해 설립한 법인 비서럴에서 일하는 교수 중에 형수가 BBC 기자(세라 바클레이)인 사람이 있었다. 그녀는 BBC 경영진도 이 관계에 대해 안다고 주장했지만, 오리어리의 논문에 관한 내용이 BBC-1 채널의 탐사보도 프로그램 '파노라마(Panorama)'에서 한 시간에 걸쳐 방송되었다.

"우리는 홍역바이러스를 발견했습니다."

오리어리가 카메라 앞에서 그녀에게 말했다.

"다음으로 사람들이 알고 싶어하는 것은, 아시다시피, 바이러스 균주의 염기서열입니다."

미국 언론에서는 아무런 보도가 없었다. 샤퍼는 BBC 영상의 링크를 게시하여 런던에서 화제가 되고 있는 이 주제를 미국에서 가장 관심을 끌 만한 곳에 전달했다. 그에게는 엄마들과 아빠들이라는 열렬한 구독자가 있었고, 많은 이들이 그가 보낸 이메일을 훑어보며 의문을 품었을 것이다.

"우리 아이를 다치게 한 게 우리란 말인가?"

뉴스레터는 웨이크필드가 내셔널 몰에서 했던 연설도 실렸다. 장대한 문구들이 밈(인터넷과 SNS 사이에서 유행하는 인기 있는 콘텐츠)으로 만들어져 수많은 웹사이트에 게시되었다.

"여러분 부모님들과 자녀분들이 바로 우리의 영감과 힘의 원천입니다."

웨이크필드의 목소리가 인터넷상에 울려 퍼졌다.

"우리는 과학을 통해 진실을 찾는 여정을 하고 있습니다. 과학은 온정적이고 타협하지 않으며 굽히지 않습니다."

웨이크필드가 미국으로 들어가는 다리를 건설하는 데 샤퍼는 작은 빛과 같은 역할을 했다. 샤퍼만이 아니었다. 공화당 하원의원 댄 버튼도 국회의 사당에서 청문회를 열었다. 손자가 백신 피해자라고 확신한 그는 해마다 여론 조작을 위한 공개 재판을 진행했고, 여기서 웨이크필드는 '즐거운 옛 영국(merry old England)'에서 마차를 타고 온 셰익스피어처럼 대접을 받았다. 2000년에 오리어리와 함께 왔던 그는 1년 뒤 헐렁한 크림색 양복을 입고 다시 증인석에 나타나 전에 했던 말과 거의 똑같은 말을 반복했다. 증후군. 장 질환. 지속적인 홍역바이러스(백신주의 염기서열과 같다고 했다).

"우리가 다루고 있는 건 처음부터 증상이 있는 고전적 자폐증이 아니라, 퇴행성 자폐증이라는 사실을 명심하십시오."

그가 강조했다.

그러나 로열프리 의과대학 학장 마크 페피스를 보고 알 수 있듯이, 카리스마가 모든 길을 평탄하게 하는 것은 아니다. 테이블 끝에는 곱슬머리의 남성이 앉아 있었는데, 그는 신경위장병학의 아버지라고 불리는 미국 최고의 장뇌 상호작용 전문가였다. 뉴욕 컬럼비아 대학교의 해부학 및 세포생물학 대학 학장인 마이클 거슨이었다.

거슨은 웨이크필드가 주장한 대로 홍역으로 장벽이 새는 경우 양방향으로 새어야 한다고 버튼을 향해 말했다. 연구 결과는 그렇지 않았다. 오피오이드 펩타이드가 장에서 혈류로 빠져나가면 비슷한 크기의 다른 펩타이드도 마찬가지여야 했다. 그런데 그렇지 않았다. 웨이크필드가 말한 대로 식품 성분이 신체에 해를 끼치려면 간을 피해갈 수 있어야 하고(거슨은 이것이 불가능하다고 믿었다), 모세가 홍해를 가른 것처럼 혈액-뇌 장벽이 열리는 기적과도 같은 일이 일어나야 했다.

내가 알기로 웨이크필드는 이런 핵심적인 문제들에 대해서는 당시에도 그 이후에도 아무런 답을 내놓지 않았다. 그러나 버튼과 다시 만났을 때 거슨이 오리어리에 대해 한 말에 대해서는 답했다. 거슨이 제기한 문제들은 내셔널 몰에서 집회가 열리고 두 달 뒤 청문회가 재개되기 전까지 웨이크필드의 마음속에서 곪아 터지고 있었다. 다음 청문회에서 영국을 탈출한 도망자 웨이크필드는 샤퍼의 뉴스레터를 통해 전달된 자신의 말이 부처의 말씀처럼 들릴 만큼 악독한 말을 내뱉었다.

거슨이 모세의 기적 다음에 언급한 것은 저명한 과학자에게서 얻은 정보였다. 그가 말한 과학자는 세계 최고의 연구 기관인 캘리포니아 샌디에이고의 스크립스 연구소(Scripps Research Institute)에 있는 홍역바이러스 전문가 마이클 올드스톤이었다. 페피스가 올드스톤에게 오리어리의 연구실을 확인해달라는 제안을 하기 전까지 웨이크필드는 올드스톤과 공동 연구를 진행하려 했었다. 코드가 부여된 표본들이 아일랜드에 전달되었는데, 거슨은 버튼 앞에게 검사 결과에 이상한 점이 많았다고 증언했다. 일부 샘플은 의도적으로 다른 코드를 부여해 두 차례나 시험했는데도, 양성과 음성 반응이 동시에 나왔다는 것이다.

가장 그럴듯한 설명은 실험실 오염이었다. RNA 바이러스는 깨지기 쉽고 공기처럼 실험실 내에서도 수 시간 동안 생존이 가능하며, 사람의 상의 소매에 붙거나 문에 날려 있어서는 안 되는 곳으로 옮겨 붙을 수도 있었다. 증폭기의 설정이 잘못되었거나 보호장치 없이 실행되었을 가능성도 있었다. 접근 권한이 있는 사람 또는 사람들에 의해 위법 행위가 이루어졌을 수도 있었다. 어찌 되었든 그는 오리어리 연구에 더 이상 관여하지 않기로 결정했다.

"올드스톤은 검사 결과, 해당 실험실이 인증 기준에 적합하지 않다는 결론을 내렸습니다."

거슨이 버튼의 위원회 앞에서 말했다.

웨이크필드는 분노했다. 그는 논문을 더 쓸 계획이었고, 더블린의 검사 결과는 바의 소송에서 중요한 요소였다. 이제 런던에서 자신이 준비한 것을 보여줄 작정이었다. 그는 발견된 바이러스의 염기서열이 백신에 있는 바이러스의 염기서열과 같고, 오염이 있었다면 쿰비여성병원에 있는 오리어리의 실험실이 아닌 스크립스 연구소에서 발생한 게 분명하다고 주장했다.

웨이크필드는 레이번 위원회실의 테이블에서 선언했다.

"오해를 바로 잡고 싶습니다. … 거슨 박사의 행동은 수치스럽네요."

거슨은 분명히 과학적으로 짚어볼 만한 문제들을 지적했다. 그런데 햄스테드에서 나온 웨이크필드는 그를 거세게 비난하는 5장 분량의 편지를 썼다. 그는 거슨의 주장이 명백한 오류이고, 그의 행동이 전문가답지 않으며, 그의 증언은 명백하게 잘못된 거짓 증언이자 가짜 과학으로 진실성이 없고, 위증에 해당하고, 명예훼손죄를 구성하는 악의적인 허위 정보라고 했다. 그는 올드스톤 또한 홍역 전문가로서 명백한 오류와 부적절한 관행을 저질렀고 거슨이 한 증언의 내용을 알고 있었다면, 그 또한 위증을 한 것으로 간주될 수 있다고 썼다.

그는 더 이상 즐거운 옛 영국에서 온 친절한 사람이 아니었다. 아직 대답을 마친 것도 아니었다. 2002년 6월 그는 자신이 다리를 건너고 있음을 암시하는 극적인 성명서를 의회에 제출했다. 그가 쓴 내용은 이러했다.

"마이클 거슨이 이번에도 나타났다면, 자신의 아내가 머크사의 수두 백신에 대해 가지고 있을지 모르는 권리에 대해, 다소 늦은 감이 있지만, 위원회에 밝혔을 것이라고 확신합니다."

마이클 거슨의 아내가 백신에 대한 권리를 가지고 있다고? 조사 결과 이는 사실이 아니었다. 경청하던 의원들은 발견하지 못했지만 바로 여기에 충격적인 진실이 숨어 있었다. 홍역 단일백신에 대한 권리를 가지고 있던 사람은 웨이크필드였다. 그는 그 백신을 개발했을 뿐 아니라 청문회가 열리기 5개월 전에 유니버시티 컬리지 런던으로부터 모든 관련 권한을 넘겨받았었다.

일종의 심리 투영이었을까? 그런데 이번이 처음이 아니었다. 런던에서 그는 자신의 조수인 스콧 몽고메리, 그리고 2번 엄마와 함께 비슷한 일을 했다. 그들은 의학연구위원회가 개최한 자폐증에 관한 워크숍에 초대받았다. 워크숍이 열리기 불과 며칠 전, 세 사람 모두 참석을 취소했는데, 워크숍 참석자 일부가 소송에서 제약회사 측에 자문하는 대가로 돈을 받았다는 게 그 이유였다.

세 사람이 말한 소송은 바의 소송이었다. 상대 측의 자문이었던 셈이다. 웨이크필드가 워크샵에 참석했다면, 그에게도 똑같이 이해 상충 관계가 있다는 사실이 드러났을 것이다. 그런데도 그는 워크샵 주최자에게 이런 이메일을 보냈다.

> 우리는 이 참가자들이 명백한 이해 상충을 공표했을 것이라는 데 의심을 품지 않습니다. 다만, 혐의가 있고 세간의 주목을 받는 이런 민감한 문제와 관련하여 이해 상충을 공표하는 것은 단순한 겉치레에 불과한 것으로 해석될 수도 있습니다. 그러한 이해 상충은 타협할 수 없으므로 두 역할을 모두 수행할 수 있어서는 안 됩니다.

두 역할이라니? 묘한 생각이 들었다. 게다가 〈란셋〉 논문과 관련한 그의 이해 상충과 공중 보건 위기를 촉발한 아트리움 기자회견이 있기 전부터 웨이크필드는 바와 증거를 만드는 거래를 했고 이는 전문가로서의 역할에서 훨씬 벗어났다.

버튼을 변호해 보자면, 그는 이에 대해 알지 못했다. 그는 결정을 내렸다. 민주당으로부터 재정 지원을 받는 상황에서는 편파적으로 위원회를 운영할 수 밖에 없었을 것이다. 그래서 그는 웨이크필드의 편지를 의회 웹사이트에 올리고 그를 의학계 거물에 비유했다.

웨이크필드가 위원회 앞에서 증언을 마치자 버튼은 "지금은 일반적으로 통용되는 의견을 제시했던 다른 과학자들 역시 비슷한 혹평을 견뎌야 했을 것입니다"라고 말했다.

"결국 진실은 밝혀질 테니 안심하세요. 루이 파스퇴르는 17년 후 기사 작위를 받을 때 그 사실을 알게 되었습니다. 결국 진실은 밝혀질 것이고, 당신이 한 일을 계속 비난하고 폄하한 사람들은 엄청난 굴욕을 맛보게 될 것입니다."

다리를 만드는 데 그도 샤퍼만큼 열성적이었다. 반면 바의 집단 소송이 진행되는 런던에 있는 다리의 한쪽 끝은 불타 없어지고 있었다.

제 17 장

눈가림 해제

눈가림 해제(Unblinding)가 이삼 년 정도 더 후에 일어났다면 영상이 남아 있었을 것이다. 누군가 아이폰이나 안드로이드폰을 꺼내 마침내 음악이 멈췄을 때의 반응, 표정 등의 행동을 포착했을 것이다. 리차드 바의 소송에 관한 모든 것이 밝혀지는 장면, 눈가림이 해제되는 진실의 순간.

더 이상은 안 된다.

1년 전 BBC는 이 순간의 전조가 되는 영상을 촬영했다. 웨이크필드가 댄 버튼 의원에게 백신 피해 사례로 인용했던 16세 소년이 내시경 검사를 받는 현장에 있었던 것이다. 그러나 녹색 가운을 입고 내시경을 집도한 시몬 머치는 로열프리의 내시경 검사실에 있는 모니터를 보고 아무런 질환이 없다고 선언했다.

웨이크필드의 법인 비서럴에서 일하는 한 교수의 형수가 BBC 탐사보도 프로그램 파노라마에서 방송한 영상에서 이 장면은 4초 동안 지속됐다. 영상에서 웨이크필드는 다가오는 눈가림 해제를 앞두고 고통스러운 표정으로 시몬 머치의 어깨 너머를 바라보았다. 편두통이나 시차로 괴로워하는 사람처럼 오른손으로 두 눈을 가렸다. 그의 손바닥이 미끄러지듯 뺨까지 내려갔다가 목 뒤로 옮겨갔다. 그의 머리는 왼쪽으로 기울어졌고 오른쪽 팔꿈치는 위로 올라갔다. 그는 손가락으로 셔츠 깃을 만지작거렸다.

2003년 4월 27일과 28일 이틀 동안 눈가림 해제가 진행되었다. 장소는 잉글랜드 중부지방 녹지에 위치한 워릭대학교 캠퍼스 가장자리에 있는 기이한 모양의 벤처 센터 안에 창문으로 된 세미나실이었다. 약 20곳의 소규모 기업과 안내 데스크, 커피숍, 화장실을 공유하는 마이크로패솔로지(Micropathology)라는 진단 및 연구 회사가 주최한 세미나에서 진행되었다.

증인들은 리차드 바와 과학자인 그의 아내인 커스틴 림, 전문가와 측근들이 그 자리에 있었다고 증언했다. 목적은 홍역바이러스와 오피오이드 펩타이드에 대한 최종 실험 결과에 대해 눈가림 해제를 실시하는 것이었다.

웨이크필드의 바이러스 원인설과 소아 자폐증 설치류 모델을 눈가림 대조 연구에서 나온 데이터로 최초로 확인하는 순간이었다. 표본이 채취된 아동이 자폐증인지 대조군인지는 연구자에게 알려지지 않은 상황이었다.

법의학 분야에서 전례가 없었던 프로젝트가 절정에 이르는 순간이었다. 농대 졸업생인 림 밑에서 일하는 변호사들은 간호사 한 명을 고용해 영국 전역을 돌아다니며 의뢰인의 아이들을 포함한 아이들에게서 혈액과 소변을 수집해 마이크로패솔로지에 넘겼다. 마이크로패솔로지는 수집한 표본을 더블린 쿰비여성병원에 있는 병리학자 존 오리어리의 실험실에 전달했다.

바는 표본이 담긴 병과 상자가 있는 자신의 사무실에서 고객들에게, "우리 간호사 세라 도드가 빠른 시간 안에 최대한 많은 샘플을 수집하기 위해 열심히 노력하고 있다"라는 내용의 극비 뉴스레터를 보냈다.

"그녀는 지금까지 어린이 약 100명의 혈액과 소변 샘플을 수집했습니다. 여기에는 대조군(MMR 백신의 영향을 받지 않은 아동 중 연령대와 성별이 일치하는 아동)도 포함되어 있습니다."

의심할 여지 없이 이것은 시간과의 싸움이었다. 리차드 랜캐스터 사건 이후 10년이 흐른 시점이었다. 엔젤라는 MMR 백신 접종 후 유행성 이하선염에 걸린 노퍽 출신 남학생 리차드의 엄마로, 바는 그녀가 집을 구입할 때 서류 작업을 해준 변호사였다.

법원이 정한 시한이 다가오고 있다. 자폐증에 대한 증거는 늦어도 7월 4일까지 제약회사 측과 교환할 준비가 되어 있어야 한다.

한때 작은 마을의 변호사였던 바는 이제 중요한 인물들과 어울렸다. 간호사 세라 도드가 전국 순회를 떠날 무렵 바는 수십 명의 변호사들과 함께 법무법인 사무실에서 작업을 했다. 미국 전문가들과 일주일에 걸쳐 회의를 했고, 서재로 둘러싸인 방에서 칙선변호사와 회의를 했고 최신 과학 정보를 놓치지 않기 위해 해외 출장을 떠나 호화로운 호텔에서 밤을 보내는 나날이 이어졌다.

눈가림 해제에 참석한 동물백신 전문가 존 마치가 내게 말했다.

"아이러니한 게 그들은 항상 '우리는 상대편에 비해 돈이 거의 없다'라고 했는데, 당신이 지불하는 금액을 보니 저쪽은 백만장자처럼 사는 게 분명하네요."

일부는 그런 게 확실했다. 재판 전에 열린 심리는 중학교 지리 교사들이 로마 군대에 맞서 싸우는 광경 같았다. 판사의 오른쪽에 있는 바의 팀은 8명 정도였고, 판사의 왼편에 있는 피고인은 36명 정도 였다. 반대편은 한결같았다. 거대 제약사는 모든 힘을 동원했다. 프랑스 리옹에 본사를 둔 아벤티스 파스퇴르(현 사노피 파스퇴르), 미국에서는 뉴저지에 본사를 둔 머크(Merck Inc.), 영국의 스미스클라인 비첨(현 GSK)이 있었다.

지금까지 바와 림은 웨이크필드가 이어 붙인 정교한 가설을 입증하려 논쟁을 벌여왔다. 웨이크필드는 토론토에서 크론병의 원인에 대해 생각하다가 영감을 받았고 백과사전을 읽은 뒤 홍역바이러스가 원인임을 확신했다. 뉴스나이트 방송 이후 걸려온 2번 엄마의 전화를 받고 나서 정신생물학자의 오피오이드 가설을 선택했다.

그는 다른 가능성(예컨대 홍역이 신경 구조를 직접 손상시킨다든지)을 조금씩 파고들며, 오리를 줄 세우듯 하나씩 가설을 정렬했다.

'MMR 백신 → 지속성 홍역바이러스 → 장염 → 장누수 → 혈중 오피오이드 과잉이 뇌에 영향 → 퇴행성 자폐증'으로 이어지는 가설이었다. 짜잔!
"언젠가 모든 것이 밝혀지리라고 확신했습니다."

홍역과 소를 감염시키는 공통 조상을 갖고 있는 우역바이러스 전문가인 마치가 말했다. "실질적으로 두 명의 법조인이 500~600만 파운드 규모의 연구 프로그램을 운영한 겁니다. 전례가 없는 사례죠. 의학연구위원회에 가서 올해 연구 예산은 변호사랑 법률 보조원에게 맡긴다고 하면 믿지 못할 노릇이죠. 그런데 그런 일이 실제로 일어난 겁니다."

바와 림은 하루 종일 일을 했다. 하지만 MMR 백신이 자폐증의 원인이든 아니든, 그들이 맡은 사건은 시작부터 혼란에 빠져 있었다.

"이 주에서 소송을 시작하는 건 재앙입니다. 아무리 강조해도 지나치지 않습니다."

아우구스투스 울슈타인과 함께 고용된 칙선변호사 제레미 스튜어트 스미스(DTP 증거 목록의 판사인 머레이 경의 아들)가 첫 번째 영장이 송달되고 두 달 뒤 22장 분량의 비밀 문서에서 한 조언이었다.

그의 경고에도 아무런 변화가 없었고 수수료와 비용은 계속해서 불어났다. 2000년 7월 바의 팀은 MMR 백신이 자폐증을 유발한다는 주장을 무기한으로 보류하고 '자폐성 장염'을 유발한다는 주장으로 재판을 하자고 제안하기까지 했다(스튜어트 스미스는 어리석은 제안이라고 했다).

그들은 법원에서 이 새로운 장 질환이 종종 '무증상'이라고 주장했는데, 이는 환자가 자신에게 질환이 있는지조차 모른다는 말이었기 때문에 나는 이 주장을 도저히 믿을 수 없었다. 바의 팀은 "감염으로 인한 임상증상이 없다고 해서 감염이 존재하지 않는 것은 아니다"라는 내용의 서면진술서를 제출했다.

위릭에서 눈가림 해제가 시행되기 6개월 전까지도 제레미 스튜어트 스미스는 확신하지 못했다. 그가 더 나은 증거를 제시하지 못하면 실패할 것이라는 의견을 내놓자 세 명의 칙선변호사(변호사 시메온 마스크레이를 추가적으로 고용했다)는 자폐스펙트럼 장애(ASD)를 주장하는 것의 강점을 법률구조위원회에 이렇게 보고했다. "개연성을 가늠해보면, 백신이 ASD를 유발했다고 할 수는 없습니다."

개연성이나 과학적 증거는 어디에도 없었다. 소송을 떠나서 백신에 대한 두려움과 죄책감이 영국과 미국 가정들을 휩쓸었고, 질병은 고개를 들고 있었다. 당시 런던 시장이었던 켄 리빙스턴조차 부모들에게 MMR 백신 접종을 삼가라고 촉구했다. 그는 한 라디오 프로그램에 출연해 자신의 의견을 밝혔다.

"아이들에게 그런 위험을 감당하게 할 수는 없습니다. 왜 아이들에게 세 가지 백신을 한꺼번에 맞게 합니까?"

그런데 약 1,600명의 어린이에 대한 보상 청구가 걸려 있던 바의 집단소송 뒤에서는 그에게 고용된 칙선변호사들이 여전히 논리와 씨름하고 있었다. 스튜어트 스미스가 제시한 증거 목록을 만족시키려는 웨이크필드의 시도는 혼합백신이 단일백신보다 덜 안전하다는 주장에 대한 근거를 제공하지 못했다. 그가 하는 행동의 중심에는 그의 인생에서 가장 밝게 빛나는 거대한 아이디어가 자리잡고 있었다.

두 명의 담당 판사 중 한 명이 말했다. "모든 메커니즘은 퇴행성 자폐증이 있는 아동의 몸에 홍역바이러스가 있다는 가정에서 출발합니다."

웨이크필드는 문제를 풀지 못했다. 그는 바이러스학자가 아니었고, 면역학자나 전염병학자도 아니었다. 이런 문제에 대해 법원에 자신의 의견을 제시할 수 있는 그런 학자가 아니었다. 영국 국립과학관과의의 서면 인터뷰(눈가림 해제 당시 런던에서)에서도 자신은 모른다고 인정했다.

> 국립과학관: 안전을 위해 백신을 1년 간격으로 접종할 것을 제안하셨는데, 단일백신을 제공하는 의사 대부분이 고수하는 원칙이기도 합니다. 논리가 무엇인가요?

웨이크필드: 순전히 경험적인 겁니다. 저희도 몰라요. 그것을 조사하는 게 보건 당국이 할 일입니다.

다시 워릭으로 가서, 간호사 세라 도드가 수집한 혈액과 소변을 분석한 결과를 보자. 분자생물학자이자 바이러스학자인 전 하버드 의과대학 펠로우 마치가 회상했다.

"자료는 모두 눈가림 상태였어요. 거기에 있던 한 명이, '이건 자폐 아동이고, 저건 대조군입니다'라고 결과를 발표했습니다."

눈가림 해제는 오스카상 수상작이 적힌 봉투가 열리듯 시작되었다가 라스베이거스에 새벽이 오듯 끝났다.

"검사 결과가 게시판에 올라오기 시작하면서, 모든 검사에서 자폐증과 대조군 사이에 차이가 없음이 분명해졌습니다. 소변이든 홍역바이러스든 마찬가지였습니다."

마치가 말했다. 그는 훌륭한 정보원이었다. 이야기하기 편한 상대였다. 그에게는 자폐증 진단을 받은 가까운 친척도 있었다.

"저는 실제로 출판된 논문을 본 적은 없습니다. 이상한 건, 이유는 모르겠지만, 자폐 아동들보다 대조군 중에 홍역바이러스가 있는 아이들이 더 많았다는 겁니다."

그의 말이 사실임은 더블린 연구실에서 입수한 결과를 엑셀에 띄워 내가 보증할 수 있다. 예를 들어, 2번 아동의 혈액은 홍역에 음성 반응을 보였지만, 대조군 중에서 웨이크필드라는 성을 가진 아이와 다른 한 명은 바이러스에 감염된 것으로 나왔다.

마치의 임무는 오피오이드 과잉(소변의 펩타이드 수치로 측정)을 증명하는 것이었다. 그는 스코틀랜드 에든버러 남부에 있는 가축질병 연구센터인 모레던 연구소(Moredun Research Institute)에서 일하고 있었다. 바와 림이 그를 고용해 질량 분석법을 사용하게 했는데, 전기적으로 대전된

입자로 표본에 충격을 가해 분자 구성 요소의 무게를 측정하는 방법이었다.

마치는 결과가 나오기 직전 눈가림 해제가 되지 않았을 때, 동료와 함께 회의실을 나와 카페트가 깔린 넓은 복도에서 데이터가 시사하는 바를 곰곰이 생각했다. '오피오이드 과잉'은 가능성이 없는 가설이었다. 홍역도 마찬가지였다.

"다시 들어갔을 때 그들은 아무 일도 없었다는 듯 검사를 계속하고 있었어요."

그가 회상했다.

"제가, '죄송한데, 이해가 안 되네요. 소송할 근거가 없습니다.'라고 했어요. 그랬더니 저를 보고, '무슨 말씀이세요?'라고 하길래, '음, 소송할 근거가 없어요'라고 대답했죠."

그는 비밀 유지 계약서에 서명하라는 요청을 받았다고 했다. 데이터는 공개할 수 없었다.

"거의 종교가 되어버린 듯했습니다. 마음에 들지 않는 결과가 나오면 무시하고 계속했습니다."

놀랄 일도 아니었다. 그것이 소송의 논리였다. 목표는 진실이 아니었다. 승리였다. 아니면 법률구조위원회에서 받을 수 있는 최대한의 돈을 받아내는 것이었다. 비는 변호사답게 당연히 눈가림을 해제한 후에도 평정심을 잃지 않았다. 노퍽에서 발빠르게 펩타이드 회의가 소집되었고 (마치와의 밀담을 위해 미국에서 4명의 학자가 날아왔다) '오피오이드 과잉'은 무자비하게 버려지고 새로운 '오피오이드 억제 가설'이 채택됐다.

이 가설로는 웨이크필드의 거대한 아이디어를 변호하는 것이 더 어려웠다. 지속되는 홍역은 변론의 핵심이었다. 더블린 연구실에 의혹이 제기되자 바는 다른 연구실에도 의뢰를 했다. 바츠와 런던 병원(존 워커스미스의 이전 직장을 합병한 병원)에 기반을 둔, 다년간의 PCR 경험을 가진 한 팀이 오리어리의 실험을 재현하도록 고용되었다.

새로 고용된 팀이 사용하는 검출기도 ABI Prism 7700이었다. '프라이머'(증폭을 위한 유전자 서열을 찾기 위해 조작된 뉴클레오티드로 구성된 짧은 염기서열)도 쿰비에서 사용된 것과 동일했다. '프로브'(표적에 결합하여 바이러스를 감지하는 형광 신호를 촉발하는 물질)도 마찬가지였다. 오리어리의 연구 결과를 검증할 모든 준비가 끝난 것이다.

시험은 잘 진행되었다. 딱 하나의 걸림돌을 제외하고는. 바이러스를 찾지 못한 것이다. 물론 양성 대조군이나 더블린에서 사전 처리된 일부 표본에서 바이러스를 찾을 수는 있었다. 그러나 거친 아일랜드 해를 거치지 않고 워릭에서 직접 쿰비로 전달된 혈액에서는 아무것도 찾을 수 없었다. 정말 제로였다.

책임자였던 핀바르 코터 혈액학 교수는 바의 고객을 위해 제출한 보고서에 "우리 실험실에서 추출한 RNA에서 양성이 나오지 않았기 때문에 이 표본에는 우리 연구실에서 검출 가능한 수준의 홍역바이러스가 존재하지 않는다는 결론을 내렸습니다"라고 썼다.

결과 보고서는 바의 팀 28명과 제약회사 측 32명에게 공유되었다. 이제 양측이 서로의 패를 모두 본 셈이었다. 제약회사가 내세운 (대부분 해당 분야의 선도자들이었던) 전문가들은 MMR 백신이 자폐증을 유발한다는 주장의 모든 측면을 일관되게 비판했다. 바 측의 칙선변호사 세 명은 암초에 부딪쳤다.

웨이크필드의 보고서는 두 권으로 총 198장에 달했다. 내 기억에 '일관된'이라는 단어는 59번, 인과관계에 관한 문구는 5번 등장했다. 그는 피험자 8명 중 4명과 2번 아동의 사례를 제시하며, "개연성을 따져볼 때, MMR 백신은 질환을 유발했거나 최소 발병에 기여했다"라고 확언했다.

그것이 그가 내린 결론이었다.

다른 결론은 없었다. 웨이크필드의 분석 보고서 1권 1.1단락에는 얼렁뚱땅 넘어간 부분이 있었다.

가와시마 팀의 데이터에 의존하지 않을 것이다. 가와시마 박사는 추가 조사를 위한 데이터를 제공할 수 없다고 밝혔다.

가와시마는 결정적인 증거인 백신주와 일치하는 유전자 염기서열을 발견했다고 주장한 일본 소아과 의사이다. 임상시험 조정자였던 닉 채드윅은 이미 웨이크필드에게 여러 문제에 대해 경고한 바 있었다.

가와시마는 런던에서 온 치명적인 SSPE 뇌 질환 환자의 조직과 자폐 아동의 혈액 세포 표본의 염기서열이 정확히 일치한다고 보고했다. 표본들은 가와시마의 PCR을 평가하기 위해 햄스테드에서 양성 대조군으로 보낸 것들이었다.

채드윅이 홍역을 찾지 못한 것과는 상반되는 결과였다. 그는 가와시마가 거짓 양성 반응을 보고한 것이라고 확신했고 이후 성명에서 이점을 분명히 밝혔다.

"제가 사용했던 SSPE 양성 대조군의 각각의 염기서열에는 상당히 구체적인 변화가 있었기 때문에 표본이 오염되었다는 것을 쉽게 판단할 수 있었습니다. 저는 웨이크필드 박사에게 이 문제를 언급했지만 그는 별로 신경 쓰지 않았습니다."

바의 칙선변호사 셋은 양측의 보고서를 검토하면서 가와시마 관련 정보를 파악했다. 그런 다음 2003년 8월 8일 금요일 고통스러운 소송을 끝냈다. 그들은 218장 분량의 비밀 의견서에서 "판사가 추가적인 검사 결과를 증거로 인정하지 않을 것이라는 가정 하에, 청구인들은 백신이 ASD를 유발했거나 유발할 수 있음을 증명하지 않을 것입니다."

그걸로 끝이었다. 적용 가능한 법률이 시행되었다. 법률구조위원회는 지원을 중단했다. 위원회의 결정은 독립적인 심의 패널이나 고등법원(2회), 항소법원에서 항소 제기가 가능했지만, 번복될 수는 없었다. 그리고 2003년 10월 1일 수요일, 현재는 법률서비스위원회(LSC)로 이름이 바뀐 법률구조위원회는 몇 년 전 웨이크필드의 임상 및 과학적 연구를 승인했을 때의 그 치명적인 실수를 떠올리게 하는 작은 각주가 달린 위원장의 성명을 발표했다.

"이 연구는 법률구조위원회에서 연구 자금을 지원한 최초의 사례입니다. 돌이켜보면 법률구조위원회가 연구 자금을 지원하는 것은 효과적이지도 적절하지도 않습니다. 법원은 새로운 의학적 진실을 증명하는 곳이 아닙니다."

이 소식이 전해지자 2번 엄마와 4번 엄마를 포함한 수백 명의 부모들이 엄청난 충격을 받았다. 문제를 일으킨 이들은 기득권층의 음모라고 비난하고 부모들은 좌절했다. 계속 싸우겠다며 손해배상 청구를 철회하는 서류에 서명하기를 거부하는 부모도 있었다. 그러나 끝난 게임이었다. 음악은 멈췄다. 그러나 부모 중에서 그 이유를 아는 사람은 거의 없었다.

분명한 건 많은 이가 어쩌면 받을 수 있을지 모르는 보상금 때문에 언론 보도를 통해 알게 된 소송에 찔러보기 식으로 합류했다는 것이었다. 법률구조위원회의 집단 소송은 20년 전 있었던 한 소송과 거의 똑같은 양상이었다. 변호사들은 자폐 아동 한 명당 최대 300만 파운드의 보상금을 흔들며 유혹했다. 이런 상황에서 서명하지 않을 사람이 있을까?

웨이크필드가 등장하기 전에는 MMR 백신을 비난한 적이 없었던 그 사람들은 대부분 실제로 문제가 있는 가족을 부양하고 있거나 불확실한 미래를 짊어진 가족이었다. 바의 젊은 고객 중 일부는 더 관용적이었을지도 모른다. 자폐 스펙트럼 장애는 부모들에게 매일 치르는 전투였다. 그 부모들이 사라지면 상황은 어떻게 되는 걸까? 많은 사람들이 받을 수 없는 지원을 5년 이상을 기다린 셈이었다.

소송의 지옥 같은 스트레스, 이를테면 악몽 같은 소송 비용은 피할 수 있었다. 그러나 그들이 경험한 고통은 독특한 종류의 것이었다. 생각은 마음을 지배한다. 남을 탓하는 것으로 위안을 얻으려 했던 많은 사람들은 기다림 속에서 고통을 받으며 의구심을 품었다. 그들은 갈피를 잡지 못한 채, 신문 기사, 뉴스레터, 팩트 시트가 든 찢어진 서류 봉투를 만지작거리고 있었다.

나머지는 돈이었다. 엄청나게 많은 돈.

법률구조위원회의 정책자금 담당자로 호리호리한 학자처럼 생긴 콜린 스투트(Colin Stutt)는 내게 이렇게 말했다.

"저희가 항상 듣는 말이, 여기에, 저기에 어떤 조짐이 보이고, 어떤 증거가 있다는 말이에요. '조금만 더 하면 됩니다. 그러면 돼요. 인과관계를 증명해 보이겠습니다. 돈만 조금 더 주시면요.' 이렇게 말하는 거죠."

그 돈은 대부분 소수의 변호사, 의사, 자칭 전문가, 그리고 직원들의 주머니로 들어갔다. 바 측의 최종 청구액은 2,620만 파운드(현재 기준 약 4,100만 파운드)였다. 웨이크필드에게 할당된 금액은 43만5,643파운드(현재 기준 약 67만 7천 파운드)에 경비 3,910파운드였다. 의과대학에서 받는 연봉의 약 8배에 달하는 금액이었다. 그는 훨씬 더 많은 금액을 청구했지만 거절당했다.

바와 림이 해낸 것이다. 그들은 노퍽으로, 1593년 17에이커에 달하는 토지 위에 헛간 형식으로 지은 초가집으로 돌아갔다. 림의 딸인 브리오니의 상태는 눈에 띄게 좋아졌고 이후 바는 동종요법연구회(Society of Homeopaths)의 이사가 되었다. 림은 네덜란드인이 고안한 'CEASE(Complete Elimination of Autism Spectrum Expression)'라는 동종 요법을 사용해 환자를 치료하는 클리닉을 열고 3~5일에 걸친 발달문제 치료 훈련과정을 수료한 이들에게 인증서를 발급했다.

"밀로의 비너스를 조각한 익명의 조각가가 느꼈을 감정이 어느 정도 짐작이 갑니다."

바는 변호사 잡지 칼럼에서 자신이 10년 동안 치른 소송을 끌질과 정마에 비유하며 웃었다.

"그는 질 좋은 대리석 조각을 수년간 조금씩 천천히 깎아 상상하지 못했던 아름다운 작품으로 변형시켰죠."

변호사들은 제약회사들이 세금을 제외하고 투자자 가치(대부분 연금 기금), 약간의 의료 연구 등에 바 측이 사용한 비용과 거의 같은 비용을 지출했다고 말했다. 따라서 바가 비너스를 만드는 데 든 총 비용은 약 5,200만 파운드(현재 기준 약 8,000만 파운드)였다.

거액이 증발해 버린 거라고? 활동가들은 그렇게 생각하지 않았다. 전 세계의 부모들이 메시지를 들은 것이다. 레디 샤퍼의 뉴스레터와 댄 버튼의 위원회 청문회가 영국에서 웨이크필드가 울린 경보를 미국으로 수입해오자 새로운 청구가 쏟아져 나왔고 변호사들은 수천 명의 가족들을 모집했다.

이번에도 주범은 MMR 백신의 홍역이었다. 다시 더블린 연구소였다. 이미 마음을 다쳤던 사람들은 또다시 불신과 원망이라는 독에 중독되고 말았다.

그 이면에는 여전히 접종 후 14일 내에 결절성 림프양 증식증, 비특이적 장염 등의 증상이 나타난 아동 12명에 관한 논문이 있었는데 아직도 밝혀질 것이 많이 남아 있었다.

제 18 장

임무

언론의 황금기에 보도된 많은 기사와 마찬가지로 웨이크필드의 연구에 대한 취재 역시 세 코스짜리 점심 식사에서 시작됐다.

식사 자리를 마련한 사람은 호전적인 성격의 전직 기자 폴 누키인데, 당시 그는 선데이타임스의 '포커스' 섹션의 편집자로 막 승진해 대박을 터뜨릴 만한 소재를 찾고 있었다. 그는 매사에 적극적인 사람으로 서퍼이자 암벽 등반가였고 호리호리하지만 강단 있는 당구선수 같은 사람이었다. 류마티스 전문의의 아들이자 그 자신도 아들과 딸을 둔 아버지이기도 했다.

우리는 런던의 상징인 타워 브리지 옆에 있는 하얀 테이블보가 씌워진 테이블들이 놓인 식당의 테라스에서 식사를 했다. 나의 오른편, 그리고 누키의 왼편으로 템스강 위의 바지선이 보였고 관광객을 태운 크루즈 선박들이 햇빛에 반짝이는 파도와 꽥꽥거리는 갈매기 사이를 통통거리며 지나다녔다. 2003년 9월 16일 화요일 구름 한 점 없는 전형적인 영국의 여름날이었다. 39세의 누키가 처음 제안한 소재는 하인즈 토마토 케첩이었다. 케첩의 색상과 질감이 천연제품치고 지나치게 균일하다고 했다. 나는 확신이 없었다. 누키의 전제가 지나치게 개략적이라는 생각이 들었다. 어쨌든 그에게는 내가 별로 필요하지 않았다. 나는 제약회사를 감시해 상을 받은 유일한 영국 언론인이었는데, 내가 아는 한 H. J. 하인즈 측은 소스에 의학적 효능이 있다고 주장한 적이 없었다.

1986년 시작한 취재가 가장 마음에 드는 조사였는데, 나는 한 생화학자의 차세대 피임약의 안전성 시험 결과 조작을 폭로했다. 나는 베를린 제약회사 쉐링AG와 계약을 체결한 그를 호주 질롱의 디킨 대학교에서부터 일리노이주 시카고의 컨퍼런스 호텔을 거쳐 스페인 마르베야의 임대 빌라까지 추적해 현관문을 열었고, 그는 나를 보자마자 거의 기절했다.

가정의였던 그의 아내가 나를 자극했던 기억이 난다.

"당신이 증명할 수 있는 게 뭔데?"

그녀가 비웃었다.

"뭘 증명할 수 있는데?"

폭로 기사가 나가자 그는 죽도록 술을 마셨다.

훌륭한 기사였다. 기사는 1면에 실렸다. 나는 죽은 사람에 대한 기사를 더 잘 썼다. 위스콘신 태생의 세일즈맨 헨리 웰컴은 1932년 2월 유산 중 일부를 제약회사에, 일부는 기부금 자선단체에 남기겠다는 유언장을 작성하고 서명했다. 내가 폭로한 그의 말 못할 비밀은 블록버스터급 복합 항생제가 사망, 부상 등 엄청난 피해를 초래했다는 사실이었다. 5장 분량의 기사가 터지자 그의 제국은 해체되었다가 이후 쇄신을 거쳐 전보다 부유한 생물의학 연구 후원재단 웰컴트러스트로 재탄생해 세계적인 명성을 지니게 되었다.

'셉트린' 또는 '셉트라'라고 불리는 웰컴의 제품은 스위스 제약회사 호프만-라로슈의 박트림과 동일한 제품으로 두 제약사의 제품을 각 회사가 투자한 비율에 맞춰 결합한 제품이었다. 나는 제조에 관여한 연구원에게 전화를 걸었는데, 그는 바로 전화를 끊어버렸다. 그렇게 알 수 있었다. 보도가 나간 뒤 나는 수천 통의 편지와 이메일을 받았고, 18세였던 딸이 죽어갈 때 들리던 생명 유지 장치의 소리에 대해 말하던 한 어머니의 기억이 떠올랐고 영국 정부는 제품의 사용을 줄였다.

누키는 그런 소재를 좋아했다. 동정심을 유발하고 인간적인 관심을 불러

일으키는 소재는 선데이타임스의 전문 분야였다. 수년 전 전설적인 편집자 해롤드 에반스가 악명 높은 입덧 방지약 탈리도마이드(thalidomide)에 대해 보도하면서 선데이타임스의 브랜드 가치는 상승한 상태였다. 탈리도마이드의 부작용으로 수천 명이 끔찍한 선천적 기형을 가진 채 태어났고 해롤드 에반스는 정의를 위해 계속 보도를 이어갔다.

비아그라의 어두운 면에 관한 8장 분량의 기사부터 신장 전문의의 서명 위조로 시작된 의료 사기의 확산에 관한 5장 분량의 기사까지 나도 그 전통을 따랐던 것 같다. 그런 소재는 취재하려면 수 시간이 아니라 수개월, 때로는 수년이 걸리기 때문에 많은 비용이 들었는데, 누키는 몇 주 내에 나올 수 있는 기사를 원했다.

웨이터가 디저트를 내오자 우리는 아이디어를 의논하기 시작했다. 나는 정부 무기 전문가의 죽음을 취재해보자고 제안했다. 그러다 마침내 'MMR 백신'까지 나왔다. 백신에 대한 영국 부모들의 신뢰는 최저 수준으로 떨어진 상황이었다. 백신 접종률은 79.9%에 그쳤다. 런던 일부 지역의 접종률은 58.8%에 불과했다. 홍역의 발병과 사망 피해는 불가피한 일이었다. 어떤 각도에서 봐도 취재할 가치가 있어 보였다.

"알겠어요, 폴."

하지만 나는 일거리를 찾고 있지 않았다. 솔직히 말하면 녹초가 된 상태였다. 나는 아일랜드 엄마의 승리에서 영감을 받아 DTP 사건을 조사했다. 1년 중 대부분의 시간을 취재하는 데 썼다. 그런 다음 절망의 AIDS 백신 에이즈백스(AidsVax)를 취재했고 선데이타임스에 8장 분량의 기사가 실린 뒤에도 오랫동안 후속 기사를 써야 했다. 나는 백스젠(VaxGen)을 지원하고 보조금을 협상했던 미국 질병통제예방센터(CDC) 직원이 돈을 받고 비밀 계약을 체결했다는 사실도 폭로했다.

할 만큼 했다고 생각했다. 온갖 학문 분야를 섭렵해야 하는 일이라 삶을 갈아 넣어야만 했었다. 백신은 매우 다학제적인 주제라 단순히 누가 무슨 말을 했는지 보도하는 것과는 거리가 멀었고 차라리 러시아어를 배워 유창하게 하는 편이 더 쉬워 보였다. 의학의 매력은 셰익스피어를 읽는 것과 같았다. 어려운 단어들이 문맥 속에서 이해되기를 바란다. 그러나 DTP 사건을 조사할 때 나는 단 하나의 단어나 구절도 그냥 넘어가지 않겠다고 나 자신과 약속했다. 나는 모든 표현이 의미하는 바를 알아내겠다고 단단히 결심했었다.

의학은 내 전문 분야도 아니었다. 원래 내가 헌신했던 주제는 사회 문제였다. 나는 본능적으로 빈곤, 노숙자, 교도소, 장애, 권력에 대한 접근의 불평등 따위에 끌렸다. 하지만 사회 문제에 관한 기사가 3면에서 9면 사이에 실리는 반면 의사에 관한 기사는 내용과 상관없이 1면이었다. 그래서 나는 누키와 점심 식사를 한 뒤 MMR 백신 논란에 대해 바로 조사하지 않고 이메일 몇 통을 보낸 뒤 수 주 동안 소설을 쓰는 일에만 매달렸다.

그 소설은 그 뒤로 13년 동안 끝내지 못했다. 운명은 다른 계획을 갖고 있는 듯했다. 11월의 마지막 일요일 오후 버킹엄 궁전에서 트라팔가 광장까지 걷던 나는 우연히 그날 하루만 TV 프로그램을 상영한 작은 예술 센터에 들어가게 되었다. (두 배우가 연기하는) 웨이크필드와 엄마가 콧수염을 만지작거리는 의료 기득권과 싸우는 내용의 〈침묵의 소리를 들어라 Hear the Silence〉라는 다큐드라마였다.

화면에 등장하는 엄마는 가상의 인물이었지만 2번 엄마를 바탕으로 만들었다는 사실을 알게 되었다. 상영이 끝나자 그녀가 일어나 연설을 했다. 현명하고 단정해 보이는 그녀는 청중을 통제하고 랭커셔주 억양으로 당당하게 정숙을 요청했다. 영상에서 웨이크필드에게 먼저 연락을 취하고 황급히 병원으로 달려간 사람은 그녀였다. 나는 다음 날 그녀에게 전화를 걸었고 4일 뒤에는 그녀의 집을 방문했다. 그녀의 작고 노란 벽돌집(아들의 사생활 보호를 위해 정확히 밝히지는 않겠다)은 런던에서 북쪽으로 85마일 떨어진 평범한 케임브리지셔 타운의 가장자리에 자리 잡고 있었다.

2번 엄마는 남편, 자녀 두 명과 함께 살았고 자녀들의 나이는 각각 22세, 12세였다. 당시 15세였던 2번 아동은 특수 학교에 있었지만, 트램펄린과 깨지지 않는 장난감, 안전하게 울타리가 쳐진 마당에서 아이의 흔적이 보였다.

그녀가 부담 없이 대화할 수 있도록 나는 선데이타임스의 브라이언 로렌스라고 소개했다. 누키, 타임스의 변호사와 사전에 확인한 사안이었다. 조사 작업에서는 흔한 일이다. 구글 검색이 이미 보편화되어서 DTP 관련 기사를 읽은 그녀가 내 질문에 방어적인 태도로 응할 수도 있었기 때문이다.

"브라이언 로렌스는 사실 브라이언 디어였습니다."

이후 나를 '수상 경력이 있는 탐사보도 저널리스트'로 소개한 워싱턴 포스트의 런던 지국장 글렌 프랭클이 말했다.

나는 〈란싯〉 논문을 읽은 뒤 시간적 연결고리에 각별히 주목했다. 아동 8명의 부모들은 백신 접종 뒤 14일 이내에 처음으로 증상이 나타났다며 MMR 백신을 비난했다. 14일은 1970년대에 DTP 피해자로 의심되는 사람을 고를 때 존 윌슨이 선택한 기간이기도 했다.

내 서류철에 있는 1981년 5월자 정부 보고서에 나와 있는 기간이기도 했다. DTP 사건 이후 뇌 질환 사례를 분류하기 위한 노력으로 '인과성' 장에 시 그레이트 오르몬드 출신 신경학자의 논문을 기반으로 발병 시간을 구분했다. 접종 후 14일 뒤 경련 및 행동 장애가 발생하면 상관관계가 없을 개연성이 높은 것으로 간주된다. 그러나 문제가 2주 이내에 보고된 경우 백신이 원인일 개연성이 높은 것으로 간주된다.

나는 2번 엄마의 거실에 앉아 마이크로카세트 녹음기를 들고 아일랜드의 마가렛 베스트에게 물었던 것과 마찬가지로 그녀의 아들이 예방 접종을 받은 날에 대해 물었다. 접종일은 영국에서 MMR 백신에 대한 논란이 불거지기 전인 1989년 11월이었다. 그런데도 그녀는 당시 부작용이 걱정되어 의사와 간호사에게 이 문제에 관해 물어봤다고 했다.

"의사와 이야기했던 게 기억납니다. … 백신에 대해서 말했으니까요. 백신 때문에 걱정이 된다고요."

그녀가 말했다.

똑똑한 여성이었다. 그녀는 프레스턴에서 가정의로 일했던 아버지에게서 이러한 통찰을 얻었다고 설명했다. 따뜻한 차를 마시는 내게 그녀는 약품 보관실을 정리하는 일을 했었는데, 어느 날 탈리도마이드 상자를 발견했다고 했다.

"그걸 보고 '이 상자들은 옮긴 적이 없어요'라고 말한 기억이 나요. 재고가 변한 적이 없어요. 아빠, 왜 이 약은 사용하지 않으세요?"

그녀는 아버지가 한 대답이 나중에 MMR 백신을 주의하게 된 계기가 됐다고 했다.

"아버지가 저를 앉히고, '실은 탈리도마이드라고 하는 약인데, 사용하지 않을 거야.'라고 하시는 거예요. 제가 '왜요?'라고 물었더니, '검사를 제대로 거치지 않았어.'라고 하셨어요."

나는 조심스럽게 테이프를 바꿔 꽂으면서 아들이 주사를 맞은 날에 무슨 일이 있었는지 물었다.

"접종을 마치고 쇼핑을 하러 가거나 다른 일을 하셨나요?"

"아니요, 사실 직장에 있었어요."

그녀가 대답했다.

"직장에 있었으니 쇼핑은 가지 않았지요. 집으로 돌아왔을 때는 유모가 아들을 보고 있었고, 음…"

나는 녹취록에서 이 부분에 '일시 중지, 혼란스러운 듯 보임'이라고 적었다. 그런 다음 그녀는 화제를 돌려 지나가는 말로 했던 회사 내 자신의 입지에 대해 말했다.

"죄송해요. 제가 방금 일 얘기만 했죠. 오늘 좀 피곤해서 그런가 봐요."

그녀가 설명했다.

피곤했든 아니었든 그녀는 멈추지 않고 말을 이어갔다.

"저는 계속 IT 부서에 있었어요. 왜냐하면 이사를 했고, 실제로 이사를 했으니 아이가 그 나이일 때 저는 그저—그게 중요한 건 아니지만 저는 여전히 IT 부서에 있었습니다—관리 업무를 하고 있었고, 제가 회사를 그만둘 때, 제가 그만둘 때는, 왜냐하면 사실 저는, 무슨 일이 있었냐면…"

그녀는 약 370개의 단어를 뒤죽박죽 섞어가며 런던 여행사에 대해 말했다. 상당히 혼란스러웠다. 나는 아들이 처음 보인 행동 증상에 초점을 맞추고 이야기의 순서를 재구성하려고 애썼다.

"무슨 일이 벌어졌냐면, 애가 밤에 잠을 안 잤어요. 밤새 소리를 지르고 머리를 박았는데, 전에는 그런 적이 없었어요."

"언제부터 그랬나요?"

"두 달 정도 지나서였어요. 서너 달 뒤부터, 너무 걱정이 되서, 다시 갔던 게 기억이 나요… 서너 달이었던 것 같아요, 왜냐하면 그 조짐이 있었거든요. 뭔가 이상했어요. 증상이 있기 전부터 뭔가 이상했어요."

"죄송한데,"

내가 끼어들었다.

"그러니까 두 달은 지난 시점이었는데, 몇 달은 안 지났다고요? 정확히 몇 달이라는 거죠?"

"제 기억으로는 6개월 정도였던 것 같아요."

그녀는 이따금 자리에서 일어나 전화를 걸었다. 상대방은 리차드 바와 잽스의 재키 플레처였다. 런던으로 돌아온 뒤 나는 녹음 내용을 이해해보려 애쓰며 하루 이틀을 보냈다.

2번 엄마의 아버지는 그녀가 11세 때 사망했으니 약품보관실에서 탈리도마이드를 정리한 기억은 다소 개연성이 없어 보였다. 사건이 발생하고 많은 시간이 흐르면서 발생한 회상 오류일 수 있다. 아니면 선데이타임스 기자 앞에서 자신을 과시한 것일 수도 있었다. 그것도 아니라면 그녀의 아버지인 제임스 런(프레스턴 의료윤리위원회의 비서관)은 아동을 약물에 접근하게 한 혐의로 기소되었어야 마땅하다.

그녀는 MMR 백신의 안전성에 의문을 제기할 만큼 놀라운 통찰력을 가지고 있었고 유모의 일정을 배려하는 사람이었다. 그녀는 〈란싯〉 논문에서 어느 데이터가 아들의 데이터인지 모른다고 주장했지만, 나는 그녀가 말한 '약 6개월'과 웨이크필드가 주장한 '14일' 사이에 차이가 있다는 점에 주목했다.

물론, 그보다 7년 전에 그녀가 햄스테드의 의사들에게 아들이 접종 후 2주 뒤부터 머리를 부딪치기 시작했다고 두 차례 언급한 기록이 있다는 사실은 몰랐다. 그래서 인터뷰를 하고 며칠 뒤 나는 존 워커스미스를 만나 혼란스럽다고 토로했다.

"논문에는 [그녀가 말한] 병력과 일치하는 사례가 없습니다."

내가 말했다.

"하나도 없어요."

워커스미스는 놀라워하는 기색을 보이지 않았다.

"글쎄요, 그게 사실일 수도 있겠네요."

그가 사무적인 투로 대답했다. 그는 〈란싯〉 논문의 마지막 저자였고 소년을 여러 차례 만나본 사람이었다. 부모들이 그런 정보를 언급해서는 안 된다고 생각한다고 그는 말했다. 그런 정보는 비공개 사안이라고 강조했다.

"그러니까 그녀가 말한 사실이 정확하지 않거나, 그 논문이 정확하지 않다는 거죠."

내가 주장했다.

"글쎄요, 거기에 대해서는 말씀드릴 수가 없네요."

그가 말했다.

그것으로 충분했다. 무슨 일이 벌어지고 있는 게 분명했다. 논문의 주 저자조차 더 나은 답변을 줄 수 없다면 그 차이가 진짜가 아닐까 하는 의구심이 들었다. 한 아이의 사례가 잘못됐다면, 4천 단어나 되는 5장 분량의 논문에서 또 잘못된 게 없을까?

조사해보고 싶은 충동이 일었다. 그런데 내가 어떻게 임상 사례들을 조사할 수 있단 말인가? 의료 정보는 정보보안이 최고 수준이라 모든 정보가 익명의 환자, 아동 환자, 발달장애가 있는 환자와 같이 익명으로 처리된다. 아이들의 부모가 누구인지, 아이들이 언제 처음 자폐증 징후를 보였는지 알아낼 확률은 사지 않은 복권에 당첨된 확률이나 마찬가지였다.

누키에게 보고하기도 전에 문제에 대한 내 관심은 커져만 갔다. 2번 엄마에게서 항의 메일이 접수되었는데, 그 내용은 정도가 지나쳐서 언급하지는 않아도 자신의 진술이 기사에 나가지 않도록 하는 게 메일의 목적임이 뻔히 보였다.

'선데이타임스 기자에 대한 심각한 우려'라는 제목으로 편집자 존 위터로(John Witherow)에게 보낸 세 장 분량의 이메일에서 그녀는 "선데이타임스 정도의 명성을 가진 신문사가 박식하지도, 그다지 똑똑하지도 않은 그런 기자에게 취재 권한을 부여한다는 사실에 큰 충격을 받았습니다"라고 했다.

"작은 아들이 MMR 백신을 접종받은 날 정확히 무슨 일이 벌어졌는지 그 싱격부터 시작해서 제가 어디에서 일했는지, 진료소는 어땠는지, 시간은 몇 시였는지 등등의 질문이 이어졌습니다."

그녀는 그걸로 충분하지 않을 경우를 대비해 내게 더 큰 혐의를 씌웠다. 내 방광에 관한 진술만 사실임을 인정하겠다.

> 그의 말투에 놀랐고 충격을 받았습니다… 질문을 잠시 중단했습니다… 계속 거만하게 굴었습니다… 모르는 것 같았습니다… 위험한 편협함과 명백한 무지를 일관되게 드러냈습니다… 대단히 모욕적인… 완전한 시간 낭비… 황색 언론이 사용하는 방법과 유사한 방법처럼 보였습니다… 전체적으로 부정직하고 신뢰

할 수 없는 모습이었습니다… 테이프가 다 될 때마다 뒤집었습니다… 차를 자주 마신다고 말했는데, 차를 마시기만 해도 방광이 영향을 받는다며 여러 차례 화장실을 들락날락했습니다.

다음날 누키는 웨이크필드의 홍보 담당자 아벨 해든이라는 남성에게서 걸려온 전화를 받았다. 클리포드 밀러라는 변호사(웨이크필드를 대변하는 인물로 뒤에 다시 등장)는 우스꽝스러운 경고를 보내 내 입에 재갈을 물리려 했다. 그는 말도 안되는 법률 용어로 뒤덮인 **빽빽한 두 장의 문서**에서 인터뷰 녹음이라는 '무상 면허'는 무효라고 주장하며 28일 이내에 녹음을 넘겨줄 것을 요구했고 2번 엄마의 말을 기사에 인용하면 '어문 저작물의 저작권'을 침해하는 것이라고 말했다.

내가 의심이 많은 사람이기는 하지만, 그녀의 항의 메일을 읽고 나자 그녀에게 숨기는 게 있다는 직감이 들었다.

제19장

쿰비 병원

리차드 바의 소송이 뒤집어져 불타고 있을 때, 그 잔해 속에 있는 사람은 나 혼자라고 생각했다. 웨이크필드의 사건에 조금이라도 시간을 투자한 언론인은 대변자 역할이었거나 전문가들 사이에 벌어진 집중 포화에서 플랫폼을 제공한 사람들이었다. 옛날 방식으로 진짜 취재를 한 사람은 없었다.

그런데 2번 엄마를 방문한 지 5주가 지난 시점에 내가 전혀 몰랐던 조사가 이루어지고 있었다. 제약회사 측에서 고용한 변호사 한 명과 과학자 두 명이 존 오리어리와 그의 경이로운 홍역 검출기를 상대로 결전을 치르려고 더블린 남부에 있는 쿰비여성병원의 안내 데스크에 도착한 것이다.

지역 주민들 사이에서 더쿰비로 통하는 이 병원은 험한 동네에 자리잡고 있었다. 쿰비여성병원은 동부 홀스 스트리트의 산부인과, 리피 강 북부의 로툰다 병원과 함께 더블린에 있는 산부인과 세곳 중 하나였다. 분자생물학 분야에서 유명하지는 않았다. 얇은 벽으로 된 계단식 코티지와 패거리들이 몰려다니는 공영 주택이 즐비한 동네는 과학적 수수께끼가 풀리는 곳이라기보다는 밤에 지나다니고 싶지 않은 그런 곳이었다.

"여긴 더블린의 그레이트 오르몬드 스트리트가 아니야. 진짜라니까."

쿰비에서 태어나 동네를 잘 아는 친구가 말했다.

"최근에는 정리를 좀 해서 예전만큼 거지 소굴은 아니지만, 그래도 끔찍한 곳이야."

21세기 백신 공포가 다시 태어난 곳이었다. 〈란싯〉 논문만큼이나 중요했던 오리어리의 소중한 검출기(천 배 더 민감한)는 막 태어난 신생아 패트릭이나 메리에게 필요한 조산사나 산부인과 의사처럼 바의 비너스를 완성하는 데 필수적인 존재였다.

방문객들을 이끈 사람은 질리언 애더롱케 다다(Gillian Aderonke Dada)였다. 그녀는 변호사인 동시에 의사였다. 영감을 불러일으키는 대담한 사람으로 찬사를 받는 그녀는 DTP 재판에서 스미스클라인 비첨, 아벤티스 파스퇴르, 머크를 변호한 40세 대형 로펌 소속 변호사였다.

집단 소송은 승산이 없었다. 가망 없는 항소들이 시체나 다름없었던 소송을 기술적으로 살려내고 있었다. 법률 회사들은 미국에 눈독을 들이면서 이 상황을 이용했다. 댄 버튼의 의회 청문회, 레니 샤퍼의 영국 언론 기사 재배포, 웨이크필드의 CBS 60분 출연에 힘입어 전국에서 수천 명의 부모들을 모집하며 더 큰 소송을 준비했다.

웨이크필드, 바, 커스틴 림, 2번 엄마를 추적하는 데는 분자 수준의 증거가 필요하기 때문에 여기서부터는 이야기가 조금 복잡해진다. 나중에 이 사실을 알게 되었을 때 각종 이론들을 섭렵하는 일은 가장 큰 도전이었는데, 바로 그 이면에 실제 인물들과 구체적인 사실들이 숨겨져 있었다.

내가 런던에서 꾸역꾸역 조사를 이어가는 동안 쿰비의 안내 데스크에서는 다다와 생물의학 탐정 두 명이 대기하고 있었다. 한 사람은 맨체스터에 있는 공중보건 연구소의 분자진단 책임자 맬컴 기버였다. 다른 한 사람은 퀸메리대학교의 분자과학 부교수(이후 교수가 됨) 스티븐 버스틴이었다. 둘 다 PCR 전문가로 오리어리의 ABI Prism 7700과 똑같은 모델을 수년 동안 사용한 경험이 있었다.

이후에 출시된 DNA 증폭 장치와 비교하면 7700은 중금속 괴물이나 마찬가지였다. 너비는 94센티미터에 불과했지만 애플의 데스크톱 컴퓨터를 연결하면 무게가 130킬로그램에 달했다. 항공기 내부의 색상으로 마감된 전면은 기계 전체 길이만한 환풍기 판 위의 경사면을 향해 기울어져 있었다. 오른쪽 앞 모서리는 플라스틱 리프트업 창에 싸여 있고 그 뒤에는 상자처럼 생긴 내열 덮개가 정교하고 섬세한 반응을 보호했다.

제조업체의 사용설명서는 공원 산책만큼이나 쉬웠다. 우리 집 세탁기 사용설명서가 더 난해할 것이다. 오리어리팀의 연구원들은 창을 들어올리고 덮개를 올려 히팅 블록(heating block) 위에 놓인 작은 반응통 96개의 '판'을 노출시켰다. 그 안에는 화학 시약과 함께 장 조직이나 혈액, 뇌척수액이 담긴 밀봉된 플라스틱 튜브가 있다. 또한 비교를 위해 다양한 대조 물질이 담긴 튜브들도 들어 있다. 예를 들어 일부는 증류수가 들어 있는 음성 튜브, 일부는 홍역 성분이 들어간 발병한 양성 튜브였다.

기술자가 컴퓨터를 설정하면 모든 준비가 끝나고 분자 증폭은 자동으로 이루어진다.

튜브의 표본에 오리어리가 찾는 물질(홍역바이러스 RNA의 단일 가닥)이 있으면 기계는 이를 DNA로 변환시킨다. RNA에 상보적인 단일 가닥이 완전한 이중 나선으로 변환한다. 튜브를 빠르게 가열하면 사다리가 끊어지듯 DNA가 분해되고 Taq 중합효소(polymerase)가 생명의 기적을 행한다.

Taq는 아데닌, 티민, 시토신 또는 구아닌(A, T, C 또는 G)의 새로운 뉴클레오티드를 생성하여 사다리의 가로대를 재건한다. 그런 다음 튜브를 냉각시키면, 두 배 많은 사다리가 생기게 된다. 따라서 각각의 단일 RNA 가닥은 하나가 되었다가 두 개의 상보적인 DNA 가닥이 되고 다시 두 배로 늘어나는데, 각 주기마다 두 배로 늘어나 수십억 개로 증폭된다.

각 튜브는 레이저에 의해 초 단위로 모니터링되고, 7700은 주기를 계산하여 각 주기마다 (표적이 있는 경우) 얼마나 많은 표적이 존재하는지 그래프로 표시하여 원래 표적이 얼마나 있었는지 계산한다.

빠르고 쉬웠다. 연구실 직원들은 그렇게 생각했다. 그러나 거기에 부주의한 사람이 빠질 만한 함정이 있었다. 웨이크필드는 카르멜에서 7700을 사용해 크론병과 '자폐성 장염'을 진단하겠다고 투자자들에게 광고할 계획이었지만 제조업체가 7700은 진단에 사용하기에 부적절하다고 경고한 것이다. 기계의 사용설명서, 안내서, 책자에는 굵은 글씨로 다음과 같은 경고가 적혀 있었다.

연구용. 진단에 사용하지 마십시오.

매우 민감한 분자 기술이므로 문제가 발생할 수 있다는 것이 그 이유였다. 기계가 데이터를 생성하면 애플 컴퓨터가 실시간으로 이 데이터를 종합해 그래프로 나타내는데, 두 번 반복될 수 없는 과정이다. 연구원과 기술자들에게 예술과 무결성을 요했다. 그들은 기계공보다는 바이올리니스트처럼 일해야 했다.

다다 박사와 두 탐정도 마찬가지였다. 그들은 음악을 수집하러 온 것이었다. 바이올린 연주와 다른 점은 모든 연주가 녹음되고 디지털 방식으로 보관되어 피고에게 공개된다는 점이었다. 오리어리는 로열프리에서 받은 표본에 대한 결과를 실은 실험 보고서를 법원에 제출했다. 그러나 애플 컴퓨터에는 더 많은 기록이 남아 있었다. 각 튜브의 진행 상황에 대한 약 4,000개의 데이터였는데, 제약회사가 간절히 원했던 자료였다.

검은 머리에 사각 턱을 가진 46세 기버의 매력은 외모만이 아니었다. 분자 바이러스학 박사 학위를 가진 그의 실험실은 7700을 구입한 최초의 실험실 중 하나였다. 그는 자신의 연구실에서 나온 보고서들을 바탕으로 쿰비의 실적을 평가한 49장 분량의 분석 보고서를 제출했다. 그는 실험 방법이 전적으로 부적절하고 전혀 신뢰할 수 없으며, 7700은 판단력이 부족하고 제어가 부적절한 기계로 거짓 양성 결과를 생성한다고 했다.

거대 제약사들은 그의 전문 의견에 대가를 지불했다. 그러나 비판을 한 사람은 또 있었다. 북아일랜드 퀸즈 대학교 네덜란드인 분자생물학 교수 베르투스 리마(Bertus Rima)가 두 번째로 분석 보고서를 내놓았다. 그는 30년 동안 홍역을 연구한 사람이었다.

세 번째 보고서는 지난 10년 동안 영국에서 가장 많이 인용된 미생물학자, 스코틀랜드 에든버러 대학교의 바이러스학 교수 피터 시몬즈가 작성한 보고서였다.

리마와 시몬즈는 의견이 같았다.

무의미한… 의심스러운… 타당성이 없는… 의구심이 드는… 전적으로 인정할 수 없는… 근거 없는… 신뢰할 수 없는… 모순적인… 지지할 수 없는 결과…

왜 이런 판단이 나왔는지 머리로 이해하려면 몇 주는 걸릴 터였다. 아주 이해하기 쉬웠던 한 가지는 기계의 기본적인 작동에 관한 것이었다. 기계는 원하는 만큼 작동시킬 수 있었다. 레이저가 튜브의 신호를 신속히 감지하지 못할 경우(약 35번의 주기 이후) 표적이 없음을 인정하거나 설정을 변경하고 다시 시작해야 했다. 그즈음이면 시약이 고갈되는데, 비유적으로 말해, 무작위로 증폭된 수십억 개의 분자에서 나는 소리는 어떤 노래라도 파묻어 버릴 수 있기 때문이다.

어떤 자료를 봐도 같은 내용이었다. 유튜브에서 본 내용도 마찬가지였다. 제조업체에도 문의해 보았다. 이후 다국적 기업 써모피셔사이언티픽(Thermo Fisher Scientific)에 인수된 7700은 사내 생명과학 부서의 골동품이 되고 말았다. 연구 개발 부사장인 비노드 미르찬다니(Vinod Mirchandani)가 샌프란시스코에서 설명해주었다.

"35주기를 넘어가면 작은 신호가 보이기 시작하는데, 실제가 아닐 가능성이 높습니다."

이보다 전에 나온 결과, 즉 프로세스가 불안정해지기 전에 애플 컴퓨터 화면에 나오는 그래프가 강력한 상승 곡선을 그리는 동안 나오는 결과는 강건하다고 했다. 이후 주기에서는 많은 소음이 발생하고 '거짓 양성'이 나올 수 있다고 설명했다.

그러나 홍역바이러스에 남다른 열정을 지녔던 아일랜드 병리학자 오리어리와 그의 팀은 모든 것을 다르게 보았다. 그들은 애플 컴퓨터에서 생성한 자료를 법원에 보고서 형태로 제출했는데, 햄스테드에서 채취한 표본(2번 아동 포함)에 최대 45주기의 검사를 진행한 것으로 보고했다. 가열과 냉각을 50차례 진행한 경우도 있었다. 바의 회사 측은 리마에게 워릭에서 눈가림을 해제한 표본을 재검사할 예정이라고 했는데, 표본의 수는 79개로 솔직히 말하면 터무니없는 숫자였다.

한편 버스틴은 개인적으로 깨달음의 순간을 경험한 후 다른 경로로 오리어리에 접근했다. 49세로 분자 유전학 박사였던 그는 영국의 PCR 괴짜 박사였다. 그는 PCR에 대해 글을 쓰고 가르쳤는데, 꿈조차 열순환에 대한 꿈을 꿀 것 같았다. 오리어리의 방법을 평가하기 위해 고용된 그는 고작 며칠 만에 의문을 품게 되었다.

그는 공개 자료인 애플 컴퓨터가 작성한 도표를 살펴보고 있었다. 96개의 반응통 중 51개가 사용 중으로 표시되어 있었다(A1에서 E3까지 라벨이 표시됨). 반복 측정이 이루어졌는데(아동 또는 대조군 유형당 2개) 이런 종류의 실험에서 흔히 볼 수 있는 작업이었다. 하지만 51이 홀수라는 건 누구나 학교에서 배운 것이다. E4가 사라진 듯했다.

맞든 아니든 버스틴은 더 알고 싶었다. 사라진 E4가 단서일 수도 있었다. 시약 튜브에 Taq와 기타 물질은 있고 생물 표본은 없는 음성 대조군이 없는 듯했다. 홍역은 없었다. 반응통에 있는 튜브가 홍역에 양성 반응을 보였다면, PCR의 골칫거리인 오염을 암시했다. 양성이 나왔는데 반응통이 비어 있다는 건 누군가 결과를 조작했을지도 모른다는 의미였다.

다다는 6개월 동안 쿰비를 방문하게 해달라고 요구했다. 제약사 측 전문가들의 분석이 공개되자 쿰비와 거래를 한 바 측은 초조해졌다. 호주에 있는 오리어리와는 연락이 닿지 않았다. 다다가 제안한 59일 중 편리한 날짜가 하나도 없다는 의미였다.

준비에만 2만 파운드와 5주가 소요됐다. 7700은 고장이 난 상태였다.

그러나 그녀는 전문가들과 함께 건물 뒤편으로 들어가는 중이었다. 밝고 현대적인 오리어리의 연구실에는 각종 키트가 가득했고 이상한 점들도 많았다. 옆방으로 이어지는 문 위에 붙어 있는 한 쌍의 팻말을 발견한 과학자들이 변호사와 소곤댔다. 하나는 일반적으로 양성대조물질을 준비하는 플라스미스실(Plasmid Room)이고 다른 하나는 증폭이 이루어지는 PCR Set-Up이었다.

다다는 이후 런던 왕립사법재판소에 제출한 서면에서 "방의 문들은 문짝이 하나인 여닫이문이었다"고 설명했다. "실험실 가운이나 신발을 갈아입을 수 있는 시설도 보지 못했다."

바도 이를 목격한 증인이었다. 그도 쿰비를 방문하기 위해 더블린에 갔었다. 그는 카메라를 가져와 방문객들에게 빌려주려 했지만 오리어리가 사진 촬영을 허용하지 않았다. 오리어리는 이미 공개된 데이터가 아닌 어떤 데이터도 공개하지 않았다.

법적 강제력이 필요하다는 게 분명해졌다. 그리고 제약회사는 그렇게 할 수 있었다. 오리어리가 정보 공개를 거부하자 몇 주 뒤 런던 판사는 오리어리가 정보 공개에 응하게 해달라고 더블린 법원에 요청했다. 워싱턴에서 수백만 어린이의 안전에 중요한 문제에 있어 독립적인 성취를 이루었다고 자랑했던 오리어리는 극도로 겁을 먹었다.

그러나 월요일 방문은 생산적이었다. 대부분의 시간을 회의실에서 보냈지만, 다다, 기버, 바, 오리어리의 연구원 한 명은 버스틴이 뜻밖의 해결책을 내놓는 것을 목격했다. 모두가 노트북 주위에 옹기종기 모인 가운데, 버스틴이 워릭에서 눈가림 해제를 진행했던 정상 아동의 혈액 표본에 관한 보고서를 노트북 화면에 띄웠다.

홍역바이러스에 대한 결과는 음성이었다. 백신이 자폐증을 유발한다는 주장을 증명하는 게 목적이라면 만족스러운 결과였다. 버스틴은 오리어리가 공개하지 않았던 소량의 데이터 중에서 미가공 데이터도 띄웠다. 동일한 반응통, 동일한 튜브에 있던 같은 정상 아동의 표본에 대한 결과였는데, 양성이었다.

아뿔싸.

"리차드 바는 이것이 중요한 과학적 문제임을 인정했습니다."

다다가 서면에서 설명했다.

괴짜 버스틴이 발견한 이상한 점은 또 있었다. 더 많은 것이 법정에서 제시되었다. 스미스클라인 비첨의 변호인은 몇 주 뒤 런던에서 판사에게 이렇게 말했다.

"불일치가 발견되기 시작되어 매우 심각한 우려를 불러일으키고 있습니다."

기버, 버스틴, 리마, 시몬즈, 모두 잘못된 점이 많다는 데 동의했다. 과도한 주기가 거짓 양성을 생성했을 가능성(제조업체가 내게 경고한 바로 그 현상)도 있었고 실험실이 홍역으로 가득할 가능성도 있었다. 버스틴은 "전반적인 관리가 부적절했고, 프로토콜이 잘 준수되지 않았으며, 기본적인 이해도 부족했다"라고 진술했다.

오염은 어느 단계에서나 발생했을 가능성이 있었다. 더블린에 직접 표본을 전달했던 웨이크필드가 실험할 당시에 햄스테드에서 발생했을 수도 있다. 플라스미드실의 통풍이 잘 되는 여닫이문과 관련이 있을 수도 있다. 시약이나 피펫, 부주의한 손가락 움직임 때문일 수도 있다. 리마는 자신의 실험실에 볼거리 RNA(파라믹소바이러스의 한 종류)의 흔적이 9년 동안 작업대에 남아 있었던 이야기를 했다.

그러나 법정에서 밝혀진 더 충격적인 사실은 바 측에서 제출한 실험 보고서가 기계가 생성한 실제 데이터와 같지 않았다는 점이었다.

나는 말할 수 없다. 하지만 전문가들의 말이 맞다면, 심각한 문제임이 확실했다. 오리어리의 시험 결과는 바의 소송에 있어 핵심적인 근거였다.

BBC의 파노라마 프로그램의 핵심이기도 했다. 그가 미 의회 위원회 앞에서 웨이크필드를 지지할 때 내세운 근거였다. 샤퍼가 웨이크필드의 주장을 미국으로 수입해 축제를 벌일 수 있었던 이유였다. 발달 문제가 있는 자녀를 둔 수많은 부모들에게 MMR 백신이 장애의 원인이라고 설득한 근거 자료이기도 했다.

오리어리는 아무런 문제가 없고 자신의 연구팀은 실패한 것이 아니라고 확신했다. 그의 연구 결과는 2번 엄마와 같은 부모들의 주장을 뒷받침하고 있었다. 그는 쿰비가 홍역에 오염되지 않았다고 했다. 보고서에서 그는 실험실의 환경과 제어가 '적절히' 시행되었다고 주장했다. 검사 결과 오염이 없었음이 분명하고 명백했다고 주장했다.

그에게는 워싱턴 의원들 앞에서 설명한 것처럼 자신의 주장을 입증할 수단도 있었다. 그가 '황금 표준'이라고 부르는 DNA 시퀀싱이었다. PCR 증폭 후 염기배열을 확인하는 방법이다. 이는 바이러스가 있었는지 확인해줄 뿐 아니라 거짓 양성을 '배제'하고, 오염을 감지하고, 홍역바이러스 균주가 야생에서 온 건지, 백신을 위해 만들어진 건지, 실험을 위해 배양된 건지도 식별할 수 있었다.

과학자 리마는 오리어리의 워싱턴 연설을 들은 적이 있었다. 그래서 다 나의 딤은 경고를 받은 적이 없다고 할 수 없었다. 오리어리는 버튼의 위원회에 자신의 장비 ABI Prism 310 모세관 시퀀서(94kg/210lbs.)를 확인시켜 줬다. 기계로 뉴클레오타이드를 하나씩 살펴보기까지 했다. 그가 보유한 7700은 침 한 방울이나 머리카락 한 가닥으로 연쇄살인범을 잡아낼 때만 쓰이는 기계가 아니었다.

1996년 여름 웨이크필드는 이를 법률구조위원회에 약속했다. '균주 특이적 시퀀싱'은 7년 전도 더 전에 그가 법률구조위원회에 지원금을 받아 수행하겠다고 약속한 백신 피해 연구의 핵심 요소였다. 그러나 오리어리는 약속을 지키지 않았다. 시퀀싱은 수행된 적이 없었다. 이 사실은 내가 소송 관련 서류에서 찾아냈다. 웨이크필드가 자신의 주장을 입증하는 확정적 연구를 수행하지 않은 것처럼, 법정에서 오리어리가 수행하기로 했었던 시퀀싱 관련 내용이 등장할 때마다 똑같은 문구가 반복되었다.

자폐증이 있는 13세 소년의 표본: 시퀀싱이 필요하다는 주장은 부인되었다.
자폐증이 있는 15 소년의 표본: 시퀀싱은 불필요하다.
예상치 못한 사례였던 2번 아동: 시퀀싱이 필요하다는 주장은 부인되었다.

모든 사례에서 MMR 백신에 있는 바이러스가 자폐증의 궁극적 원인이라는 주장이었다. 변호사들의 도움을 받은 의사와 과학자들은 범인을 확정할 능력과 장비를 갖추고 있었다. 그들은 인류를 상대로 또 다른 범죄를 저지르려는 범인을 저지할 수 있었지만, 생각만 하고 행동하지 않았다.

제 20 장

스포일러

〈란싯〉의 편집장 리차드 호튼은 우리 중 누군가 방귀라도 뀐 듯 나를 뚫어지게 보고 있었는데, 의혹을 받는 게 두려워 보였다. 내가 조사 결과를 대략적으로 설명하자 광택이 나는 긴 탁자 옆에 앉아 있던 그의 얼굴이 돌처럼 굳어졌고 눈은 가늘어지고 두 입술은 굳게 다물어졌다. 세계 2위 일반 의학 학술지의 편집장으로 8년 동안 있으면서 그가 배팅한 가장 대담한 도박은 웨이크필드였다. 신문기자인 나는 그것이 얼마나 어리석은 일이었는지 그에게 보여주었다

'정갈한'은 호튼을 묘사할 때 사용된 단어였다. 깔끔하게 차려입은 옷차림에 몸가짐이 단정한 그는 자기 자신에게 만족하는 사람이었다. 내가 만날 당시(2번 엄마와 대화를 나누고 12주 뒤, 질리언 디디기 더블린으로 가고 6주 뒤) 아직 42세였던 그는 뉴욕에서 2년 동안 일을 하다가 자신보다 경력이 많은 경쟁자들을 제치고 편집장에 오른 것이었다. 나는 그가 교활할 정도로 영리하다는 소문을 들었다. 그러나 앞서 보았듯 그는 여전히 배울 것이 많았다.

여전히 쿰비병원에서 벌어진 일에 대해 몰랐던 나는 〈란싯〉의 회의실 탁자 앞에 서서 오른손으로 매직펜을 쥐고 있었다. 내 오른편에 대각선으로 앉아 있던 호튼은 이따금씩 낙서를 했고 왼편에 앉아 있던 고위 직원 다섯 명도 몸을 앞으로 기댄 채 똑같이 하고 있었다.

맨 끝에는 내 증인인 에반 해리스(Evan Harris) 하원의원이 앉아 있었다. 나는 편집부에 들어오는 항의로부터 그가 날 보호해 주기를 바랐다. 탐사보도 기자들은 그런 항의를 많이 받는다.

"이것도 있습니다."

나는 뒤에 있는 이젤에 장착되어 있던 플립 차트 패드에 사각형을 그리며 말했다.

"여기 로열프리에서 진단을 받은 12명의 사례가 있고, 이 사례는 나중에 30명으로 늘어납니다. 여기 보시면 논문에 나온 12명이 있고 그다음 18명이 또 검사를 받습니다. 아시겠죠? 이제 이걸 보세요."

나는 조사를 하면서 웨이크필드의 선행 연구를 새로운 관점으로 볼 수 있게 해주는 논문 초록 두 편을 발견했다. 거의 동일한 텍스트인 두 초록은 약 300단어 정도였는데, 웨이크필드가 잉글랜드 북부와 루이지애나주 뉴올리언스에서 열리는 위장병학 컨퍼런스에서 발표하기 위해 쓴 글이었다. 로열프리에서 실시한 연구에 관한 단편적인 정보에 불과했지만 내시경 검사를 받기 위해 말콤 병동에 입원한 다른 환자들의 주요 데이터가 포함되어 있었다.

나는 사각형을 따라 이동하면서 논문 표 2에 나온 12명의 데이터 중 8개에 표시를 했다. 자녀의 발달이 퇴행하는 원인을 혼합백신 때문이라고 생각한 부모들이었다. 12명 중 8명. 3명에 2명꼴이었다.

"하지만 초록에는 이후 18명 중 3명, 그러니까 6명 중 1명의 부모가 MMR 백신을 원인으로 지목했다고 나와 있습니다. 왜 그럴까요? 왜 이 무리가 처음에는 있다가 사라져버린 걸까요?"

나는 답을 알고 있었다. 법률구조위원회와의 계약 때문이었다. 1996년에 웨이크필드가 예상하지 못한 건 차기 정부의 『정보자유법』 도입이었다. 나는 정보 공개를 신청해서 결국 (법률서비스위원회로 개명된) 법률구조위원회로부터 관련 금액이 명시된 2장 분량의 '임상 및 과학 연구' 의뢰서를 손에 넣을 수 있었다.

호튼을 만날 당시에도 그 계약은 비공개 상태였다. 웨이크필드가 쓴 논문의 공동 저자들도 계약에 대해 알지 못했다. 6년 전 왕립외과대학에서 열린 회의에서 앤 퍼거슨 교수가 그의 비밀을 거의 파헤쳤지만, 웨이크필드는 소송에서 자신의 흔적을 은폐했다. 그는 법원에 제출한 보고서에서 "이 연구는 여러 방면에서 비판을 받았다"고 지적하면서, 연구 대상이 된 아이들이 '선별된 집단'이라는 비판도 있었다고 언급했다.

사실이었다. 그러나 그에게는 피험자들을 평범한 환자처럼 보이게 할 만한 변명이 있었다.

그럴듯한 주장입니다. 위장 증상이 있는 아동은 소아 위장병 전문의에게 갑니다. 염증성 관절염으로 인한 통증이 있는 환자는 류마티스 전문의에게 의뢰하고, 시신경염이 있는 환자는 신경과 전문의의 진료를 받습니다. 환자가 자신의 증상과 질병에 따라 스스로 선택하는 것, 이것이 의학의 본질입니다.

사실 피험 아동들은 백신에 항의하려는 취지가 있는 부모가 데려온 아이들이었다. 웨이크필드의 논문과 그가 촉발한 백신 공포는 소송을 하기 위힌, (그리고 자신을 위한) 공적 자금을 보장하는 것이나 마찬가지였기 때문에 생물의학 출판 규칙에 반하는 이 사실을 은폐한 것이다.

더 많은 내용이 오고갔다. 회의는 5시간 동안 지속되었고 점심으로 샌드위치 접시들이 나왔다. 그다음으로 큰 문제, 어떤 면에서는 가장 큰 문제는 병원에 강제로 끌려가 발을 구르고 소리지르며 진정제, 내시경 검사, 스캔, 척수 천자, 혈액 채취, 바륨 용액 섭취를 거부한 아이들을 누가 착취로부터 보호했느냐는 것이었다. 논문에는 병원의 윤리위원회가 해당 연구를 승인했다고 적혀 있었다. 나는 호튼에게 이것이 거짓이라고 말했다.

그가 반응을 억제하려 애쓰는 모습이 보였다. 그는 면허를 소지한 개업의였고 그러한 문제에 대해 수년 동안 윤리를 중요시해 온 사람이었다. 그는 세계의학편집자협회의 초대 회장이자 생의학학술지 투고 원고의 통일양식의 공동 저자였고 출판윤리위원회의 창립 회원이었다. 그야말로 털어서 먼지 한 톨 안 나오는 그런 사람이었다.

그날 내 발표에 당황한 사람은 한 사람만이 아니었다. 2004년 2월 18일 수요일 내 기사가 (당시 내가 입수한 정보는 극히 일부에 불과했다) 1면에 나가기 4일 전이었다. 내가 햄스테드에서 남쪽으로 2마일 떨어진 〈란싯〉의 사무실에 있는 동안 사무실에서 남쪽으로 2마일 떨어진 메이페어에서는 동료 세 명이 웨이크필드의 홍보 담당자 사무실에서 인터뷰를 진행하고 있었다.

당시 웨이크필드는 텍사스 오스틴에 살고 있었다. 홍보 담당자 아벨 해든을 통해 나와의 만남을 거부하겠다는 의사를 밝혔던 그는 내가 참석하지 않는다는 조건으로 인터뷰를 하겠다며 런던에 왔다. 나만큼 사실관계를 잘 알지 못하는 다른 기자들을 자신의 카리스마로 끌어들일 수 있는 기회로 본 것이다.

인터뷰를 이끈 사람은 선데이타임스의 3인자, 무서울 정도로 침착한 임원인 '속삭이는' 로버트 밥 타이러였는데, 그는 까다로운 상황을 다년간 다뤄본 경험이 있었다. 포커스의 편집장인 폴 누키도 있었다. 개인적으로 그가 그날 아침 제기한 핵심 이슈는 우리가 다루는 주제의 성격을 정확히 포착했다고 생각한다.

"제가 말씀드리는 건, 당신이 중간자 역할을 했다는 사실, 바와 그의 고객들을 위해 일하는 대가를 받았다는 사실이 공개되어야 했다는 거죠."

누키가 말했다.

"저는 동의하지 않습니다."

웨이크필드가 대답했다.

"동의하지 않는다고요?"

"네. 저는 동의하지 않습니다."

그다운 대답이었다. 규칙은 그에게 적용되는 것이 아니었다. 생명에 영향을 미칠 가능성이 있는 의학 연구의 무결성을 보호하는 규칙조차 말이다. 그는 세상이 자신의 말하는 대로 움직여야 한다고 믿었다. 그는 아이들이 '임상적 필요에 의해서' 의뢰되었다고 주장했다. 연구는 병원 윤리위원회의 승인을 받았다고 했다. 이해 상충은 없었다고 했다.

"나는 모든 경우에 적절하게 행동했습니다."

그가 타이러와 누키에게 말했다.

"저는 아무런 후회도 없습니다."

그러나 생의학학술지 투고 원고의 통일양식은 이 점에 대해 명확한 입장이다. 제3자로부터 재정 지원을 받는 것이나 전문가 증인으로 출석하는 것 모두 이해 상충으로 간주되어야 한다. 본인 또는 직계 가족을 통한 업계와의 재정적 관련성, 예를 들면 고용관계, 컨설팅, 주식 보유, 사례금, 전문가 자문은 일반적으로 가장 중요한 이해 상충으로 간주된다.

과거에 그는 원칙을 철저히 지켰다. 처음으로 〈란셋〉에 실린 논문의 연구를 수행할 때 혈관을 촬영한 그는 자신이 웰컴의 연구원이며 논문의 공동 저자는 어린이 크론병 연구소 어필(Crohn's in Childhood Research Appeal)로부터 지원을 받았다고 밝혔다. 〈제이메드 바이롤〉에 게재된 논문에는 연구를 지원한 웰컴과 두 재단을 인용했다. 그리고 〈란셋〉 논문에서 그는 공동 저자가 두 자선 단체와 머크의 지원을 받았다고 명시했다.

웨이크필드의 MMR 백신 논문을 공동으로 작성한 공동 저자들과 그의 동료 연구자들은 우리가 입수한 정보를 알게 되자 깜짝 놀랐다. 존 워커스미스는 법률구조위원회와 웨이크필드의 계약에 대해 듣고 큰 충격을 받았다고 한다. 그의 집으로 전화를 걸자 그가 내게 이렇게 말했다.

"우리는 아이들을 볼 때 법률서비스위원회가 개입되어 있다는 사실은 전혀 몰랐습니다."

"1996년 8월에 법률서비스위원회와 계약을 체결했다는 사실을 알고 계셨을 텐데요."

내가 그에게 질문했다.

"전혀 몰랐습니다."

"5만 5천 파운드에요."

"전혀요."

"예비 보고서가 1999년 1월 법률서비스위원회에 제출되었습니다."

"전혀요."

마찬가지로 존 오리어리도 '충격을 받았다'고 털어놨다. 내시경 전문의 시몬 머치는 '우리는 상당히 분노한 상태'라고 했다. 이름을 밝히지 말아 달라고 요청한 한 저자는 몹시 화가 난다고 했다.

"이러한 이해 상충이 있었다는 사실을 알았다면 논문에 제 이름을 올리지 않았을 겁니다. 그러면 논문은 출판되지 않았을 겁니다."

그가 분노하며 말했다.

그 주의 수요일 두 차례의 회의—나와 〈란싯〉, 메이페어에서 타이러와 누키—는 동시에 진행되었다. 다음은 내가 충격을 받을 차례였다. 나는 프레젠테이션을 마치고 반응을 기다렸다. 조사할 시간이 필요하다는 반응이 나오길 기대했다. 그런데 호튼은 아무런 말도 하지 않았고 잠시 후 웨이크필드가 건물로 들어왔다는 말만 했다.

나와 전화를 할 때, 그리고 회의가 시작되기 전에도 편집장은 회의를 비공개로 진행하는 데 동의했다. 그는 계약서를 만들어 서명하자고 제안하기까지 했다.

"걱정하실 필요 없습니다."

그가 내게 말했다.

"아시다시피 저희 다 기밀 자료를 다룬 경험이 매우 많습니다."

호튼을 조사하지 않은 게 문제였는데, 그는 웨이크필드와 함께 일한 전력이 있었다. 그는 〈란싯〉에 합류하기 전 햄스테드에서 2년 동안 있었고 웨이크필드와 함께 일했다. 게다가 내가 그 회의실에 들어서기 8개월 전부터 그는 웨이크필드에게 홀딱 빠져 있었다.

호튼은 한 책에서 "웨이크필드는 헌신적이고 매력적이고 카리스마 있는 임상의이자 과학자"라고 한 적도 있었다.

"저는 웨이크필드의 논문을 출판한 것을 후회하지 않습니다. 의학의 발전은 새로운 아이디어를 자유롭게 표현하는 데 달려 있습니다. 인간은 표현의 자유 덕분에 종교의 지배를 떨치고 세상을 이해하는 자유로운 방식을 되찾을 수 있었습니다."

호튼은 자신의 이미지를 위협하는 기사를 꽉 움켜쥐고 놓지 않으려는 듯했다. 그는 회의가 시작된 지 수 시간 만에 내가 발견한 사실에 대해 조사하고 보고할 팀을 만들었는데 웨이크필드와 워커스미스, 머치, 아동 두세 명의 내시경 검사를 집도한 논문의 공동 저자 마이크 톰슨을 선택했다. 당연히 이 네 명은 감독자 없이 움직이지 않았다. 그것은 〈란싯〉에 유익하지 않았다. 아리 주커맨으로부터 로열프리의 부학장 자리를 이어받은 간 전문가(hepatologist) 험프리 호지슨도 있었다. 자신의 사무실에서 타이러와 누키에게 질문을 받았던 웨이크필드의 개인 홍보 담당자 아벨 해든도 있었다.

"부정행위 혐의를 받은 사람들이 중대한 연구 부정행위를 조사하는 게 관례입니까?"

이후 내가 발견한 사실을 재조사하기 위해 영국의 일반의료위원회 패널이 소집되었을 때 호튼은 이런 질문을 받았다.

"기관이 조사를 주도하고 관련 데이터를 수집하는 것이 관례입니다. 데이터 수집에는 연구에 참여했던 사람들이 관여하는 것이 불가피합니다."

호튼이 대답했다.

"조사 결과를 해석하는 사람들과 일련의 혐의를 받고 있는 사람들 사이에 일종의 분리를 보장하는 것이 기관의 책임입니다. 기관의 해석이 이루어지고, 그 해석을 혐의를 제기했던 사람들에게 전달하면 됩니다. 따라서 분명히 일종의 분리는 있어야 합니다. 웨이크필드 박사와 워커스미스 교수, 머치 박사의 반응을 먼저 확인하고 싶었지만, 기관장에게 가는 것이 제 의무였기 때문에, 부학장인 호지슨 교수에게 간 겁니다."

훌륭했다. 자신들이 조사한 모든 문제에 대해 서로가 무죄라고 선언한 것이다. 그러나 어떠한 분리도, 독립적인 조사도 없었다. 나중에 의과대학에서 확인해준 사실이다. 회의 다음 날인 목요일 호튼은 병원으로 가서 워커스미스와 함께 아이들의 기록을 샅샅이 조사했다. 당시 이미 은퇴한 워커스미스도 병원에 나와 톰슨과 함께 조사를 했다고 했다. 그들은 아무런 문제가 없다는 결론을 내렸다. 그들은 소송 제기를 위해 모집한 환자들이라는 내 주장과 상반되는 근거인 의뢰서들을 발견했다고 언급했다.

한편, 기관의 파일을 검토한 머치는 윤리적 오류는 없었다고 일축했다. 머치 자신도 윤리위원회의 위원이었는데, 그는 연구 승인의 증거인 승인 번호 172/96까지 찾아냈다.

"〈란싯〉 연구 피험자는 윤리위원회 승인에 따라 조사되었음을 확인할 수 있습니다."

웨이크필드는 로열프리 구내에 접근하는 것이 허용되지 않았다. 그는 테일러 애비뉴에 있는 자택에서 로열프리 병원이나 의과대학, 기타 저자들에게는 없었던 아이들의 이름 정보를 제공했고, 법률구조위원회의 지원을 받은 자신의 연구가 '완전히 별도의 연구'임을 주장하는 진술서 초안을 작성했다. 그는 부모들이 MMR 백신과의 연관성을 주장했는지 여부는 피험자 선별 기준과는 아무런 관련이 없다고 말했다.

그러나 대량의 문서는 다른 이야기를 했다. 아이들의 기록부터 살펴보자. 12명 중 런던에 사는 아이는 없었다(가장 가까운 집은 60마일 떨어져 있었다). 지역 의사들은 협력을 요청하는 웨이크필드의 전화를 받고 (재키 플레처, 리차드 바, 2번 엄마가 소개한) 부모들에게 의뢰서를 작성해 주었다. 협업의 흔적은 두꺼운 파일들로 남아 있었다.

네 명의 어린이는 장 증상에 대한 언급조차 없는 의뢰서와 함께 워커스미스의 장 클리닉으로 보내졌다. 워커스미스가 소개한 아이는 두 명이었다. 이 두 명은 실험실 연구원인 웨이크필드에게 의뢰되었다. 한 소년의 기록에는 법률구조위원회가 보낸 서신까지 들어 있었다. 이 외에도 아이를 의뢰하는 내용이 많이 있었다.

> 이 7세 자폐 아동의 부모가 웨이크필드 박사와 상담 후 아이를 추천하는 의뢰서를 써줄 것을 요청했습니다.
>
> [이 어린 소녀의] 어머니가 저를 찾아오셨고 [아이를] 조사 프로그램에 등록하려면 저의 추천서가 필요하다고 말씀하셨습니다.

단순히 기록을 읽는 것만으로도 단서를 얻을 수 있었다. 그러나 워커스미스는 잘못된 점이 없었다고 했다. 한편 윤리위원회가 승인한 백신의 종류와 피험자 아동의 수, 발달 진단의 종류는 달랐다. 머치는 결국 (3년 뒤) 호튼에 대한 자신의 진술이 사실이 아니었음을 인정했다. 웨이크필드 역시 (바에게 돈을 받은 뒤) 경영진에게 자신의 연구가 법률구조위원회의 후원을 받아 진행된 연구임을 털어놓았다.

그런데도 조사관들은 호튼이 결백하다는 판결을 내렸고, 〈란싯〉 측은 내가 발견한 거의 모든 사실을 부인했다. 〈란싯〉은 내 기사의 핵심을 덮어버리기 위해 교활한 책략을 썼다. 당시 나쁜 소식을 전할 때 일반적으로 사용했던 PR 전략은 언론사 일정상 불편한 금요일 오후에 '스포일러'처럼 흘리는 방법이었다. 〈란싯〉은 (나의 이메일과 전화를 무시하고) 깔끔하게 일을 처리했다.

나를 좌절하게 한 이 계략을 알고 있었던 부학장 호지슨은 동료들에게 이메일을 보내 미리 경고했다.

"의심의 여지도 없지만, 선제 타격의 유일한 동기는 〈란싯〉의 명성을 보호하기 위함입니다."

그러나 〈란싯〉의 명성을 보호하는 것이 목표였다면, 그의 조치는 재앙이었다. 호튼의 책략은 언론에 폭풍을 일으켰다. 생의학 학술지 투고 원고의 통일양식의 저자인 그가 부인할 수 없었던 한 가지는 웨이크필드와 이해 상충 관계가 있다는 것이었다. 우리는 법률구조위원회가 웨이크필드의 임상 및 과학적 연구에 지원한 금액이 정확히 얼마인지도 알고 있었다. '임상'이라는 단어로 충분했다. '임상(clinical)'은 라틴어와 그리스어로 '머리맡'을 의미했다.

금요일 오후 호튼은 3장 분량의 공개 성명에서 이렇게 말했다.

"우리는 이 자금 출처가 학술지 편집자에게 공개 되었어야 한다고 판단했습니다. 당시 우리의 이해 상충 지침에 따라 공개가 이루어졌어야 한다고 생각합니다."

그는 이 정보를 어디서 얻었는지 기자들에게 말하지 않았다. 그러나 그의 발언은 언론의 호기심을 자극할 뿐이었다. 그는 이외에 잘못된 것이 없다고 부인했지만, 성명을 발표한 지 몇 분 만에 영국의 뉴스 산업은 활기를 띠기 시작했다. 30분 뒤 BBC에서 보도가 나왔다. 에반 해리스 의원이 스크린에 등장했다. 모든 비즈니스 섹션의 편집자가 영국의 언론을 선도하는 일요일 신문의 1면을 예측할 수 있었다.

호튼은 상황을 통제하려 애썼다. 그러나 영국의 예방 접종률이 급감하는 상황에서 웨이크필드가 받은 5500만 달러는 그의 연구가 특정한 목적을 위해 수행된, 독립적이지 않은 연구였음을 폭로하는 자극적인 정보였다.

"웨이크필드 박사의 이해 상충을 인지하고 있었다면, 신뢰성 면에서 동료 심사에 큰 영향을 미쳤을 겁니다. 논문은 거부되었으리라고 판단됩니다."

그날 저녁 질문을 받은 호튼이 인정했다.

다음 날 아침, 경쟁 언론사들이 호튼이 조각낸 내 기사를 보도했다.

연구비 5만 5천 파운드 받은 MMR 백신 의사

MMR 백신 의사의 오염된 연구

연구에서 과학자의 두 역할 충돌

빌어먹을. 특종을 잃어버렸다는 생각이 들었다. 그러나 그것은 호튼의 생각처럼 잘못된 생각이었다. 타이러와 누키는 전에도 이런 일을 겪었고 스포일러를 어떻게 처리해야 하는지 잘 알고 있었다.

토요일 아침 타이러는 자신의 키보드를 두들겼다.

"선데이타임스가 4개월간 조사한 의료 스캔들의 세부 내용이 오늘 공개되었습니다. 세계적인 공포의 중심에 있는 의료 스캔들을 폭로했습니다."

선데이인디펜던트는 "MMR 백신 공포 일으킨 의사, '부정행위'로 조사"라는 기사 제목으로 대서특필했고, 옵저버와 텔레그래프도 마찬가지였다. 우리는 간단한 메시지를 던졌다.

폭로: MMR 백신 연구 스캔들

'포커스' 기사 2면

MMR 백신: 위기 뒤에 숨겨진 진실

우리가 아는 건 웨이크필드가 받은 5만 5천 파운드, 바와의 거래, 아이들이 소송을 위해 모집되었다는 사실뿐이었다. 당시에는 막대한 돈과 웨이크필드의 비밀 사업 계획, 특허, 홍여 배신, 더블린 연구소, 이 외에 웨이크필드를 의학에서 영원히 추방할 사실들에 대해서는 알지 못했다. 그러나 그해 2월 주말 영국은 모두 함께 기네스 모멘트를 경험했다. 웨이크필드와 변호사들. *아하!*

그다음 주 내내 불은 계속 타올랐다. 〈데일리 메일〉은 영웅이 '더러워졌다'라고 보도했다. 영국 총리는 아침 텔레비전 프로그램에 출연해 우리를 지지했다. 웨이크필드는 우리를 고소하겠다고 위협했다.

워커스미스와 머치를 포함한 12명의 공동 저자 중 10명이 5월 3일 월요일 저녁 성명을 발표했다.

놀랍게도 그들은 〈란싯〉 논문의 결론을 부정하고, 아이들의 발달 퇴행이 백신과 연관이 있다고 주장하는 25개 단어로 된 '해석(Interpretation)' 부분을 철회했다.

의사들, 웨이크필드 연구 인정 못해

과학자들, 자폐증과 연관성 있다는 주장 철회

의사들, 극적인 선회

여기서 이야기가 끝나고 백신에 대해 더 쓸 필요가 없었다면 나는 정말 행복했을 것이다. 우리는 정신 없던 그때 영국 내 백신 접종률이 회복되어 다시 오르기 시작했다는 사실을 나중에 알게 되었다.

우리는 결과를 얻었다. 임무 완수.

그런데 궁금해졌다. '해석'이 틀렸다면 어떻게 그런 일이 일어날 수 있었을까? 그러다가 나는 베스트 v. 웰컴 판례에서 아일랜드 판사들이 제시했던 논리에 대해 다시 생각하게 되었다. 웨이크필드의 논문은 매우 꼼꼼하게 작성되고 그가 검토했지만, 결론 부분은 정확하지 않았다. 그렇다면 저자 중 적어도 한 명 이상은 논문이 작성되었을 당시 이 사실(2번 엄마와 인터뷰 당시에도 제기한 문제)을 알았을 게 아닌가?

제 21 장

텍사스

다른 사람이라면 '죄송하다'고 했을지도 모른다. 변호사와의 거래와 아이들이 어떻게 온 환자인지 명확히 밝히지 않은 데 대해 사과했을 것이다. 〈란싯〉의 출판 규칙을 잘못 이해했다고 변명했을 것이다. 아니면 언론이 혼란을 부추겼다고 언론으로 비난의 화살을 돌렸을지도 모른다. 어떤 변명을 하든 실수였다고 사과하고 선의로 그랬다고 했었을 것이다. 만약 그랬다면 내 관심은 다른 데로 옮겨갔을지도 모른다. 그러나 웨이크필드는 그런 사람이 아니었다. 그는 후회하지 않았다. 그는 도둑질을 들킨 좀도둑처럼 화를 냈다. 그는 여전히 자신의 코트 아래 칠면조를 숨기고 있었다. 그는 리차드 바에게서 막대한 수수료를 받고도 어떤 단계에서도 이해 상충은 없었다고 호통을 쳤고, 5,500만 달러는 별도의 연구를 위해 병원 측에 전달한 돈이며, 내 주장은 심각한 명예훼손으로 내가 그의 적을 돕기 위해 조작한 것이라고 주장했다.

그는 "이 일의 직접적인 결과로 저와 제 가족이 많은 고통을 겪었다"라고 한탄하며 피해자인 척했다.

당시 그는 텍사스 오스틴에 정착하여 새로운 삶을 시작할 준비를 마친 상황이었다. 사람들은 영국에서의 소송이 왜 실패했는지, 그가 왜 자신의 가설을 검증하거나 반박하기 위한 최종 연구를 하지 않았는지 알지 못했다. 그래서 그는 사람들의 분노나 의심을 사지 않았다. 댄 버튼이나 레니 샤퍼

같은 인물 덕분에 오히려 사람들의 환영을 받았고, 자유의 여신상이 무릎을 꿇듯 도움이 필요한 사람들에게서 되레 도움을 받았다.

워싱턴 DC에서 차로 30분 거리에 있는 국립백신정보센터(National Vaccine Information Center)라는 혼란스러운 이름의 단체를 설립한 바바라 피셔는 "진실을 알고 과학계 동료들의 엄청난 압력에 맞서 거짓을 거부하기 위해서는 큰 용기와 정직함이 필요하다"라고 말했다.

미국 활동가들에게 피셔는 영국 백신 반대자들의 주홍색 옷을 입은 여성 재키 플레처와도 같았다. 그레이트 오르몬드 스트리트의 신경과 의사 존 윌슨이 DTP 백신에 대해 주장한 내용을 다룬 NBC 방송을 보고 깜짝 놀란 그녀는 1982년에 자신의 임무를 수행하기 위한 여정을 시작했다. 이 내용은 (이후 스튜어트 스미스 경 판사가 철회한 연구 논문을 바탕으로 한) 〈백신 룰렛〉이라는 영화에서 다뤄졌고, 그녀는 아들 크리스가 백신 피해자라고 추론했다.

웨이크필드의 미국행은 피셔를 따르던 무리를 열광시켰다. 웨이크필드는 새로운 후원자에게 매료되었다. 엘리자베스 버트라는 상대하기 까다로운 변호사였다. 그녀는 이후 수은중독 피해 아동의 건강 옹호 단체, 미국 자폐증협회, 세이프마인즈(SafeMinds) 등 일련의 백신 반대 단체에서 두뇌 역할을 하며 웨이크필드의 성전 이주를 주도했다.

그녀는 웨이크필드의 〈란싯〉 논문이 출간된 직후 논문을 읽고 관심을 갖게 되었다. 첫째 아들 매튜가 MMR 백신 접종을 한 뒤 얼마 지나지 않아 자폐증 증상을 보이기 시작한 것이 그녀의 사연이었다. 뉴욕의 저널리스트 데이비드 커비에 따르면 그녀는 〈란싯〉 논문을 읽으며 "맙소사, 매튜랑 똑같잖아"라고 생각했고, 다음 날 소아과 의사와 전쟁을 시작했다고 한다.

1년 뒤 그녀는 '지금 당장 자폐증을 치료하자(Cure Autism Now)'라는 단체가 시카고 근처에서 개최한 컨퍼런스에서 웨이크필드를 만났다. 그녀는 뚜렷한 이목구비와 황금빛 머리카락을 가진 43세 여성이었다. 시카고 북부의 부유한 교외 지역에서 다섯 살 된 매튜와 어린 두 동생, 남편 모리스와 함께 살고 있었다.

나는 웨이크필드가 그런 행사에 참석한 것을 본 적이 있었다. 그는 과학자이자 임상의로 참석했고 젊은 엄마들은 그의 말을 받아 쓰기 바빴다. 그러나 이번에는 (림프양 과형성이나 비특이성 대장염 같은) 기술적인 이야기에 그치지 않고 한 술 더 떠 버트와 매튜를 호텔 방으로 초대해 매튜의 복부를 만지는 등 진찰을 한 뒤, "우리가 매튜를 도울 수 있을 것 같네요"라고 말했다.

3개월 후 매튜는 내시경 검사를 받기 위해 햄스테드의 말콤 병동으로 옮겨졌다. 버트는 온라인 게시물에서 "저는 아들을 런던에 데려왔고 로열프리 병원에서 그가 매우 아프다는 사실을 알게 되었습니다. 아들에게는 멜론만한 분변과 대장염이 있었습니다"라고 말했다.

커비(버트와 함께 책 작업을 한 사람)에 따르면, 매튜가 내시경 검사를 받은 다음 날 저녁 웨이크필드는 그녀와 함께 저녁 식사를 했다고 한다. 그리고 내가 입수한 일리노이 주 기록 자료에 따르면 그녀는 확신을 갖고 시카고에 있는 자신의 집으로 돌아갔다. 불과 3주 뒤 그녀는 자폐증을 위한 의료개입(Medical Interventions for Autism)이라는 재단을 설립해 웨이크필드와 그의 프로젝트를 위해 수십만 달러를 모금했다.

버트는 웨이크필드가 미국 거주 비자를 받고 미래를 계획할 수 있게 도왔다. 첫 번째 계획은 플로리다 중부에 있는 국제아동발달센터에 합류하는 것이었다. 의사이자 자폐증이 있는 아들은 둔 제임스 제프리 브래드스트리트가 설립한 센터였다.

"소아기 MMR 백신과 자폐증에 관한 자신의 연구로 인해 강제 퇴직당한 영국 의사가 미국에서 수백만 달러 규모 연구 프로그램의 책임자로 임명되었다."

런던 텔레그래프의 로레인 프레이저가 보도했다.

웨이크필드는 브래드스트리트의 연구 책임자로서 자신의 가설을 증명하기 위한 새로운 노력의 일환으로 분자 병리학자, 면역학자, 생화학자로 구성된 팀을 이끌 예정이다.

좋은 소식처럼 들렸다. 햇살 가득한 곳에서 새롭게 시작하는 웨이크필드는 자기 이익을 보호하기 위해 조심스럽게 행동했다. 내가 입수한 메모에 따르면, 그는 브래드스트리트에 "앤드루 J 웨이크필드가 개인적으로 소유한 모든 지적 재산은 그의 재산으로 남게 되며 그의 통제를 받는다"라고 경고했다.

이제는 아득하게 느껴지는 토론토 바에서의 어느 날 밤 이후 수년간 그가 품은 많은 꿈과 계획들과 마찬가지로 이번에도 철저한 조사가 필요했다. 내가 알고 있는 진실을 그가 부인한 지 몇 주 만에 나는 몇 가지 질문을 더 생각해냈다. 나는 런던 특허청에서 (바이러스학 논문에 이름이 등재된) 닉 채드윅과 휴 푸덴버그의 스파턴버그 연구 논문을 찾은 뒤 플로리다 센터의 홈페이지를 샅샅이 뒤졌다.

> 귀하와 귀하의 가족이 자녀를 위한 답과 희망을 찾을 수 있는 곳… 발달장애에 대한 선진 연구가 매일 이루어지는 곳에 오신 것을 환영합니다!

당시 나는 영화 계약으로 취재를 위한 자원을 더 많이 확보한 상태였다. 그래서 사우스 캐롤라이나에서 푸덴버그를 인터뷰한 뒤 담당 PD, 촬영팀과 함께 남쪽으로 차를 몰고 브래드스트리트 국제 센터가 있는 플로리다에 갔다. 동부 해안의 한적한 마을 멜번에 있는 한 쇼핑몰 안에 소박한 사무실이 있었는데, 접수처에는 엉터리 약이 한가득 진열되어 있었다.

러너스 엣지(Learner's Edge), 차일드에센스(ChildEssence), 이뮤노키즈(immunoKids)처럼 '인지 능력 향상'을 위한 값비싼 제품들로 모두 브래드스트리트가 개발한 제품들이었다(이후 FBI가 불시 단속을 나왔을 때 그는 권총으로 자살했다). (보통 돼지에서 추출하는) 천연 신체 호르몬인 세크레틴과 시 버디즈(Sea Buddies), 콘센트레이트(Concentrate), 포커스 포뮬러(Focus Formula)도 있었다.

한편, 브래드스트리트의 웹사이트에는 행사를 홍보하는 게시물들이 올라와 있었는데, 2번 엄마를 세계 최고 전문가라고 선전하며 수백 달러의 참가비를 요구하는 게시물도 있었다.

브래드스트리트 박사와 카트지넬 박사, 웨이크필드 박사로부터 포괄적이고 통합적인 새로운 치료 프로그램에 대해 가장 먼저 들어보십시오.

멜번 사무실에서 나는 웨이크필드와 이야기할 수 있게 해달라고 요청했다. 그러나 그는 사라지고 없었다. 그의 사전에 수치라는 단어는 없었지만, 나에 대한 기억만큼은 잊고 싶은 듯 초조해 보였다. 그의 변호사는 그가 순전히 명예 때문에 해당 사건에 관여했을 뿐, 그 사건으로 얻은 수입은 전혀 없다는 내용의 편지를 내게 썼다.

플로리다 계획은 완전히 실패였다. 그러나 버트는 남편이 이혼 소송을 제기했을 때에도 낙심하지 않았다. 커비에 따르면, 버트의 남편은 그녀가 "웨이크필드에게 더 많은 사람과 애정을 품고 있다"라고 말했다고 한다. 내게 이메일을 보낸 한 정보원은 그녀가 웨이크필드를 위해 자신의 삶을 바꿨다고 했다. 어느 날 웨이크필드가 차에 있던 그녀에게 전화를 걸어 아들의 척수액에서 홍역바이러스가 발견되었다고 말한 뒤부터 그녀는 완전히 다른 사람이 되었다.

"그후 그녀는 긴 여정을 시작했습니다. 끔찍하고 어두운 곳으로 향하는."
그 정보원이 말했다.

다음 계획은 텍사스였다. 무대는 텍사수주의 주도인 오스틴으로 옮겨졌다. 웨이크필드는 자신의 카리스마와 순교자라는 정체성을 이용해 부모들이 버트를 도와 병원과 사이버 대학을 세우는 자금을 지원하도록 부추겼다. 벽돌로 된 3층짜리 사무실 건물의 지하실을 임대한 그는 '어린이를 위한 사려 깊은 집 센터'를 세우고 이사를 맡았다. 그의 후원자인 트로이린 볼이라는 여성의 토지에 있던 작은 석조 오두막의 이름을 딴 센터였다. 그녀는 부유한 부동산 중개인으로 말을 소유하고 있었고, 버트와 마찬가지로 답을 찾기 위해서라면 뭐든 하려고 했다.

"그거 아세요? '여기에 답을 아는, 비전을 가진, 똑똑한 의사가 있습니다'라고 하는 것 같았어요."

수년 뒤 유튜브에서 볼이 말했다.

"저는 문제를 풀 수는 없었지만, 문제를 풀려는 사람들을 모을 수는 있었어요."

트로이린과 (부동산 중개인이었던) 남편 찰리 볼의 '문제'는 두 아들이었다. 17세 마샬과 15세 콜턴에게는 심각한 발달 문제가 있었는데, 처음 나타난 증상은 발작이었다. 사려 깊은 집 센터가 세워진 곳은 원래 7에이커에 달하는 트로이린과 찰리의 목장으로 마샬이 휴양을 하던 곳이었다.

두 아이에겐 강점이 있었다. 마샬은 작가이자 영적 지도자로 오프라 윈프리의 토크쇼에 세 차례나 소개된 유명 인사였다. 마샬은 말을 하지 못했고 심각한 장애가 있었지만 하나님의 메시지를 전하는 사람으로 알려져 있었다. 친척이나 친구가 그의 오른쪽 팔꿈치를 쥐면, 그는 보드에 있는 글자를 고르는 방식으로 신의 영감을 받은 시를 읊었다.

나는 즐거움을 찾아요
온전함을 알고 하늘에서 들려오는
소원에 대한 응답에 귀 기울여요
산꼭대기에 걸려 있는 구름처럼
좋은 생각에 귀 기울여요…

트로이린은 마샬의 의사 소통 능력을 자랑스러워했다.

"물건 두 개를 들고 '컵 어딨어?'라고 물으면, 마샬이 몸을 기울여 이마로 컵을 칩니다."

그녀가 말했다.

댈러스 옵저버의 기자 브래드 타이어는 트로이린(웨이크필드보다 세 살 아래)이 '매력적인 금발 머리와 해맑은 미소, 오랫동안 말과 친숙하게 지낸 듯한 외모와 태도를 지닌 여성'이라고 했다.

그녀는 잘못된 죄책감에 시달리기도 했다.

"내 모습을 보면서 '내가 뭘 잘못했지?'라고 할 때가 많아요. 도대체 내가 무슨 잘못을 했길래 내 아이가 이렇게 태어난 걸까? 내가 뭘 어쨌길래 이런 일을 겪어야 하는 거지? 이런 생각은 특히 엄마들한테 너무 너무 힘들어요. 엄마라서 더 힘든 것 같아요."

시간이 지나면서 사려 깊은 집 센터에는 두세 명의 의학 박사와 치료사, 영양사, 연구원, 관리자 등 십여 명의 직원이 생겼다. 한 엄마의 의지가 만들어낸 훌륭한 결과였다. 웨이크필드에게는 개업 면허가 없었지만, (대부분 버트를 통해 지원된) 그의 급여는 다른 가정의 급여의 두 배였다. 그는 런던에서 토지 거래까지 하고 있었다.

이사회는 시업에 대한 자문과 신용을 제공했다. 첫해인 2004년 베네수엘라 태생의 영화 제작자, 델 파이낸셜 서비스의 CEO, 은퇴한 소장, 전 메이저 리그 야구 선수, 컨트리 밴드 딕시 칙스(Dixie Chicks)의 보컬이 합류했다.

값을 매길 수 없는 지지자들이었다. 그러나 웨이크필드에 가장 필요한 건 공동 이사였다. 이 자리는 맨해튼의 사교계 명사 제인 존슨(38세)이 맡았다. 날씬하고 세련된 스타일의 슈퍼모델로 한때 제약 및 의료계의 거물인 존슨앤존슨을 지배했던 가문의 사람이었다. 버트가 정리한 장부에 따르면, 제인의 개인 재단에서 웨이크필드 측에 기부한 돈은 한 해에만 수백만 달러에 달했다.

존슨에게는 발달 문제가 있는 아들이 있었지만 그녀는 사생활을 철저히 지켰다. 내가 그녀의 아들에 대해 아는 것은 사려 깊은 집 센터에서 들은 것뿐이었는데, 그녀는 글루텐과 카세인이 없는 식단, 비강에 투여하는 세크레틴, 그리고 고압 산소 탱크를 차고 최소 80번 다이빙하는 것이 포함된 명백히 실패한 치료법을 언급했다.

그녀가 웨이크필드에게 관심을 가지기 시작한 건 3년 전 캘리포니아 샌디에이고에 위치한 자폐증 연구소가 주최한 회의에 참석했을 때였다.

자폐증 연구소는 1967년 당시 39세였던 심리학자 버나드 림랜드(Bernard Rimland)가 설립한 연구소였다. 브래드스트리트와 마찬가지로 그에게도 자폐증이 있는 아들이 있었다.

정신과 의사들에게 도전장을 던진 림랜드는 일찍이 업적을 남겼는데, 그는 '냉장고 엄마(refrigerator mother)'라고 불리던 자폐증 이론(설치류 모델만큼 이상함)을 폐기하는 데 일조했다. 사고, 의사 소통, 사회적 상호작용에서 나타나는 자폐증 증상의 원인이 차갑고 냉담한 육아 때문이라는 이론이었다.

존슨이 림랜드를 찾았을 때 그는 82세로 은퇴한 지 오래였다. 그는 희끗희끗한 수염과 현명해 보이는 눈으로 약 400명의 회원을 보유한 개업의 네트워크(부모들에게는 '지금 당장 자폐증을 물리치자(Defeat Autism Now!)'라는 문구로 홍보됨)를 만들었는데, 가입 조건은 자신의 이름을 병원 웹사이트에 게재하는 것과 네트워크에 가입한다는 계약서에 서명하는 것이었다. 계약서에는 백신이 자폐증을 유발한다는 내용을 비롯해 입증되지 않은 추측들이 담겨 있었다.

그의 이러한 노력은 사실상 부모들에게 구체적인 현실을 말해주었다. 한 엄마는 사려 깊은 집 센터에서 자기 아이의 자폐증 증상을 다음처럼 이야기했다.

변비, 심한 자해 행동(피부나 손발톱 물어뜯기, 의자에 구멍을 내다가 이가 뽑힘—겨우 5세), 잠을 잘 자지 못함, 잘 먹지 못함, 계속 짜증을 내며 까치발로 걸어 아킬레스건의 유연성이 저하되어 신발을 신지 못하고 사회적 의사소통을 하지 못함. 요거트를 먹지 않음. 더 이상 뭘 해야 할지 생각이 나질 않음. 도대체 내 아이에게 무슨 일이 일어나고 있는 거지?

PS. 마비된 남편(척추종양 수술 하다가 사지마비됨), 돌봐야 할 아이 두 명, 개 한 마리, 고양이 한 마리, 개구리 두 마리, 물고기 두 마리, 청구서 처리, 집 치우기 등등… 다들 어떻게 하고 계신가요?

이런 상황에 놓인 엄마나 아빠라면 림랜드의 주장에 솔깃하지 않을 수 있을까? 빨리 나아질 수 없다면 뭐라도. 의학에서 자폐증은 천체물리학의 암흑물질만큼 이해하기 어려운 주제이기 때문에 심리학자가 실시한 설문조사를 보면 뭐든지 효과가 있는 것처럼 보이는 아이들도 있었다. 비타민 A를 먹였더니 나아졌다는 응답은 41%, 베타 차단제는 33%, 전달 인자는 39%였다. 초콜릿을 주지 않았더니 나아졌다고 응답한 부모도 49%나 됐다.

목록은 계속되었다.

림랜드는 1996년 11월 웨이크필드에 대해 알게 되었는데, 〈란싯〉 논문이 나오기 1년도 더 전이었다. 11월 29일(12명의 어린이 중 5명이 내시경 검사를 마쳤을 때), 샌디에이고에 있는 림랜드의 팩스 기계가 한 변호사가 보낸 36장 분량의 팩트 시트를 뱉어냈다. 커스틴 림과 리차드 바에게서 온 팩스에는 "우리는 앤드루 웨이크필드 박사와도 협력하고 있습니다"라고 적혀 있었다.

림랜드는 연구소의 뉴스레터 1면에 '영국, 자폐증-백신 간 상관관계?'란 제목으로 우려되는 소식을 전했다. 여전히 답을 찾고 있던 림랜드는 뒤돌아보지 않았다. 사려 깊은 집 센터에서 구입할 가구를 찾고 있을 즈음, 그는 MMR 백신이 자폐증을 유발한다는 주장을 뒷받침하는 증거 목록을 발표했다. 목록은 논평 기사 한 편, 미치광이 교수 휴 푸덴버그의 전 공동연구자가 작성한 보고서 세 편, 웨이크필드가 저술한 논문으로 구성되어 있었다.

매년 림랜드가 개최한 컨퍼런스에 참석한 존슨에게 오스틴 프로젝트는 희망이었다. 그러나 어떤 부모들은 온라인에서 또는 내게 보낸 이메일에서 센터의 우선순위에 대해 우려를 표명하기도 했다.

나는 엄마가 장 증상이 없다고 했는데도 아이에게 (이웃 병원에서) 내시경 검사를 받도록 한 사례를 들었다. 절차에 동의해야만 하는 압박감을 느꼈다고 불평하는 사람들도 있었다. 사려 깊은 집 센터에서 광고하는 승마 프로그램에 아들을 등록시키고 싶었는데, 대장 내시경 검사가 포함된 패키지 상품이라고 안내받았다는 엄마도 있었다.

"비용은 그렇다 치더라도 가장 충격적이었던 건 아들에게 내시경 검사가 필요한지 여부를 센터 측에서 결정한다는 겁니다. 필요하다고 하면 센터 시설을 이용해야 하는데, 대부분 보험이 적용되지 않아요… 제 아들은 장에 문제가 있었던 적이 없어요."

당시 웨이크필드는 내가 자신을 다시 추적하고 있다는 사실을 알고 있었다. 내가 그렇게 썼기 때문이다. 나는 법적으로 정확성과 공정성을 보장할 의무가 있는 영국의 국영 방송 채널 4와 계약을 한 상태였다. 나는 웨이크필드의 특허, 사업 계획 문서, 브래드스트리트가 개발한 약 상자를 입수한 상황이었다. 내게는 채드윅, 푸덴버그, 그리고 아들에게 MMR 백신을 접종시킨 것을 자책하는 엄마들의 고통이 있었다. 말콤 병동에서 아이들이 겪은 끔찍한 일에 대해 항의하는 사람들도 있었다. 남은 것은 웨이크필드뿐이었다.

나는 그의 일정을 샅샅이 조사했다. 텍사스에 있을 확률이 높았다. 그러나 표면적으로는 아무 일도 벌어지는 것 같지 않았다. 그의 다음 일정은 2004년 10월 22일 금요일 미국자폐학회가 인디애나폴리스의 인디애나 컨벤션 센터에서 주최하는 컨퍼런스에서 연설을 하는 것이었다.

그가 엄마들과 어울리기 위해 연단에서 내려왔을 때 나는 곧장 그에게 다가가 황금 시간대인 오후 9시에 방영되는 분량을 위해 손을 뻗었다.

다른 사람이었다면 "꺼져"라고 했을 것이다. 그러나 앤드루 웨이크필드는 아니었다. 그는 옆으로 비켜서서 렌즈 위로 손을 내밀어 카메라를 친 뒤 가버렸고 나는 그의 뒤를 쫓았다. 추격은 계속 또 계속되었다. 컨벤션 센터는 넓었다. 완벽한 장소였다. 크림색 재킷을 입은 그는 어깨끈이 달린 검은색 배낭을 메고 건장한 남성의 호위를 받아 엄마들과 림랜드를 지나 잠기는 유리문을 통해 마침내 안전한 곳으로 들어갔다. 나도 거기서 멈추었다.

"부모들이 물어보고 싶어하는 심각한 질문들이 있습니다."

카메라맨은 팔짝팔짝 뛰었고 나 역시 복도를 전력질주하며 소리쳤다.

"당신이 연구의 품질에 확신이 있고, 당신의 제품들이 공개적인 조사를 거칠 수 있을 거라 확신한다면 당신은 피하지 않고 이 질문들에 답할 수 있을 겁니다."

제 22 장

보이는 것이 전부는 아니다

워싱턴 DC의 어느 뜨거운 여름날 아침, 웨이크필드가 공개적으로 해명했다. 그는 자신이 사과를 받아야 한다고 했다. 내가 한 말은 거짓이고, 모든 것이 틀렸으며, 이해 상충은 없다고 했다. 자신은 변호사로부터 돈을 받은 적이 없다고 했다. 전에도 똑같이 말했다고 했다. 윤리적인 승인을 받은 연구이며, 적절하게 의뢰된 환자들이라고 했다.

"명예훼손 소송 절차가 진행되기 시작했다는 소식을 들었습니다."

그는 내 조사 결과를 전부 부정하는 166단어 분량의 정정 보도를 큰 소리로 읽었다.

"웨이크필드 박사에게 고통을 드려 죄송하다는 말씀을 드리며, 요청에 따라 선별된 자선단체에 적절한 금액을 지불했습니다."

2005년 7월 20일 수요일 내셔널 몰의 잔디 위에서 일어난 일이었다. 그는 무늬가 있는 넥타이에 옅은 파란색 셔츠와 카키색 바지를 입고 소매를 팔꿈치까지 걷어붙인 채 마이크가 설치된 나무 강단에 기대어 있었다. 그는 대부분 엄마들인 군중에게 둘러싸여 있었는데, 군중은 웨이크필드가 혐의를 벗었다는 소식에 박수를 치며 함성을 질렀다.

댄 버튼도 있었고, 방부제 티메로살에 대해 항의하러 의회에 온 3명도 있었다. 당시 티메로살은 미국에서 거의 사용되지 않고 있었다. 사려 깊은 집 센터는 연구를 계획하고 있었다.

'우리 아이들을 지켜주세요', '자폐증 = 수은 중독' 등의 문구가 적힌 플래카드가 보였다.

하지만 레니 샤퍼의 뉴스레터가 구독자 수천 명에게 알린 대로 국회의사당 앞에 모인 활동가들이 가장 기뻐한 일은 다음과 같았다.

영국 언론사, 앤드루 웨이크필드 박사에 대한 비방글 철회

훌륭한 업적이었다. 웨이크필드는 자신의 생계를 책임져 줄 사람들 앞에서 활짝 웃었다. 그는 자신이 심각하게 부당한 대우를 받았다고 주장하며, 내 취재 활동에 대해 나와 선데이타임스, 채널 4, 나의 웹사이트(briandeer.com)를 상대로 명예훼손 소송을 제기했다고 말했다.

그의 변호사는 상당한 금액의 보상을 요구하는 9장 분량의 서류에서 이렇게 주장했다.

"웨이크필드 박사의 임상 보고서에 실린 퇴행성 자폐증과 장 증상으로 의뢰된 어린이 열두 명의 병력 및 임상 결과는 타당성과 신뢰성이 있습니다."

차라리 노벨상 쪽이 확률이 더 높을 수 있겠다. 사과문은 우리 측에서 발표한 게 아니었다. 웨이크필드는 내 기사에서 단 두 문장을 언급한 영국 동부의 지역 신문 케임브리지 이브닝뉴스를 협박했다. 발행 부수가 5천 부에 불과한 케임브리지 이브닝뉴스는 웨이크필드의 항의를 처리하는 데 소요되는 시간조차 감당하기 힘들었을 것이다. 신문사는 아직 인쇄주차 되지 않았던 해당 기사를 24시간 내에 철회했다.

"발행된 신문을 보고 깜짝 놀랐습니다. 선데이타임스에 실렸던 자료에 대한 사과인 게 명백해 보였어요."

선데이타임스의 법무 담당자 앨러스테어 브렛은 웨이크필드가 워싱턴에서 정정 보도문을 발표한 날 케임브리지 이브닝뉴스에 이렇게 썼다.

진실은 이랬다. 웨이크필드는 우리가 자신의 명예를 훼손했다고 주장했다. 그리고 그 후 꼼수를 썼다. 내 기사를 본 영국 보건부 장관이 의료위원회에 이 사건을 조사할 것을 요청했다. 상황 판단이 빠른 웨이크필드는 자

신도 조사를 '환영'하고 '촉구'한다고 말했다. 의료위원회에서 그의 말을 있는 그대로 받아들여 조사를 시작하자, 그는 자신이 제기한 소송을 중단하려 했다. 자신의 지지자들에게 소송을 제기하겠다고 했지만 실제로는 진행할 생각은 없었던 것이다.

그래서 우리(채널 4와 나)는 그에게 법정에서 싸우든지 아니면 닥치든지 하라고 했다. 고소한다고 했으면, 고소를 해야지. 그가 내게 씌운 혐의를 보고 있지만은 않을 작정이었다. 사과할 이유 따위 없었던 우리는 당연히 사과하지 않았다. 그가 워싱턴에서 승리한 지 7일 만에 처음으로 판사의 결정이 나왔다. 소송을 진행하라는 명령이었다.

3개월 뒤 그는 다시 한 번 소송을 지체없이 진행하라는 명령을 받았다. 왕립재판소 13번 법정에 앉은 이디 판사는 "고소인은 명예훼손 소송을 홍보와 비평 억제의 수단으로 삼는 동시에, 소송이 진행될 경우 타당한 근거를 들어 실질적인 방어를 해야 하는 불리한 상황으로부터 벗어나려는 것으로 보인다"라고 판결했다.

그의 소송 비용은 보험 회사인 의사방어연합(Medical Defense Union)에서 부담했다. 나 역시 채널 4의 보호를 받았지만 거의 18개월 동안 모든 정신을 소송에 집중하며 매여 있어야 했다. 법무팀을 위해 작성해야 하는 초안이 셀 수 없이 많았다. 수백 건의 문서를 주고 받고, 목록도 만들어야 했다. 변호사들과 회의를 하고 판사 앞에서 열리는 심문에 참석했다. (웨이크필드는 내 웹사이트를 본 적이 없다고 말했지만) 그의 변호사들은 내게 막대한 비용을 경고하는 위협적인 서신을 보냈고 그중 일부는 가죽재킷을 입고 헬멧을 쓴 남자들이 집으로 배달해주었다.

내 저널리즘 경력은 꽤 괜찮은 기사 2편으로 축약할 수 있다. 하나는 머크사의 진통제 바이옥스(Vioxx)에 대한 기사로 조사에 6~7주가 걸렸다. 5일 동안 공공기록 사무소에서 이상사례 보고서에 'KW'로 표기된 70대 남성을 찾아 사망자 목록을 샅샅이 뒤지던 때가 생각난다.

그리고 나는 그를 찾았다.

1면에는 「영국서 바이옥스로 사망한 피해자, 2000명 넘을 수도」라는 기사가, 5면에는 '자기도 모르는 사이에 희생된 피해자들'이란 제목 아래 특별 조사가 실렸다.

다른 하나는 내 조사를 바탕으로 채널 4에서 제작한 〈잘못된 약물 실험 The Drug Trial That Went Wrong〉이라는 영화였다. 코드명 TGN1412인 단일 클론 항체로 인해 자원자들이 치명적인 부상을 입었던 임상시험을 조사했다. 인디애나폴리스에서 웨이크필드를 쫓았던 것처럼 보스턴에 있는 포시즌스 호텔의 호화로운 복도에서 담당 회사의 사장을 쫓을 때가 정점이었다.

나는 웨이크필드의 연구가 결코 검증되지 않으리라는 것을 알고 있었다. 이 사실이 나를 남몰래 괴롭혔다. 런던 명예훼손 재판에서 마지막으로 등장한 십자군은 데이비드 어빙이라는 거짓말쟁이 역사 학자로 그는 뉴욕 출신 작가 데보라 립스타트(Deborah Lipstadt)와 펭귄 북스가 자신을 히틀러 옹호자로 암시했다며 고소했다. 그는 재판에 졌을 뿐 아니라 판사로부터 '홀로코스트 부정론자'로 낙인찍혔고 그와 데보라 립스타트의 싸움은 영화화됐다.

그런데 2006년 5월 어느 화요일 오후, 내가 시간을 낭비하고 있는 게 아니라는 것을 나는 알게 됐다. 나는 런던 웨스트엔드 중심부에 있는 채널 4의 자문사 로펌 위긴(검게 그을린 유리에 바닥 전체에 카펫이 깔려 있고 "커피 드릴까요?"라고 묻는)에 있었다. 무적의 변호사 아말리 데 실바(Amali De Silva)가 루이보스 차를 홀짝이고 있는 내 앞으로 웨이크필드의 변호사들이 공개한 보고서 더미를 던졌다.

보고서는 40건에 달했다. 한 보고서가 말콤 병동을 통과한 어린이 한 명에 대한 기록이었다. 진단, 병력, 내시경 소견, 조직병리학, 혈액 검사표로 구성된 약 17장 분량의 보고서였다. 안타깝지만 앞장에 적힌 환자의 이름과 생년월일이 검은 잉크로 지워져 사실상 쓸모가 없었다.

첫 번째 보고서를 넘기다가 이름을 발견했을 때 나는 입에 있던 차를 뱉을 뻔했다. 나는 법원 서류, 뉴스 기사, 기타 출처에서 얻은 정보를 비교해 12명 전원의 신원을 확보할 수 있었고, 내 손에는 6번 아동으로 표기된 다섯 살 소년의 보고서가 들려 있었다. 누군가 익명으로 수정하는 것을 잊어버린 것이다. 나머지 보고서도 마찬가지였다.

ATM 기계가 고장이 나도 그렇게 감사하지는 못할 것이다. 2번 아동과 4번 아동 등 일부의 신원은 찾을 수 없었지만 세계에 백신 경보를 발령한 프로젝트의 근거로 쓰인 자료들이 내 손에 있었다. 익명의 생물의학 연구에서 이런 통찰을 얻은 언론인은 없었을 것이다(기꺼이 정정할 의사 있음).

이것은 워싱턴에서 웨이크필드가 벌인 쇼에 대한 상당한 보복으로 그가 조금 편안해질 무렵이었다. 그달 웨이크필드는 자신의 아내와 이제는 4명이 된 아이들(17세, 15세, 11세, 9세)을 위해 텍사스 언덕 지대가 보이는 곳에 자기 취향에 맞는 주택을 구입했다. 로마 양식의 문이나 하인 숙소는 없었지만 오스틴 서쪽에 있는 5에이커의 삼림 지대에는 스페인식 로비와 대리석 바닥, 거실 4개, 침실 6개, 욕실 6개가 있었다. 오락실, 체육관, 수영장, 온수 욕조도 구비되어 있었다.

'자폐증 + 백신 = 돈'일까?

6번 아동은 전례 없는 사례나 가장 설득력 있는 사례는 아니었다. 하지만 6번 아동의 엄마는 흥미로운 인물이었다. 그녀는 2번 엄마와 마찬가지로 뉴스나이트 방송을 보고 웨이크필드에게 전화를 걸었다. 그녀는 재키 플레처와 잽스를 창립한 사람이면서 대변인이었다. 내셔널 몰에서 웨이크필드가 '사과'를 받았다고 발표하기 불과 4개월 반 전, 그녀는 사려 깊은 집 센터가 개최한 행사에서 2번 엄마와 함께 연설을 했다. 두 엄마가 함께하고 있었다.

내 앞에 놓인 보고서들은 웨이크필드의 선행 연구를 위한 데이터베이스(로열프리의 연구간호사가 관리한)에서 나온 결과였다. 대부분의 내용이 정보를 요청하는 질의와 표에 나와 있는 응답이었다. 나는 '요약'이라는 제목이 붙은 6번 아동의 보고서를 손가락으로 넘기다가 셋째 장에 다다랐다.

제목 아래에는 아이의 초기 발달이 정상인지 묻는 줄이 있었다. 백신 피해를 주장하려면 이 부분이 중요했다. 나는 〈란싯〉 논문 초본이 결백했다는 사실을 알게 됐다. '방법'과 '해석' 부분은 아동 12명이 정상적인 발달 이력을 가지고 있으며, 이전에는 정상이었던 어린이임을 강조했다.

그런데 6번 아동의 보고서는 시작부터 험난했다.

'초기 발달-정상?'이라는 질문에 직설적인 대답이 적혀 있었다.

아니오.

좋은 조짐이라는 생각이 들었다. 그러나 여기서 주춤하지 않았다. 그보다 7cm 아래에 웨이크필드가 왜 그렇게 행동했는지 핵심을 알 수 있는 15cm 너비의 상자가 있었다. 상자에는 굵은 글씨로 '초기 진단'이라고 써 있고 페이지 하단에 '현재 진단: 아스퍼거 증후군(가능성이 크다)'이라고 적혀 있었다.

확인할 필요도 없었다. 해당 논문에는 아스퍼거 증후군의 사례가 보고된 적이 없었다. 표 2의 2열 '행동 진단'에는 어린이 여덟 명이 '자폐증', 한 명은 '자폐증? 붕괴성 장애?', 한 명은 '자폐 스펙트럼 장애', 둘은 '뇌염?'이라고 적혀 있다.

아스퍼거 증후군은 20세기 후반에 등장했다가 21세기 초반부터 (적어도 공식적으로는 소아과 전문의 사이에서는) 잘 쓰이지 않았다. 1970년대에 세계보건기구는 자폐증을 소아 정신질환으로 분류했다. 그러다가 1992년에 새로운 사고 방식이 등장하며 전반적 발달장애(pervasive developmental disorders, PDD)라는 개념이 생겼다. 유년기 자폐증은 하나이고 아스퍼거 증후군의 다른 종류인 F84.0과 F84.5였다. '(나이가 비교적 많은 어린이의) 붕괴성 장애'는 F84.3이었고 불확실성이 있으면(있는 경우가 많았음) '자폐 스펙트럼 장애'라는 문구를 붙이는 게 유행이었다.

일반적인 대화나 뉴스의 헤드라인에서 자폐 스펙트럼 장애라는 표현이 흔히 쓰였지만 전 세계의 소아과 의사들은 아스퍼거 증후군이 자폐증과는 별개의 질환임을 알았을 것이다. 예를 들어, 호주 출신 교수 존 워커스미스는 자신의 회고록 『오랜 기억』에서 "전반적 발달장애에는 자폐증과 이른바 자폐 스펙트럼 장애, 아스퍼거 증후군이 포함되며, 아스퍼거 증후군인 아이에게는 자폐증의 특징인 언어 지연과 인지 발달 지연이 나타나지 않는다."라고 설명했다.

웨이크필드는 이 점을 알고 있었다. 그리고 뉴올리언스 컨퍼런스에서 어린이 30명에 대해 보고할 때(나는 〈란싯〉 회의에서 이 컨퍼런스에서 그가 사용한 자료를 활용했다), 법률구조위원회에 제출한 임상 및 과학 연구에 대한 보고서에서, 캘리포니아 새크라멘토에서 열린 학부모 회의에서, 버튼의 의회 청문회에서 선서하고 연설할 때, 사려 깊은 집 센터의 웹사이트에서, 채널 4와 나를 상대로 한 소송 문서에서 등 모든 곳에서 이 둘을 구분해 사용했다. 매번 정확하게 구분했다.

그는 이후 한 책에서 "자폐증과 구분되는 아스퍼거 증후군의 근본적인 측면은 정상적인 언어 습득이며, 아스퍼거 증후군으로 진단하려면 아동의 인지 능력이 해당 연령에 따른 정상 범위 내에 있는지 봐야 한다"라고 설명했다.

2번 아동이나 4번 아동이 겪는 문제들과는 달랐다. 브라질 상파울루에서 만난 조제 살로망 스시와르트즈망(존 윌슨의 DTP 논문의 공동 저자)은 이렇게 설명했다.

"아이에게 아스퍼거 증후군의 특징이 보인다고 하면, 아버지가 '아니에요, 선생님. 얘는 저랑 똑같아요'라고 하는 건 매일 겪는 일입니다."

위건에서 내 손에 쥐어진 보고서에는 포괄적인 내용이 담겨 있어 6번 아동을 진단한 사람까지 나와 있었다. 3장에는 소아과의사 두 명의 이름이 적혀 있었다. 한 명은 런던에서 남쪽으로 50마일 떨어진 곳에 위치한 어린이 병원 아동발달 부서의 컨설턴트였다. 다른 한 명은 런던의 주요 센터 중 한 곳의 발달소아과 컨설턴트였다. 로열프리 측에서는 기자회견 당시 웨이크필드 옆에서 발언을 했던 아동정신과 의사 마크 베렐로위츠가 다른 전문가들과 의견을 같이했다.

차가 식어가고 있었다. 소아과 의사인 마크 베렐로위츠의 진단을 비임상 의사이자 교수이며 성인 위장병 전문의인 웨이크필드가 바꾼 듯했다.

웨이크필드가 왜 그러겠냐고? 안 될 것도 없지 않은가? 데이터를 기록한 사람은 웨이크필드였고 진단을 바꾸면 그가 주장하는 증후군은 더욱 설득력 있게 들렸다. 그는 논문에서 아이들이 발달적 퇴행을 보인다고 주장했다. 변호사는 '퇴행성 자폐증과 장 증상으로 의뢰된 아동 12명'이라고 말했다. 그러나 아스퍼거 증후군(미국에서는 '장애'로 명명)은 퇴행을 동반하는 하위 범주의 질환이 없다는 점에서 자폐증과는 결정적으로 달랐다.

소아과 의사가 〈란싯〉 논문을 읽는다면 논문의 방향이 없다는 것을 몇 초 만에 알 수 있을 것이다. 캐나다 몬트리올에 있는 맥길대학교의 정신과 교수 에릭 폼본은 이후 내게 "퇴행성 아스퍼거 같은 건 없습니다"라고 했다. "자폐증에서 나타나는 퇴행이 관찰되는 경우 아스퍼거 증후군일 가능성은 거의 배제됩니다."

나는 6번 아동의 '감염 및 예방 접종 이력'을 지나 5쪽의 '이상반응' 부분을 계속 읽어내려 갔다. 기존 데이터베이스와 충돌하는 내용이 또 있었는데, 출판된 논문의 내용과도 충돌했다. 엄마의 진술과도 맞지 않았다. 보고서에는 6번 엄마의 진술이 별로 없었다. 그러나 그녀는 다른 곳에서 기억에 남을 만한 내용을 일관성 있게 진술했다. 리차드 바의 집단 소송이 실패로 돌아가자 그녀는 판사에게 이렇게 말했다.

"MMR 백신 접종 후 몇 시간 뒤에 아들은 고음의 비명을 질렀고 열이 났어요. 야생 동물 같았어요. 달리 설명할 방법이 없네요. 백신 접종 이후부터는 누가 만지면 소리를 지르고 밤낮으로 울어댑니다."

그녀는 국회의원에게도 똑같이 말했다. '고음의 비명'을 지르고, '퇴행성 자폐증'이라고 했다. 이후 한 인터넷 라디오 프로그램에서 14개월차에 MMR 백신을 맞은 아들이 어떻게 됐는지 더 자세히 설명했다.

"정오에 아이에게 백신을 맞추고 집에 갔는데, 두 시간 뒤부터 끔찍한 비명을 지르기 시작했어요. 고양이의 비명 소리 같았죠. 여전히 그렇게 소리를 질러요. 그 소리를 들으며 잠에서 깹니다."

그런데 이상하게 보고서 5쪽에는 이런 내용이 없었다. 6번 아동은 주사를 맞은 지 일주일 뒤 고열과 지속적인 감기와 발진 증상이 나타났다라고만 적혀 있었다. "증상은 2주 동안 지속되었으며, 행동이 공격적으로 변함"이라고 기재되어 있었는데, 그 시기나 구체적인 설명은 없었다.

그녀는 비명 소리가 꿈에서까지 자신을 괴롭힌다고 했다. 비명은 백신의 이상 반응으로 인정된 증상이었다. 첨부 문서('지속적인 비명')에 드물게 발생하는 이상 사례로 기재되어 있었다. 캘리포니아와 메릴랜드 팀은 약 16,000명의 접종 데이터를 분석해 그 결과를 〈소아과학*Pediatrics*〉이라는 유력 학술지에 게재했다. 연구진은 488명이 백신 접종 후 48시간 동안 계속 울었으며, 이중 17명은 부모들이 일반적으로 고음의 비명이라고 하는 '특이한 울음 소리'를 냈다고 보고했다.

6번 엄마의 진술과 완벽하게 일치했다. 유일한 결점은 첨부 문서와 소아과학지가 말한 백신이 MMR 백신이 아니라는 점이었다. 비명은 DTP(디프테리아·파상풍·백일해) 백신에 대한 반응이라고 알려져 있었다. 러브데이의 재판에서 주장된 내용이었고 1987년 10월 타임스가 보도한 바와 같이 언론에도 다뤄진 내용이었다.

"세 번째 접종 후 아기는 이틀 동안 계속 비명을 질렀다. 평범한 아기의 울음소리가 아니라, 고음의 비명이었다."

시장에서 두 백신 제품이 철회된 뒤 웨이크필드의 전화를 받았던 은퇴한 전 공무원인 소아과 의사 데이비드 솔즈버리가 이 점을 확인해 주었다.

"고음의 비명은 DTP의 특징적인 반응입니다. 제 생각에 MMR 백신 접종 뒤 48시간 이내에 일어난 일이라고 말하는 사람이 있다면, 그건 지어냈거나 어딘가에서 읽은 겁니다. 이것은 전형적인 DTP 반응입니다."

나는 '14일'처럼 '고음의 비명'도 기억하고 있었다. 이 두 가지는 DTP 백신에 대한 소송에서 중심적이고 중추적이었던 DTP 백신의 잊을 수 없는 특징이었다. 웨이크필드가 윌슨의 14일을 차용한 것처럼 6번 엄마도 DTP 백신 소송에서 고음의 비명을 차용한 듯했다.

과학을 모른다면 범하기 쉬운 실수였다. 백신들이 서로 얼마나 다른지 모를 수도 있다. 당시 백일해 주사는 포르말린에 담긴 전 세포(whole-cell)로 구성된 백신이었다. 반응은 접종 뒤 수 시간 내에 발생하는 것으로 알려져 있다. 그러나 (볼거리 및 풍진과 같은) 홍역 백신은 생바이러스 주사이기 때문에 접종자의 체내 조직에서 뭐라도 할 수 있는 정도로 성장하려면 수일이 걸린다.

〈란싯〉 논문에는 비명 소리가 적혀 있지 않았다. 그러나 웨이크필드의 이야기가 점점 더 이상해지는 것과 마찬가지로 6번 아동의 보고서에는 비명이 기재되었다. 보고서에는 그녀가 웨이크필드를 알기 전이자 아들이 MMR 백신을 접종하기 10개월 전 시점, 즉 아이가 4개월차일 때 일어난 사건이 적혀 있었다. 6번 엄마의 기억에 대한 외구신을 더욱 커지게 하는 내용이었다. 6번 엄마는 [6번 아동이] 3차 DPT 백신을 접종하고 5분이 지난 뒤부터 심하게 울며 고음의 비명을 질렀다고 설명했다. 이같은 증상은 12시간 동안 지속되었다고 한다.

보고서의 백신은 DTP였던 것으로 보인다. 웨이크필드도 진단을 바꿨지만 6번 엄마도 백신의 이름을 바꾼 것이었다.

아말리 데 실바 변호사가 테이블 위에 놓은 보고서에는 더 많은 내용이 담겨 있었다. 나는 웨이크필드를 재판에 회부할 계획이었던 채널 4 경영진과 그녀에게 내가 받은 인상을 전했다. 우리는 웨이크필드가 논문에 실린 어린이 12명의 완전하고 편집되지 않은 기록을 제출하도록 법원의 명령이 필요하다는 데 동의했고 그 신청서를 판사에게 제출했다.

6번 엄마는 우리를 막아서기 위해 법정에 왔다. 그러나 이디 판사는 그녀를 무시했다. 그해 11월 13번 법정에서 판사는 "소송 당사자가 입수할 수 있는 문서를 부모들이 결정할 수는 없다"며, "이 의료 기록이 핵심이라는 점이 분명해 보인다"라고 말했다.

2007년 1월 2일 화요일 나는 위긴의 사무실로 돌아와 테이블 한 켠에서 변호사 한 명이 지켜보는 가운데 두 상자 분량의 임상 기록을 읽었다.

그날 나는 웨이크필드는 끝났다는 결론을 내렸다. 하지만 내가 뭘 보고 그렇게 생각했는지는 말할 수 없다. 민감한 정보가 제대로 삭제되지 않은 보고서(웨이크필드가 나를 고소했다고 말하기 위해 텍사스에서 나를 고소한 덕분에 미국에서는 공개되었다)와 달리 전체 내용을 공개해서는 안 되기 때문이다.

당시에는 모든 일이 어떻게 될지 알 수 없었지만 그날 저녁 보고서들을 살펴본 후 집으로 돌아가면서 나는 소송으로 인한 고통이 가벼워졌음을 느꼈다. 웨이크필드의 논문에 관한 많은 비밀을 파헤쳤고 그 전주 주말에는 선데이타임스에 독점 기사까지 낸 상황이었다. 나는 그 기사에서 웨이크필드가 바와 거래를 체결하고 받은 막대한 금액을 폭로했다.

법률구조위원회에서 수천 파운드 받은 MMR 백신 반대 의사.

그 12장 분량의 기사는 대부분 사진으로 채워졌다.

전화가 울린 건 6시 뉴스에 맞춰 집에 도착하기 한참 전이었다. 데 실바 변호사였다. 내가 위긴 사무실에 앉아 의료 기록을 살펴볼 때, 웨이크필드의 변호사는 명예훼손 소송을 포기하고 소송 비용을 지불하는 데 동의하는 소송 포기 서류를 제출했다.

제 23 장

세서미 스트리트

어린 소녀가 좋아하는 만화 영화가 방영되기를 기다린다. 소녀는 화면에서 눈을 떼지 못한다. 이제 곧 음악이 시작되면 빅 버드와 쿠키 몬스터가 전에 나타났던 곳에서 등장하리라는 사실을 소녀는 알고 있었다. 흑발의 라틴계 소녀가 분홍색과 흰색이 섞인 원피스를 입고 튼튼한 유아용 의자에 앉아 초조하게 몸을 앞으로 뻗는다. 소녀의 이름은 미셸 세딜로였다.

　엄마 테레사는 카메라에 녹화되는 소녀의 모습을 지켜본다. 다른 시간에 다른 곳에서 나도 카메라의 렌즈를 통해 소녀를 봤다. 12년 뒤 나는 소녀의 집에서 동쪽으로 250마일 떨어진, 짙은 체리색으로 화려하게 장식된 하워드 T. 마키 국립법원 건물 201호에 앉아 있다. 백악관을 둘러싼 녹지에 위치한 건물이다.

　미국 연방청구법원의 백신 법원 분과가 웨이크필드를 평가하기 위해 모인 날이었다. 겨울처럼 차가운 법정 안에는 내 주위로 변호사, 부모, 전문가, 대중들이 스윙게이트 바와 재판부를 마주한 채 앉아 있고, 재판부에서는 특별 지휘권자라고 불리는 세 명의 심판관이 모니터를 응시하고 있었다.

　'14일'이나 '고음의 비명'처럼 이 법정도 1982년 4월 NBC의 백신 룰렛을 통해 미국에 수입된 DTP 백신 위기의 유산이었다. 영국보다 소송 문화가 훨씬 발달한 미국에서 이 프로그램은 엄청나게 많은 소송을 촉발했다. 1981년 미국에서 3건에 불과했던 관련 소송은 4년 뒤 연간 200건 이상으로 증가했다. 대부분의 제조사는 생산을 포기했고 1986년 11월 로널드 레이건은 분쟁을 연방 특별 지휘권자에게 맡기고 결정된 보상에 이의를 제기할 수 없게 하는 법안에 서명했다.

웨이크필드의 논문이 출간된 이후 (지금으로부터 9년 전) 전국적으로 5,000여 가구가 집단소송을 하기 위해 모여 들었고, 변호사들은 미셸을 대표적인 사례로 선택했다. 미셸은 미국의 2번 아동이었다. MMR 백신에 있는 홍역바이러스가 자폐증의 원인이라는 변함없는 명제로 제기한 소송이었다.

음악이 시작되자 미셸은 반응했다. 에릭 폼본이 부드러운 프랑스식 억양으로 법정에 있는 모든 사람에게 무슨 일이 일어나고 있는지 차분히 안내했다.

"영상을 보면 아이가 세서미 스트리트에 얼마나 매료되었는지 알 수 있습니다."

2007년 6월, 12일 간의 청문회 중 6번째 날, 몬트리올 출신 자폐증 전문가 에릭 폼본이 증언했다.

"아이는 매우 흥분한 상태입니다. 과도한 움직임이 보입니다. 위아래로 손을 퍼덕이는데, 이건 자폐의 전형적인 움직임입니다."

웨이크필드가 명예훼손 재판에서 탈출한 지 6개월이 지났는데도 그의 주장은 이 법정에까지 들어와 있었다. 이것은 세딜로 대 보건복지부 장관 판례이다. 후자는 정부를 대신해 적절한 보상을 해야할 책임이 있다. 법무부 직원의 계산에 따르면 테레사가 이길 경우 150억 달러의 보상금을 받을 수 있었다.

엄마 테레사는 1997년 웨이크필드에 대해 처음 들었다. 이후 웨이크필드는 버나드 림랜드의 학술지 〈자폐증 연구〉의 1면에 논문을 게재했다. (리차드 바가 소송을 제기한 지 불과 두 달 뒤인) 1998년 12월에 그녀는 자신의 딸이 피해자라고 주장하면서 백신법원 양식에 따라 보상을 청구했다.

웨이크필드의 논문을 믿게 된 그녀는 2001년 10월 마침내 샌디에이고에서 그를 만났다. 제인 존슨이 사려 깊은 집 센터에 가게 된 경위와 매우 흡사하게 테레사는 림랜드의 '지금 당장 자폐증을 물리치자!'의 컨퍼런스에 참석했다. 이 컨퍼런스에서 웨이크필드는 부모들에게 자신이 발견했다는 자폐성 장염에 대해 알리고 원인을 찾았다고 말했다. 뒤에서 듣고 있던 테레사는 그가 복도를 나가자 황급히 뒤에서 그를 쫓아갔다.

청문회 2일째 반대 심문에서 그녀는 그와의 만남이 어떻게 꽃을 피웠는지 증언했다.

"웨이크필드 박사와 이메일을 교환한 적이 있습니까?"

법무부의 소송대리인 린 리치아르델라가 물었다.

"예, 있습니다."

테레사가 증인석에서 대답했다.

재판부와 소송대리인 사이에 있는 의자였다. 검은 곱슬머리에 안경을 쓰고 눈에 띄는 귀걸이를 착용한 깔끔한 복장의 그녀는 당시 45세였다. 2번 엄마와 마찬가지로 세련되고 멋진 여성이었다.

"대략 몇 통의 이메일을 주고 받았나요?"

"맙소사, 정확한 숫자는 모르죠."

"열 통 이상인가요?"

"네, 열 통 이상입니다."

"오십 통 이상?"

"아마 백 통 이상은 될 텐데 백오십 통은 안 됩니다."

유아용 의자에 앉아 있던 소녀는 테레사의 외동딸로 멕시코 국경에서 20분 거리에 있는 애리조나주 유마에 있는 집 근처 병원에서 태어났다. 소녀는 태어난 당일(1994년 8월 30일) B형 간염 백신을 맞았고 한 달 뒤 2차 접종을 했다. 2개월 차에는 예방 접종을 세 번이나 했다. DTP 백신과 헤모필루스 인플루엔자 백신(둘 다 주사), 구강으로 복용하는 소아마비 백신이었다. 이듬해 12월과 3월에도 똑같은 접종을 했고 마지막으로 3차 B형 간염 백신을 접종했다. 1995년 9월에는 수두 백신을 접종했다. 그리고 12월 20일 수요일, 15개월차에 MMR 백신을 접종했다.

당시 미국의 전형적인 백신 접종 일정이었다. 소녀의 부모는 모든 백신이 딸에게 영향을 미쳤다고 주장했다. 테레사와 그녀의 남편 마이클 세딜로는 변호사를 통해 수은이 함유된 방부제 티메로살(당시 간염 백신과 DTP 백신에 사용됨)이 아이의 면역 체계에 문제를 일으켜 MMR 백신에 있는 살아 있는 홍역 바이러스에 취약해졌다고 주장했다.

청문회는 이 주장을 중심으로 준비되었다. 그러나 청문회에서 티메로살은 제외되었다. 다른 백신이 미셸의 문제를 일으켰는지 여부에 관계없이 변호사가 가장 결정적이라고 한 이슈는 더블린의 쿰비 여성병원에서 실시된 장 생검 표본에 대한 바이러스 검사였다.

"한 가지 핵심적인 사실은," 특별 지휘권자인 조지 L. 해이스팅스 주니어가 설명했다. "청구인이 주장하는 인과관계를 입증하는 것은 미셸과 다른 자폐 아동의 생검에서 홍역바이러스가 존재한다는 증거를 찾을 수 있는 검사의 유효성에 달려 있습니다."

웨이크필드는 사건의 증인 목록에 올라가 있었다. 존 오리어리의 바이러스 검사가 사건의 핵심이었기에 두 사람 모두 참석할 만한 자리였다. 수백만 어린이가 접종하는 백신에 의문을 제기한 둘이었다. 하지만 어느 쪽도 청문회에 출석해 설명하지 않았다.

두 사람 대신에 제출된 증거는 한 장의 종이였다. 말 그대로 종이 한 장. '홍역바이러스 검출 보고서'라는 제목의 2002년 3월 15일자 보고서였다. 오리어리가 자신의 회사인 유니제네틱스(웨이크필드가 이사로 있다가 1년 전 사임)를 위해 서명한 이 문서에는 미셸의 이름, 생년월일, 환자 식별 번호가 나와 있고 "홍역바이러스 양성"이라고 명시되어 있었다.

그러나 바이러스가 (실제로 있다면) 백신에서 나왔다는 증거는 없었다.

균주나 염기서열도 기재되어 있지 않았다. 제조업체가 경고한 대로 진단 절차에 사용해서는 안 되는 기기를 어떻게 사용했는지 검사 방법을 자세히 설명하는 문서도 없었다.

자세한 내용은 거의 없었다. 더블린 연구소는 (바이러스에서 튀어나온 작은 덩어리들을 코드화한) 홍역 F 유전자의 염기서열을 조사했다고 밝혔다. 미셸의 회장에서 채취한 표본에는 '부합'이라고 기재되어 있었다. 오리어리의 7700에 연결된 애플 컴퓨터가 발견했다고 보고한 양은 1.67×10^5 copies/ng total RNA에 해당했다.

테레사는 딸의 상태가 입증되자 안도감을 느꼈다. 햄스테드에서 아들이 내시경 검사를 받았을 때 모니터에서 림프양 증식증을 본 2번 엄마가 느꼈던 감정과 같았다.

테레사는 특별 지휘권자들 앞에서 말했다.

"벅찬 감정이 들었습니다. 저희가 예상하고 생각했던 것이 확실해졌으니까요."

그러나 홍역바이러스를 오랫동안 연구한 과학자들에게 이 보고서가 확인해주는 것은 아무것도 없었다. 1.67×10^5 사본은 RNA 1000만분의 1그램당 167,000비리온을 의미하며 압도적인 감염을 시사한다.

존스홉킨스 대학교 블룸버그 공중보건대학원의 분자 생물학 담당교수 다이앤 그리핀은 법무부에 제출한 보고서에서 "이 정도의 수치로는 회장의 해당 부분에 있는 모든 세포가 감염되어 활발하게 RNA를 생산하고 있다고 추측할 수 있습니다"라고 했다. 또한 그 수치가 "의심스러울 정도로 높고, 생물학적으로 개연성이 없다"라고 했다.

이전에 바가 제기한 소송에서 보고서를 작성했던 북아일랜드 퀸스대학교의 생물의학과 학장 베르투스 리마도 이렇게 많은 양의 바이러스가 존재한다면 미셸의 세포는 홍역 RNA로 가득 차서 중요한 세포 구성 요소가 들어갈 공간이 남아 있지 않을 것이라고 했다.

세딜로 부부 측의 전문가들은 아무런 답변을 하지 않았다. 그들은 더 심각한 문제에 직면해 있었다. 전 세계의 법원은 제조물 책임에서부터 음주 운전에 이르기까지 어떤 분야의 실험 결과라도 증거로 인정한다. 그런데 법무부의 변호사들이 쿰비 실험실 결과를 둘러싼 논란을 다룬 내 기사를 봤던 것이다.

MMR 백신 연구 데이터를 둘러싼 의구심.

11면에 실린 900단어 분량의 기사였다.

내가 법무부 측에 관련 문서들을 제공하자, 그들은 PCR 괴짜인 스티븐 버스틴을 영입했다. 정부측의 수석 변호사 빈센트 마타노스키는 키가 큰 해군 장교 출신의 남성이었다. 그는 "한 언론인의 끈질긴 노력 덕분에 진실이 전면에 드러났다"며, 재판부에 내 조사 결과를 제출했다.

당시 버스틴은 쿰비병원의 데이터를 추가적으로 조사했고 자신이 발견한 것을 밝히기 위해 워싱턴에 와 있었다. 그는 실험실 컴퓨터와 기계의 실행 횟수가 조작되었다며 검사를 수행한 연구자가 RNA를 DNA로 변환하는 데 실패했는데도 바이러스를 증폭시킨 것으로 보고했다고 주장했다. 그는 포르말린으로 고정한 생검 표본과 닉 채드윅이 질소로 동결한 표본도 비교했다.

나는 설명하기 그렇게 어렵지 않은 마지막 부분을 특히 좋아했다. 포르말린은 핵산을 분해하여 분자 증폭을 어렵게 만들기 때문에 동결된 표본이 사용되었다. 포르말린 표본을 사용할 경우 깨끗한 동결 조직을 사용할 때보다 더 많은 주기를 돌려야 한다. 그런데 버스틴은 오리어리가 보고한 F 유전자의 경우 '대조군 유전자'와 달리 두 배치의 평균 주기가 동일하다는 점을 발견했다. 따라서 버스틴은 생검이 포르말린에 고정된 후 홍역에 감염되었다고 봤다. 그러니까 생검이 아이들에게서 채취된 이후 감염이 발생했다는 것이다. "이걸 뭐라 하든 오염 물질이기 때문에, 본래의 생검이라고 볼 수는 없습니다."

버스틴은 헤이스팅스에게 말했다.

테레사를 포함한 17명의 증인이 증언을 했다. 테레사의 증언이 가장 인상적이었다. 법원이 알고 있는 바와 같이 백신 피해를 주장하는 데 있어 필수 요소는 백신 접종과 증상 발현 간 '시간적 연결'이었다. (종종 엄마들의 진술이 근거가 되는) 시간적 연결고리가 확인이 되어야만 세서미 스트리트의 노래가 설득력을 가질 수 있었다.

사건이 있은 지 수년이 지난 뒤 테레사는 MMR 백신을 접종한 지 14일 만에 딸에게 고열이 발생했다고 진술했다. 이후 그녀는 진술을 7일로 바꿨다. 재판이 시작되기 전에 제출된 진술서에는 접종 후 '7~8일 뒤' 세서미 스트리트 영상을 틀지 않고는 진정시킬 수 없을 정도로 울었다고 적혀 있었다.

그녀는 반대 심문에서 "제가 기억하기로는 1~2일 후에 열이 났으니, 1995년 12월 27일이나 12월 28일이었을 것"이라고 말했다.

"세서미 스트리트를 본 딸의 반응이 어땠는지 설명해 주실 수 있습니까?" 리치아르델라가 물었다.

"차분해졌어요."

"이 시기에 다른 사람과 의사소통도 하지 않았나요?"

"소통이 줄어들기 시작했어요. 맞습니다."

테레사는 약 두 달 뒤 미셸이 손을 펄럭이기 시작했다고 했다. 수개월이 지나자 미셸은 위축된 행동을 보였고 이름을 불러도 반응하지 않았으며 안으려고 하면 밀어내고 세서미 스트리트에만 '몰두'했다고 했다.

"몰두했다는 게 무슨 의미인가요?"

"세서미 스트리트를 볼 때는 주변에 전혀 신경을 쓰지 않았다고 할 수 있겠네요."

그녀가 제출한 증거는 오리어리가 제출한 증거와는 완전히 다른 순서로 되어 있었다. 나는 법정에서 그녀의 증거를 직접 볼 수 있었다. 프랑스 남성인 폼본이 그녀가 제출한 증거 영상을 반복 재생했다. 어린 소녀의 행동은 유아용 의자에 앉아 있을 때도 다른 곳에 있을 때도 엄마의 진술과 일치했다.

미셸은 세서미 스트리트를 향해 손을 퍼덕거렸다. 까꿍 놀이에는 응답하지 않았다. 파란 조랑말에 앉혀도 아무런 '자발적 행동'을 하지 않았고 색깔 있는 공들을 줘도 가지고 놀지 않았다. 생일 파티 영상에서는 예쁜 흰색 원피스를 입고 있는데, 엄마가 아무리 "미셸… 미셸"하고 불러도 허사였다. 일반적이지 않은 손가락 움직임을 보이고 으르렁거리는 소리를 내고 굴러가는 바퀴를 바라보았다.

"이것은 샘플영상인데, 여러 영상에서 일관된 행동이 관찰되었습니다."
폼본이 말했다.
"다시 말해, 특별히 선별한 영상들은 아닙니다. 모든 영상에서 동일한 유형의 행동이 나타납니다."
다음 날, 다른 전문가가 증인석에서 자폐증의 특징을 확인했다. 클리블랜드 케이스 웨스턴 리저브 대학교의 교수이자 임상의인 소아 신경과 전문의 맥스 위즈니처(Max Wiznitzer)가 영상을 다시 살펴보았다.
"부모가 미셸이 말을 하도록 유도하지만 아무런 반응이 없습니다."
그가 말했다.
"반응이 전혀 없습니다. 미셸은 어른들을 인지하지도, 미소를 짓지도 않습니다. 아무런 반응을 하지 않습니다."
부정하는 사람은 없었다. 나는 오른편의 세번째 줄에 앉아 있었는데도 의사들이 무슨 말을 하고 싶어하는지 알 수 있었다. 영상은 강력한 증거였지만 미셸이 MMR 백신을 접종하기 전에 녹화했다는 단점이 있었다. 폼본과 위즈니처는 모두 정부측 증인이었다.
영상 테이프에는 1995년 5월 25일~1995년 12월 17일이라는 날짜가 찍혀 있었는데 미셸이 백신을 접종하기 7개월 전이었다.

영상은 정부 측에서 제출 명령을 받아 입수한 것이었다. 사려 깊은 집 센터에서 미셸의 내시경 검사를 집도한 위장병 전문의이자 뉴욕 출신 소아과 의사인 아서 크리스먼(Arthur Krigsman)의 보고서에서 언급된 영상이었다. 미셸의 변호사는 정부의 청구를 거부했지만 특별 지휘권자 헤이스팅스는 이를 기각했다. 빗질한 흰 머리에 잘 어울리는 카우보이 콧수염을 가진 헤이스팅스는 전직 세무 변호사이자 세 자녀를 둔 아버지였다. 그는 영상에서 "중요한 증거를 얻을 수 있다"고 했다.

그의 말이 옳았다. 영상은 중요한 증거였다. 미셸 측의 승소 가능성에 의문을 제기한 것은 영상만이 아니었다. 의료 기록에 따르면 미셸은 4~6개월 동안 웃지 않았고 11개월차까지 혼자서 앉은 적도 없었다. 미셸의 머리둘레는 또래의 95% 정도였고 백신 접종 전에도 소아과 의사들로부터 사회적 능력과 언어 능력 발달이 늦고 난치성 변비가 있다는 진단을 받았다.

테레사가 웨이크필드를 알기 전부터 백신을 의심했다는 주장을 입증할 만한 증거는 없었다. 나중에 확신하게 되었을 가능성이 더 컸다. 부모 중에서도 특히 엄마들은 웨이크필드의 말을 듣고 자녀의 병력을 그의 말에 맞춰 해석했다.

바가 세기한 집단 소송에서 오피오이드 괴잉 건이 크게 실패하자, 테레사의 변호사는 웨이크필드가 주장한 설치류 모델은 언급하지 않고 바이러스가 미셸의 뇌를 직접 공격했다고 변론했다. 그러나 정부 측은 그런 경우 일반적으로 사망에 이를 수 있다고 답하며, 자폐증과 홍역 발병이 연관이 있다는 전염병학적 증거가 없다고 지적했다.

소송은 실패였다. 바가 제기했던 소송과 마찬가지였다. 그러나 소송에 지고 스트레스와 의심, 비통함만 남는다고 하더라도 커스틴 림과 집단 소송에 참여한 변호사, 전문가들은 바와 마찬가지로 공적 자금을 받게 되어 있었다(혼자 준비한 경우 시간당 약 300달러).

세 명의 특별 지휘권자가 보기에 증거는 압도적이었다. 슬프지만 미셸은 아무것도 얻을 수 없었다. 이제 열세 살이 된 미셸은 헐렁한 평상복에 거대한 귀마개를 착용한 채로 법정에 끌려나왔다. 엄숙한 광경이었다. 미셸은 자폐증, 간질, 인지 지연 외에도 관절염과 시신경 손상을 앓고 있었다. 미셸은 말을 하지 못했고, 음식은 튜브로 먹었으며, 자신의 눈주변과 턱을 때렸다.

헤이스팅스는 판결문에서 "세딜로 가족에게 깊은 연민과 존경을 표한다"고 말했다.

"저는 수많은 다른 자폐 아동의 가족들, 즉 자폐 아동을 돌보는 엄청난 어려움을 매일 감당하고 있는 가족들도 마찬가지로 연민과 존경을 받을 자격이 있음을 믿어 의심치 않습니다. 다만 판결은 감정이 아닌 증거 분석을 기반으로 내려야 합니다."

이 청문회가 끝난 뒤 플로리다의 콜텐 스나이더(Colten Snyder)의 소송과 테네시의 윌리엄 해즐허스트(William Hazlehurst)의 소송이 이어졌다. 그러나 과학과 판결은 동일했다. 680장 분량에 달하는 특별 지휘권자의 판결문에서 웨이크필드의 이름이 360차례나 언급되면서, 미국 법원에서 그의 명성은 능지처참을 당한 듯 산산조각 났다.

헤이스팅스는 이후 발표된 183장 분량의 판결문에서 이렇게 말했다.

"역학 증거를 완전히 무시하고, 영상 증거를 고려하지 않고, 버스틴 박사의 증언을 배제하더라도 이 사건에 대한 판결은 동일할 것입니다."

"불행히도 세딜로 부부는 심각한 의학적 오판이라는 죄를 범한 의사들에 의해 오도되었습니다."

그런데 이보다 더 나쁜 오도가 있을까?

있었다. 가능했다. 이것은 시작에 불과했다.

제 24 장

장염

관련 보도가 처음 나가고 영국 일반의료위원회의 변호사들이 내가 발견한 사실을 재조사하고 정확하다는 결론을 내린 후 웨이크필드, 존 워커스미스, 시몬 미치를 심각한 전문가적 부정(serious professional misconduct) 혐의로 소환 조사하기까지 거의 3년 반이 걸렸다. 그때부터 이 사건이 마침내 해결되기까지는 여러 차례 연기를 거쳐 2.5년이 더 걸렸다. 재판은 총 217일 동안 진행되었는데, 역사상 가장 유명한 범죄 재판 중 하나였던 O.J. 심슨 재판에 걸린 시간보다 더 긴 시간이었다.

원래는 35일 동안 웨이크필드의 논문에 게재된 거짓 주장과 윤리위원회의 승인을 받았다는 내용에 중점을 두고 부정직 및 사기 혐의를 신속하게 조사하는 게 계획이었다. 그러나 웨이크필드의 동료 두 녕이 사신의 역할에 대한 진술을 바꾸면서 조사는 혼란에 빠졌다. 그들은 내시경 검사, 척수 천자, 스캔 등이 오로지 아이들을 위한 절차였다고 했다.

4번 엄마나 11번 아빠와 같은 부모들에게 진실은 충격적이었다. 그들은 백신 피해 검사를 위해 햄스테드를 방문했었다. 나도 충격을 받았다. 모든 검사가 아이들이 입원도 하기 전에 법률구조위원회로부터 의뢰받은 것이었기 때문이다. 검사는 임상 및 과학 연구 계획서에 기재되어 있었고, 검사 결과는 과학 논문과 임상 논문 등 두 편의 논문에 실려 〈란싯〉에 제출되었으며, 리차드 바가 제기한 소송의 핵심인 '새로운 증후군'을 뒷받침해 주었다. 하지만 그들이 부린 꼼수가 내게는 선물이었다. 그 꼼수 덕분에 모든 정보가 공개되었기 때문이다. 워커스미스의 변호사들이 모든 절차는 아이들의 이익을 위한 것이었다고 주장하자 청문회에서 내가 변호사의 사무실에서 읽은 비공개 의료 기록을 포함한 모든 진단, 예방 접종, 증상에 관한 기록을 괴로울 정도로 상세히 검토했다.

춤은 2007년 7월에 시작되었다. 정말 대단한 춤이었다. 런던 유스턴 로드 350번지에 있는 8층짜리 유리 건물에서 백신 위기를 촉발한 궁극적인 데이터가 공개될 예정이었다. 20년 전의 스튜어트 스미스 대법관처럼 나도 환자들의 사례를 하나하나 검토할 수 있었다. 무엇이 진실이고 진실이 아닌지 들을 수 있었다.

검찰 측 변호인이 "이제 로열프리 측의 11번 아동의 기록을 살펴보겠다"라고 했다. 긴 직사각형 모양의 3층 방 앞에는 파란색과 황토색이 뒤섞인 카펫 위에 철제 가구가 있었고, 그 위에는 각각 두께가 7센티 정도 되는 문서 바인더가 가득한 골판지 상자 더미가 놓여있었다. 사람들이 상자를 향해 다가갔다. 선반은 열다섯 줄이었다. 각 줄마다 7개의 상자가 놓여 있었다. 그리고 그 안에 비밀이 숨겨져 있었다.

탐사 보도 기자에게는 일종의 작업 도구였다. 속이 빈 직사각형의 탁자 17개의 양면에 세 명의 피고인 남성과 위원회의 '건강 상태' 패널 다섯 명 (의사 세 명, 일반 위원 두 명, 여성 세 명, 남성 두 명)이 변호사들에게 둘러싸인 채 마주보고 앉아 있었다. 나는 문 옆에 앉아 그들이 하는 말을 포착했다. 방 안에 있는 유일한 기자였다.

"7번 아동…"

모두가 열심히 보고서를 뒤적거렸다.

"9번 아동…."

위원들은 다시 긴장하며 보고서를 넘겼.

다음 날도 또 그다음 날도.

"이제 다시 10번 아동으로 가보겠습니다…"

결정적인 기회는 32일째인 9월 14일 화요일에 찾아왔다. 이 프로젝트에서 병리학자들을 이끈 활발한 성격의 컨설턴트 수잔 데이비스가 내 앞에 앉아 증언을 했다. 〈란싯〉 논문이 처음 나왔을 때 그녀는 저자가 아니었다. 그러나 이후 아트리움에서 공개된 버전에서 도움 주신 분들 목록에 그녀의 이름이 추가되었다.

그녀는 앉자마자 장 생검을 다루는 부서의 업무에 관해 설명했다. 각각의 조직을 염색해 유리에 놓으면 두 명의 의사가 쌍안 현미경으로 검사한 다음 결과를 보고서에 기술한다. 이후 인쇄되고 서명된 보고서는 주간 회의에서 임상의들의 논의를 거쳐 환자 기록으로 보관된다.

병리학자들은 특히 염증 세포 집단이 과도하게(보통 합리적인 매개 변수 내에서) 존재하는지, 대장과 소장의 표면에 드러난 섬세한 상피와 구덩이 같이 생긴 움 같은 손상이나 왜곡이 있는지 살폈다.

지나치게 자극적인 내용 없는 순조로운 증언이었다. 오전 휴식 시간이 끝난 12시 30분, 2번 아동의 서류 바인더가 상자에서 나왔고, 사람들은 264쪽을 폈다. 웨이크필드, 워커스미스, 머치가 여덟 살 아이에게 크론병이 있다고 기재해 흥분을 일으킨 보고서였다. 다른 보고서가 나오자 흥분은 잠짐해졌는데, 음식 과민증일 가능성을 인정하는 보고서였다.

나는 〈란싯〉 논문에서 언급된 적 없던 그 변화에 주목했다. 이어 더 많은 바인더들이 검토되면서 변호인과 증인 사이에 테니스 공이 오가듯 말이 오가기 시작했다. "염증 세포 증가 없음", "이상 없음" 등의 말이 들렸다.

수년 전 작성된 표 1을 보면 알 수 있듯, 원래 웨이크필드는 자폐증 진단을 받은 아이들의 증후군을 '만성 비특이적 대장염', 즉 대장의 염증성 질환이라고 주장했다. 그러다가 흉하게 부어오른 분비샘인 림프성 과형성증(Lymphoid hyperplasia)이라고 말을 바꿔 엄마들에게 충격을 안겨주었다. 이후 그는 이를 종합해서 대장염인 동시에 소장의 염증성 질환인 장내염(enterocolities)이라고 했다.

사건이 마무리된 뒤 한 정보원은 내게 장내염이 위장병 전문의들이 흥미를 가지는 질환이라고 설명했다.

웨이크필드는 장내염이 독특한 질환이라고 주장하며, MMR 백신과 연관지으려 했다. 〈란싯〉 논문에서 그는 12명 중 11명에게서 만성 대장염을, 10명의 회장에서 부은 분비선을 발견한 것으로 요약했다.

> 우리는 발달장애 아동들에게서 대장염과 회장 결절성 림프양 증식증의 패턴을 발견했습니다.

화요일 오전부터 오후까지 데이비스는 부서의 보고서를 검토했다. 대부분의 내용이 〈란싯〉 논문과 일치하지 않았다. 〈란싯〉 논문은 '비특이성 대장염'이라는 모호한 문구를 반복적으로 사용해 질환을 보고했으나, 법의학 분야에서 위상이 높았던 그녀의 부서는 일상적인 발견만을 언급하고 있었다.

> 정상 범위 내 대장 점막⋯
> 잡파(operative artifact)로 인한 결과인 듯 보이는 미세한 염증성 변화
> 유의미한 조직학적 이상 없음⋯
> 구조 왜곡에 해당하는 부위 없음. 염증 세포의 증가 없음⋯

눈에 띄는 차이는 전문가 이언 부스 소아위장병 교수가 보고서에 기재한 충격적인 평가였다. 그는 검토한 바를 토대로 (내 자리에서 그의 발언을 들었다) '과학 사기'일 가능성을 배제할 수 없다고 했다.

웨이크필드의 연구원을 통해 입수한 문서에 따르면 그는 "환자 6명(3, 4, 8, 9, 10, 12번)의 결장 조직은 정상 또는 사실상 정상으로 보고되었지만

〈란싯〉 논문에는 대장염으로 표시되었다"라고 했다.

"2명(2번과 5번)은 임상 병리학적으로 경미한 조직학적 이상이 보고되었는데, 〈란싯〉 논문에는 더 과장되고 부적합한 형태로 묘사되었다."

웨이크필드가 가장 설득력 있는 환자 사례로 제기했던 4번 아동 역시 그랬다. 4번 아동은 표 1에 '만성 비특이적 대장염'과 '회장 및 결장 림프양 증식증'으로 표기되었다. 그러나 재판부 앞에서 큰 소리로 읽힌 (조사를 위해 별도로 동료 검토를 받음) 병원의 검사 결과는 정상이었다.

병리학자들은 병리학적 이상을 발견하지 못했다.

I. 림프 소포가 있는 소장 점막.
II~VII. 일부는 점막근층이 있는 대장 점막, 구조적 왜곡이나 고유판의 염증 세포 증가에 대한 증거는 없음. 배중심이 있는 림프 소포는 많은 생검에 존재함. 음와염이나 음와 농양은 보이지 않음. 표면 상피는 손상되지 않은 것으로 보임. 육아종, 충란 기생충은 보이지 않음.
검토 의견: 조직병리학적 이상이 없는 말단 회장이 있는 대장.

의료위원회의 수석 변호사 샐리 스미스는 금발머리에 검은 원피스를 입은 날씬한 칙선변호사였다. 그녀는 데이비스에게 12명의 아동에 관한 논문의 초안을 본 소감이 어떤지 말해달라고 요청했다.

"연구 결과와 관련해서 〈란싯〉 논문에 사용된 용어를 보고 전반적으로 어떤 생각이 드셨습니까? 논문을 막 읽었을 때요."

"대장염이라는 단어의 사용이 다소 우려되었습니다."

"우선, 그 단어의 의미를 어떻게 이해하셨습니까?"

데이비스가 잠시 말을 멈추고 생각을 정리했다.

"저는 개인적으로 활동성 염증이나 특정 진단을 암시하는 변화 패턴이 관찰될 경우에만 '대장염'이라는 용어를 사용합니다. 경련이 있는 아이들에게 활동성 염증이나 특정 진단을 암시하는 변화 패턴은 없었다는 게 제 생각입니다. 그 용어를 정당화할 만한 패턴은 없었습니다."

"지금, 우려된다고 하셨는데요. 우려의 본질이 무엇입니까?"

데이비스가 잠시 멈췄다가 말을 이어갔다.

"음, 아까도 설명드렸지만, '대장염'이라는 단어를 주로 사용했다는 점입니다."

나는 바인더를 보며 진단에 대해 배웠는데, 그녀의 우려하는 것은 당연한 일처럼 보였다. 유럽에서 가장 존경받는 위장병리학자(미국 아동들의 보고서를 제외한 모든 보고서에 대해 발언함)인 벨기에 루벤 가톨릭 대학교의 카렐 게보스(Karel Geboes)는 "저는 11명 중 8명은 정상이라는 인상을 받았습니다."

그러나 웨이크필드는 자신만의 증후군을 찾고 있었고 자신이 원하는 것을 얻기 위해 다른 의사의 의견을 구하려 시도했다. 그는 증인석에 21일 동안 앉아 있으면서 표 1의 '최종 결론'과 '진단의 최종 결정요인'을 데이비스의 병리과가 아닌 다른 동료가 작성했다고 말했다. 그의 이름은 아마르 딜런으로 〈란싯〉 논문의 공동 저자였고 아이들의 생검을 평가하기 위한 등급표를 고안한 사람이었다.

웨이크필드가 증언을 마치자 나는 딜런이 작성했다는 기록의 사본을 입수했다. 다른 유럽 및 미국 전문가 네 명 역시 아이들이 대부분 정상이라고 했다. 딜런은 데이비스처럼 진술하기 보다 체크박스로 표현했지만 그의 의견은 본질적으로 데이비스의 의견과 같았다.

게보스는 "아이들이 장염에 걸린 것은 분명 아닙니다"라고 말했다.

퀸메리런던대학교의 병리학 교수인 파올라 도미지오(Paola Domizio)는 "정말 깜짝 놀랐다"고 했다.

미시간 대학의 외과병리학 교수인 헨리 애펠먼은 "의사들이 진료를 할 때 완전히 무시할 만한 종류의 것입니다"라고 했다.

상황은 종종 그렇듯 더 악화되었다. 딜런은 대장염을 보고한 적이 없다고 부인했다. 내가 무슨 이유에서인지 더 이상 영국의학저널이라는 명칭을 사용하지 않는 BMJ에 게재된 그의 시트를 분석하자 이에 대해 그는 "저는 등급표에 대장염이라고 표기한 적이 없다"라고 지적했다. 또한 "내가 관찰한 결과를 표로 만든 목적은 대장염이라는 결론이나 최종 진단을 내리기 위한 의도가 아니었을 뿐더러 그럴 수도 없었다"라고 말했다.

웨이크필드는 자기 입장을 고수했다. 그는 어떤 오류도 부인했다. 그러나 회장에 대한 그의 보고는 석연치 않았다. 림프구 증식은 징계 청문회의 논의를 벗어난 주제로 간주되었고 논문에서 중요한 부분도 아니었다. 그래서 나는 유스턴 로드의 동편에 위치한 대영 도서관의 과학 섹션으로 향했고 이 주제에 관한 논문 열 편과 책들을 검토하다가 숨겨진 진실을 발견했다.

부은 분비선은 모니터를 보는 부모들의 눈에는 사악하게 보였을지 모르지만, 위장병 전문의들 사이에서는 정상 또는 양성으로 간주되었다. 부은 분비선은 면역 체계의 구성 요소인 편도선 조직과 같았다. '파이어판(Peyer's patches)'처럼 집합체로 뭉쳐 있다. 수는 연령과 부위에 따라 다양한데, 어린아이들에게 많으며, 결장에서 나온 판막 바로 옆의 회장 말단에 가장 많다.

뉴욕 비펄로의 전문가들은 1980년 8월 위장병학 학술지에 게재된 논문에서, "부은 분비선은 대부분의 어린이에게 존재하는 것으로 보이며, 자폐증이나 백신과 아무런 관련이 없다. 방사선 및 대장 내시경 기술과 장비의 기능이 향상되면서 임상적으로 관찰되는 빈도가 높아지고 있다."라고 말했다.

물론 워커스미스는 다 알고 있었다. 1983년 그는 (신경전형인 아이들의) 말단 회장에 있는 부어오른 분비선을 보고하며, 무증상 아동에서 빈번히 관찰되므로 '양성 림프양 증식증'이라고 표기했다. 그리고 1994년 3월 그는 두 명의 전문가가 다음과 같이 설명한 교과서를 편집했다.

"정상 변이라고 봐도 될 정도로 어린이들에게서 흔히 관찰된다."

그러나 웨이크필드, 워커스미스, 머치는 〈란싯〉 논문에서 이러한 배경을 전혀 밝히지 않았다. 논문의 마지막 부분인 '논의'에서 설치류 모델에 대해 기술하는 데 16줄을, 2번 엄마의 비타민 B12 개념에 13줄을, 자폐증의 원인을 MMR 백신으로 못박는 데 약 45줄을 할애했지만, 림프구 증식에 대한 논의는 없었다. '참고 문헌'에 조차 아무런 내용이 없었다.

보기 드문 누락이었다. 실수일까? 그럴 개연성은 낮았다. 림프구 증식은 단순히 논문 제목의 첫 번째 구절이 아니라 증후군을 정의하는 징후였다. 기록에서 주목해야 할 점은 이외에도 많았다. 논문은 림프구 증식에 대해 침묵했을 뿐 아니라 염증 여부를 확인하는 혈액 검사 결과가 정상으로 나왔다는 사실도 공개하지 않았다.

논문에 포함되지 않은 정보는 또 있었다. 어린이의 주요 위장병 증상에 대한 내용은 한 단어도 포함되어 있지 않았다.

위장병 증상은 무엇인가? 위장병이 증후군 증상이라면 그 증후군은 말 그대로 헛소리일 수 있었다. 나는 다음 날 또 그다음 달에도 문 옆에 앉아 계속해서 넘겨지는 아동 10명의 기록을 보며 놓칠 수 없는 점을 또 발견했다. "변비가 심하다", "배변에 영향을 받는다", "만성 변비", "변비 경험이 있다", "주된 문제는 변비다." 끝이 없었다.

2008년 7월 증인석에 앉은 워커스미스는 자신의 변호사 3명 중 1명, 그리고 재판부 앞에서 "변비가 이 아이들의 핵심적 측면이라는 점을 인식했습니다"라고 말했다. 검사가 문제를 꺼내기 전에 먼저 거론한 것은 현명했다. 그는 누가 들어도 당연한 말을 덧붙였다.

"변비는 임상적 특징의 필수적이고 기본적인 부분입니다."

그런데 의사들이 읽는 학술지에서 '필수적이고 기본적'이라는 내용을 생략한 이유는 무엇일까? 말을 잘 하지 못하는 아이를 비롯해 발달장애가 있는 아이의 중요한 특징으로 환자 치료에 도움이 될 수도 있는 지식이었다.

한편으로는 증후군의 유효성에 대해 의문과 의구심을 불러일으킬 수 있는 정보이기도 했다.

"변비는 염증성 장 질환 환자들에게서 일반적으로 발견할 만한 증상과는 정반대되는 증상입니다."

부스가 설명했다.

염증성 장 질환은 웨이크필드가 주장한 것으로 바가 제기한 소송에서 필수적이며 기본적인 사안이었다.

"변비가 있는 어린이에게서 경미한 염증 반응성 세포변화가 관찰되었다면 변비가 원인인지 아닌지 의문이 생깁니다."

부스가 재판부에 말했다.

변비라고? MMR 백신이 아니고? 부스의 분석은 추측과는 거리가 멀었다. 변비로 인한 장 폐색과 장 표면 상피의 마모(대장과 소장 모두에서 단 하나의 세포 깊이)가 염증과 관련이 있다는 주장은 오랫동안 있었다. 실제로 청문회가 있기 9년 전 왕립외과대학에서 열린 회의에서 스코틀랜드 위장병 전문의 앤 퍼거슨도 잽스에 대해 질문하며 변비와 작은 궤양에 대해 언급했었다.

논문의 공동 저자 13명 중에서도 이 사실을 알고 있던 사람이 분명히 있었을 것이다. 그러나 오직 한 사람만이 그것을 썼다. 엄밀히 말하면, 그의 동료 대부분은 엄격한 기준에 따라 저자 자격이 없었다. 투고 원고의 통일 양식에 따르면 여러 측면에 상당한 기여를 한 사람에게만 저자 자격이 부여되는데, 웨이크필드 외에는 해당되는 사람이 거의 없었다.

저자 13명 중 저명한 학자는 없었다. 3명은 수련의였다.

"1996~1998년에는 연구에 아주 조금만 관여해도 저자로 이름을 올릴 수 있었습니다."

공동저자 중 한 명인 병리학자 앤드로 앤서니가 사실을 확인해주었다. 컨설턴트라고 해서 더 나은 건 아니었다.

"조직학 부분은 제가 작성한 게 아닙니다."

딜런은 내게 보낸 답변에서 이렇게 말했다. 머치는 발견한 것을 표현하기에 '장염'은 지나치게 '무서운 용어'였고, 부은 분비선은 '지나치게 과장된 용어'였다고 말했다(그는 인쇄하기 전 최종 버전을 보지 못했다고 했다).

실제로, 다른 저자들이 출판 전에 수정을 요청하면 반영 여부는 웨이크필드가 결정했다고 한다. 아트리움에서 연설을 한 아동정신과 의사 마크 베렐로위츠는 아이들의 기록을 보고 누가 누구인지 구분할 수 없고 웨이크필드의 자폐증 묘사에 동의하지 않는다고 했다. 그는 재판부에, "이것은 행동 장애가 아니고 퇴행성 장애인지도 명확하지 않다"라고 말했다

워커스미스도 웨이크필드의 주장이 데이터의 가공과 편집에 기반해 있음을 시인했다. 그는 어느 날 웨이크필드가 모든 임상 실험의 세부 정보를 일종의 종합 차트로 만들어서 자신의 사무실로 가져왔다고 했다.

증인석에 앉은 지 24일째 되는 날 그는 논문에 기술된 내용을 묻는 재판부의 질문에 이렇게 대답했다.

"저는 웨이크필드 박사를 신뢰했습니다."

와우.

"뭐라고 말씀하셨죠?"

검은 원피스를 입은 샐리 스미스가 직사각형 테이블의 맨 끝에서 물었다.

"우리는 서로를 신뢰합니다."

이제 70세가 된 소아과 의사인 워커스미스가 조용히 반복했다.

"그렇습니다. 그리고 저는 웨이크필드 박사를 신뢰했습니다."

"어떤 맥락에서 신뢰했다는 겁니까?"

"전반적으로요."

8월의 어느 밝은 날, 감정적인 순간이었다. 모두가 그의 말이 무슨 의미인지 이해했으리라 생각한다. 그런데 그다음 피고인이 밝힌 병리학 관련 진실은 더 많았다. 데이비스, 워커스미스, 웨이크필드가 기억하지 못한다고 증언한 놀라운 사건을 꺼낸 사람은 머치였다.

머치는 113일째 되는 날 논문이 출판되기 약 3개월 전에 있었던 저자 간 회의에 대해 증언했다. 그는 웨이크필드가 논문의 최신 버전을 배포했고, 머치 자신과 워커스미스, 데이비스를 포함한 7명의 의사와 부서의 후배 두 명, 다른 몇 명이 조직병리학 세미나실에 모여 슬라이드를 다시 살펴봤다고 했다.

다른 사람들은 이 일에 대해 잊어버린 걸까? 아니면 머치가 상상 속에서 만들어낸 일인가? 어느 쪽이 더 믿을 만한지 가늠할 수 없었다. 마지막 아이가 말콤 병동을 떠난 지 약 10개월 뒤였다. 펄스지에 실린 기사가 MMR 백신 폭풍을 일으킨 지 약 3개월이 지난 시점이었다. 웨이크필드와 그의 멘토 로이 파운더는 경영진을 만났다. 로열프리는 아트리움에서 기자회견을 열 준비를 하고 있었다. 그런데 영향력 있는 한 사람은 여전히 표 1의 정확성을 두고 고민하는 듯 보였다.

"그 회의를 아주 생생히 기억하고 있습니다."

머치가 패널 앞에서 증언했다. 재판부는 가정의인 의장 수렌드라 쿠마르, 노인학자 스티븐 웹스터, 정신과 의사 파리말라 무들리, 교육학자 웬디 골딩, 실비아 딘 전 지방자치단체장 등으로 구성되어 있었다.

"제가 생생히 기억하는 이유는 데이비스 박사가 논문의 초안을 보고 조직학적 설명을 과도하게 부풀린 건 아닌지 이문을 제기했기 때문입니다."

한 번 생각해보자. 현실이든 꿈이든 이것은 놀라운 증언이었다. 설명이 과도하게 부풀려졌다면, 더 출간할 만한 내용이 있었을까? 표 1을 수정해 〈란싯〉을 불안하게 할까? 국민들 앞에서 웨이크필드가 실수를 저질렀다고 할까? 세미나실에 있던 모든 사람이 자신의 미래를 생각했을 것이다. 이 상황에서 어떤 후배가 이의를 제기할 수 있단 말인가?

워커스미스가 원하는 걸 알아내기 위해 심리학 박사 따위는 필요하지 않았다. 모두가 '교수'라고 부르는 세미나실의 최고 의사이자 의과대학 교수들과 함께 위원회 위원을 맡고 있었던 워커스미스는 학문적 업적(로열프리 의과대학은 해당 논문을 대학 연구 평가제도에 제출함)을 노리고 있었던 데다가 (미국인을 제외한) 모든 아이에게 크론병 치료에 사용되는 블랙박스 라벨 경고가 붙은 항염증제를 투여해 오고 있었다.

웨이크필드도 마찬가지였다. 그는 바의 소송에서 '증후군'을 주장하면서 시간당 보수를 받고 있었다. 혼합백신 제품에서 결함을 찾지 못하면 후한 보수는 더 이상 받지 못하게 될 터였다. 그는 단일 홍역 주사에 대해 2건의 특허를 출원했다. 이미 파운더와 함께 의심한 바를 확인시켜 준 증거를 펄스지를 통해 세상에 발표한 뒤였다.

머치는 병리학자 데이비스와 딜런이 생검에 대한 논의를 주도했다고 패널에 증언했다. 두 사람은 병리학 전문가들의 의견이 일치하는 부분을 알고 있었을 것이다. 데이비스의 보고서에 자주 등장하고 딜런의 등급표에도 비슷하게 자주 등장한 경미한 염증 세포의 증가는 건강한 장에서 빈번하게 발생하는 정상 소견으로 대장염으로 보고되어서는 안 된다는 사실을 말이다.

당시 〈미국외과병리학회지 American Journal of Surgical Pathology〉에서 1989년 11월에 발표한 한 획기적인 논문에는 이렇게 설명되었다(나는 내용이 같은 논문들을 수집했다).

"정상 결장의 생검에서 정상 범위의 단핵구 수치를 보고 '경미한 비특이적 장염'을 진단하는 것은 일반적인 오류이다. 경험상 대장 상피에 손상의 증거가 없는 한 장염으로 진단해서는 안 된다."

그러나 데이비스는 저자로 인정받았고, 머치 역시 그녀가 증언한 내용이 맞다고 인정했다.

"슬라이드를 검토할 때 참석했던 모든 병리학자가 논문에 사용된 표현이 합리적이라는 데 동의했습니다."

그렇게 해서 그들은 세계 2위 일반 의학 학술지 〈란싯〉에 자신들의 이름이 적힌 논문을 게재하게 된 것이었다.

제 25 장

우리는 진실을 밝힐 수 있다

이후 웨이크필드가 '전쟁'이라고 표현한 백신 논란이 영국에서 미국으로 번지자 강연을 해달라는 초청이 들어오기 시작했다. 내게 강연은 주말 내내 파워포인트 크기 조정과 붙여넣기를 해야 함을 의미했다.

나는 취재 초창기부터 카드게임 삽화가 들어간 검정색 배경에 주황색과 노란색 글씨를 넣은 강의에 쓰이지 않을 만한 색 배합이 들어간 파워포인트를 만들어 두었다. 왼쪽 하단에는 두 장의 스페이드를 포함 총 다섯 장의 에이스 카드를 들고 있는 손의 이미지가 들어가 있었다. 초반에는 웨이크필드와 그의 지지 기반인 여성들이 등장한다.

하나… 넷… 아홉… 수백 명… 그리고 수천 명이 찍힌 사진들.

처음 내가 남긴 탄소 발자국은 칭친할 만큼 작았다. 다행스러운 일이었다. 그런데 웨이크필드와 법률구조위원회의 비밀 거래, 그가 받은 시간당 보수, 거금을 벌어줄 계획이었던 그의 백신과 약품들, 그의 연구팀이 홍역 바이러스를 발견한 적이 없다는 사실 표준 연구를 수행하기를 거부한 사실을 폭로하고 나자, 40분짜리 프레젠테이션에 요약하기는 너무 힘든 일이 되어버렸다. 프레젠테이션 자료는 '우리는 진실을 밝힐 수 있다' 같은 종류의 심각한 뉴스라기보다 갈등과 분노를 총망라한 어떤 목록에 가까웠다.

그러나 첫 MMR 백신 관련 보도가 나간 지 5년 만인 2009년 2월 8일 모든 것이 바뀌었다. 유스턴 로드에서 열린 청문회가 일시 중단된 상황이었다. 웨이크필드는 다시 1장으로 돌아와 있었다.

내 최근 기사를 읽기 위해 신문을 들고 바닥에 펼쳤을 때 나는 미시간 주 디트로이트로 가는 새벽 비행기를 타기 위해 히드로 공항에 있었다. 무릎에 팔꿈치를 댄 채 두 주먹으로 턱을 괴고 신문 1면의 두 문단 정도를 훑어보고 있을 때 내가 있던 터미널5 주변은 텅 비어 있었다.

진실을 밝힐 시간이었다. 너무 오래 기다린 것 같았다. 제대로 해야 했다.

MMR 의사가 자폐증 관련 데이터를 조작했다.
  소아 MMR 백신의 안전성에 대한 공포를 촉발시킨 의사가 자폐증과 연관성이 있는 것처럼 보이도록 연구 결과를 조작한 것을 선데이타임스가 조사 끝에 발견했다.
  비공개 의료 문서와 증인과의 인터뷰에 따르면 앤드루 웨이크필드가 환자의 데이터를 조작했으며, 이로 인해 홍역, 볼거리, 풍진을 예방하는 MMR 혼합백신이 해당 질환과 관련이 있을지도 모른다는 두려움이 촉발되었다.

'해당 질환'이라는 표현은 탐탁지 않았지만, 기사는 팀워크의 결과다. 그 다음 내용도 마찬가지였다. 나는 가운데 손가락에 침을 묻힌 다음 3천 단어와 16개의 열로 구성된 기사와 추가 정보가 실린 6면과 7면이 나올 때까지 신문을 넘겼다. 두 페이지의 상단에는 회색 배경에 흰색 글자(대문자, 굵은 체)로 적힌 헤드라인이 보였고, 그 밑에는 내 사진과 소개가 실려 있었다.

숨겨진 기록, MMR 백신의 진실을 밝히다
선데이타임스의 조사 결과 10년간 지속된 백신 공포 이면에 데이터 조작이 있었음이 밝혀졌다.

깔끔하고 아주 정확했다.

바늘에 찔려 우는 아기, '백신에서 위험요소를 없애자(Green Our Vaccines)'라고 적힌 티셔츠를 입고 팔을 흔들고 있는 배우 제니 매카시와 남자친구 짐 캐리, 청문회가 열린 유스턴 로드에서 돌출된 앞니를 드러내며 웃고 있는 웨이크필드 등 컬러 사진 세 장이 왼쪽부터 오른쪽 순서로 실렸다.

추가 정보 섹션의 헤드라인은 '위기를 촉발한 사건의 주요 날짜'였다. 또 다른 하나는 '어떻게 백신 공포가 홍역의 재발로 이어졌는가'였다.

예상한 일이었다. 2번 엄마와 진행한 인터뷰는 아직 보도하지도 않은 상태였다. 나는 선행 연구 데이터베이스를 조악하게 조작한 보고서 더미를 가지고 있었다. 리차드 바의 소송 때 제출된 전문가 보고서도 받았다. 내게는 판사에게 제출된 청문회 녹취록과 정보자유법에 따라 입수한 수많은 문서가 있었다. 웨이크필드가 명예훼손 소송을 취하한 날, 법원의 명령으로 변호사 사무실에서 임상 연구에 참여한 피험자 아동들의 의료 기록도 검토했다.

일부 자료는 법적으로 비공개였다. 여전히 채워 넣어야 하는 공백은 있었다. 없어진 피아노 건반처럼 반복되는 패턴은 뻔했다. 그런데 나는 아직도 그 곡을 연주할 수 없었다.

그런데 워커스미스가 내게 도움을 주러 왔다. 그는 일반의료위원회에 내시경 검사는 순전히 환자 치료 목적이었다고 진술을 바꿨는데, 이는 그의 변호사들과 직사각형 테이블 주위에 앉아 있는 모든 사람들이 골판지 상자에 들어 있는 모든 메모와 편지를 수십 번 반복해서 리허설했음을 의미했다. 나는 비공개 기록으로 가득한 7센티미터 두께의 바인더를 필요한 것보다 더 많이 볼 수 있었다.

나는 문 옆에 앉아 공책에 필기를 하고 있었는데, 정상인데 논문에 염증성 장 질환으로 보고된 아이들만 있는 것이 아니었다. 자폐증 진단을 받은 적도 없는데 퇴행성 자폐증으로 표기된 아이들도 있었다. 백신 접종 후 수일 뒤에 처음 증상이 나타났다는 아이들도 있었는데, 실제 기록에는 수개월 동안 아무 증상도 없었던 것으로 밝혀졌다. MMR 백신을 접종하기 전부터 문제가 있었던 아이들도 있었다.

학술지에 게재된 논문과 일치하는 기록은 하나도 찾을 수 없었다.

지방 변호사들이 감독하는 프로젝트를 위해 반백신 단체 회원을 환자로 선별한다면 나올 만한 그런 결과나 마찬가지였다. 1면의 헤드라인도 충분히 충격적이었지만, 기록(병력, 진단, 시간적 연결)을 통해 개별 아동의 사례를 들여다보니 그들이 벌인 일은 놀라울 정도로 대담했다.

각각의 이상 사례는 기술적인 문제에 지나지 않았다. 있는 그대로였다. 휘갈겨 쓴 메모. 생검 보고서. 얽히고설킨 거미줄 같은 불일치들 속에 〈란싯〉의 편집자, 동료 검토자, 독자들을 속인 일련의 사례들이 있었다. 이 사례들이 바로 바의 집단 소송을 위한 공적 자금을 확보해준 폭풍이자, 백신에 대한 신뢰를 떨어뜨려 세계적 위기를 불러온 동력이었다.

12명 중 유일한 여아였던 3세 소녀는 4번 아동과 같은 동네 출신으로 같은 일반 진료소에서 잽스의 추천으로 온 환자였다. 내 기사 6쪽에는 "소녀는 MMR 백신 접종 후 두 주 뒤 뇌 손상을 입은 것으로 논문에 보고되었다"라고 실린 적이 있었다.

그러나 소녀의 의료 기록은 달랐다. 소녀는 로열프리에 입원하기 전 자신의 주치의에게 진찰을 받았고, 주치의는 "MMR 백신 접종 수개월 전부터 발달에 심각한 문제가 있었다"라고 로열프리 병원에 전했다고 기재되어 있었다.

또 질환이 있다고 보고된 6세 소년의 경우 실제 의료 기록에는 특이점이 없었던 것으로 밝혀졌다. 소년은 퇴행성 자폐증과 장 질환, 특히 '급성 및 만성 비특이성 대장염'을 앓고 있는 것으로 논문에 보고되었다. 그러나 실제 퇴원 기록에는 생검에서 아무런 이상이 발견되지 않았다고 적혀 있었다.

놀랍게도 12명 중 2명(변호사 사무실에서 조악하게 조작된 기록을 발견했던 6번 아동을 포함)은 유사한 사례가 아니라 형제 관계였다. 형제는 연구에 등록했지만 자폐 진단을 받은 적은 없었다.

기사에는 다음과 같이 보도되었다.

"아이들 중 3명은 언어능력이 정상이었고 퇴행이 없는 아스퍼거 장애 진단을 받은 아이들이었다."

내용이 너무 많아 기사에 다 담을 수 없었다. 삼천 단어도 **빽빽**했다. USA 투데이, 뉴스위크, 로스앤젤레스 타임스, 시카고 트리뷴 등 미국 여러 매체에서 우리의 기사가 다뤄졌는데, 인용된 부분들이 훌륭했다.

강연 요청은 더 많아졌는데, 발견한 사실 관계에 대해 자세히 말할 수 있는 그런 자리들이었다.

기사가 나간 다음 날, 디트로이트에서 그런 강연을 할 수 있었다. 나는 앤아버에 있는 미시간 대학교의 눈 덮인 캠퍼스에서 일주일 동안 강의, 세미나, 발표를 해달라는 요청을 받았고 그곳에서 처음으로 내 파워포인트를 공개했다. 색상은 엉망이고 대부분 점을 찍어 핵심을 표시한 아마추어 형태의 자료였다.

변호사기 지시한 웨이크필드이 임무

1. MMR 백신과 장애 사이의 시간적 연결고리 설정(과거 14일)
2. 손상의 증거 찾기
3. 손상 메커니즘 제안

〈란싯〉 논문 임무 완수

1. 12명 중 8명, MMR 백신 접종 후 행동 증상 발현까지 최대 14일
2. 퇴행성 자폐증과 장 질환의 새로운 증후군
3. 홍역바이러스가 궁극적인 원인일 수 있다는 제안

나는 강연에 사용할 질의응답 퀴즈도 만들었다. 예리한 관찰자들은 내 이야기에서 명백한 모순을 알아차렸을 것이다(말을 하지는 않았지만). 내가 보도한 대로 MMR 백신이 원인이라는 주장을 뒷받침하기 위해 아이들을 모집해 햄스테드로 보냈다면, 왜 논문은 여덟 명만 보고한 걸까? 열두 명의 부모가 모두 그의 주장을 지지했는데?

"어째서 모든 가족이 MMR 백신을 지목하지 않은 걸까요?"

미시간주의 주요 행사인 소아보건정책에 관한 수잔 B. 마이스터(Susan B. Meister) 강의에서 내가 반문했다.

나는 누군가 손을 들기를 바라며 기다렸다가 답을 내놨다.

"사실은 모든 가족들이 그렇게 했습니다."

무자비하게 바인더를 뒤진 덕분에 아이들의 기록은 내 머릿속에 들어 있었다. 로열프리에서 아동 열한 명의 부모들이 백신을 지목한 게 분명했다. 한 가족만 바이러스 감염(처음에는 풍진으로 생각했지만 나중에는 홍역으로 추정)을 지목했고 나중에 변호사와 자택에서 만난 이후 MMR 백신으로 말을 바꿨다.

〈란싯〉 논문에 기재되지 않은 세 아동의 사례가 있었다. 12명 중 8명이 아니었다. 11명이었다.

왜 수치가 달랐을지 묻자 청중의 손이 스프링처럼 튀어 올라왔다. 대다수는 11명 또는 12명 아동의 부모들이 게임을 포기했을 것이라는 의견을 내놨다. 그 부모들이 실제로는 백신에 대해 불만을 가지고 있었던 사람들을 사전 모집해 선별한 집단이었다는 사실이 노출될 것이니까 말이다. 일반적인 병원이 해서는 안 될 일이었다.

그러나 훨씬 나중에 웨이크필드는 다른 설명을 내놨는데, 논문에 언급되지 않은 기준이었다. 그는 밑줄이 그어져 있는 148쪽 분량의 진술서에서 이렇게 주장했다.

"우리는 아이의 상태가 악화될 당시 연관성이 있다고 주장한 부모들의 아이 8명은 보고했고, 연관성을 나중에 주장한 부모들의 아이들은 제외했다."

예를 들어, 자녀의 부모가 신문 기사에서 그 문제에 대해 읽고 나서 연관성을 주장했다면 그들의 자녀는 포함시키지 않았다는 것이다. 그는 연관성에 대해 듣고 나중에 찾아온 아이들을 포함했다면 〈란싯〉 논문은 분명히 편향되었을 것이라고 했다.

다시 고소할 때 이렇게 진술했지만, 실패였다. 진작에 공개 되었어야 하는 비공개 자료들이 밝혀지지 않았다면 그의 주장은 말이 되는 듯 보였을 것이다. 그러나 8명의 접종 후와 행동 증상 발현 사이의 최대 시간 간격은 14일이었고 그가 배제한 아동들의 경우 1~3개월 사이였다. 따라서 이들을 포함했을 경우, 시간적 연결고리가 끊어졌을 것이다. 그래도 그는 부모의 진술이 틀렸을 가능성은 시인했는데, 다른 데서 들어본 적 없는 인정이긴 했다.

그러나 웨이크필드의 설명에는 끼워 맞춘 듯한 구석이 있었다. 아이들의 기록을 볼 때, 그가 말한 기준을 12명의 아이에게 모두 적용하면 더 많은 아이들이 배제되어야 했다. 예를 들어, 4번 엄마는 아들이 백신을 접종하고 3년 반이 지난 뒤에 신문 스크랩을 보고 MMR 백신과 자폐증 간 연관성이 있다고 생각하게 됐다.

그렇다면 4번 아동도 배제해야 했다. 웨이크필드의 말대로라면, 논문은 이미 틀린 것이었다. 4번 엄마는 1998년 10월 변호사에게 "[아들이] 초기에는 아무런 반응을 보이지 않았고 당시에는 아프지도 않았다"라고 진술했다.

8명 중에서 웨이크필드가 주장한 기준을 충족하지 않는 아이는 4번 아동만이 아니었다. 1번 아동의 주치의는 워커스미스에게 28개월 전에 백신을 접종한 3세 남아의 부모가 가장 걱정하는 부분이 MMR 백신이라는 내용의 편지를 썼다. 1996년 10월, 6번 엄마와 면담을 한 워커스미스는 6번 엄마가 3년 전 아들에게 맞춘 백신과 행동 변화 사이에 상관관계가 있다는 생각을 하게 된 건 최근이라고 웨이크필드에게 전했다.

워커스미스는 일반의료위원회의 청문회에서 "6번 엄마는 아이의 상태를 MMR 백신과 연관짓지 않았지만 나중에는 MMR이 중요한 역할을 했다는 것을 확신하게 되었습니다"라고 말했다.

그렇다면 웨이크필드가 주장한 기준에 따라 8명 중 3명의 사례는 배제되어야 했을까? 그렇다. 그리고 3번 아동이 있었다.

워커스미스는 5년 전에 백신 접종을 마친 3번 아동을 의뢰한 의사에게 편지를 썼다.

"3번 엄마가 잽스라는 기관을 알게 되었는데, 최근 이 기관에서 MMR 백신이 문제를 일으켰을 가능성이 있다는 말을 들었다고 합니다."

그리고 웨이크필드에게 처음 영감을 줬던 2번 아동이 있었다. 2번 엄마는 어디에나 등장하는 듯했다. 그녀가 기록에 처음 등장한 것은 청문회가 시작된 지 3주째 접어든 시점으로 그녀가 전문가들에게 MMR 백신에 문제를 제기한 때였다. 그녀의 주치의는 내 앞에 있는 증인석에 앉아 13년 전 2번 아동의 의료 기록에 자신이 다음과 같은 메모를 작성했음을 인정했다.

"MMR 백신 관련 이야기는 개연성이 없음이 분명함."

그는 1994년 11월 2일 수요일 2번 엄마가 자신의 사무실에 왔을 때 이렇게 썼다. 그녀의 아들은 5년 전에 예방 접종을 받은 상태였다. 그녀가 방문한 날(뉴스나이트 방송이 나가기 5개월 전) 가디언 신문에 잽스, 재키 플레처, 보상에 관한 이야기가 등장하는 반쪽짜리 기사가 실렸다. 제목은 다음과 같았다.

"위험을 감수하는 고통스러운 선택."

2번 엄마는 의사가 보기에 개연성이 전혀 없는 그 기사를 읽었을까? 누군가 그녀에게 말해줬을까? 누가 말해줄 수 있을까? 그러나 웨이크필드가 주장하는 백신과 행동 문제 간 연관성은 터무니없는 주장처럼 보였다. 병원에 문제를 제기한 모든 부모를 포함하면 피험자는 8명이어야 했고 의료 기록을 철저히 확인해보면 피험자의 수는 오히려 이보다 더 적어야 했다. 어느 쪽이 맞든, 〈란싯〉 독자들은 오도된 것이다.

끼워 맞춘 듯한 부분은 또 있었다. 예를 들어, 12명 중 3명(2명은 형제이고 다른 한 명은 이 형제들의 엄마의 조언으로 웨이크필드를 찾았다)은 자폐증 진단을 받은 적이 없었다. 그렇다면 왜 그들은 자폐 행동을 진단 받았다는 12명 중 9명으로 논문의 표 2에 포함된 것일까?

웨이크필드는 논문에서 사용한 자폐증이 내가 〈란싯〉의 편집자들과의 회의에서 보여준 뉴올리언스 컨퍼런스 초록에서, 학부모들을 상대로 연설한 새크라멘토 회의에서, 법률구조위원회에 제출한 보고서에서, 버튼의 의회 청문회에서, 사려 깊은 집 센터의 웹사이트에서, 채널 4와 나를 상대로 제기한 소송 관련 문서에서, 그의 책에서 사용한 '자폐증'과 의미가 다르다고 주장했다.

그는 〈란싯〉 논문에서 사용한 자폐증은 일반적인 의미이며, 이는 스펙트럼의 장애에 적절한 일반 용어로 사용했다고 주장했다. 아스퍼거병, 자폐증 증후군, 자폐성의, 아스퍼거 증후군일 가능성이 있는, 자폐 스펙트럼 장애 등의 용어가 혼용되는 상황에서는 일반적인 용어인 '자폐증'을 사용하는 것이 적절하다.

그런데 어떤 의료 전문기기 그런 생각을 하겠는가? 표 2가 너무 협소해서 단어를 집어넣을 수 없었던 것도 아니다. 게다가 그는 4번 아동에는 '분해 장애?'를, 9번 아동에는 '자폐 스펙트럼 장애'라는 스펙트럼 용어를 사용하기도 했다.

자폐증 진단에 있어 '일반 용어' 같은 것은 없었다. 옳든, 그르든, 연관이 있든, 없든, 진단은 진단이었다. 그걸로 끝이었다. 그것은 부모와 전문가 모두 매우 중요하게 생각하는 단어의 형태였다. 그리고 그의 목표가 정말로 그가 말한 대로라면, 왜 구체적인 것을 일반적인 용어로, 구체성을 모호한 것으로 바꾸려고 하는가? 저널의 편집자, 전문 검토자, 독자에게 의도적으로 (덜 정확한) 정보를 덜 공개하려고? 소아과 전문의의 판단을 어째서 환자를 한 번도 진찰한 적이 없고 고용 계약에 따라 진료가 금지된 실험실 직원이자 전직 장내과 전문의의 의견으로 대체한단 말인가?

힌트는 12명 전원이 이전에는 정상이었다가 퇴행성 발달장애(심각한 발달 퇴행)를 보였다고 주장하는 그의 논문과 특허에 있었다. 실제 진단은 그의 주장과 모순됐다. 소아과 전문의라면 단번에 알아차릴 것이다. 퇴행성 자폐증을 발견했다고, 장염과 함께 자신이 만든 증후군을 발견했다고 주장하려고 한 게 아니면 왜 임상의들의 진단을 바꿨겠는가?

웨이크필드는 아무런 설명을 하지 않았지만 어쨌든 이렇게 진단을 바꾼 것은 대법관의 증거 목록에도 영향을 미쳤다. 내가 조사를 시작할 때 2번 엄마는 아들이 백신 접종 후 '약 6개월' 뒤(논문에 명시된 2주 이내가 아님) 머리를 부딪치기 시작했다고 말했는데, 이후 나는 시간적 연결 고리와 관련해서 수정된 기록들을 더 많이 발견했다.

첫 기사가 나가고 얼마 지나지 않아 당시에는 나는 새로운 발견을 했다. 최종적으로 출판되기 6개월 전인 1997년 8월 의과대학에서 배포한 〈란싯〉 논문의 초안을 입수한 것이다. 나는 멋진 파워포인트를 만들었다. 이 놀라운 변경 사항을 설명하기 위해 예쁜 원형 차트를 만들었다. 예를 들어 아트리움에서 공개된 버전의 경우 MMR 백신을 지목한 부모의 아이들은 8명이 아니었다. 바인더에서 찾은 기록에 있는 11명도 아니었다.

9명이었다. 4명 중 3명 꼴이었다.

1996년 9월과 1997년 2월 사이에 부모들이 의사와 상담했을 때 11명으로 시작하여 웨이크필드가 배제 기준을 적용했다고 주장하는 다음 해 8월에는 9명으로, 인쇄 직전인 1998년 1월에는 8명으로 수정되었다.

9명으로 계산하면 분명해지는 놀라운 사실이 있었다. 연구에 새롭게 합류한 소년의 어머니는 2개월 간격을 주장했지만 여름에 나온 논문에는 14일로 기재되었다.

14일은 DTP 공포를 촉발한 1974년 논문에서 존 윌슨이 선택한 시간 간격이었다. 24년이 지난 후(북쪽으로 3.5마일 떨어진 곳에서) MMR 백신으로 동일한 수법을 쓴 웨이크필드의 논문에 사용된 시간 간격도 14일이다. 아리조나주 출신 피험자의 엄마인 테레사 세딜로가 발병 시간을 7일로 말하기 전에 언급했던 시간 간격도 14일이었다. 그리고 바인더에서 공개된, 햄스테드에서 2번 엄마가 아들이 머리를 부딪치기 시작했다고 말한 시점도 14일이었다.

하지만 여름에 공개된 논문에 기재된 14일은 달랐다. 백신 접종과 증상 발현 사이의 최대 기간이 아니었다. 여름에 공개된 논문에는 이 기간이 56일로 되어 있었다. 2주가 아니라 2개월이었다.

14일은 9명의 발병 기간의 평균이었다.

한 명을 배제한 (이상값이 제거되고) 평균이 계산됐다. 12명 중 8명이었다. 최대는 14일이었고, 평균은 6.3일이었다.

복잡하고 까다로운 속임수였다. 알아내기 까다로웠다. 하지만 심각한 불법 행위는 복잡성 속에 숨어 있을 수 있다. 월스트리트에서 일하는 이에게 물어보라.

감염원은 2주에 대해 알지 못할 거다. 그러면 생존 기간이 최대 2개월에서 2주로 바뀔 수 있고, 처음에는 평균, 그다음에는 범위로 바뀔 수 있나? 단순히 우연의 일치인가? 가끔은 누가 "안돼, 앤디, 최대 14일이라고."하고 속삭인 건 아닐까 하는 생각까지 들었다.

그냥 생각일 뿐이다. 세부적인 내용을 따져보기가 힘들 때는 파워포인트의 힘을 빌렸다. 웨이크필드의 데이터 수정을 거쳐 여름에 공개된 논문에는 (로얄프리로 돌아가 다시 내시경 검사를 받지 않은 아동) 어린이들 사이에서 장 질환이 급증한 것으로 표기되어 있었다. 나는 어떻게 사례가 3명에서 8명, 8명에서 다시 11명으로 바뀌었는지 보여주는 파이 차트까지 만들었다. 깔끔하긴 했지만 사람이 하는 증언의 힘에 비하면 아무것도 아니었다.

유망한 정보원은 무릎 위에 단지를 얹고 햄스테드에서 달려온 캘리포니아 출신 11번 아빠였다. 나는 그를 두 차례 만났다. 첫 만남은 그가 윔블던에서 열리는 테니스 토너먼트를 보러 런던에 왔을 때 성사됐다. 그는 아내, 두 아들과 함께 첼시에 있는 슬론 스퀘어 근처의 호텔에 머물고 있었다.

나는 로비에 앉아 11번 아빠에게 웨이크필드의 논문을 보여주었다. 그가 전에 본 적도 들은 적도 없는 자료였다. 나는 그의 아들이 표에 있는 11번째 아동이라고 했지만, 조악하게 편집된 11번 아동의 보고서를 읽고 난 후 그가 보인 냉담한 반응에 더 자세한 내용은 말하지 않았다.

'신경정신과 진단'이라고 표시된 표 2에 따르면, 11번 아동의 MMR 백신 접종과 행동 증상 사이에 기간은 '일주일'이었다. 그러나 11번 아빠는 표에 동의하지 않았다. 그는 아들이 13번이라고 들었다고 했다(나는 자신의 아들이 11번이라고 주장한 엄마와도 이야기를 나눴다). 내 정보가 정확하다고 하자 그는 접종부터 증상 발현까지의 기간이 일주일이 아니었다고 부인했다.

"이건 맞지 않아요."

그가 앞에 펼쳐져 있는 학술지를 가리키며 덧붙였다. "사실이 아닙니다."

그의 아들은 14개월차에 주사를 맞았다. 조작된 보고서에 인용된 의료기록에는 로열프리 소아과 의사들이 '정상'이라고 부르는 발달 상태에 변화가 생긴 시점에 대해 두 가지 기록이 있었다. 하나는 백신 접종 전인 13개월차였고, '초기 행동 이상'이라고 쓰여진 다른 기록에는 다음과 같이 기재되어 있었다.

"18개월차: 느린 언어 패턴, 반복적인 손놀림"

그러나 그때는 백신 접종 후 4개월이 지난 시점이었다.

11번 아빠는 아들을 런던으로 데려오기도 전에 웨이크필드에게 4개월이라고 말했다. 그는 1997년 1월 자택에서 웨이크필드에게 "자폐증과 같은 행동이 시작된 시점은 18개월입니다"라는 내용의 이메일을 보냈다.

웨이크필드는 '일주일'이 어디에서 온 건지 설명하지 못했다. 그는 텍사스에서 제출한 진술서에서 "이 시점에서 정확한 증상이 어땠는지 말하는 건 불가능하다"라고 진술했다. 그리고 말을 이어갔다.

하지만 일부 행동 증상이 일주일 내에 발생한 것으로 보고된 게 아니라면 일주일로 기록되지 않았을 것입니다.

그러나 11번 아빠의 생각은 달랐다. 그는 캘리포니아로 돌아가 논문을 읽고 나서 내게 진심이 담긴 이메일로 보냈다.
"앤드루 웨이크필드의 의사 면허가 취소됐다면 알려주세요."
이후 그는 더 구체적인 의견을 내놓았다.
"제 아들이 정말로 11번 환자라면 〈란싯〉 논문은 노골적인 조작일 뿐입니다."

그의 가족은 바와 함께 소송을 제기하지 않은 유일한 가족이었다. 2번 엄마와 6번 엄마의 지원을 받는 영국인 부모들과는 대화하기가 쉽지 않았다. 나는 바의 소송이 실패로 돌아간 뒤 조사를 시작했지만 혼란스러웠던 가족들은 나를 비난했다. 그러나 4번 엄마가 마음을 바꿔 내게 연락을 취하고 문서들을 진해줬을 때 논문의 또 다른 헛점이 드러나기 시작했다.

4번 엄마는 웨이크필드가 병실을 순회하고 있다고 적은 일기장('웨이크필드 박사와 5명으로 구성된 팀이 설명을 하러 왔다')에서 웨이크필드의 아내 카르멜이 일반의료위원회로 전화해달라고 요청한 이메일('번거롭게 해서 죄송하지만, 앤디를 도우려는 것입니다')까지 모든 자료를 내게 전달해주었다⋯. 그러나 진실을 입증하는 데 실제로 도움이 된 건 역시나 치명적인 불일치였다.

4번 아동('가장 설득력 있는')은 표 2에 기입되고 설명이 기재되는 등 특별히 중요하게 다뤄졌다. 여름에 나온 논문에는 "4번 아동의 엄마가 4주 뒤 아이의 행동이 극적으로 악화했다고 설명했다"라고 기재되어 있었다. 이 자료는 바인더에도 있었다. 그러나 출판된 논문에서는 시간적 연결고리가 강화되어 있었다. 첫 번째 증상이 혼합백신을 접종한 '다음 날'에 나타났다고 했고, 표 2에는 14일 이내로 표시되어 있었다.

"MMR 백신 접종 직후 행동 증상 극적으로 악화"

이 주장을 뒷받침하는 자료는 바인더에 없었다. 4번 엄마도 이 주장이 사실이 아니라고 했다. 그녀는 아들이 예방 접종을 받을 때 아무런 연관성도 주장하지 않았고 심지어 청문회가 시작되기 전에 웨이크필드의 변호사(내게 보낸 이메일에서 말했다)에게 그의 논문이 잘못되었다는 내용의 이메일을 보냈다고 한다.

"저는 [아들의] 행동이 백신 접종 직후에 극적으로 바뀌었다고 말한 적이 없어요. 몇 주 뒤에 바뀌었다고 했습니다."

그녀는 런던으로 와서 증언을 하고 싶어 했다. 특히 말콤 병동에서 아들이 겪어야 했던 끔찍한 상황에 대해 증언하려 했다. 그러나 웨이크필드의 변호사가 그녀가 말할 내용에 대해 서면 진술을 받아서 출석할 필요가 없게 되었다는 사실을 알게 되었다.

"제가 우려하는 것은 이 논문과 병원에서 일어난 일입니다."

그녀는 내게 이메일을 보냈다.

저는 그 논문이 틀렸고 사기라는 것을 알고 있습니다. [제 아들]에 대한 부분을 보면 알 수 있습니다.

제 26 장

중상모략

217일 간의 일반의료위원회 청문회 중 3일을 제외하고는 내부에서 벌어지는 엄청난 조사가 밖으로 모습을 드러낸 적은 없었다. 유스턴 로드 350번지의 풍경은 월요일부터 금요일까지 똑같았다. 6차선으로 나누어진 청흑색 아스팔트의 고속도로에서 서쪽으로 향하는 차량들은 속도를 냈고 (지하 터널에서 나오는 경사로에서 몰려들어) 동쪽으로 향하는 차량들은 배기가스인 탄화수소의 연기 속에서 신호등을 향해 기어갔다.

그러나 3일 동안 평소보다 약간 더 높은 관심이 모아졌다. 런던 내부 순환도로의 북쪽에서 경찰이 유리로 된 회전문 주변에 철제 장벽을 세웠는데, 그곳에는 50~60명의 사람들(대부분 중년 여성)이 모여 직접 만든 플래카드를 들고 있었다.

> 우리는 웨이크필드와 함께 한다
> 웨이크필드 박사는 관심을 갖는다
> 백신 피해를 숨기는 것을 멈춰라

이들이 처음 모인 날은 청문회 첫날이었다. 건물 3층의 직사각형 탁자에서 일반의료위원회 직원 두 명이 93장 분량의 혐의 내용을 낭독했다. 그러나 가장 생생하게 기억나는 날은 웨이크필드가 증언을 한 첫날이었다. 그날 나는 실수를 저질렀고, 자신들의 영웅을 세상에 내보내며 나를 압도했던 백신 반대 운동가들에 대해 많은 것을 배웠다.

다시는 그런 실수를 반복하지 않을 것이다.

엄청난 실패였고, 지금에서야 돌아보면 왜 실패했는지 이해가 간다. 세상은 빠르게 변하고 있었다. 웨이크필드에 대한 내 첫 번째 기사가 나가기 불과 두 주 전에, 하버드 대학교 학생 두 명이 페이스북이라는 웹사이트를 개설했다. 웨이크필드가 규모가 작은 지방 언론사인 케임브리지 이브닝뉴스를 위협할 때는 최초 유튜브 영상이 업로드된 지 두 달이 지난 시점이었다. 법원의 명령으로 〈란싯〉 논문 피험자들의 기록을 읽을 수 있게 된 날은 최초 트위터 게시물이 올라온 지 63일째 되는 날이었다.

빠른 변화에 적응하려면 시간이 걸린다. 기자 생활을 시작했을 때 기계식 타자기를 사용했지만, 난 나 자신이 얼리어답터라고 생각했다. 1990년 7월부터 인터넷을 사용해왔고 2000년 6월에는 웹사이트를 개설했다. 그러나 거대한 변화도 내 생물학 지식을 개선해 주지는 못했다. 특히, 나는 모든 사람들이 가방과 바지에 이 모든 것이 합쳐진 카메라를 들고 다니게 될 거라고는 상상도 하지 못했다.

내 실수는 이러했다. 시위대를 뚫고 지나가다가 나는 잠시 멈춰 '마녀 사냥'이란 플래카드를 들고 있던 한 남성에게 말을 걸었다.

그의 이름은 데이비드 스로어였다. 57세의 갈색 수염을 가진 영국 북부의 대중 교통 계획자로 리차드 바의 소송에서 자폐증이 있는 아들 올리버를 대신해 스미스클라인 비첨을 고소한 아빠였다.

스로어는 『브리핑 노트 A Briefing Note』의 저자였는데, 이 보고서는 백신 운동가들 사이에서 유포되고 새크라멘토의 레디 샤퍼가 다운로드 가능한 형식으로 재출판하고 캐나다와 뉴질랜드에서 인용된 보고서였다. MMR 백신이 자폐증을 유발한다고 주장한 문서 중 가장 상세한 문서였다.

4년 전 나는 6번 엄마에게서 사본을 받았을 때 보고서의 품질을 보고 놀랐다. 당시 요약, 색인, 부록, 섹션 1~130(파트 A~M)으로 구성된 스로어의 보고서는 159장에 달했고 발췌문과 연구 해석으로 가득했다. 체계적인 구성보다 더 기억에 남는 것은 그 제목이었다.

MMR 백신과 후천성 자폐증(자폐성 장염).

스로어는 이 말의 의미를 알지 못하는 것 같았다. 답을 찾는 부모들에게 전문가 행세를 하던 이 남자는 자신을 믿는 부모들 앞에서 첫 문장을 맞게 쓸 예의조차 갖추지 않은 거다. 유스턴 로드에서 그를 마주쳤을 때 보고서의 분량은 427장으로 늘어나 있었고, 제목도 더 길어져 있었다.

MMR 백신, 티메로살과 퇴행성 또는 후기 발병 자폐증(자폐성 장염).

여전히 그가 이해하지 못하고 있음이 분명했다.

나는 순전히 취재 목적으로 그에게 물었다.

"자폐성 장염이 뭡니까?"

플래카드를 든 시위대에게 둘러싸여 있던 스로어는 사람들 위에서 반쯤 소리를 지르며 질문을 되풀이했다.

"자폐성 장염이 뭐냐고요? 글쎄요, 우리는 모르죠. 안 그런가요?"

글쎄, 우리는 알고 있다. 내가 대답했다.

"우리는 웨이크필드가 자폐성 장염이라고 하는 게 뭔지 알고 있어요. 웨이그필드가 자폐성 장염을 뭐라고 하던가요?"

"자폐성 장염이 뭔지 알고 여기서 말하려면 하루 종일 걸리겠죠."

그의 말은 사실이 아니었지만 그래도 나는 만족했다.

"장염이 뭔가요?"

스로어는 알지 못했다. 수염 위로 그의 얼굴에 주름이 지는 것이 보였다. 그는 가라앉는 배처럼 부글부글 끓었다.

"모르시죠, 그죠?"

"그쪽이 말씀해보시죠. 저는 의료 전문가 행세를 한 적이 없습니다."

몹시 당황한 그가 플래카드를 꽉 쥐고 말했다.

하지만 그는 전문가 행세를 했었다. 그렇고 말고. 그가 한 건 정확히 전문가 행세였다. 그가 쓴 보고서의 수많은 구절이 그랬다. 그는 두 보고서에서 "어린이를 대상으로 한 검사에서 새로운 형태의 염증성 장 질환인 회장 결절성 림프양 증식증이 확인되었다"라고 설명했다. "정상적인 어린이에게 매우 드문 질환이다." 이것도 틀린 말이었다.

나는 의문을 해소하고 안으로 다시 들어가려고 몸을 틀었다. 그때 성난 여성 무리가 나를 에워싸기 시작했다.

"장 질환. 장 질환."

몇몇 사람이 외쳤다. 어떤 사람은 변비 엑스레이 사진이 있는 포스터를 흔들었다. 나는 어리석은 실수를 또 저지르고 말았다.

"아이들에게는 장 질환이 없었어요."

나는 소리치는 사람 중 한 사람에게 대답했다.

"청문회 자리에 있었나요?"

"아니요, 없었어요."

"아이들에게 장 질환이 없었다고요."

나는 재차 말했다.

모든 상황은 영상에 포착되었다.

욕설의 강도가 높아졌다. 한 여성이 "마녀 사냥 끝, 디어 사냥 시작"라는 팻말을 들어 올렸다. 직사각형 모양의 테이블이 있는 건물 안으로 들어가자 증인 의자를 약간 (패널을 향해 45도) 돌리고 앉은 웨이크필드의 모습이 보였다. 그렇게 앉아야 더 정직하게 보인다고 생각한 듯했다. 문 옆에 앉아 메모를 하자 거리에서 있었던 일이 머리 속에서 곧 사라졌다.

한두 해가 지난 뒤 그날이 다시 찾아왔다. 아마추어 영화 제작자 앨런 골딩이라는 남자가 거짓 영화를 만들기 위해 여러 부모 인터뷰와 내가 찍힌 영상을 편집했다. 그는 내가 청문회에 참석할 때 언론사에서 돈을 받지 않았다고 주장했으나(제약회사에서 돈을 받은 거라고 주장했다), 이는 사실이 아니었다. 그의 중상모략의 정점은 내가 장 질환에 대한 발언하는 장면이었는데, 그는 이것이 내가 멍청이거나 거짓말쟁이라는 증거라고 했다.

그는 나를 해하기 위해 두 번의 특별 인터뷰를 진행했다. 의심할 여지도 없이 인터뷰는 성공적이었다. 첫 번째 인터뷰 대상자는 헤더 에드워즈(Heather Edwards)라는 머리 긴 여성으로 유스턴 로드에 있었던 사람이었다. 그녀는 대장을 제거하는 수술을 한 자신의 열다섯 살 아들 조쉬의 사진을 그에게 건넸다.

"로얄프리는 제 아들을 진료한 뒤 10일 만에 입원시켰고 다른 자폐 아동에게서 발견한 것을 발견했습니다. 제 아들은 결장 없이 사는 게 나을 정도로 심각했어요."

그녀가 말했다.

골딩은 이 인터뷰(마지막으로 유튜브를 확인했을 때 조회수는 150,000뷰)의 중간에 내가 한 발언을 편집해 넣었다.

"아이들에게는 장 질환이 없었어요."

"청문회 자리에 있었나요?"

그냥 입을 다물고 있었어야 했다

독자들에게 편지를 받던 영광의 시절은 지나고 없었다. 혐오자들은 온라인에서 나를 맹공격했다.

"피험자 아동(현재는 성인) 12명 중 1명은 손상된 장 전체를 제거해야 했습니다."

한 활동가가 소리쳤다. 골딩의 활력 넘치는 2번 엄마와 6번 엄마가 직접 마련한 인터뷰로 한 번 더 승리했다. 2번 엄마는 인터뷰에서 피험자 부모들이 쓴 편지를 소리 내어 읽었다. 짧게 자른 흰머리에 동그란 안경, 두꺼운 팔찌를 찬 2번 엄마는 나와의 인터뷰 이후 약간 살이 찐 상태였다. 그녀의 말에는 설득력이 있었다.

"우리 아이들은 모두 적절한 방법으로 워커스미스 교수에게 의뢰되었고,

오랜 기간 지속된 심각하고 고통스러운 위장 증상을 철저히 조사할 수 있었습니다. 모든 조사는 우리 아이들에게 고통을 주지 않는 선에서 진행되었습니다… 우리는 의사 선생님들이 장기간에 걸친 조사를 받게 되어 충격을 받았습니다."

그녀가 카메라 앞에서 편지를 읽었다..

나는 골딩과 대결을 치를 준비가 되어 있었다. 그가 만든 영상은 보이는 것과 달랐다. 나같은 언론인이나 프로그램 제작자들에게 큰 부담이 되는 편집이나 법적 제약, 감독의 방해를 받지 않는 그는 방송에서 사용하는 신뢰할 만한 어휘들을 사용해 오해의 소지가 있는 진술을 포장했다. 무엇보다 조쉬 에드워즈는 피해자도 아니었다. 청문회와 아무 관련이 없는 사람이었다. 영국에서 가장 많이 팔리는 신문 〈더 선 The Sun〉에 따르면, 조쉬는 음식 과민증 진단을 받고 런던에 있는 한 병원에서 대장 절제술을 받았다고 한다.

그 영상 덕분에 나는 수년 동안 욕을 먹어야 했다. 하지만 영상을 보고 진실을 알게 된 이들도 있었다. 그중 하나는 피해자 부모들이 쓴 편지에 서명을 한 것으로 알려졌던 4번 엄마였는데, 그녀는 자신의 이름이 그렇게 사용된 것을 알고 충격을 받았다. 그녀는 아들에게 장 질환이 없다는 사실을 확신했을 뿐 아니라 아들이 말콤 병동에서 끔찍한 고통을 겪었다고 주장했고 나를 돕기로 결심했다.

그녀는 "당신에게 연락하고 싶은 강한 충동이 몇 번 들었습니다"라고 설명하면서 청문회의 결과 상관없이 웨이크필드에게 불리한 수백 장의 일기, 편지, 이메일, 통화 기록을 내게 넘겨주었다.

편을 바꾸기로 결심한 사람은 그녀만이 아니었다. 내 보도를 꼼꼼히 본 부모들이 신문사 데스크에 전화를 걸어 영국으로 오는 웨이크필드의 항공편 번호를 넘기기도 했다. 컨퍼런스 호텔에서 그에게 '가족적 가치'가 부족하다고 불평하는 소리를 듣기도 했다. 무엇보다 내가 '특별 정보원'이라고 부르는 한 사람은 웨이크필드를 배신하고 이중첩자로 변신했다. 이 정보원은 나와 10년 동안 협력하면서 웨이크필드의 네트워크로부터 문서, 보고서, 내게 타격을 줄 계획 등에 대한 정보를 전해 주었다. 그는 내게 협력하기 전에 자신이 했던 생각에 대해 이렇게 설명했다.

"남자 두 명이 있어요. 한 명은 의사고 한 명은 기자입니다. 한 명은 흰색이라고 하고 다른 한 명은 검은색이라고 합니다. 둘 다 맞을 수는 없죠. 한 사람은 정직한 사람이고 다른 한 사람은 사기꾼입니다."

나는 웨이크필드의 사람들이 저지르려 한다는 사실을 오래전부터 알고 있었다. 그렇게 하겠다고 이메일을 쓴 사람도 있었다. 수요일 새벽 3시 54분, 첫 보도가 나가지 4개월 만이었다. 노트북에서 이메일 알림이 울렸는데, 들어본 적 없는 이름의 여성에게서 온 이메일이었다. 그녀의 이름은 캐럴 스토트로 역학 박사 학위를 가진 47세 여성이었다. 유럽에서 가장 저명한 자폐증 전문가인 마이클 러터 교수가 제시한 증거를 반박하기 위해 바가 고용했던 사람이었다.

'게임 시작'이라는 제목의 메일은 단 두 줄이었다.

"한번 해봐, 멍청아.

장담하건대, 넌 지고 말 거야."

한 시간 만에 5개 메일이 더 왔다.

"그러니 엿이나 먹고 꺼져."

"아직도 이해 못했니? 한 번 해보자니까."

"등신!"

"지옥에나 가라, 병신아."

나는 오전 9시 34분이 될 때까지도 답장을 보내지 않고 있었다.

이거 참, 이해가 좀 느리네… 등신

그녀는 악의를 숨기지 않았다. 내가 악의를 느끼기를 원했다. 그녀는 웨이크필드의 군인이었다. 내 정보원은 "우리는 스토트를 '대령'이라고 불렀습니다. 모든 일의 배후에 스토트가 있었습니다. 팀의 핵심 멤버였어요."라고 전해줬다.

5개월 뒤 스토트는 공격을 개시하기 위한 웹사이트를 개설했고, 1년 뒤에는 스로어 같은 사람들을 모아 일반의료위원회의 청문회를 준비하기 시작했다. 6번 엄마를 포함한 8명의 협력자에게 보낸 '비밀 이메일'에서 그녀는 사려 깊은 집 센터에서 자금을 받을 가능성이 있는 사람들에게 발송되는 메일이라고 썼다.

웨이크필드가 여기에 돈을 썼는지는 모르겠다. 그러나 스토트에게는 돈이 부족하지 않았다. 법률구조위원회의 문서에 따르면 그녀는 바의 소송 덕분에 10만 파운드를 벌었다. 웨이크필드는 그녀('친한 친구'라고 표현함)를 텍사스의 사려 깊은 집 센터의 방문 교수로 임명하고 자신이 만든 단체 비서럴을 통해 약 20만 파운드에 달하는 금액을 추가로 지불했다.

스토트가 말한 '모임'은 웨이크필드의 마음대로 운영되는 비밀 결사체였다. 그 모임은 '새로운 자폐증 이니셔티브(New Autism Initiative)'라고 불렸는데, 회원의 보증을 받은 사람들에게만 개방되어 있었고, '큰 수치(Cry Shame)'라고 부르는 공공 캠페인과 〈란싯〉 피험자 형제의 6번 엄마가 청문회 두 달 전에 만든 웹사이트 뒤에 실체를 감추고 있었다.

처음에 나는 6번 엄마가 브레인일 거라 생각했다. 내가 그녀의 상위 목록에 있는 건 확실했다.

"당신을 곤경에 빠뜨리기 위해 6번 엄마가 접촉을 시도하지 않은 단체는 고양이 보호단체뿐일 겁니다."

특별 정보원은 6번 엄마가 편집자, 판사, 정치인, 병원 경영자 등 내가 사실에 접근할 수 없게 할 수 있을 만한 사람들에게 항의 메일을 보내는 데 수백 시간을 들였다고 회상했다.

비밀 협력자가 보낸 문서들이 연달아 들어오면서 나는 배후에서 힘을 쓰고 있는 사람들이 누구인지 알게 되었다. 발달장애 아동과 관련이 없는 개인들이었다. 엄마들은 선수라기보다 선수들에게 놀아나는 쪽이었다. '큰 수치'의 배후에는 밤에 내게 이메일을 보냈던 스토트와 2번 엄마의 변호사인 클리포드 밀러가 있었는데, 둘은 한 쌍의 두꺼비처럼 유독한 사람들이었다.

스토트가 뻔뻔한 인물이라면 밀러는 교활하고 정보화 시대에 능숙한 인물이었다. 그는 비밀리에 '아동 건강 안전(Child Health Safety)'이라는 익명의 웹사이트를 운영하여 다른 사람들이 보고 퍼뜨릴 수 있는 거짓 기사들을 양산했다. 그는 자신이 자문을 제공하기도 한 웨이크필드에게 경의를 표하고, 부모들에게 '아동 건강 안전에 대한 신뢰할 수 있는 정보'를 제공한다고 주장하며 나에 대한 온갖 비방을 일삼았다.

그는 내 기사가 지어낸 이야기이고, 편집자 존 위터로의 지위가 불안정하며, 나 자신도 추측성 보도임을 시인했다고 주장하기도 했다.

포드 밀러가 영향력을 확대하기 위해 사용한 속임수 중 하나는 익명으로 출판한 자료를 자신의 실명으로 인터넷상에 올려 마치 독립적인 출처인 것처럼 보이게 하는 것이었다. 에코 차일즈 플레이(Eco Child's Play)에서 심리학 발전의 역사(Advances in the History of Psychology)에 이르기까지 다양한 웹사이트에 "저널리스트 브라이언 디어가 지어낸 것으로 밝혀졌다"리는 글과 함께 자신이 온라인 창작물에 대한 링크를 게시했다. 그는 "웹사이트 아동건강안전이 신뢰할 수 있는 출처로 널리 인정받고 있다"라고도 주장했다

새크라멘토의 샤퍼는 이 자료를 편집해 미국 전역에 있는 독자들에게 전달했다. 53세의 밀러는 한 술 더 떴다. 그녀는 내가 제약회사들과 협력하고 있을 뿐 아니라 기사를 쓰고 대가를 받았다는 거짓말까지 퍼뜨렸다.

내 정보원이 준 문서에는 다른 사람들도 있었다. 스토트와 밀러, 2번 엄마와 6번 엄마 외에도 스톤이라는 남성과 스티븐이라는 여성도 있었고 웨이크필드는 자유자재로 끼어 들었다. 무리 안에는 스토트, 밀러, 웨이크필

드가 포함된 보다 가까운 한패가 있었다. 거대한 의료위원회 청문회가 정점을 향해갈 때 그들은 휘하의 군인들을 출동시켰다.

수년간 웨이크필드는 캠페인의 효과를 극대화하기 위해 PR 전문가를 고용했다. 이제 그는 미국인들의 돈으로 은발의 백만장자이자 영국 최고의 홍보 담당자인 맥스 클리포드라는 남성을 고용해 악의적인 루머를 퍼뜨렸다. 스토트는 의욕을 돋우기 위해 맥스를 청문회에 데려가고, 프리랜스 타블로이드 기자(맥스 클리포드의 사무실에서 웨이크필드를 만났다고 함)에게 나에 대한 폭로 기사를 준비해달라고 의뢰했다.

웨이크필드는 스토트와 밀러에게, "언론의 격렬한 반응에 디어가 행동할 수밖에 없을 것"이라고 장담하며, 공격을 승인하는 이메일을 보냈다.

그들의 무기 중에는 나에 대한 터무니없는 주장을 펼치는 세 통의 편지도 있었다. 내 경력을 끝내기 위한 노력의 일환으로 ('안전하다'고 간주되는) 부모들이 (선데이타임스와 런던 경찰을 포함한) 여러 기관에 우편으로 보낼 수 있도록 '기밀_최종'이라는 제목의 문서도 만들었다. (밀러의 코미디나 다름없는 법률 용어로 가득한) 각각의 편지들은 내가 의료 기록 수집과 같은 범죄이자 불법인 비밀 활동을 돕거나 조장하거나 자문, 알선, 공모 등을 포함한 다양한 범죄 행위를 저질렀다고 고발하는 내용이었다.

맥스 클리포드는 내게 전화를 걸어, "제약회사들의 막대한 자금이 개입되어 있다고 들었습니다"라고 말했다. 그가 성범죄로 체포되어 8년 형을 선고받기 전의 일이다.

그러나 그의 음모는 역효과를 불러왔다. 어떤 신문사도 이 사건을 건드리려 하지 않았던 것이다. 경찰도 물론 마찬가지였다. 특별정보원이 반백신 캠페인의 핵심에 있는 인물들을 밝혀주었다. 밀러가 작성하고 웨이크필드가 쉼표 하나 바꾸지 않고 승인한 항의 편지는 조쉬 에드워즈의 엄마인 헤더와 유스턴 로드에 있던 다른 사람들에 의해 접수되었다. 취약한 부모들을 조종한 것이다.

제 27 장

정교한 사기

웨이크필드는 의사로서의 경력이 끝나는 날에도 아무렇지 않은 듯 보였다. 그는 런던 청문회에서 나와 NBC의 미드타운 스튜디오에 있는 뉴욕의 의자에 앉았다. 증거를 찾는 검사나 탐사 보도 기자도 없는 자리에서 그는 7시간 43분의 인터뷰를 위해 〈투데이 쇼〉의 진행자인 매트 라우어와 마주 보고 앉았다.

"인터뷰를 시작하는 질문으로는 이상하게 들릴지도 모르겠지만,"

라우어가 오랜 친구에게 좋아하는 아침 식사용 시리얼이 뭔지 질문을 하듯 물었다.

"계속 '의사'라고 지칭해야 하나요?"

웨이크필드는 씩 웃었다. 너무나 쉬운 질문이었다.

"네. 제가 가진 의학 학위를 가지고 있다는 사실까지 빼앗을 수는 없으니까요."

2010년 5월 24일 월요일이었다. 5시간 전 런던에서는 청문회를 주재한 수렌드라 쿠마르가 직사각형 테이블에서 217일차 청문회를 마무리하고 있었다. 그는 패널의 결정 사항과 제재를 큰 소리로 읽었다. 위법 행위를 한 '웨이크필드와 워커스미스를 의료위원회에서 제명한다'고 판결하면서 내시경 검사를 집도한 의사 시몬 머치는 오도되었다는 이유로 석방되었다.

범죄의 확실성에 입각하여 입증된 범죄가 줄을 이었다. 웨이크필드는 윤리적 승인이나 보호 장치 없이 연구를 수행하여 장 증상의 병력이 없는 아동들을 대상으로 침습적 시술을 시행하고 법률구조위원회를 부정직하게 속여 (자신의 변호사조차 '사기'라고 설명한 혐의를 포함해) 연구 목적으로 받은 지원금을 전용한 것으로 밝혀졌다.

쿠마르가 위원 5명의 결정 사항을 읽었다.

"패널은 웨이크필드 박사가 의학 연구의 기본 원칙을 반복적으로 위반한 것에 대해 깊이 우려하고 있으며, 이 분야에서의 행동만으로도 심각한 직업상의 위법 행위에 해당한다는 결론을 내렸다."

그게 끝이 아니었다. 그는 〈란싯〉 논문의 진실성과 정확성을 입증하는 데도 실패했다. 그는 부정직하게 '환자 수에 대해 오해의 소지가 있는 설명'을 출판했고, 피험자가 '정상적인 경로'를 통해 왔다는 부정직한 주장을 펼쳤으며, 리차드 바에게서 받은 자금에 대한 이해 상충을 공개하지 않는 부정직을 범하고, 자신의 출원한 홍역 특허도 공개하지 않았다.

쿠마르는 패널이 "공중 보건에 중대한 영향을 미치는 과학 논문을 작성한 것과 관련하여 부정직하다"고 판결하였으며, 그의 "지속적인 통찰력 부족은 의사 면허가 취소되어야 함을 의미한다는 데 동의했다"라고 말했다.

〈투데이 쇼〉의 시청자들은 이 소식을 전혀 모르고 있었다. 라우어가 가벼운 질문을 던졌다. 경목재로 만든 반투명한 파란색 안락의자(옆 탁자에 꽃과 책 몇 권이 놓여 있음)에 앉아 게스트를 마주하고 있던 라우어가 조사 초기 단계에서 입수한 30분짜리 데이트라인 쇼의 영상을 소개했다. 컨퍼런스에서 강연을 하고 있는 웨이크필드의 모습이 보였다. 선데이타임스 뉴스실에 있는 나도 보였다. 재판에 관한 질문은 없었다.

> 라우어: 그러면 제 눈을 보시고 연구를 진행할 때 이해 상충이 없었다고 말씀하실 수 있습니까?
>
> 웨이크필드: 없었습니다, 전혀요. 있었다면, 공개가 되었을 겁니다.

터무니없는 대답이었다. 그러나 당시 미국인들의 잘생긴 삼촌이었던 라우어는 시간상 빠르게 넘어갔다. 나는 웨이크필드가 캘리포니아에서 강연을 하는 중에 첫째 아들의 생일 파티에서 어떻게 아이들(일부는 4세 이하)의 혈액을 얻었는지 말하며 어머니들을 매료시키는 장면이 담긴 영상을 일반의료위원회에 제출했다.

데이트라인은 웨이크필드가 청중의 웃음을 유도하기 위해 울고, 기절하고, 구토하는 아이들을 두고 농담을 하는 모습이 담긴 파티 영상을 내보냈다. 참 웃기네. 하하. 잘한다. 앤디.

"혈액 표본에 대한 비용은 지불하셨습니까?" 라우어가 질문했다.

"비용은 아니지만 보상을 받았습니다." 그가 대답했다.

"어떻게 보상을 받았나요?"

"파티가 끝날 때 5파운드를 받았습니다."

"그건 어째서 비용이 아닌가요?"

"음, '이렇게 하면 돈을 줄게요'하면서, 사전에 설득을 한 게 아니죠." 웨이크필드가 대답했다.

"끝나고 나서, 도와주신 데 대한 보상이라고 드린 거죠. 윤리적인 측면에서 다릅니다."

영국에는 혈액 시장이 있었던 적이 없었다. 그러나 투데이는 그가 단지 이 기이한 윤리 결여 때문에 의사 면허를 박탈 당한 것처럼 보이게 했다. 라우어는 그가 부정직하고 무책임한 행위를 한 것으로 밝혀졌다고 말했지만, 그를 의자에 안전하게 앉혀 놓고 이런저런 논쟁을 벌였다.

"연구에 12명의 아이들이 참여했습니다. 당신의 연구 결과를 재현하기 위해 수행된, 수십만 명의 어린이가 참여한 연구들이 있었는데요. 오늘 제 맞은편에 앉아서 그 특정 백신(MMR 백신)과 소아 자폐증 사이에 연관성이 있다고 말씀하실 수 있습니까?"

힘 겨루기? 그것은 웨이크필드의 특기였다. 차이를 나누기만 하면 되었다. 상대방이 이렇다고 말할 때 그는 저렇다고 말하기만 하면 더 많은 지지자가 생겨났다.

"저만 그렇게 생각하는 게 아니고 미국 정부도 인정을 했습니다."

미국 정부의 성명과 완전히 반대되는 발언이었다.

"요점은 저와 부모들을 상대로 벌인 홍보 캠페인에서는 부정했지만, 백신 법원에서는 이러한 사례들을 인정하고 있다는 것입니다."

법원은 이를 다시 한 번 명시적으로 부인했다. 그가 주장하는 사례 중 인정된 사례는 없었다. 그는 자신의 의견을 말할 때 일관성을 하루도 지속하지 못했다. 그날 언론에 보도된 바와 같이 그는 미국에서는 이렇게 말하고 영국에서는 또 다르게 말했다. 가디언과 텔레그래프와의 인터뷰에서는 "당시 그런 주장을 한 적이 없다"라며 "지금도 MMR 백신이 자폐증의 원인이라는 주장을 하진 않는다"라고 했다. 이후 BBC 라디오 네트워크에서는 "백신이 자폐증을 유발한다고 말한 적이 없다"라고 했다.

그는 생선을 낚아채는 고양이처럼 자신감이 넘쳤다. 그는 자신이 언론과 의학을 건너뛰기만 하면 어느 방송 진행자도 다룰 수 있으리란 걸 알았다. 그는 재현 연구를 거부한 이후로 자신의 생계 수단이자 삶의 의미가 된 혼란스럽고 상처받은 엄마들, 자신의 지지 집단을 향해 말했다.

그러나 유스턴 로드에서 청문회가 열리는 동안 언론은 졸고 있지 않았다. 내게는 조작된 병리학적 자료와 진단, 백신 접종 전에 이미 증상이 시작되었거나 접종 후 수개월이 지나고 증상이 나타난 아이들의 의료 기록, 법률구조위원회와의 비밀 계약 문서에다가 거래 문서, 사업 계획서 등 조사 중에 나온 방대한 양의 자료까지 있었다. 그리고 4월의 어느 수요일—그가 증인석에 앉은 지 18일째 되는 날—나는 그가 마취 없이 어금니를 발치할 때처럼 몸부림치며 시인하는 모습을 지켜보았다.

"제가 묻고 싶은 건, 대부분의 아이들이 부모나 부모의 이야기를 들은 주치의가 손상의 원인이 MMR 백신이라고 생각해서 로열프리에 온 거라는 말씀이시죠?"

검은 옷을 입은 검사 샐리 스미스가 질문했다.

이때까지 우리는 웨이크필드의 증언을 듣고 또 들은 상태였다. 더 이상 숨을 곳은 없었다.

"그것은 이 논문을 읽은 사람이면 누구라도 알 수 있습니다."

그가 대답했다.

"백신이나 어떤 감염에 노출된 병력이 있는 사람을 포함해서 증상이 있는 피험자가 자발적으로 참여한 겁니다."

스미스의 질문은 단순했지만 핵심을 찔렀다. 그녀는 아침 방송의 진행자가 아니었다. 부모가 백신을 지목하며 병원에 갔다면, 웨이크필드의 발견은 무효였다. 백신과 자폐증 사이의 연관성은 〈란싯〉 독자들이 생각한 것처럼 빈틈없는 의사들에 의해 발견된 게 아니었다. 선별의 산물이었다. 조작된 것이다.

검사는 그에게 두 차례 의혹을 제기했다. 그는 의혹을 제기한 나를 고소하기도 했다. 그런데 마침그 스스로 말한 것이다. 그는 임상시험 대상군의 기준을 말하면서 의료위원회 패널에 "증상과 병력이 있는 환자들이 자발적으로 참여했다"고 했다. 이제 그는 자신의 연구의 진짜 포함 기준을 항목별로 정리해 강조하고 있었다.

"환경적 노출, 위장 문제, 발달의 퇴행, 이 세 가지가 포함된 기준의 핵심 요소입니다."

힘들게 축약한 청문회용 버전이었다. 그리고 미국과 세계를 위한 버전도 있었다.

의료위원회의 조사 결과가 내 조사 결과를 입증해준 셈이었다. 나는 전문가 청중을 위해 세부적인 내용을 정리해 달라는 예기치 않은 요청도 받았다. 내 파워포인트 슬라이드는 〈란싯〉의 경쟁 학술지, BMJ의 지원을 받아 보강된 상태였다.

나는 이미 논문의 병리학적 측면에 대해 '현미경으로 보는 웨이크필드의 자폐성 장염'이라는 4장 분량의 글을 써 놓은 상태였다. 의료위원회의 결정 이후 의사이자 BMJ의 편집장인 피오나 고들리가 라우어와 함께 나타나 기획기사 3편을 제안했다. 샌프란시스코에서 태어나 영국의 사립 학교에서 교육을 받은 그녀는 장난끼가 많고 교양 있는 여성으로 제약회사를 상대하는 것을 두려워하지 않고 무자비하게 조사하는 의학적 증거의 어머니 같은 존재였다.

나는 「MMR 백신 공포의 비밀」이라는 제목의 기획 기사를 썼다. 참조와 요약 표, 우아한 앞 표지까지 합하면 총 분량이 19장, 2만 4천 단어에 달하는 기사였다. 기사를 작성하고 확인하고 또 확인하는 데 6개월이 걸렸다. 6~7명의 편집자로부터 검토를 받았다. 고들리의 부하직원은 청문회 기록을 조사했다. 소아과 의사와 병리학자가 동료 심사를 수행했다. 변호사는 60시간에 대한 수임료를 받았다.

기사를 쓰는 수개월 동안 고들리를 여러 차례 만났다. 그녀는 어느 날 오후 학술지에서는 보기 힘든 욕을 내뱉었다. 그녀가 소견을 말할 때, 우리는 변호사인 고드윈 부수틸(Godwin Busuttil)과 기사를 검토하고 있는 중이었다.

"이건 사기예요. 이 점을 분명히 해야 합니다."

그녀가 말했다.

의료위원회도 같은 사실을 발견하고 부정직 판결을 내렸으니, 새로운 소식은 아니었다. 내 웹사이트와 선데이타임스에도 있는 내용이었다. 의심의 여지 없는 사실이었다.

"음, 편집장님이 그렇게 생각하신다면, 그렇게 말해야 하실 분은 편집장님이에요."

고들리의 판단에 나는 이렇게 대답했다.

2011년 1월 첫 주 목요일, BMJ의 런던 사무실에서 단순히 아침에 하는 농담 소재가 아닌 보도 안내문을 내보냈다. 안내문은 (캘리포니아 출신 11번 아빠의 〈란싯〉 논문에 대한 반응으로 시작하는) 첫 번째 기사의 출판을 발표하면서, 학술지 편집자들에 의해 '정교한 사기'로 판단된 웨이크필드의 연구를 비판하는 BMJ 사설을 인용했다.

누가 사기를 저질렀는가? 가해자가 웨이크필드라는 데는 의심의 여지가 없다. 그가 틀렸지만 정직한 사람일 수도 있을까? 너무 무능한 나머지 프로젝트의 타당성을 설명하지 못했거나, 아동 열두 명의 사례 중 한 명도 정확하게 보고하지 못했을까? 아니다. 그는 원하는 결과를 얻으려 논문 초안 작성에 많은 생각과 노력을 들였다. 불일치는 모두 한 방향으로 귀결된다. 조악한 조작이었다.

가장 먼저 알아챈 것은 CNN이었다. 앤더슨 쿠퍼 기자였다. 심각한 사안이었다. 앤더슨 쿠퍼는 극적인 사건의 냄새를 맡는 미국의 블러드하운드였다. 그는 알아차렸다. 나이보다 훨씬 젊어 보이는 이 프로 선수는 눈을 가늘게 뜬 채 굳은 얼굴로 카메라를 향해 말했다.

"몇 시간 전, BMJ가 과학 저널로서는 극히 이례적으로 연구원인 앤드루 웨이크필드를 노골적인 사기 행각으로 고발했습니다."

쿠퍼는 그가 평범한 연구원이 아니고, 그의 1998년 연구가 불과 12명의 아이들을 대상으로 이루어졌으며, 그 결과 백신에 대한 많은 부모들의 생각을 바꿨다고 설명했다.

"절박하게 답을 찾던 전 세계의 많은 부모들이 웨이크필드의 주장을 받아들였습니다."

보도영상에는 배우 제니 매카시와 그녀의 당시 남자친구였던 짐 캐리가 등장했다. 다음은 의회위원회의 의장 댄 버튼의 영상이었다. 쿠퍼의 최후의 일격은 자메이카에서 열린 백신 반대 컨퍼런스에서 진행한 생방송 인터뷰였다.

어둠 속에서 깜박거리는 스카이프의 분할 화면에 평정심을 잃은 웨이크필드가 등장했다.

"글쎄요, 저는 이 사람의 거짓 주장을 여러 해 동안 참아야 했어요."

그가 그답지 않게 아주 빠른 속도로 나에 대해 말했다.

"책을 썼습니다…"

"하지만 그렇게 말하는 사람이 한 사람이 아닌데요. 이 기사는 영국의학저널에 게재되었습니다."

쿠퍼가 끼어들었다.

"아직 읽어보지 못했습니다. 하지만 그의 온갖 주장에 대해 수도 없이 읽었습니다. 그는 암살자입니다. 백신에 대한 부정적인 반응이 생기니까 저를 끌어내리라는 의뢰를 받은 겁니다."

"선생님, 거기서 잠깐만요. '암살자'이고 '의뢰를 받았다'고 했는데, 의뢰를 누가 한 건가요? 누구의 암살자인 거죠? 많은 상을 받은 독립 언론인인데요."

웨이크필드가 콧방귀를 뀌었다.

"누가 의뢰한 거냐고요? 누가 이 사람에게 돈을 지불하고 있냐고요? 저는 모릅니다. 하지만 이자가 기자님 같은 기자가 아니라는 점은 확실히 알고 있습니다."

"음, 실제로 그는 이 사건에 재정적 이해관계가 없고, 또 이 사건에 재정적 이해관계가 있는 누구와도 관련이 없다고 보증하는 문서에 서명했습니다."

이제 중상모략을 해야 하는데. 웨이크필드는 뭐라고 할 수 있었을까? 그는 제약 도박이란 말을 꺼내들었다.

"음, 재미있네요. 제약 산업의 직접적이고 독점적인 지원을 받는 영국 제약산업협회에서 조사 지원금을 받았으니 그렇게 말하는 겁니다."

내가 제약산업협회와 접촉한 건 1993년이 마지막이었고, 제품 데이터를 받았을 뿐이다. 유럽연합의 임상시험 규정과 관련해서 관련 회사에서 컨설팅 업무를 수행한 한 의사를 인터뷰한 적도 있었다. 웨이크필드는 내 특별 정보원이 넘겨준 정보를 조작했거나 아니면 자신이 처한 난처한 상황에 대해 딱히 해명할 게 없었던 것이 분명했다. 그의 가면이 벗겨지는 단계에서 한 가지는 분명해지고 있었다. 우리 둘 중 하나가 세상을 속이고 있는 것이다.

범인이 나일 수 있을까? 차도 한 대 사본 적 없는 내가 30년 가까이 정직원 혹은 계약직, 교대 근무, 프리랜서로 일해 온 세계 유수의 신문사의 편집자와 변호사를 속일 수 있었을까? 영국 채널 4 네트워크의 임원, 프로듀서, 변호사, 일반의료위원회의 5인 패널, 고등법원에 앉아 있는 이디(Eady) 판사, 세계 5대 의학 저널의 편집자와 변호사, 동료 검토자들을? 내 웹사이트에 게시된 문서가 위조일 수 있을까? 텍사스 법정에서 위증을 한 것일 수 있을까? 거대 제약사에 대한 내 조사가 사기극일 수 있었을까?

쿠퍼의 보도는 과녁을 맞춘 석궁처럼 핵심을 찔렀다. 언론이 전 세계에 기사를 퍼뜨리는 3일 동안 고들리와 나는 택시를 타고 북미 네트워크와 알자지라의 런던 지국 주변을 돌아다녔다.

월스트리트 저널에서 뉴질랜드 헤럴드, 토론토 스타에서 디오스트레일리이(The Australian)에 이르기까지 다양한 언론사의 사설들이 내 보도를 지지했다.

뉴욕타임스는 편집국에서 내 이름을 언급해 예우해 준 많은 언론사 중 하나였다.

이제 영국의학저널(British Medical Journal)은 논문의 문제점을 최초로 폭로한 영국 탐사 보도 기자 브라이언 디어의 장문의 보고서를 출판하는 특별한 단계를 밟았고, 자신들의 명성을 걸고 그의 조사 결과를 지지했다.

대단한 보도였다. 그 영향은 2주 뒤 설문 조사에서 나타났다. 여론조사 기관 해리스폴에 따르면 미국인의 47%(거의 1억 4500만 명)가 BMJ 판결을 알고 있었다. 여론조사 기관장은 "47%는 엄청난 숫자"라며 "비교적 새로운 사건이라 들어봤다는 게 놀라웠다"라고 했다.

구식 저널리즘의 성과라고 말하겠다. 이후 몇 달 동안 나는 연설을 해달라는 초청을 받고 길을 나섰다.

처음 요청을 받은 건 그해 2월로 캐나다 저널리즘 재단에서 토론토에서 일주일을 보내는 일정을 제안했다. 그 외에도 대학 만찬 행사, 토크쇼, 글로브앤메일(Globe & Mail) 이사회와의 회의, 국영방송사와의 만남 등이 이어졌다.

"브라이언 디어와 악수했습니다."

라이어슨 대학교의 통찰력 있는 한 학생은 탐사 보도에 대한 강의가 열리는 크고 붐비는 강의실에서 트윗을 올렸다.

"디어를 만난 건, 저한테는 마돈나를 만나는 것과 같습니다."

그런데 성취의 영광 속에서 나는 만족감보다 우울감을 느꼈다. 내 조사가 권력 앞에서 진실을 말한 것은 옳았다. 그러나 내 경력을 규정하는 기사가 백신이 자폐증을 유발한다는 것을 증명하는 기사였더라면 더 기뻤을 것이다. 그것은 대단한 일이었을 것이다. 훨씬 더 엄청난 1면 기사가 되었을 것이다. 자폐증의 신비를 일부라도 파헤쳐 아이들이 얻을 수 있을 모든 혜택은 나와 같은 기자들에게 가장 중요한 일이었을 것이다..

새로운 것인가? 사실인가? 우리만 알고 있는 사실인가? 사건에 대한 모든 것. 독점.

눈이 쌓인 2월의 캐나다 대도시 중심부에서 나는 홀리데이 인에 머물며 시차 적응을 위해 영화를 한 편 볼 요량으로 저녁 식사를 건너뛰었다. 그런 다음 한 20분 동안 블루어 스트리트(Bloor Street)을 따라 열을 식히며 사반세기 전 웨이크필드가 크론병의 원인에 대해 숙고하면서 했을 생각들을 곰곰이 생각했다. 만약 내가 기네스 파인트를 사면, 나는 스스로를 즐겁게 했고, 아마도 아일랜드의 유명한 검은 음료의 거품 속에서 내 인생이 어디로 갈 것인지 충분히 열심히 응시했다. 워릭대학교 학생이었을 때, 나는 프랭크의 바(Frank's Bar)라는 바에서 기네스를 마시곤 했다. 파인트당 가격은 15펜스 반이었다. 하지만 나이가 들면서 소화가 잘 안되자 버번으로 갈아탔다. 충분한 버번을 마시고 나면 불가능한 일은 없을 것처럼 보인다. 어떤 영감이 당신의 열망을 불러 일으킨다면, 부디 자기 자신만 해하기를 바라야 한다.

얼어붙은 토론토에서 밤에 혼자 기네스 파인트를 마셨냐고?

아니. 잠자리에 들었다.

제 28 장

밑바닥

영국인들은 사과를 잘하는 민족으로 유명하다. 영국인들에게는 '미안하다'가 가장 쉬운 말인 것 같다. 한 여론조사 기관에 따르면, 다른 사람과 부딪혔는데 자기 잘못이 아니라도 자책할 가능성은 영국인이 미국인보다 50% 더 높다고 한다. 영국에서 느낌표가 붙는 상황이 발생할 때 주로 사용하는 말은 '실례합니다'가 아니라 '죄송합니다'이다.

의사 면허가 취소된 청문회에서 웨이크필드는 몹시 죄송해했다.

그는 "죄송한데, 몇 페이지인가요?"라고 묻거나, "죄송한데 기억이 안 납니다."라고 했다. 4월의 어느 수요일, 그는 마침내 MMR 문제가 〈란셋〉 논문에서 주장한 것처럼 연구의 결과가 아니라 포함 기준 문제임을 인정하면서 '죄송하다'는 말을 14번이나 했다.

그러나 그는 사실상 어떤 일도 유감스럽게 생각하지 않았다. 죄책감이나 수치심도 느끼지 않았다. 이를테면, 법률구조위원회로부터 의뢰받은 연구라는 사실이 적힌 자신의 편지가 제출되었을 때도 편지 내용은 사실이 아니며 '단지 회계사와 소통하기 위해 사용한 표현'이라고 답변했다. 증인은 없었다. 그는 부모, 공동 저자, 동료, 추종자 중 누구도 증인으로 부르지 않았다. 12번 엄마가 검사 앞에서 증언하자 (백신 책임자인 데이비드 솔즈베리와 마찬가지로) 그의 수석 변호인인 키어런 쿠난(Kieran Coonan)은 자리에서 일어나 질문이 없다고 말했다.

논문이 출판되었을 때 그가 인정한 사실이 하나 있기는 했다. 독자들은 그가 표 1에 열거한 '비정상 실험 결과'가 실제로 정상임을 발견했다(이때도 그는 "이 오류가 결론에 영향을 미치지는 않는다"고 답변했다). 그러나 내 조사 결과 중에서 그가 인정한 유일한 사실은 아들의 생일 파티 영상에서 웃으며 피를 샀다고 하는 남성이 자신이라는 사실이었다.

"제가 사기 행각을 벌였다는 디어 씨의 주장은 숙련된 의사이자 우수한 연구원이 갑자기 자신의 이득을 위해 데이터를 위조하기로 결정했다는 이야기나 마찬가지입니다."

그는 선데이타임스 기사에 대해 명예훼손으로 나를 고소했었는데 그때 작성한 58장 분량의 고소장에서 이렇게 말했다.

"연구원이 개인적인 이익을 위해 의료계의 눈을 피해 데이터를 조작할 수 있다는 발상 자체가 말도 안 되는 소리입니다."

「MMR 백신 공포의 비밀」이라는 시리즈 기사에 대해 그는 이렇게 반응했다.

그는 자신에게 제기된 이해 상충 혐의에 대해 변명했을 때처럼 똑같이 대응했다.

"사기 행각이 있었습니다. 사기 행각을 벌인 측은 저나 제 동료가 아니라 브라이언과 제 평판을 깎아내리기 위해 사기성 기사를 지어낸 BMJ입니다."

전통적인 영국 방식이 그에게는 더 나았을 것이다. 청문회는 백신이 자폐증을 유발하는지에 대해서는 다루지 않았다. 내 조사에 중점을 두지도 않았다. 그는 유스턴 로드나 브루클린 대교에 나타나 오해나 혼란, 실수가 있었다고 인정할 수 있었다. 그는 윤리에 대해 말하거나 새로운 통찰을 주장할 수도 있었다. 한 시간 정도 그랬다면 아마 의료위원회에서 그의 의사 면허를 회복해 주었을지도 모른다.

그러나 그는 도저히 그렇게 할 수 없었다. 그의 본성이 허락하지 않았다.

그래서 그는 자신의 지지자들에게 어떤 증거도 제시하지 않은 채 자신이 "제약업계의 누명을 썼다"고 주장했다. 그는 언론, 특히 선데이타임스를 발행하는 영국 자회사를 경영하는 거물 루퍼트 머독(그리고 자신을 많이 인터뷰한 폭스 뉴스)을 비난했다. 그는 텍사스의 '매우 높은 어떤 사람'을 포함한 판사들을 비방했다. 그는 일반의료위원회 패널(의학이 아닌 다른 분야의 고위 전문가 2명을 포함)이 백신 안전성을 조사한 의사들의 "신뢰를 떨어뜨리려 했다"고 주장해 패널을 모욕하기까지 했다.

한마디로 피해자의 위치에서 안락함을 누리려 한 것이다. 자신은 사악한 이들이 빚은 희생자라고 했다. 그는 온라인에서 "정부, 언론, 산업계가 연루된 음모이며, 그들이 원한 결과"라고 주장했다.

"저는 그들에게 맞서고 있었습니다. 연구원에게 사기 혐의를 씌우는 데는 30초면 되지만, 회복하는 데는 평생이 걸립니다. 그들은 이것을 잘 알고 있습니다."

그가 말하는 그들이란 법률구조계획을 통해 MMR 백신에 대한 소송을 제기하는 데 드는 비용을 지불해줬던 정부, 수년간 그를 옹호했던 언론(머독의 언론사 포함), 10년 동안 그에게 넘치는 자금을 지원했던 제약업계였다. 그리고 30초라니? 7년은 족히 걸렸다. 그런데 그는 죄송하다며 동정론을 내세워, 자신에 대한 폭로를 음모의 증거로, 자신의 파멸을 정직의 증거로 재포장한 것이다.

이번에도 통했다. 그는 여러 해 동안 컨퍼런스를 순회하며 취약한 사람들과 혼란에 빠진 사람들을 자신의 영향력 아래로 끌어들였고, 내 받은 편지함에는 욕설이 쏟아졌다.

나는 언젠가 웨이크필드 박사와 그의 연구에 관한 진실이 곧 밝혀질 것이라고 믿습니다. 당신은 당신이 한 짓을 알고 있고, 히틀러가 한 짓과 다름없습니다. 믿기 힘든 악행!

당신은 지금까지 살았던 가장 사악하고 무서운 거짓말쟁이 중 하나입니다. 당신 때문에 너무 많은 아이들이 아프거나 죽게 되었습니다. 언젠가 하나님께 해명해야 할 것입니다.

당신은 완전 쓰레기야. 한 사람의 인생을 망쳐 놨어. 피해가 전 세계 수백만 명의 어린이로 확산되는 데 공모한 거야.

한때 그가 인정 받기를 갈망했던 의학계는 쉽게 감동받지 않았다. 논문 제출로 회원 자격을 획득했던 왕립병리학회는 그를 제명했다. 몇 년 전부터 회비를 내지 않아 제명된 왕립의사회에서도 똑같이 했을 것이다. 미국의 사려 깊은 집 센터에서는 나가달라는 요청을 받았다. 미국위장병학회지는 그가 미 의회에서 발표했던 데이터를 철회했다.

자폐증을 연구하는 위장병 전문의들도 그가 가장 약한 시기에 맹공격을 퍼부었다. 의료위원회의 판결문이 발표된 달, 미국 전문가 27명은 자폐증의 위장 장애에 관한 18장 분량의 합의 성명을 발표해 그가 주장한 증후군을 찢어발겼다. 림프구 증식이 '정상적인 발달 과정을 거치는 어린이'에서 발견된다는 사실도 지적했다.

ASD가 있는 사람에게 존재하는 특정한 위장 장애(예를 들면 '자폐성 장염'과 같은)는 확립된 바 없습니다.

연구 논문 한가운데 찍힌 커다란 붉은 도장은 수치였다. 각 장에는 왼쪽 하단에서부터 오른쪽 상단까지 대문자로 된 단어가 찍혀 있었다—철회.

〈란싯〉의 편집장 리차드 호튼은 가디언지와의 인터뷰에서 "논문의 내용은 어떤 모호함도 없이 명명백백히 완전한 거짓이었으며, 기만 당한 기분이었다"라고 밝혔다.

후회 없이 통찰력도 있을 수 없었다. 웨이크필드의 재기는 불가능했다.

그는 이따금씩 충혈된 눈과 덥수룩한 머리를 한 초췌한 모습을 보였지만 낙담하지도 그만두지도 않았다. 다양한 직무를 명목으로 받은 퇴직금, 리처드 바와의 거래에서 받은 잔여금, 서부 런던에 지은 침실 5개 주택을 판 돈도 있었다.

게다가 미국에서 영국 남성이라는 이유로 그의 카리스마에는 매력이 더해졌다.

광야에서 그가 처음으로 떠올린 거대한 아이디어는 미네소타주로 가는 것이었다. 무슨 이유에서인지 미네소타주에는 미국에서 가장 큰 소말리아 미국인 커뮤니티가 형성되어 있었고 백신 반대 단체들은 미네소타주에서 자리 잡고 싶어했다. 웨이크필드는 미니애폴리스에 있는 한 식당에 여러 차례 나타나 (약 100명이 참석한 것으로 추정) 미국 소말리아 커뮤니티에서 자폐증 발병률이 급증하고 있는 반면 소말리아에는 알려진 발병 사례가 없다고 말했다.

2010년 12월 미네소타 공영 라디오에서 새로운 청중에게 말했다.

"해결 가능합니다. 원인이 있고, 시작이 있었으니, 끝이 있을 것입니다. 우리는 이 아이들에게 가해지는 피해를 받아들일 수 없습니다. 절대로 받아들일 수 없습니다."

그는 환경적 요인을 암시했다. 그러나 닿을 수 없는 곳에 주먹을 날린 셈이었다. 그가 몰랐거나 문제가 될 거라 생각 못한 것은 소말리아어에는 자폐증이라는 단어가 없어 보도가 될 수 없다는 사실이었다.

소말리아에 자폐증이라는 말이 없는 건 놀라운 일이 아니었다.

소말리아 부모 자폐증 네트워크의 공동 설립자인 마리안 아흐메드는 유튜브 동영상에서 설명했다.

"소말리아에는 '정신분열증', '미친', '미치지 않은'이라는 말은 있지만, 그게 전부입니다. '자폐증'이라는 말은 없어요. 그런 명칭이나 단어는 없습니다. 우리가 만들어야죠."

그도 어쩔 수 없는 일이었다. 그가 미쳤던 건지는 모르겠지만 어쨌던 그는 미네소타에서 불행의 전령사였다. 웨이크필드가 첫 행사를 진행하고 나서 불과 6주 뒤에 홍역 잠복기에 있었던 소말리아계 미국인 아동이 케냐로 갔다가 다시 미니애폴리스로 돌아오면서 소규모 발병이 촉발됐다. MMR 백신 접종을 받지 않은 30개월차 남자아이였다. 미니애폴리스에서 PCR 시퀀싱 결과 21건의 사례가 확인되었다.

역사적으로 소말리아인들은 예방 접종을 신뢰했었다. 2004년 미네소타에서 권장하는 대로 MMR 백신을 접종한 소말리아계 아동은 91%였다. 그러나 대서양을 건너간 웨이크필드의 주장과 댄 버튼의 청문회, 레니 샤퍼의 뉴스레터, 변호사들이 사람들을 모집해 벌인 소송을 거쳐 그가 직접 미네소타에 나타났을 때 접종률은 54%로 급감했다.

죽은 사람은 없었다. 하지만 그것은 그의 다음 여정에서 닥쳐올 일에 대한 경고였다. 그는 의료위원회의 청문회에 출석하는 동안, 자폐증을 이용해 사업을 하는 한 사업가와 관계를 시작했다. 그녀의 이름은 폴리 토미였는데, 그녀는 가족(남편 포함)을 데리고 웨이크필드를 쫓아 텍사스까지 와서 자폐증 미디어 채널이라는 언론사를 설립했다. 이 언론사는 이후 끔찍한 사건에 휘말리게 된다.

날씬한 금발 미리 여성인 토미는 웨이크필드보다 10살 아래였다. 그녀는 대역 배우였다. 발달장애를 가진 빌리라는 아들의 엄마이기도 한 그녀는 자선 사업과 수익 사업을 합친 사업체를 운영하며 캠페인으로 돈을 벌었다. 그녀는 검은색 속옷을 입은 자신의 상체가 나온 "안녕 얘들아…"라고 적힌 도로변 광고판에 대한 기억을 남겨둔 채 영국을 떠났다.

남편 조나단은 자신을 임상 영양사로 홍보하는 피트니스 강사였다. 부부는 영국 방송에 함께 출연해 돼지 호르몬 '세크레틴'을 홍보하여 대박을 쳤다(이후 재판에서 아무런 효능이 없는 것으로 밝혀졌다). 부부는 〈트레버 맥도날드 투나잇(Trevor McDonald Tonight)〉이라는 타블로이드 시사

쇼에 두 차례 출연했다. 첫 번째 출연 분량은 16분이었다. 두 번째 분량은 25분으로 진행자가 부부의 웹사이트 광고를 큰 소리로 읽어주었다. 이를 계기로 부부는 화려한 잡지를 발행했고 자폐증으로 돈을 벌려던 참이었다.

오래지 않아 폴리 토미는 월간 자폐증 파일 4만 부를 배포했다. 이를 계기로 웨이크필드는 미국에서 리얼리티 TV 쇼를 찍겠다는 야심을 품게 되었다.

그들은 견본 필름을 찍기 위해 사려 깊은 집 센터의 내시경 전문의였던 아서 크리그먼이 내시경 검사를 위해 뉴욕시로 보낸 아이들을 촬영했다. 그는 세딜로 사건에서 가족 영상을 언급했던 의사였다(맨해튼 미드타운에 있는 레녹스힐 병원에서 경영진의 조사를 받고 도망쳐 나왔다).

쇼는 큰 주목을 받지 못했다. 그러나 그들은 운명처럼 자신들의 미래를 좌우하게 되는 자료 영상을 하나 건졌다. 심각한 발달장애를 앓고 있는 시카고 출신의 14세 소년 알렉스 스푸어달라키스(Alex Spourdalakis)를 찍었다. 화면에는 그가 내시경 검사를 받기 위해 서둘러 크리그먼에게 향하는 모습과 침대에 허리가 묶인 채 누워 있는 모습이 보였는데, 침대 옆에서 웨이크필드가 말을 하고 있었다.

12일 후 소년은 자신의 엄마와 대모의 손에 죽었다. 스트레스를 감당하기 힘들었던 그들은 (나도 영상을 봤다) 아이에게 수면제를 먹였다. 그리고는 부엌칼로 가슴을 네 번 찔렀다. 아이의 손목을 그으려다 손을 자를 뻔하기도 했다. 그들은 고양이도 죽였고 자신들의 목숨도 끊으려 했다.

더 많은 불운이 뒤따랐다. 그러나 웨이크필드는 새로운 직업을 발견한 셈이었다. 그의 다음 경력, 다시 말해 자신의 활동 범위를 미국에서 화면이 존재하는 모든 곳으로 확장하는 데 도움이 될 일이었다.

그가 선언했다.

"언론을 이기고 싶다면 스스로 언론이 되십시오. 저는 이제 영상 제작자입니다."

그러나 그는 밑바닥을 쳤다. 그의 강연 일정은 점점 이상해졌다. 그는 기후 변화를 부정하는 부정론자, 세계무역센터 공격이 내부의 소행이라고 주장하는 음모론자, 대중을 통제하기 위해 비행기에서 독을 푼다고 주장하는 사람과 함께 등장했다가 음모의 바다 크루즈선(Conspira-Sea Cruise)이라는 선박에 나타났다. 캘리포니아 산 페드로에서 일주일 간의 항해를 시작한 이 선박에는 여행을 위해 3,000달러를 지불한 100명의 괴짜들이 타고 있었는데, 한 동료 강연자는 배가 육지에 닿자마자 체포되었다.

"이 말은 제발 써 주세요. 브라이언 디어는 사이코패스입니다."

웨이크필드가 싸구려 웃음을 위해 크루즈선에 합류한 기자들에게 말했다.

"못마땅해서 하는 말이 아니라 브라이언 디어가 바로 그런 사람이기 때문입니다. 그는 사이코패스가 가진 모든 특징을 가지고 있어요."

이보다 더 나빠질 수 있을까? 물론 그럴 수 있다. 그가 미쳤든 그렇지 않든 간에, 더 큰 굴욕의 순간이 런던에서 조용히 그에게 다가오고 있었다.

의회가 설립한 재판소의 업무로서 의료위원회의 직업상 위법 행위 판결은 법원의 검토 대상이었다. 웨이크필드의 변호사는 항소를 제기하지 않았지만 워커스미스의 변호사는 유죄 판결을 뒤집을 수 있을 것이라고 낙관했다. 패널은 존 워커스미스가 연구 결과를 제시한 방식에서 절차상의 오류를 저질렀다고 판결했었다.

워커스미스는 내시경 검사가 윤리위원회의 승인을 받아 수행한 연구였다는 주장에서 오로지 환자 치료를 목적으로 한 연구였다는 주장으로 진술을 바꿔 패널을 곤란하게 했는데, 이것이 사태에 얼마나 큰 영향을 미쳤는지 인지하지 못했다. 조사가 세부적으로 이루어지는 것은 내게는 좋은 일이었다. 그러나 이것은 각 아동의 사례에 대한 개별적 평가가 이루어져야 하며, 각 사례에 대한 12회의 청문회가 열려야 하고, 각 청문회 판결에 대한 이유도 함께 제시되어야 한다는 의미이기도 했다.

웨이크필드가 짊어져야 할 부담은 아니었다. 그의 연구가 연구였음에는 논란의 여지가 없었다. 워커스미스는 "제 사건은 웨이크필드 박사의 사건과는 완전히 다른 문제들과 관련되어 있습니다"라고 지적했다.

"제가 지시한 모든 조사 절차는 아이들에게 무엇이 잘못되었는지 알아내기 위한 것이었습니다."

만약 그의 말이 사실이 아니고 그가 진짜 연구를 하고 있었다면, 그는 틀리기만 한 게 아니라 거짓말을 하는 셈이었다. 왕립사법재판소에서 항소를 심리한 미팅(Mitting) 판사는 "패널은 워커스미스 교수의 말이 진실인지 판단한 것 외에는 대안이 없다"라고 설명했다.

그러나 패널은 그렇게 하지 않았다. 의사 3명이라는 기소 규모에 압도된 패널은 기본적인 판단을 건너뛰었다. 제약회사 측에서 어머니가 혼란스러운 상태라고 주장했던 베스트 대 웰컴 재판 때와 마찬가지로, 패널은 문제를 해결하지 않았다.

당연히 웨이크필드는 공범자의 무죄 방면을 물고 늘어졌다. 즉 지지자들에게 암시적으로 자신도 무죄라고 한 것이다. 그러나 판사의 생각은 그렇지 않았다. 청문회와 내 보도의 결과로 바츠 병원을 떠나 햄스테드로 오라고 자신을 설득했던 웨이크필드를 다른 시각으로 보게 된 워커스미스 교수도 마찬가지였다. 이제 75세가 된 그는 가장 파괴적인 방법으로 자신의 발언권을 행사했다. 침묵이었다.

2번 엄마를 인터뷰하기 몇 주 전에 출판된 자신의 자서전 『오랜 기억』에서 워커스미스는 선생님에게 홀딱 반한 십 대 소년처럼 바보같이 웃었다.

그는 웨이크필드를 "다이애나 왕세자비의 그림자"라고 표현했다.

그는 키가 크고 잘생겼고 유창하고 카리스마 있고, 무엇보다 신념이 있는 사람입니다. 아주 성실하고 정직합니다. 유행에 뒤떨어지는 말이긴 하지만 현실에서는 '진실을 추구하는 성전사'라는 말이 가장 잘 어울리는 사람입니다.

의학계에서 은퇴한 존 워커스미스는 런던 북부의 자택에서 이 부분을 다시 읽었다. 그의 경력의 오점에 대한 찬가였다. 그런 다음 조용히 이 부분을 삭제하고 주변 단락을 정리한 다음 재인쇄를 위해 책을 보냈다.

제 29 장

복수의 시간

이른바 언론의 황금기라고 불렸던 시대였다면 웨이크필드가 망신을 당한 뒤 문제는 곧 사라졌을 것이다. 1980년대 DTP 백신 위기가 그랬던 것처럼, 웨이크필드가 촉발한 백신 위기도 독자들을 흥분시킬 만한 것은 하나도 남기지 않고 그 길로 끝이었을 것이다.

신경과 의사 존 윌슨은 자신의 운명을 받아들였다.

"아주 현명한 의사가 새로 입학한 의대생들에게 말합니다. 20년 뒤에는 지금 배우는 것의 절반이 잘못된 것으로 판명될 것이라고. 문제는 어느 쪽이 틀린 것으로 판명될지 모른다는 겁니다."

1990년대 그를 만났을 때, 그가 한 말이다.

'MMR 백신 의사'는 언론에서 수명이 다한 게 확실했다. 영국의 편집자들은 자신들이 수년 동안 속아왔다는 사실을 알아차렸다. 가장 호의적인 기사를 써 줬던 이들조차 할 만큼 했다는 눈치였다. 2013년 4월 데일리 메일은 홍역 발병으로 사망한 남성에 대해 보도했다.

MMR 백신 논란은 근거 없는 백신 공포를 촉발한 과학적 부정행위였다.

그러나 웨이크필드는 거기서 그치지 않았다. 언론은 그를 막을 수 없었다. 시대를 바꾸는 개인 소셜 미디어의 출현으로 누구나 알고리즘을 이용해 방심한 사람들을 가짜 뉴스 시장으로 유인할 수 있게 되었다. 2014년 8월 18일 월요일, (예상대로 자신의 이미지를 완전히 세탁한) 웨이크필드의 페이스북 페이지에 놀라운 새 장을 예고하는 게시물이 올라왔다. 그후 2년 동안 그는 프랭클린 루즈벨트 대통령이 1930년대에 시작했던 전설적인 전국적 소아마비 퇴치 운동인 '10센트 동전의 행진(March of Dimes)'만큼 백신 접종에 대한 대중의 태도에 큰 영향을 미쳤다.

이것 좀 보세요!!!!!

느낌표 다섯 개와 함께 앤드루 웨이크필드의 반격이 시작됐다.

링크를 클릭하니 동영상 공유 사이트로 연결되면서 극적인 카운트다운을 하는 동영상이 시작됐다. 스풀에서 스풀로 셀룰로이드 필름을 공급하는 20세기 영사기의 윙윙 소리에, 회전하는 시계바늘이 1초 단위로 원을 그리며 흑백 이미지들이 옛날 뉴스영화처럼 등장한다.

7: 오바마 대통령과 아프리카계 미국인 소년들, 6: 미니애폴리스 출신 소말리계 자폐아에 대한 뉴욕타임스 보도, 5: 조지아주 애틀랜타에 있는 미국 질병통제예방센터의 명판, 4: 얼굴 실루엣, 3: 주사 바늘.

"맙소사, 우리가 해낸 일을 믿을 수가 없네요."

수화기 너머로 한 남성의 목소리가 들려온다.

"하지만 우리가 해냈습니다. 모든 진실이 있습니다. 다 있어요."

귀를 위한 소리. 눈을 위한 영상. 동시적인 감각 자극이었다.

CDC 내부고발자, 백신-자폐증 사기 자백.

자폐증 미디어 채널 독점 공개.

"제 사기에 관한 실화입니다."

다림질한 흰색 셔츠에 안경을 쓴 웨이크필드가 말했다.

"미국 국민을 상대로 한 의도적인 고도의 기만은 아이들의 건강에 치명적인 결과를 초래했습니다."

독점 공개라는 9분 30초 분량의 영상에서 표면적으로는 놀라워 보이는 폭로가 이어진다. 웨이크필드는 MMR 백신의 자폐증 유발 여부를 10년 동안 연구한 애틀랜타의 질병통제예방센터 본부 소속 과학자가 '사기'를 폭로하기 위해 내부고발자가 되었다고 전했다. 이제 57세가 된 웨이크필드가 "너무나 끔찍한 사기였기 때문에 연구원 한 명이 결국 침묵을 깼습니다"라고 설명했다.

다른 남성의 얼굴이 클로즈업 되고 남성은 웨이크필드가 말이 사실임을 확인해 준다. 이 남성은 브라이언 후커로 내부고발자가 아니라 생화학 공학 박사 학위를 가진 노던 캘리포니아 아츠 컬리지의 과학 교사였다. 웨이크필드는 그를 백신 피해 아동의 아버지이자 백신 안전성 연구원이라고 소개했다.

후커는 50세의 과체중 남성으로 머리가 벗겨지고 우락부락하게 생겼으며, 콧수염이 있고 턱살이 목까지 내려와 있었다. 체크 무늬가 있는 갈색 재킷과 옷깃이 있는 노란색 셔츠를 입고 등장했다. 그는 어느 날 원치 않는 전화를 받았는데, 과학자 빌 톰슨에게서 걸려온 전화였다고 말한다.

"톰슨 박사가 저를 자신의 신부로 정하고는 고해성사를 시작했습니다. 많은 전화 통화가 오고갔습니다. 수십 개의 이메일을 주고 받았습니다. 그는 질병통제예방센터의 사기 및 불법행위와 관련해 매우 강력한 정보를 공개했습니다."

50세의 톰슨은 논문을 공동 저술한 심리학자였다. 해당 논문은 2004년 2월 유력 학술지 〈소아과학〉에 게재되었으나 거의 주목받지 못했다. 그는 고통스러울 정도로 복잡한 방법을 사용해 애틀랜타의 자폐 아동들과 정상 아동들의 예방 접종 연령을 각각 비교하여 웨이크필드가 주장한 백신과 자폐증 간 연관성을 연구했다. 자폐 아동 600명 이상의 의료 기록과 그 3배에 달하는 정상 아동의 의료 기록을 연구했던 것이다.

8장 분량의 논문에서 그는 'MMR 백신이 일반적으로 생후 24개월 이전에 발병하는 자폐증의 위험을 증가시킨다면 어린 나이에 예방 접종을 받은 어린이가 더 위험하다'라고 가정했다.

웨이크필드는 9분 30초 가량의 영상에서 이러한 세부 사항을 다루지 않았다. 톰슨에 대한 단편적인 정보에 집중했다. 후커는 웨이크필드의 조언에 따라 자신의 연구와 보건 당국에서의 삶에 관한 네 차례의 대화를 비밀리에 녹음했다.

10개의 짧은 동영상 중 하나에서 후커가 말했다.

"그 논문 작업을 했던 시기는 제 경력상 최악의 시기였습니다."

다른 영상에서 말했다.

"제가 한 일이 너무나 부끄럽습니다."

또 다른 영상에서 말했다.

"거짓말은 하지 않겠습니다. 거짓말은 그만두기로 했습니다."

웨이크필드의 동영상은 2015년 중반에 업로드된 영상치고는 아주 매끄러웠다. 그는 비즈니스 파트너이자 특별한 친구인 폴리 토미와 함께 속도에 대해 잘 알고 광고 작업을 하는 캐나다인 편집자를 고용했다. 침울한 음색과 시악한 음악을 넣은 9분 30초 분량의 영상은 미국 전역과 전 세계에 폭발적으로 퍼져나갔다.

'접근 제한'으로 표시된 문서를 포함한 모든 문서가 공개됐다. 잘렸다가 이어졌다가 효과를 주기 위해 반복 재생되기도 하는 문구들이 핵심이었다.

그 논문 작업을 했던 시기는 제 경력상 최악의 시기였습니다 [00:25] … 그 논문 작업을 했던 시기는 제 경력상 최악의 시기였습니다 [03:41] … 그 논문 작업을 했던 시기는 제 경력상 최악의 시기였습니다 [08:36].

분석해보면, 정말 뻔했다. 영상에서는 거의 언급되지 않았지만 톰슨이 우려하는 문제의 요지는 통계적으로 중요한 데이터가 논문에서 누락되었다는 것이다. 원자료를 보면 하위 그룹에서 과도한 자폐증이 나타났다. 특정 연령대에 MMR 백신을 접종한 아프리카계 미국인 소년이었다.

그러나 그의 동료 저자들은 이 발견이 타당하지 않으며, 사전에 프로토콜에 정의된 더 작은 표본이 보다 타당한 비교를 제공한다고 생각했다. (출생 증명서에서) 추가적인 정보를 얻을 수 있었던 이 표본에서는 '인종 효과 (race effect)'가 덜 나타났다.

나는 톰슨의 문서를 읽고 논문을 조사했다. 내가 보기에 그가 알아낸 것은 훌륭했다. 논문의 표 3에서 질병통제예방센터 연구원들은 백신의 안전성 프로파일에 호의적이었다면 포함했을 데이터 두 줄을 생략했다. 톰슨이 이 사실을 워싱턴포스트나 뉴욕타임스, 아니면 내게 가져왔더라면 누구라도 보도했을 게 분명하다.

질병통제예방센터의 성격에 대한 오랜 논쟁을 건드리기 좋은 완벽한 소재였다. 많은 관찰자들이 백신의 안정성을 연구하고 백신 접종을 촉진하는 질병통제예방센터의 역할이 전략적으로 상충된다고 주장해왔다. 이러한 상충이 어떤 부작용을 낳을 수 있는지 예시를 보여줌으로써 논의가 재개될 수 있는 기회였다.

나는 톰슨의 프로젝트를 감독했던 전직 질병통제예방센터 선임 관리자에게 물었다.

"제 질문은 해당 데이터를 표에 기재하지 않은 이유입니다. 여론과 대중의 우려를 고려한 것이었을까요? 기자들이 '인종적 영향이 있다'라고 물고 늘어질 수 있어서?"

"좋은 질문이네요." 내 정보원도 동의했다.

최전선에 서 있는 괜찮은 언론인에게는 이 정도 동의면 폭발적인 인정이었다. 당시 질병통제예방센터는 MMR 백신 안정성 연구를 진행했던 연구원 폴 톰슨이 100만 달러 상당의 보조금을 훔쳐 할리 데이비슨, 주택 등을 구입하는 데 지출한 혐의로 기소되면서 논란에 휩싸인 상황이었다.

톰슨이 주장한 대로 직원들이 표 3에 포함 했어야 할 정보를 고의적으로 누락한 게 사실이라면, 기관의 목표에 부합하지 않아 누락한 정보가 더 있을 수 있다는 말일까? 그러나 이러한 주장을 톰슨이 후커에게, 후커가 웨이크필드에게 전했을 때 웨이크필드는 이 문제를 이해 상충이라기보다 자신의 상황에 맞는 문제로 본 듯했다.

이것 좀 보세요!!!! CDC!

　고위 정부 과학자, 질병통제예방센터의 백신 자폐증 사기에 대해 13년간의 침묵을 깨다!

　MMR 백신으로 인한 자폐증 위험에 고의적으로 노출된 아프리카계 미국인 소년들!

나는 '세계 최초의 에이즈 백신'이었던 에이즈백스에 대해 조사하던 때로 돌아갔다. 2003년 2월 예정된 실패 이후 백스젠이라는 회사의 배후에 있던 전 질병통제예방센터 직원들도 하위그룹에 집중했다.

"흑인 지원자들 사이에서 HIV 감염이 78% 낮게 나타났습니다."

눈가림을 해제한 날 연구팀은 금융 시장에 곧바로 보고했다.

"결과는 통계적으로 유의미합니다."

〈소아과학〉 학술지에 실린 논문에 대한 지적은 하위그룹 분석에서 나왔고 데이터는 실수의 결과였을 가능성이 컸다. 질병통제예방센터의 연구는 설계에 오랫동안 결함이 있는 것으로 인식되어 오다가 3년 전에는 권위 있는 미국 국립의학연구소(US Institute of Medicine)에서 수행한 백신 안전성 검토에서 '심각한 방법론적 한계'를 이유로 제외된 바 있었다.

그러나 웨이크필드의 게시물이 게시된 지 몇 시간 만에 톰슨 관련 게시물은 온라인에서 "맙소사! 꼭 봐야 하는 영상"으로 퍼지고 있었다.

내부고발자가 CDC의 사기와 거짓말, 기만 행위를 시인하다. 질병통제예방센터는 MMR 백신이 자폐증을 유발한다는 사실을 알고 있었다.

도널드 트럼프 대통령 당선인까지 뛰어들어, "의사들이 거짓말을 했다"라는 트윗을 남겼다.

영상은 이후 장편 영화로 다시 만들어져 폭발적인 영향력을 발휘했다. 그러나 웨이크필드가 만든 영상은 아인슈타인의 명언, 피아노 치는 개 등이 올라오는 올라오는 소셜 미디어 환경에서 올리기에는 부담스러운 콘텐츠가 담겨 있어 빛을 보지 못할 뻔했다. 그는 영상의 2분을 21세기 중반에 시행된 스키기 매독 실험에 할애했는데, 아프리카계 미국인 남성들은 치료를 하지 않고 방치한 실험이었다. 웨이크필드는 톰슨의 공동 저자들(대부분이 여성)을 금세기 최고로 잔혹한 대량 학살자에 비유했다.

웨이크필드는 아우슈비츠 수용소에 있는 아이들의 사진 등 여러 사진들을 띄워 놓고 "스탈린, 폴 포트, 히틀러의 범죄만큼 사악하지만 그들은 위선자가 아니었다. 그들의 동기는 모호하지 않았고 그들의 수사는 관심과 연민으로 포장되어 있지 않았다."라고 말했다.

유일한 걸림돌은 그의 이야기가 사실이 아니라는 점이었다. 사기 혐의를 받을 사람은 웨이크필드 자신이었다. 자신의 말이 비밀리에 녹음되고 있다는 것을 몰랐던 톰슨은 곧 해명을 했다. 400단어로 된 성명에서 그는 중요한 데이터가 생략된 것 외에도 연구가 원래 계획대로 진행되고 있지 않다는 걸 느꼈다고 밝혔다.

그는 "합리적인 과학자들도 같은 정보를 다르게 해석할 수 있고 다르게 해석하기도 합니다"라고 말했다. 웨이크필드를 제외하고 유능하고 정직한 언론인은 누구나 보도에 인용할 만한 발언이었다.

"백신이 수많은 생명을 구했고 계속해서 구하고 있다는 점을 분명히 하고 싶습니다. 저는 인종에 관계 없이 어떤 부모에게도 자녀에게 예방 접종을 삼가라고 제안하지 않을 것입니다."

톰슨의 근심 어린 주장을 제외하고 영상에서 맥락에서 벗어난 장난이 나오는 분량을 빼면, 웨이크필드와 후커가 톰슨에게서 얻은 실질적인 내용은 놀랍게도 3분 46초와 5분 37초에 등장하는 5단어뿐이었다.

우리는 유의미한 결과를 보고하지 않았습니다.

물론 이것은 사기를 주장하는 건 아니었다. 상황은 다양한 이유로 잘못될 수 있는 것이다. 실제로, 당시 녹음(이후 입수함)을 들어보면 후커가 사기를 주장하도록 유도하다가 세 번 연속으로 실패했음을 알 수 있다.

후커는 백신 안전성 연구원이라는 자신의 직위에 맞는 정의를 실현하지는 않았다. 그는 12년 동안 자폐증이 있는 자신의 아들 스티븐을 위해 백신 법원에 소송을 제기했다. 후커는 (당시) 자폐증의 원인이 티메로살에 있다고 비난했던 배우 제니 매카시가 이끄는 '세대구원(Generation Rescue)'이라는 캠페인에도 참가했다. 그리고 하나를 제외한 모두 동영상의 재료가 된 진화 통화기 있기 전날, 참서자 대부분이 엄마들인 한 컨퍼런스에서 웨이크필드가 수여하는 '앤드루 J. 웨이크필드 의학 용기에 대한 상(Andrew J. Wakefeld Award for Courage in Medicine)'을 받았다.

짧은 회색 머리에 가는 테로 된 안경을 쓴 톰슨은 후커에게 고해성사를 하지 않았다. 그는 나처럼 말이 많이 하다가 내가 유스턴 로드에서 저질렀던 실수와 똑같은 실수를 저질렀다. 내가 (자신도 이해하지 못하는 보고서를 쓴) 한 아빠와 맞닥뜨렸던 것처럼, 톰슨 역시 한 부모와 대화를 했는데, 그는 그들의 행동에서 적신호를 감지하지 못했다.

후커는 미국의 느리지만 강력한 정보자유법을 통해 질병통제예방센터에

100건 이상의 정보 공개를 청구했는데 그중 많은 청구건이 톰슨에게 전달되었다. 1998년 질병통제예방센터에 합류한 이후 톰슨이 가장 호평을 받은 일은 2004년 소아과학지에 기재한 논문과 2007년 9월 〈뉴잉글랜드 의학저널〉에 기재한 티메로살에 관한 12장 분량의 논문 등 백신 안전성 관련 연구들이었다. 그러나 여러 연구를 통해 자폐증과 백신 간 연관성이 없음이 확인되면서 윗선은 톰슨의 연구 분야에 흥미를 잃어 버렸고 톰슨은 다시 관심을 받기를 갈망하고 있었다.

"정보원이 되고 싶습니다."

여론의 힘을 빌리고 싶었던 톰슨이 후커에게 말했다.

"당신에게 가치 있는 사람이 되고 싶습니다. 저는 시스템 내에서 당신에게 피드백을 드릴 수 있습니다."

연구를 할 때 조금만 더 주의했더라면 훨씬 나았을 것이다. 그가 (노장 전염병학자가 중고차 판매원 같다, 여성 연구원은 '스물다섯 살 골빈년'이라는 둥) 동료들을 욕하며, 부적절하게 웃고 자신의 건강에 대해 이야기하는 대화 내용이 녹음되었다. 그는 자신을 묘사하는 데 '정신병'이라거나 '폭발' 등의 표현을 썼고, 인적 자원 문제에 대해 이야기하고, '망상'이라는 표현을 사용해 망상에 빠졌던 일화에 대해 이야기했다.

"그렇지만 안정을 찾아가고 있습니다."

그가 후커에게 말했다.

"좋은 소식은 제가 안정을 찾아가고 있다는 거예요."

"정신 차리셔야 돼요." 그의 새로운 절친 후커가 대답했다.

톰슨은 내면의 압박으로 취약한 상태였다. 게다가 후커 배후에 있는 사람은 배신이 능한 사람이었다. 15년 전 '조지'라는 가명을 쓴 한 영국 정부 의사가 (내가 4번 엄마를 만났던 그 기차역에서) 비밀리에 웨이크필드와 리처드 바를 만나 두 MMR 백신 제품의 철회가 의도적으로 지연되고 있다고 주장했다. MMR 백신 제품의 회수는 이 사건의 발단이었다. 그러나 조지는 가족에 대한 염려 때문에 신원을 공개하지 않았다.

웨이크필드는 먼저 그를 위협했다가 그런 다음 그를 배신했다.

"이 방송이 인터넷에 올라가면, 조지가 볼 수 있기를 바랍니다."

당시에는 아직 의사였던 웨이크필드가 유튜브에서 조지의 신원을 공개하기 전에 환호하는 청중들에게 말했다.

"그의 이름과 주소, 연락처를 몹시 공개하고 싶네요(웃음). 조지가 못하겠다고 하면 제가 공개하도록 하겠습니다(박수)."

세상을 속인 의사의 목소리였다. 그는 사람들을 공포에 떨게 하는 힘을 즐긴다. 그리고 그는 톰슨에게서 기회를 봤다. 정부가 사기를 쳤다고 비난할 기회를. 그들은 이렇다고 말하면 나는 저렇다고 말하는 전략. 자신의 전문 분야를 되찾을 기회였다. 이후 몇 달 동안 그는 그렇게 했다.

"그래서 저는 브라이언에게 이렇게 말했죠. '브라이언, 이 대화를 녹음하고 있나요? 내부고발자는 쉽게 온 만큼 쉽게 사라질 수 있습니다. 낚시 바늘에 걸린 물고기와 같죠. 그 물고기를 배에 넣는 게 바로 당신의 일입니다.'"

이후 그는 후커에게 자랑스럽게 조언했다.

그리고 그들은 시도했다. 후커는 다시 톰슨에게 전화를 걸었다. 지금까지 얻은 건 영양가 없는 이야기뿐이었다. 사기는 없었다. 3주 후 그는 다시 시도했다. 지시를 받아 행동하는 것 같았다.

톰슨이 전화를 받은 지 1분 만에 후커는 본론으로 들어갔다.

"MMR 연구에 대해 이야기하고 싶습니다."

톰슨의 대답은 "알겠어요"였다.

이런저런 말이 오갔다.

"맞아요… 네… 네…"

그러다 후커가 날카로운 유도질문을 던졌다.

"아프리카계 미국인 집단에서 본 통계적 유의성을 줄이려고 본래 연구 계획대로 하지 않았다는 거죠?"

줄이려고. 의도가 있었음을 인정하는 말이었다. 톰슨이 "예"라고만 대답하면 끝이었다.

그러나 톰슨은 예라고 하지 않았다. 해석은 후커의 몫이었다. 그는 낚시바늘에 걸린 물고기를 잡지 못했다.

"음, 우리는 그 발견을 보고하지 않았습니다. 음, 제가 말할 수 있는 건 그 발견을 보고하지 않았다는 겁니다. 다른 공동 저자들이 뭐라고 할지도 말씀드릴 수 있습니다."

톰슨이 대답했다.

기자였다면 다음으로 해야 할 질문은 "공동 저자들이 뭐라고 할까요?"였다. 그러나 후커는 "그렇군요"라고 대답할 뿐이었다.

"인종 변수가 신뢰할 만하지 않았다고 말할 겁니다."

톰슨이 말을 이었다.

후커가 주제를 바꿨다. 그는 티메로살에 대해 자세히 묻기 전에 스프레드 시트 등을 언급했다.

"그러니까 제게 모든 기록이 다 있어요." 톰슨이 말했다.

"〈뉴잉글랜드 의학저널〉에 게재된 논문을 쓸 때 티메로살과 틱의 상관 관계를 무시하라는 압박을 받으셨군요."

무시하라는 압박. 다시, 의도를 묻는 질문이었다. 하지만 이번에도 물고기는 물지 않았다.

"음, 이렇게 말하죠. 기록에 대한 제 의견을 개진하고 싶어서 후속 연구를 했습니다."

톰슨은 자신이 학생과 함께 발표했던 논문을 언급했다.

톰슨의 대답을 들은 웨이크필드의 심장은 철렁 내려앉았을 것이다. 세 번째 시도였다.

"그래서 2007년 논문을 작성하실 때 유의미한 결과를 무시해야 한다는 압박을 느끼셨나요?"

"아니오." 톰슨이 대답했다.

젠장.

사실 3주 뒤 다시 전화를 했을 때 그들은 백신을 접종한 일부 흑인 아이들의 자폐율이 상당히 높게 보이는 개연성 있는 이유를 발견하기까지 했다. 아프리카계 미국인 어린이는 상대적으로 질 낮은 의료 서비스를 받기 때문에 발달 문제가 나타나면 접종을 맞는 경향이 있었다.

예방 접종이 자폐증을 유발한 게 아니라 자폐증이 예방 접종으로 이어졌을 공산이 컸다.

한마디로 연구 설계는 잘못되었다(다른 이유들로 수집된 데이터를 사용함). 결과 역시 견고할 수 없었다.

"사실, 학력이 높은 엄마들이 자녀에게 일찍 예방 접종을 시키기 때문에 [소아과학] 논문은 엉터리라고 주장할 수 있습니다. 변수를 적절히 조정하지 않은 엉터리 연구를 한 것이죠."

톰슨이 웃으며 말했다.

"그렇네요, 맞아요. 그건 생각도 못했네요." 후커가 대답했다.

웨이크필드와 후커는 자신들이 어려움을 겪고 있다는 사실을 인지했을 것이다. 복수는 차가운 복수가 최고라고 했건만, 웨이크필드는 복수의 냄새까지 즐기는 듯했다. 〈소아과학〉 논문은 그의 〈란싯〉 논문을 겨냥하고 있었다. 웨이크필드의 복수 목록에는 톰슨 말고도 한 남자가 또 있었다.

톰슨은 〈뉴잉글랜드 의학저널〉 논문의 제1저자였지만 〈소아과학〉 논문의 저자는 아니었다. 그 논문의 저자는 영상이 게시되고 나서 며칠 후 나와 인터뷰를 했던 전염병학자 프랭크 데스테파노였다. 그는 1998년 〈란싯〉으로부터 웨이크필드의 논문에 대해 기고해 달라는 요청을 받은 두 명의 질병통제예방센터 수석 연구원 중 한 명이기도 했는데, 그는 기고문에서 웨이크필드의 연구를 거세게 비판했다.

이후 웨이크필드는 〈소아과학〉에 실린 데스테파노의 논문이 '의학 역사상 최악의 사기'이며, '세계 역사상 최대 의료 사기'라고 주장했다.

 대단한 추정이다. 조사 결과 아무것도 발견되지 않았다. 그러나 톰슨을 이용한 함정은 승리였다. DTP, HPV, MMR 백신 논란은 잊으시라. 그들은 이제 질병통제예방센터 내부고발자라는 단편적 정보들을 내세워 전례 없는 십자군 전쟁을 벌일 예정이었다. 그들은 모든 백신이 의심스럽다고 세계를 설득할 작정이었다.

제 30 장

벡스드의 광풍

여자 목소리였다. 비교적 젊은 목소리였다. 30이나 35세 정도 되는 듯했다. 목소리는 캘리포니아 산타모니카에 모인 군중 사이에서 들려왔다. 엄마의 뽀뽀처럼 부드러운 목소리였다.

"우리는 당신을 사랑합니다."

시청 입구에 있는 돌계단 4번째 줄에서 웨이크필드가 "저도 여러분을 사랑합니다"라고 외쳤다. 두 번째 여성이 "우리는 아이들을 위해 최선을 다하고 있습니다"라고 소리쳤다.

누군가 "맞습니다"라고 외치는 소리도 들렸다.

2015년 7월의 금요일 오후 5시를 조금 넘긴 시각이었다. 여성이 압도적으로 많은 200명의 군중들이 로스앤젤레스 서부의 부유한 해변에 모여 법적 조치에 대한 분노를 표출했다. 주간고속도로 제5호선 동쪽으로 40분 거리에 있는 디즈니랜드에서 홍역이 발생하자 캘리포니아 정부는 젊은 부모들을 상대로 강제 조치를 했다. 자녀가 일정대로 예방 접종을 받지 않으면 학교에 다닐 수 없게 하는 조치였다.

군중은 수 시간 전부터 오션 애비뉴에 있는 12피트 길이의 남북전쟁 대포 옆으로 모여들기 시작했다. 그들은 지나가는 차량에 대고 플래카드를 흔들고 "백신 접종은 부모가 결정한다"라고 연달아 외치면서, 1930년대에 지어져 증기선처럼 매끈한 선을 가진 정부 건물까지 두 블록을 행진했다.

건강의 자유

강제 예방 접종 중단

SB-277 폐지

다섯 명의 연사가 있었지만, 그들이 사랑하는 건 웨이크필드였다. 그가 없었다면 하루가 부족했을 것이다. 그는 장난꾸러기 (58세) 소년처럼 수줍은 미소로 청중을 맞이했다. 오늘 아침에 산 듯 빳빳하게 주름이 잡힌 셔츠의 단추를 두 개 정도 헐렁하게 풀어놓은 모습이었다. 맨즈 웨어하우스에 일반 사이즈에서 찾을 법한 벨트 없는 바지는 뱃살을 집어넣을 만큼 충분한 여유가 있어 보였다.

"우리는 미국 역사에서 결정적인 순간을 맞이했습니다."

바람이 야자수의 잎사귀를 날리듯 그의 머리칼을 날리자, 그가 반쯤 감긴 회색 눈으로 좌우를 살피고는 말을 하기 시작했다. 그가 마이크 스탠드를 잡았다.

박수 소리와 "예"라는 외침, "우우"하는 고음 소리와 함께 환호성이 들렸다.

"미래 세대는 이것이 미합중국 제1공화국의 종말의 시작이었다는 사실을 기억할 것입니다."

공화국의 종말을 위한 주 상원 법안? 신박한 아이디어로군. 그리고는 그 아이디어는 던져 버렸다. 오늘의 주제는 (의학적 근거가 있는 경우를 제외하고는 예방 접종을 의무화하는) 법이 아니라 웨이크필드 자신의 문제였다. 이제 의학적 또는 과학적 지위를 박탈당한 그는 지난 20년 동안 휘둘러왔던 영향력을 모여 있는 여성들에게 발휘했다.

"여러분은 국민으로서 빼앗긴 것이 있습니다."

그는 티셔츠와 선글라스를 끼고 자신을 보며 활짝 웃는 군중을 내려다보았다.

"SB-277에 대한 권리를 말하는 것이 아닙니다. 나는 아이들의 웰빙에 대한 여러분의 본능이 자기들이 더 잘 안다고 생각하는 소아과 전문의와 의사들에 의해 강탈되어 왔다고 생각합니다. 그들은 알지 못합니다."

더 많은 함성과 환호가 이어졌다.

"우우우. 우우우."

"어머니보다 아이를 더 잘 아는 사람은 없습니다."

순조로웠다. 그는 분위기에 맞춰 말했다. 계단에는 '건강의 자유(health freedom)' 활동가, 대체 의학 치료사들, 그리고 선택 없음에 분노한 부모들이 모여 있었다. 그러나 그의 표적은 다른 사람들, 즉 발달 문제가 있는 아동의 엄마들이었다.

"얼마 전 홍역에 노출되어 사망한 환자의 이야기를 읽었습니다."

그는 반지를 끼지 않은 왼손으로 허공을 찌르며 계속 말했다.

"그 이야기가 뉴스가 되었습니다. 여러분의 이야기는 뉴스가 되지 않습니다. 여러분의 자녀에게 일어난 이야기, 수백, 수천, 수만, 수백만 가지 이야기들 말입니다."

부모들의 이야기. 백신 피해 사연. 그들은 오랫동안 충실하게 웨이크필드를 기다려왔다. 백신 접종과 자폐증 진단을 받은 아동들 사이에 아무런 연관성이 없다는 연구 결과가 계속해서 나오고 있었다. 대규모의 집단 소송들이 제기되었다가 또 사라졌다. 그러나 뉴스나이트에 주홍색 옷을 입고 출연한 여성이 웨이크필드에게 예기치 못한 아동을 보냈을 때와 마찬가지로 기억, 가정, 약간의 기만이 담긴 백신 피해에 대한 보도 자료들은 남아 있었다.

초기에는 2번 아동과 엄마가 있었다. 그러나 미국에서 수년을 보낸 뒤 그의 추종자는 수천 명으로 불어나 있었다. 이들이 눈 하나 깜짝하지 않고 입을 맞춘다면, 의사, 과학자, 판사, 언론인 중 누가 그들의 주장이 사실이 아님을 증명할 수 있을까?

그는 청중에게 말했다.

"백신의 안전성, 특히 자폐증에 관해 제가 알고 있는 건 모두 여러분들이 가르쳐 준 것들입니다. 의사라서 배운 것이 아닙니다. 의학계가 제게 가르쳐준 건 우리가 모르는 것들뿐입니다. 제가 여러분에게서 배운 것은 우리가 아는 것, 알아야 하는 것, 계속 추구해야 하는 것입니다."

성전이 시작될 때부터 그가 고집한 신조는 (그를 사기와 날조 혐의로 고발한 부모들도 있지만) '부모들이 항상 옳다'였다. 1997년 9월 버지니아주 알렉산드리아에서 열린 백신 반대 컨퍼런스에서도 그는 의학의 첫 번째 교훈이 환자나 환자의 부모의 말을 듣는 것이라고 했다. 그는 "그들이 답을 알려주기 때문"이라고 말했다.

그의 아버지(스캐닝 기술이 출현하기 전에 수련을 받은 신경과 전문의)가 의대생 아들에게 농담 삼아 했을 듯한 말이었다. 뭐가 잘못되었는지 모르겠다면 환자에게 알려달라고 하라(그리고 그 진단에 대해 비용을 청구하라). 물론 (소아과 의사들로 꽉 찬) 강의실에서 이런 말을 하면 사람들은 그저 웃거나 천장을 바라볼 것이다.

세월이 흐르고 과학에 실망한 그는 절대 틀리는 법이 없는 엄마들에게 의지하기 시작했다. 워싱턴 DC에서 열린 집회에서 그는 본능을 믿으라고 촉구했다.

"여러분의 직감을 믿으세요."

엄마들은 세계에서 가장 강력한 세력이었다. 여기서 한발 더 나아간 그는 증명이 불가능한 땅인 블로그에 이렇게 게재했다. "본능은 우주의 물리적 법칙이 적용되지 않는 영역에서 일련의 규칙에 따라 작동한다."

부모 대 과학. 믿음 대 사실. 웨이크필드가 제사장으로 있는 종교였다.

"그래서 제가 드리려는 말씀은, 여러분, 본연으로 돌아가 본능을 믿으라는 겁니다. 한 번도 믿어본 적 없는 것처럼 자신을 믿으세요. 그리고 그 믿음을 빼앗기지 마세요."

그가 계단에서 외쳤다.

자폐증 컨퍼런스를 순회하면서 같은 주장을 수백 번은 해본 게 틀림없었다. 금요일 오후 그의 연설에 말할 수 없는 어떤 존재에 의해 불어온 바람으로 불이 붙었다. 오래된 승리를 재현하기 위해 그때까지도 대부분의 사람들은 모르고 있던 그의 대본에 내부고발자 이야기가 추가될 예정이었다.

당시 윌리엄 톰슨은 웨이크필드의 주장에 이의를 제기하는 두 번째 성명을 발표한 상황이었다. 그는 동료들이 논란의 여지가 있는 연구 결과를 의도적으로 숨겼다고 믿었지만 웨이크필드가 주장하는 결론에는 동의하지 않았다. 그는 "흑인 남아 사이에서 통계적으로 유의미한 차이를 발견했다는 사실이 MMR 백신과 자폐증 사이에 연관성이 있음을 의미하지는 않는다"라고 핵심을 찔렀다.

"이러한 발견은 앞으로 더 나은 연구를 설계하는 데 도움이 될 것이다."

그는 옳았다. 데스테파노의 논문은 설계에 결함이 있는 연구에 기반하고 있었다. 어떤 아동 집단이 먼저 예방 접종을 했는지 알아내고 자폐 아동과 정상 아동 집단을 비교할 때 증상의 발현이 전자의 행동에 미쳤을 영향을 고려하지 않았다. 간단히 말해서, (아프리카계 미국 아동과 같이 예방 접종률이 낮은) 일부 어린이의 경우 자폐증이 생긴 뒤에 처음으로 백신을 접종했을 가능성이 있어 통계에 오해의 소지가 있는 연관성이 나타났을 수 있다.

2004년 소아과학 논문의 '연구 방법'에서 설명했듯이 이 프로젝트는 증상을 백신 접종 날짜와 비교하지 않고 연령대별로 비교했다. 마치 이것이 치명적인 실수가 아닌 것처럼.

예방 접종일, 부모가 우려하기 시작한 날짜, 최초로 자폐증이나 퇴행 진단을 받은 날짜(진단을 받은 경우) 사이에 시간적 관계를 조사해 MMR 백신과의 상관관계를 분석하려는 시도를 한 연구들도 있었다. 우리는 이러한 사건에 대해 불완전한 정보를 가지고 있었기 때문에 MMR 백신을 접종한 자폐 아동들과 대조군의 연령 분포를 비교했다.

잘못된 질문을 한 그들은 잘못된 답변을 얻었고, 톰슨이 아버지인 브라이언 후커와의 전화 통화에서 "그들은 이해하지 못하는 것"이라고 묘사한 결과를 도출했다. (선임 소아과 의사가 "역학자들의 일자리를 만들려는 계획"인 줄 알았다고 한) 잘못된 연구에는 엄청난 비용이 투입되었기 때문에, 폐기하면 대중의 분노를 촉발할 수도 있었다. 사내 정치와 웨이크필드의 부정직 판결 덕분에, 이 연구가 20년 만에 다시 수면 위로 등장하면서 NBC의 "백신 룰렛" 이래 가장 해로운 예방 접종 논란에 불을 붙인 것이다.

당신이 사기라고 하면, 나도 사기라고 주장한다. 웨이크필드는 자신을 비판하는 사람들을 똑같이 따라했다. 한 남성이 산타모니카의 계단에 앉은 엄마들 사이에 서서 안경을 닦고 있었다. 회색 곱슬 머리에 보라색 티셔츠를 입은 남성은 45세의 델 빅트리로 코 높이에서 35mm 필름 카메라를 들고 있었다. 그는 웨이크필드의 성전을 포장하고 웨이크필드가 동영상을 올리며 시작한 것을 마무리하기 위해 자료를 수집하고 있었다.

페이스북에 웨이크필드가 "이것 좀 보세요!!!!!"라는 게시물을 올릴 당시 빅트리는 주간 매거진 쇼, 〈의사들The Doctors〉의 프로듀서였다. 그는 〈야식은 실수Late Night Snacking Mistakes〉와 〈주름 방지 크림 실험Chest Wrinkle Cream Put to the Test〉 등의 프로그램을 제작했다. 성급하고 말이 빠르며 싸움을 좋아하는 그는 웨이크필드와 일하면서 자신을 에미상을 수상한 프로듀서로 소개했다. 실제로 CBS는 그를 에미상을 수상한 막강한 프로듀서 36명 중 28위로 평가했다. 그의 어머니는 그가 수년 동안 웨이터로 일하면서 대인 관계 기술을 습득했다고 했다.

빅트리는 자신이 가진 것을 최대한 활용하는 사람이었다. 내부고발자 이야기에서 그는 활용할 게 넘쳤다. 산타모니카에서 웨이크필드가 연설을 한 이후 몇 달 동안 그는 웨이크필드를 스탈린, 폴 포트, 히틀러를 능가하는 스타로 만드는 9분 30초 분량의 영상을 찍어 〈벡스드Vaxxed〉라고 제목을 붙이고 러닝 타임을 91분으로 늘린 뒤, 백신 접종에 대한 공격의 핵심적인 영상으로 제작해 개봉했다. 이전에는 볼 수 없었던 영상이었다.

다른 영상과 마찬가지로, 이 영상 역시 부모들의 암울한 이야기가 담겨 있었다.

"딸 아이는 배웠던 말을 다 잊어버렸어요."

"며칠 뒤부터 아들이 말을 하지 못했어요."

"딸 아이는 제 팔에 안겨 죽을 때까지 매일 발작을 했습니다."

고통스러운 이야기들은 내부고발자의 이야기로 연결되었는데, 제작자들이 서로를 인터뷰하는 방식이었다. 여기서 자신들의 주장과 모순되는 톰슨의 진술(윤리적인 영화 제작자라면 포함했어야 하는 정보)은 생략되었고 앞부분과 중간 부분에는 불의의 희생자로 불명예를 안게 되었다는 '감독' 웨이크필드가 등장했다.

7초에서 3분까지 24번이나 등장하는 웨이크필드는 우연히 한 엄마를 만나면서 자신의 삶을 헌신적으로 바치게 된 전직 연구원으로 소개된다. 몇 년 후 브라이언 후커가 낯선 사람처럼 그에게 접근해 그가 옳았음을 증명하는 톰슨의 소식을 전한다.

"정말입니까?"

웨이크필드는 소아과학 논문에 대해 톰슨이 준 정보를 듣고 자신이 어떤 반응을 했는지 회상한다.

"이 모든 일이 있었고, 가족들이 15년 동안이나 이 모든 고통을 겪었는데, 질병통제예방센터는 MMR 백신이 자폐증을 유발할 수 있는 위험성이 있음을 줄곧 알고 있었습니다."

화면에는 빅트리와 영국인 자폐 사업가 폴리 토미도 등장한다. 벡스드의 프로듀서인 빅트리는 16차례 등장해 자신이 의료 전문가인 것처럼 말한다. 그리고 영상 제작사의 공동 소유주인 폴리 토미는 새로운 사연을 털어놓는다. 그녀와 남편 조나단이 총 8분 동안 7차례 등장해 아들이 백신 접종을 한 당일 발작을 일으킨 후 다시는 그전으로 돌아가지 못했다고 말한다.

마치 나치의 전당대회를 담은 선전 영화 〈의지의 승리Triumph des Willens〉를 다시 만난 것 같았다. 실제로 차용한 부분도 있었다. 예를 들면, 웨이크필드가 로스앤젤레스의 콤튼 지역에서 흑인이 압도적으로 많은 청중에게 말하는 부분이 그렇다.

"영화의 한 부분이 잘렸습니다. 그리고 이 사진은 소비에트 권력이 정점에 달했던 시절의 붉은 광장입니다. 수천 명의 사람들이 발맞춰 행진하고 있습니다. 미사일과 탱크가 있습니다. 엄청나게 강력해서 절대 뒤집을 수 없습니다. 그런데 한 사람이 지휘로 눈 깜짝할 사이에 사라졌습니다."

웨이크필드는 빅트리의 조언을 현명하게 취사선택했다. 그는 이 프로젝트에서 깍두기가 아니었다. 햄스테드에 있을 때 제약회사에서 지원을 받은 것처럼 미국에서도 자신의 매력을 이용해 엄청난 돈을 모금한 사실은 2019년 6월 워싱턴 포스트 기자 레나 선과 에이미 브리테인에 의해 밝혀졌다. 뉴욕의 헤지펀드 백만장자인 버나드 셀츠(79세)와 그의 아내 리사 셀츠(68세)가 웨이크필드와 토미, 빅트리에게 300만 달러를 기부했다는 보도가 나왔다. 그중 20만 달러는 메디컬 저널과 나를 고소하는 데 사용할 비용이었다.

그런데… 벡스드는 큰 인기를 끌었다. 사람들에게 신뢰를 주는 웨이크필드의 카리스마가 효과가 있었던 것이다. 그는 자폐증이 있는 10대 아들의 엄마이자 당시 A급 스타인 70대 배우 로버트 드니로의 부인이었던 배우 그레이스 하이타워(그녀가 일하고 있던 영화 세트장에 몰래 들어갔다고 한다)를 소개받았다.

드니로가 벡스드를 지원했는데, 그는 이후 더 중요한 역할을 했다. 한 영화제의 상영작으로 벡스드를 선정했다가 비난이 일자 취소하면서 셀츠의 돈으로는 살 수 없는 매스컴의 관심을 불러일으켰다. NBC의 오전 프로그램에 출연해 시청자들에게 꼭 봐야 하는 영상으로 벡스드를 추천하기도 했다.

　오스카상을 두 번이나 수상한 투데이의 진행자 윌리 가이스트는 뉴욕에서 벡스드가 개봉되고 나서 3일 뒤인 2016년 4월 1일에 "'아이가 변했어, 하룻밤 사이에'라고 하는 사람들이 많네요. 제 아내가 그러는데, 저는 기억이 안 납니다."라고 말했다.

　웨이크필드는 그렇게 만들어졌다. 어찌되었든, 그는 셀츠, 드니로와 함께 웃고 있었다.

　그는 투데이의 다음 광고가 나가자마자 로스앤젤레스 배급사와 계약을 맺고 자신의 성전을 시청에서 전 세계의 영화관으로 확장하고 있었다.

　놀라운 일이 벌어지고 있었다. 백신 반대 캠페인의 변화가 일었다. 6개월 동안 벡스드는 100여 곳에서 몇 주 동안 상영되어 110만 달러 이상을 벌어들인 것으로 알려졌다. 주문형 극장 서비스인 가트르(Gathr, 티켓을 예약한 고객이 많을 경우 멀티플렉스 상영관에서 상영함) 앱을 사용해 시청한 사람은 600만 명이었다.

　드니로와 셀츠 덕분에 1980년대 이후 볼 수 없었던 백신 공포에 불이 붙었던 것이다. 그들은 유명인사와 돈으로 과학을 압도하고 런던의 아트리움에서 〈란싯〉 논문으로 성취한 것을 미국에서도 달성했다.

　웨이크필드의 팀은 검은색으로 코팅된 롱 휠베이스 코치맨 캠핑카를 구입해 도시에서 또 다른 도시로 이동했다. 차에는 빨간색과 흰색으로 영화 제목과 슬로건이 새겨져 있었다.

　　위험이 있다면 선택할 수 있어야 한다
　　우리는 정부의 소유가 아니다

　고속도로를 질주하다가 주차장과 주유소에서 문을 활짝 여는, 전국을 순회 공연에 나선 밴드 같았다. 소셜 미디어에서 사전 홍보가 이루어지면서 정차한 차량은 스튜디오가 됐다. 페이스북과 페리스코프 방문자를 통해 아이들에게 '벌어진 일'이 실시간으로 퍼졌다.

커트 린더만(Curt Linderman)이라는 남성이 딥 스테이트*를 언급하며 버스 안으로 들어왔다. 그는 장전한 권총을 들고 말했다.

"갑자기 법과 질서가 무너지면, 지금은 할 수 없는 일을 할 수 있을 때입니다. 저는 그들을 찾을 겁니다. 간단한 문제죠. 보복을 원해요. 저는 아들을 위해 복수할 겁니다."

그들이 뉴욕 투자자로부터 자금을 받고 있다는 사실을 알기 전까지 나는 순회중에 들려오는 어두운 이야기들에 대한 세 사람의 태도가 섬뜩할 정도로 낙관적이라고 생각했다. 특히 토미는 킥킥 대며 웃고 수다를 떨면서 즐거운 시간을 보내고 있었다. 그녀는 총을 든 남자와 그의 아내에게 "여러분들은 정말 멋진 사람들이에요. 유튜브 출연해서 이렇게 기분이 좋았던 적은 없었던 것 같아요."라고 말했다.

돈은 쏟아져 들어오고 새로운 메시지들은 쏟아져 나갔다. 웨이크필드는 이제 모든 백신이 의심스럽다고 말하고 있었다. 상영이 끝나고 다큐멘터리의 크레딧이 올라가면, 웨이크필드와 빅트리, 토미는 의자를 가지고 나와 앉아서 질문을 했다. 그들은 벡스드의 대본을 벗어나 청중을 광란으로 이끌었다.

한동안 웨이크필드는 비교적 차분했다. 영화 개봉 2주 후 산타모니카로 돌아온 그는 거의 전문가 수준의 어조로 청중에게 강연을 했다. 그는 B형 간염 백신이 "다발성 경화증과 관련이 있는 것으로 알려져 있다"고 주장했다. 티메로살은 신경 발달장애의 주요 원인이고, 첨가제로서의 알루미늄을 어린이에게 주입하는 것은 '미친 짓'이라고 했다.

여행이 계속되면서 그는 인구의 절반을 희생자로 만들려는 듯 대담해졌

---

* 정부 안에 깊숙이 뿌리박힌, 강력하지만 실체를 드러내지 않는 세력을 뜻함.

다. 4개월 후 그는 텍사스 오스틴에서 벡스드 문구가 그려진 검은색 티셔츠를 입고 팔을 흔들며, 이렇게 외쳤다.

"우리는 국가를 지나치게 단순하게 생각하고 있습니다. 사람들은 학교가 문제라고 말하죠. 그러나 학교 때문이 아니라 생물학적 현상입니다. 여자 아이들에게서는 나타나지 않습니다. 소녀들은 실패하지 않습니다. 소년들이 실패하고 있죠. 왜 소년들이 실패하고 있을까요? 왜? 소년들은 일찍이 외상을 입기 때문입니다."

그는 소년들의 외상이 단순한 부상이 아니라고 주장했다. 의도적인 부상이라고 했다. 그는 청중을 향해 격렬하게 비판했다.

"그들은 거짓말을 하고 속임수를 쓰고 사전에 정보를 제공하지 않고 수백만 명의 두뇌를 손상시키기로 결정했습니다."

토미는 그를 따라 미국까지 온 것처럼 계속 그의 지도를 따랐다.

"더 이상 우리 아기들이 죽어서는 안 됩니다."

그녀가 말했다.

"그들은 우리 아이들에게 주사를 맞히면, 우리는 그들에게 가서 아이들에게 무슨 일이 일어났는지 이야기합니다. 그들은 그렇게 해서 알 수 있는 것입니다. 여러분의 아이와 제 아이뿐만이 아닙니다. 수백만 명의 아이들입니다. 그들은 자신들이 하는 일을 무슨 일인지 정확히 알고 있습니다."

여정은 도널드 트럼프로, 그다음 미국 횡단으로 이어졌다. 트럼프가 힐러리 클린턴을 물리치고 승리하는 반전이 일어난 2016년, 미국은 충격을 받았고 영국은 유럽연합을 탈퇴하기로 결정했다. 이때 놀랍고 기이한 주장일수록 더 많이 퍼지고 더 많이 믿는다는 시대의 역설을 파악한 활동가들이 있었다.

영화관은 사람들로 가득 찼고 대형 극장에서 상영될 때도 있었다. 마지막에 그들은 더 많은 볼거리를 선사했다. 엔딩 크레딧이 올라가고 불이 켜지자 빅트리가 앞으로 나와 프로그램 진행자, 부흥 운동 목사, 기적의 치료를 행사는 사람 등을 앞으로 초청했다.

"백신에 피해를 입은 사람이나, 피해자의 부모 또는 가족은 자리에서 일어나 주십시오."

내쉬빌에서 보이즈, 샌프란시스코에서 피츠버그, 가는 곳마다 그가 하는 말은 조금씩 달라졌지만, 요청과 반응은 똑같았다. 압도적으로 여성 비율이 높은 청중에서 수십 명이 홀로 또는 무리를 지어 자리에서 일어나 백신 희생자임을 선언했다. 여기 하나, 저기에 둘, 어둠에 묻힌 뒷줄에서 한 가족이 일어났다. 곧 참석한 사람들의 4분의 1 정도가 조용히 본능을 따르고 있는 듯했다.

"얼마나 많은 사람들이 일어났는지 보십시오."

유타의 작은 마을에서 빅트리가 말을 이어갔다.

"의료계의 공식 성명에 따르면 100만 명 중 1명의 어린이가 백신 접종으로 피해를 입었다고 합니다. 이게 사실이라면 프로보에 피해자가 얼마나 될까요?"

자녀가 겪는 문제의 원인이 무엇인지 확신이 서지 않는 부모들은 결정을 내려야 할 순간이었다. 앤드루 웨이크필드의 91분 연설에 이어서 이렇게 많은 사람들이 증언을 했는데, 지금이 바로 일어설 때가 아닐까? 왜 아니겠는가?

빅트리는 한 지역 방송에 출연해 이렇게 말했다.

"어젯밤 한 여성이 저를 붙잡았습니다. 질의응답을 마치고 나가는데 그녀가 저를 붙잡고는 흐느껴 울었습니다."

누구도 그것이 연출인지 알 수 없었다. 엄마들은 기껏해야 추측할 뿐이었다. 엄마들은 영국 엄마들이 그랬던 것처럼 보고 들은 것을 끼워 맞춰 그들이 말이 틀렸는지 맞는지 추론해보려 했다.

〈란싯〉 논문에 대해 폭로하기 전처럼 유도된 착시였다. 웨이크필드의 검은 버스가 전국 순회를 시작하기도 전에, 6천여 가구가 자폐 문제로 보상을 청구하기 위해 백신 법원으로 향했다. 부모, 조부모, 형제자매, 친구들로 영상에 양념을 치는 것은 너무나 쉬운 일이었다.

어떻게 된 일인지 누가 추측이나 했을까? 그는 그들에게 들었다고 했고, 그들은 그에게 들었다고 했다. 다같이 그것이 사실이라는 데 동의했다. 자기 검증의 가마솥이었다. 그렇게 된 것이다.

우우우.

사연들이 보도되고, 숫자가 기록되고, 질의응답이 온라인으로 유포되어 전 세계로 퍼져나갔다. 엄마들(일부는 흐느끼며)은 어둠 속으로 들어가 여론을 형성했고 엄마들의 연락처는 고통을 포장하고 수출하기 위해 수집되었다.

제 31 장

웨이크필드의 세상

벡스드(Vaxxed) 버스가 미국 전역을 순회하고 있을 때, 워싱턴 DC에서는 어린이 예방 접종이 공로를 인정받고 있었다. 2016년 9월의 마지막 화요일, 세계 각국의 국기들 아래에서 연설이 이어졌다. 홍역 퇴치 선언문이 서명되었다. 참가자들이 집으로 가져갈 수 있는 단체 사진도 찍었다. 케이크 절단식도 거행됐다.

아디오스 사라피온 이 루베올라(Adiós Sarampión y Rubéola)
홍역과 풍진은 안녕

참석자들은 범미주보건기구(PAHO) 회의에서 두 대륙을 대표하기 위해 날아온 사람들이었다. 기분 좋은 날이었다. 브라질에서 발생한 사례를 끝으로 범미 지역에서 홍역이 공식적으로 '퇴치'되었다고 선언했다. 캐나다의 북극에서 칠레까지 1년 동안 홍역바이러스가 전파되지 않았다는 의미였다.

바하마 정부의 최고 의료 책임자인 머슬린 달 레지스는 미 국무부 옆에 있는 범미주보건기구의 현대적인 곡선형 본부 건물 연회장에서 "오늘 이곳에 모인 보건 장관 여러분, 우리가 아메리카 대륙에서 홍역이 퇴치되었다고 선언한 오늘 이 사진에 있는 여러분의 모습을 여러분의 동료와 자녀들, 손주들, 그리고 다음 세대들이 보게 될 것입니다"라고 선언했다.

세계보건기구(WHO)의 6개 지역 중 하나인 범미주보건기구가 천연두처럼 홍역도 퇴치하겠다고 선언했을 때부터 22년간 꿈꿔온 순간이었다. 이 승리는 홍역을 아메리카 대륙을 넘어 전 지구에서 근절하여 보안 수준이 높은 연구소에 가두기 위한 전 단계였다. 더 많은 사람들이 백신을 접종하고, 더 많은 연설이 이루어지고, 사진이 찍히고 나면, 홍역은 완전히 종식될지도 모른다.

누구나 언젠가는 그 날이 오기를 바랐다. 범미주보건기구는 길을 개척했다. 앞날은 희망적이었다. 홍역의 가장 가까운 친척은 이미 갇힌 상태였다. 그로부터 5년 전인 2011년 6월의 어느 화요일, 세계 국기들이 늘어서 있는 유엔식량농업기구(FAO)에서 우역(Rinderpest)의 장례식이 열렸다. 공식적으로 근절된 두 번째 전염병이었다. 홍역과 같은 파라믹소바이러스과의 모빌리바이러스에 속하는 우역이 박멸되면서, (소아마비와 함께) 홍역도 결국 기억 속으로 사라질 수 있다는 꿈을 꾸게 되었다.

마가렛 찬 WHO 사무총장은 달 레지스의 연설이 끝나자 연단에 올라가 범미주보건기구의 회원국 35개국과 준회국 4개국에서 온 대표단을 치하하며, "홍역은 멈출 수 있습니다. 미주 지역의 성공으로 세계의 다른 지역이 격려를 받기를 바랍니다."라고 말했다.

그들에게는 박수를 칠 이유가 있었다. 통계가 말해주었다. 범미주보건기구는 세계적인 캠페인을 펼쳐 15년 만에 홍역으로 인한 사망자 수를 연간 50만 명에서 9만 명으로 감소시켰다. 그들이 북미아 남미 전역에서 추진한 프로젝트는 백신이 무엇을 달성할 수 있는지 보여줬다.

그러나 마가렛 찬이 반원형의 좌석이 배치되고 4개의 공식 언어가 나오는 호화로운 연회장에서 강력한 국가예방 접종 프로그램과 예산, 정치적 공약을 언급하는 동안 홍역은 다시 돌아오고 있는 중이었다.

첫 번째 징후는 관료주의적이었다. 홍역과 작별 인사를 한 지 불과 3주 만에 제네바의 세계보건기구에서 홍역 근절이 '더뎌지고 있다'고 경고하는 보고서에 대한 논의가 이루어졌다. 6개월 뒤인 2017년 4월에는 범미주보건기구의 최대 회원국인 미국의 중심부에서 거의 80건의 사례가 발생하는 대규모 발병 사태가 일어났다. 2010~2011년 겨울 웨이크필드의 지혜를 공유받은 미네소타 주 미니애폴리스의 소말리아 공동체는 마치 냄새처럼 웨이크필드를 따라 다니는 홍역에 의해 두 번째로 피해를 입었다.

당시 그는 공개적인 반백신 활동가였고 "아기를 낳는다면 백신을 접종하지 않을 것"이라고 선언한 바 있었다. 그의 조언을 듣고 접종을 하지 않은 많은 소말리아인들이 쉬운 먹이가 되었다. 세계보건기구의 모델에 따르면 홍역의 전염을 불가역적으로 차단하려면 커뮤니티의 95%가 면역이 되어야 한다. 그런데 웨이크필드가 개입한 이후 소말리아계 미국인의 예방 접종률은 42%로 떨어진 상황이었다.

"반백신 활동가들, 수십 년 만에 최악의 홍역 발병 촉발"이라는 제목의 기사가 워싱턴포스트의 헤드라인을 장식했다.

웨이크필드는 "제 책임이라고 느끼지 않습니다"라고 말했다. 그러나 그가 미네소타를 방문하고 나서 겨우 이삼 주 뒤에 그의 지지자들은 소말리아인을 겨냥한 반백신 단체 '미네소타 백신안전위원회'를 결성했다. 이 단체는 영국에서 리차드 바의 뉴스레터와 팩트 시트가 했었던 것과 같은 방식으로 백신이 위험하다고 호도하며 홍역의 위험성을 축소시켰다.

"홍역 발병을 큰일처럼 보이게 하려는 게 재미있네요."

한 지지자가 어깨를 으쓱하며, 때때로 폐렴, 실명, 난청, 뇌 손상을 유발하고 아주 드물게는 고통스러운 죽음을 초래하기도 하는 질병에 대해 말했다.

"적절한 영양과 휴식을 취하면 홍역은 발진을 동반하는 지독한 감기일 뿐입니다. 재미도 없지만 위기도 없습니다."

웨이크필드는 다시 나타나지 않았다. 그는 벡스드 홍보로 바빴다. 그러나 그의 동료들은 가만히 있을 수 없었다. 홍역 발병에 관한 보도가 나가자 웨이크필드의 친구로 전국 규모의 단체인 세이프마인드(SafeMinds)를 만들고, 웨이크필드와 함께 도널드 트럼프의 취임식에 참석하기도 했던 마크 블락실은 위험의 스릴을 쫓는 토네이도 추적자처럼 미니애폴리스로 날아갔다.

"부모에게는 권리가 있습니다."

그는 웨이크필드가 연설했던 레스토랑에서 대부분 소말리아계 미국인인 청중들에게 말했다.

"가족에게는 권리가 있습니다. 이 권리를 보호하는 것이 중요합니다."

그러나 홍역 근절을 위해 일하는 사람들의 시각은 달랐다. 미네소타는 세계보건기구를 거역하고 반격을 시작한 곳에 불과했다. 유럽 동부에서는 정글 속에서 터지는 집속 폭탄처럼 대규모 발병이 곳곳에서 발생하고 있었다. 루마니아, 이탈리아, 그리스, 세르비아, 프랑스, 영국이 공격을 받았다. 남아시아에서도 필리핀, 베트남, 인도, 태국, 미얀마가 타격을 입었다

웨이크필드는 만족스러웠다. 2017년 2월 프랑스 파리에서 열린 공개 모임에서 그는 차분한 황홀경에 빠져, "제가 이 전투, 이 전쟁에 참전한 지 22년이 됐다. 지금 처음으로 우리가 진짜 이기고 있다"라고 말했다.

2017년과 2018년에 걸쳐 홍역 사례가 전 세계적으로 급증했다. 폴란드, 카자흐스탄, 조지아, 알바니아… 유럽은 20년 만에 최악의 발병을 보고했는데, 이는 예방 접종의 감소와 관련이 있었다. 이탈리아는 발병 사례가 6배 증가했다. 프랑스에서는 보고된 사례가 400건에서 2,500건으로 늘었다. 우크라이나 정부 데이터에 따르면 1년만에 5천명이 5만 3천명으로 급증했다.

2018년 11월 제네바에서 발표한 성명에서 세계보건기구 수석 과학자 수미야 스와미나탄은 "수십 년 동안 이뤄놓은 진전을 잃을 위험이 있습니다. 홍역의 부활은 심각한 우려 사항으로 모든 지역, 특히 홍역 퇴치를 달성했거나 달성에 가까웠던 국가에서 대규모로 발생하고 있습니다"라고 언급했다.

웨이크필드의 잘못만은 아니었다. 바이러스의 불가사의한 부활에 더해

당시 이탈리아는 베페 그릴로(Beppe Grillo)라는 코미디언에게 홀려 있었는데, 그는 정치에 뛰어들기 전에, 〈란싯〉 논문이 출판되고 수주 후 백신을 공격하는 영화를 제작한 이력이 있었다. 태국과 인도네시아에서는 이슬람 성직자들이 일부 백신에 돼지고기인 젤라틴을 사용하는 것을 비난했다. 인도 우타르프라데시 주에서는 예방 접종이 발기부전을 초래한다는 소문이 돌았다. 폴란드에서 베네수엘라에 이르기까지 많은 국가에서 정치적 격변이 일어났다.

모든 곳에서 웨이크필드의 이름이 등장하는 것 같았다. 브라질에서 가장 강력했다. 2017년 12월 '제로(0)'였던 브라질의 월별 홍역 발병 건수는 이듬해 11월 6천 건으로 급증했다. 상파울로에서 택시에 올라 탔다가 우연히 뒷자석에서 만난 저명한 전염병학자 크리스티아누 코르냐 데 아제베도 마르케가 나를 보더니 자신을 소개하고는 이 상황에 대한 자신의 생각을 말했다.

"놀랍습니다. 1998년에 나온 그 논문 말입니다. 이곳 대중들의 마음에 여전히 영향을 미치고 있어요."

브라질은 라틴 아메리카에서 홍역 퇴치에 높은 성과를 기록한 국가였다. 2000년부터 브라질의 홍역 예방 접종률은 범미주보건기구의 목표를 달성했다. 그러나 2017년에 상황이 갑자기 바뀌었고 부모들이 예방 접종에 두려움을 갖거나 무관심해지면서, 성공가도를 달리던 접종률 그래프가 70% 미만으로 급락했다.

소아과 의사이자 상파울루의 예방 접종 프로그램 책임자인 헬레나 사토는 2018년 9월 병원과 학술 연구 기관들이 모여 있는 상파울루 주 정부 보건부 산하 역학감시센터에서 만났을 때 내게 이렇게 말했다.

"충격적이었습니다. 사람들이 진료소에 오지 않아요."

"새로운 현상인가요?" 내가 물었다.

"작년에 처음으로 일어난 일입니다. 전혀 예상치 못한 일이에요."

범미주보건기구가 안일했던 것일 수도 있다. 언론이 보도한 것처럼 홍역이 근절되었다면 부모들에게는 백신을 접종할 이유가 없었을 것이다. 그러나 부모들이 결정을 내린 시점은 변화가 일어나던 당시 웨이크필드가 저울에 손가락을 대고 있던 때였다.

소아 신경과 전문의 조제 살로망 스시와르트즈망(José Salomão Schwartzman)은 확신했다. 그는 웨이크필드와 〈란싯〉을 비난했다.

"매일 진료를 하면서 예방 접종과 자폐증 사이에 관계가 있냐는 질문을 받습니다."

런던에서 6천 마일 떨어진 상파울루의 매켄지 대학교 사무실에서 그가 내게 말했다.

"도시 괴담은 한 번 만들어지면 사람들의 기억에서 쉽게 잊혀지지 않습니다."

그러나 브라질의 어린 자녀가 있는 가족들을 놀라게 한 건 단순히 수년 전에 발생한, 멀리서 들려오는 메아리가 아니었다 웨이크필드의 영향력은 지금 여기에 있었다. 그가 말한 대로 그는 미디어가 되었다. 미국에서 부활한 그는 온라인상에 수없이 많이 등장해 낚시성 광고를 올리고 영어와 다른 언어(북경어, 스페인어, 아랍어, 프랑스어)를 혼합한 자신의 걸작, 벡스드를 진 세계에 피뜨리고 있었다.

브라질에서는 '백신의 어두운 면', '백신은 개인 선택의 문제'와 같은 이름의 페이스북 페이지를 쉽게 찾을 수 있었다. 포르투갈어와 영어가 혼합된 메시지가 업로드 되어 수만 또는 수십만 명에게 읽혔다. 이제 그가 도달할 수 있는 사람들의 범위는 더 넓어졌고, 이제 왓츠앱 같은 앱을 이용해 자폐증, 육아 또는 가족 모임 등의 단어를 검색해본 적 없는 사람들의 삶으로 침투했다.

벡스드의 뉴욕 시사회에 대한 보도가 나왔다. 포르투갈어 자막 다운로드 링크, CDC 내부고발자가 사기를 인정했다는 허위 주장, NBC의 투데이에 출연한 로버트 드니로, 미국 투어중인 검은 버스의 사진, 다큐멘터리를 찬양하는 동영상 블로거 등의 내용이었다.

여기저기 있는 정도가 아니었다. 자료들은 계속해서 재활용됐다. 익명의 개인들에 의해, 어떤 때는 매일, 침실과 부엌, 노트북과 전화기에서 볼 수 있었다.

로버트 드니로, 제약회사로부터 위협 받고 있어
MMR 백신 접종 후 자폐증 생겨

강연하는 웨이크필드와 자신들을 지지하는 의사와 과학자가 거의 없는 게 음모 때문이라고 주장하는 그의 동료 델 빅트리(뉴욕의 백만장자 버나드 셀츠가 자금을 지원하여 연간 14만6천 달러를 벌고 있음)의 영상들도 있었다.

"정말 안타까운 건 이야기를 나눠봤던 많은 의사들이, '델, 백신이 자폐증을 유발한다는 사실은 알고 있지만 앤드루 웨이크필드가 제약업계에 당한 것처럼 내 경력도 망가질지 모르니 카메라 앞에서는 말하지 않겠네'라고 했다는 것입니다."

선동을 한 것은 이 위선자들뿐만이 아니었다. 영국의 타임스가 보도한 것처럼 아마존과 애플 같은 거대 기술 기업들도 거들었다.

거대 기술 기업들, 반백신 사기 동영상으로 이익 챙겨

웨이크필드가 이제 와서 타임스에 관심을 가질 이유가 있겠는가?

그의 팀은 각자 선호하는 지역에 나타났다. 폴리 토미는 긴 제비뽑기를 뽑아 호주로 파견되었다. 블락실은 토네이도를 쫓아 미니애폴리스로 향했고 웨이크필드는 폴란드에 나타났다.

그는 즐거운 시간을 보내고 있었다. 그는 크론병에 대한 치료법이나 자폐증 치료제, 백신, 의학적인 발견을 하지 못했지만, 이제 인터넷이 연결된 모든 곳에서 두려움, 죄책감, 질병을 퍼뜨리고 있었다. 그는 이탈리아 볼로냐의 한 레스토랑에서 페리스코프를 향해 웃으며 말했다.

"대통령이 텔레비전에 나와 백신을 찬양하는 노래를 부른 것이 어제였다, 이 영화가 그들을 몹시 걱정하게 만들었다."

그의 말이 맞았다. 그가 세계의 정부들을 걱정하게 한 것이다. 2019년으로 접어들면서 세계보건기구는 '백신 기피(vaccine hesitancy)'를 세계 보건에 대한 10대 위협으로 꼽았고 미국은 30년 만에 최악의 홍역 창궐을 겪었다.

영국에서는 내 기사가 나간 뒤 백신에 대한 신뢰가 회복되고 있었다. 그러나 그래프가 다시 한 번 급락했다. 영국 국가보건서비스(NHS)는 홍역 발병이 시한 폭탄이라고 경고했고 보건 장관은 소셜 미디어에 거짓 정보를 내려달라고 요구하겠다고 밝혔다.

세계적으로 일부 국가에서 오래 전부터 주장해 온 강제 접종이 화두가 되었다. 예컨대 폴란드는 소비에트 시대의 규칙에 따라 백신을 접종하지 않은 사람에게 벌금을 부과했다. 미국 대부분의 주에서도 질병통제예방센터의 일정에 따라 예방 접종을 받지 않았거나 특별히 접종을 면제받은 경우를 제외하고는 학교 출석을 금지했다. 프랑스는 2018년 1월 의무 접종 백신 목록이 3개에서 홍역을 포함한 38가지로 확대되면서 홍역 발병률이 급감했다. 몇 달 뒤 호주는 규정을 준수하지 않는 사람들에 대한 세제 혜택을 줄이기 위해 '백신 접종 없이 정부 수당 없음(no jab, no pay)' 법을 강화했다. 그리고 얼마 지나지 않아 ('Movimento Contro Autismo'와 같은 웹사이트의 본고장인) 이탈리아의 포퓰리스트 정당들은 그릴로의 생각을 뒤집고 80만 명의 어린이와 청소년의 백신 접종을 위한 긴급 캠페인을 시작했다.

벌금, 학교 출석 금지, 혜택 없애기 등 이니셔티브는 다양했다. 영국과 같은 일부 국가에서는 백신 접종이 자발적인 사안으로 유지되었다. 그러나 지역 공중보건 책임자들의 분노가 폭발한 미국에서 판이 바뀔 만한 일이 발생했다. 방아쇠는 뉴욕시 교외인 뉴욕주 록랜드 카운티에서 발생한 홍역 발발이었다. 일부 감염 사례는 2017년 다른 어느 곳보다 많은 홍역 감염자가 발생한 우크라이나에서 비롯된 것으로 보였다. 유전자 염기서열 분석 결과 홍역바이러스는 2018년 가을에 홍역 환자가 급증했던 예루살렘을 순례했던 사람들이 옮긴 것으로 판명되었다. 바이러스가 아브라함계 종교들의 성지인 예루살렘에서 미국 동부 해안으로 날아간 것이다.

록랜드 카운티의 대응은 17세기 런던에서 선페스트가 창궐했을 때 취해진 조치와 유사하게 잔인했다. 카운티 사장은 의사로부터 백신 접종 면제를 받지 않는 한 홍역 예방 접종을 받지 않은 18세 미만이 '공공장소에 들어가는 것'을 금지하는 긴급 명령을 내렸다.

며칠 만에 법은 실내 공공장소로 수정되었다. 그러나 강경한 조치는 여기서 끝이 아니었다. 뉴욕 시는 4개 구역 중 한 곳에 거주하거나 근무하는 부모에게 MMR 백신을 접종하지 않은 생후 6개월 이상인 아기에게 48시간 이내 접종을 시킬 것을 강제하는 법령을 발표했다.

강경한 조치는 전 세계의 분위기가 반영된 것이었다. 그러나 역사가 목격했던 위험을 더 퍼트리는 조치이기도 했다. 1860년대에 최초의 백신 반대 운동을 낳은 것은 영국의 천연두 예방 접종 강제(미 준수 시 무거운 벌금이나 금고형)였다.

개인들은 저항했다. 수만 명이 집회에 참여했다. 반백신 활동가 윌리엄 테브는 1879년 10월 뉴욕시에서 미국 반백신연맹의 창립 연설을 하는 자리에서 청중들에게, "반백신금지법을 통과시키라고 당국을 설득할 수만 있다면, 반백신 운동이 더 강화될 텐데"라고 말했다고 한다.

브라질도 비슷한 통과 의례를 겪었다. 1904년 10월 국회에서 천연두 의무 예방접종법이 통과되면서 리우데자네이루의 거리에서 유혈 시위가 일주일간 지속됐다. 분노한 시민들은 군대에 막대기, 돌, 총으로 맞섰고 이 사건은 이후 반백신 봉기(Revolta Contra Vacina)로 기억되었다.

미국 역사가 토마스 스키드모어(Thomas Skidmore)는 교과서에 실린 '브라질: 5세기 동안의 변화'에서 이렇게 기술했다.

반백신 봉기는 단순히 백신에 대한 두려움에서 비롯된 것이 아니라 이념적 반대에서 비롯된 것이다. 많은 사람들에게 봉기는 개인의 생활에 대한 국가의 간섭에 반대하는 가난한 사람들의 싸움이었다.

웨이크필드는 자신의 거대한 아이디어를 실현해 가고 있는 중이었지만 유럽에서는 거리 시위가 확산되고 있었다. 이탈리아에서는 2017년 6월 로마, 밀라노, 볼로냐 등 많은 도시에서 수천 명이 시위에 참여했다. 몇 달 후 파리에서는 수백 명이 시위를 벌였다. 그리고 2018년 여름, 엄청난 인파의 시위대가 바르샤바를 휩쓸며 접종을 거부할 권리를 주장했다.

여기에 웨이크필드의 유산이 적지 않았다. 그는 영상 속에서 흐뭇하게 웃었다. 홍역의 부활한 원인이 전적으로 그에게만 있는 것은 아니었다. 그러나 유황, 목탄, 질산칼륨 없이 화약을 만들 수 없는 것처럼 그는 자신이 폭발에 필수적인 존재임을 알고 있었다.

뉴인디언익스프레스의 기사를 다시 한 번 인용한다.

"한 사람이 세상을 바꿀 수 있냐고? 앤드루 웨이크필드에게 물어보라."

제 32 장

원인과 영향

그레이트브리튼 및 북아일랜드 연합왕국(UK)은 한때 역사상 가장 큰 제국이었다. 석탄과 서늘한 기후가 독창성에 불을 붙였고 전 세계 산업 혁명의 모루가 되었다. 모든 인류가 공유하게 될 언어의 가마솥이었다. 또 축구의 고향이었다. 그리고 백신에 대한 공포의 발상지이자 온상이었다. 한 번도 아니고, 두 번도 아니고, 세 번이었다.

19세기에는 치명적이거나 눈을 멀게 할 수 있는 천연두 예방 접종에 대한 공포가 촉발되었다. 1세기 후에는 DTP 백신에 포함된 백일해에 대한 공포가 퍼졌다. 1990년대 후반부터는 웨이크필드가 처음 MMR 백신을 겨냥했고 그다음에는 박수와 수입을 벌어다 줄 수 있는 거의 모든 백신을 겨냥해 공포를 일으켰다. 영국에서 시작되었기 때문에 영국에서 내가 끝을 맺어야 했다. 틀림없이 죽을 때도 생각날 〈란싯〉 논문에 대한 조사를 끝내야 했다.

나는 12명의 엄마 중 한 명을 만나기 위해 영국 북서부의 머지사이드 주로 가는 기차를 탔다. 다른 엄마들처럼 3번 엄마로 지칭하겠다. 표 1과 2에 있는 3번 아동은 사실 백신 연구를 위해 처음으로 햄스테드에 온 아동이었다.

다른 아동들과 마찬가지로 뉴스나이트에 출연한 주홍색 옷을 입은 여성을 통해 로열프리에 소개되었다. 3번 아동의 유일한 위장 문제는 심한 변비였다. 염증 여부를 알아보기 위한 혈액 검사는 정상으로 나왔고 대장염도 없었다. 그러나 3번 아동은 대장 내시경 검사에서 부은 분비선(그녀는 '반점'이라고 부름)이 발견되었다. 그런데 3개월 후 아이의 기록이 바뀌면서 블랙박스 경고가 포함된 약물이 실험적으로 처방되었고 논문의 표에 '증후군'이 있는 것으로 기재되었다.

10년이 조금 넘는 기간 동안 3번 엄마의 집으로 가는 세 번째 여정이었다. 런던에서 리버풀까지 200마일 동안 버스를 타고 노동 계급이 거주하는 교외를 지나 2층 짜리 임대 주택에 도착했다. 거리에 있는 다른 집들과 마찬가지로 금색 우편함과 번지수, 문고리가 있었다. 뒤쪽에는 다른 곳에서는 본 적 없는 마당이 있었다. 세 면에 울타리가 쳐진 직사각형의 잔디밭이었다. 덤불이 없었다. 화단도 없었다. 아무것도 없었다.

3번 엄마는 조용하고 약간 체격이 있는 여성으로 당시 58세였다. 3번 아동은 그녀의 둘째 아들로 어린아이는 아니었다. 그는 29살 청년으로 오래 전 집에서 나간 아들이었다.

그는 잘생긴 청년이었다. 흑발의 파란 눈. 당신이 데이트 앱 프로필에서 미소 짓는 그의 얼굴을 본다면 아마 몇 분 안에 누가 데려갈 것이라고 생각했을 것이다. 그는 비틀즈의 존 레논 같은 리버풀 스타일의 남성이었다. 내 생각에 그것은 리버풀의 거리에서 발견할 수 있는 신비하고 지혜를 말하는 것 같았다.

하지만 그에게는 앱 프로필은 없었다. 즉석 만남도 없었다. 머지 강변에서 손을 잡고 걷는 일 따위는 없었다.

"방금 뽀뽀를 했던 아이가 30분 만에 변해버릴 수 있다니요."

3번 엄마가 거실에 앉아 말했다.

"가끔 무서워서 정원에 피해 있습니다. 얼마나 세게 때릴 수 있는지 아니까요."

그와의 대화는 낭만적이지 않다. 그는 생후 2년차에 말하는 능력을 잃어버렸다. 카펫을 먹고 집요하게 손가락을 바라보며 튕기기 시작했다. 그가 주로 사용하는 어휘는 '네', '이리 줘'라는 의미로 입술을 톡톡 치는 게 다였다. 심판이 골을 허용하지 않듯 엄마가 손을 교차시키거나 풀면 '안 돼', '할 수 없어'라는 의미를 알아듣기는 했지만 표현하지는 못했다.

"만약 누군가가 나가길 원하면 아들은 현관문을 열어줍니다."

두 번째로 방문했을 때 3번 엄마가 설명했다.

"차를 마시고 싶으면, 제게 컵을 주거나, 컵에 티백 네 개를 넣고 차를 만들려고도 해요. 문제는 아이가 언제 멈춰야 하는지 모른다는 겁니다. 컵이 다 차도 계속 붓다가 다 흘려서 너무 위험해요."

그는 자기 자신과 다른 사람에게 모두 위험했다. 마지막으로 방문했을 때 그는 더 이상 집으로 오지 않고 있었다. 열악한 요양원에서 낯선 사람들과 살았다. 그곳에서 그는 유리창에 머리를 박고 칼로 자신의 손목을 긋고 요양원 직원의 코를 부러뜨렸다. 세 종류의 항정신병 약물을 먹어도 햇빛을 쬐며 음악을 듣다가도 금방 누군가를 병원으로 보내 버리는 무기수처럼 예측할 수 없었다.

"제일 좋아하는 건 목욕이에요."

그의 어머니가 말했다.

"6시간 동안 12번 정도 목욕을 해요."

아스퍼거 증후군이나 신경다양성(neurodiversity)이 아니었다. 그가 갇혀 있는 고독의 만(灣)은 너무나 광대했다. 그는 ("저는 약간 자폐 기질이 있습니다"라고 적힌 배지를 착용한) 활동가들이 좋아할 만한 정도가 아니었고 게이나 아메리카 원주민 혼혈에 견줄 만한 차이도 아니었다. 그는 일부 부모들이 개인적인 슬픔과 약간의 비판을 섞어 '기차 사고 자폐증'이라고 부르는 자폐증을 가지고 있었다.

그러나 백신이 그가 처한 곤경을 설명해줄 수 있을까? 그의 어머니는 믿어 의심치 않았다. 그녀는 25년 동안 계속해서 같은 주장을 했다. 아들이 14개월차에 MMR 백신을 접종했고, 접종 직후 코피를 흘렸으며, 이틀이 지나자 고열이, 일주일 뒤에는 발진이 생겼다. 이후 그는 침대에서 몸을 앞뒤로 흔들고, 말하는 능력을 잃고, 공격적인 행동을 하기 시작했다.

아이가 5세였을 때 심각한 학습 장애와 자폐 행동을 보인다는 진단을 내린 신경과 의사는 엄마가 틀렸다고 말했다.

"그녀는 매우 슬픈 상태여서 비난할 대상을 찾고 있으며 [아들에 대한] 특이 요법을 찾고 있습니다. 그녀를 도울 수 없어 유감입니다."

그의 의견은 일반적인 통념과 일치했다. 아동발달학에서 자폐증의 첫 번째 증상은 대개 생후 2년 차에 나타나거나 인지된다고 본다. 한편 과학자들은 주사된 바이러스가 피부 아래에서 증식하는 데 수일이 걸리므로 홍역, 볼거리, 풍진이 3번 엄마가 묘사한 대로 갑작스러운 영향을 미친다는 주장은 생물학적으로 개연성이 없다고 반박했다.

마찬가지로 전염병학자들은 그녀와 같은 부모들의 진술에 의문을 제기하는 데 힘썼다. 국가별로 연구를 거듭한 결과 MMR 백신이 자폐증의 주요 원인이라는 웨이크필드의 대표적인 주장(위조된 그래프와 함께 그의 논문에 나온)을 뒷받침하는 근거는 나오지 않았다. 핀란드와 덴마크의 논문은 각각 50만 명이 넘는 어린이의 기록을 살펴보고 어떠한 연관성도 없다고 일축했다. 일본 요코하마의 한 프로젝트에서는 MMR 백신의 접종이 중단된 기간 동안 자폐 진단이 계속해서 증가했음을 발견했다.

웨이크필드가 캠페인을 하면 할수록 격차가 벌어졌다. 언론은 '부모 대 과학'으로 프레임을 짰다. 캐나다 몬트리올의 한 팀은 MMR 백신의 접종율이 상당히 감소했을 때 전반적인 발달장애 진단이 상당히 증가했음을 발견했다. 폴란드 크라쿠프의 의사들은 발달과 지능을 추적해본 결과 아무런 차이를 발견하지 못했다고 보고했다.

빅 데이터에 기반한 연구 결과였다. 아동 3과 같은 개별 사례가 아니었다. 너무 희귀해서 역학이 감지할 수 없었던 사례였을지도 모른다. 이제 성인이 된 그 소년이 생물학적 특성이나 백신으로 유발된 사건에 대해 생물학적 특성이나 일시적인 취약성을 가지고 있었던 것일까? 효과가 있는 모든 약은 누군가에게는 해롭다. 게다가 3번 엄마가 보고한 것처럼 백신 접종 후 얼마 지나지 않아 열이 났다는 보고는 혼합백신을 비난하는 부모들의 진술에서 가장 흔한 부분이었다.

그날 밤 아들이 무척 짜증을 부렸고 열이 너무 높아서 타이레놀을 먹였습니다… 다음날 잠에서 깨어났을 때 아이는 움직이지도, 기어다니지도 못했습니다. 계속 자기 얼굴과 귀만 때렸어요.
이틀 후 열이 105도까지 치솟았습니다. 그때까지 아들은 많은 소리를 내고 몸을 뒤집으려 애쓰는 정상적인 발달 과정을 거치고 있었습니다. 백신 접종 후에 아이가 우리 눈앞에서 변해가는 모습을 보았습니다.

연구 결과는 부모와 과학을 대립시키는 것이었다. 견고한 연구로 입증된 것이었다. 핀란드의 쌍둥이 연구에서는 백신 접종 후 발열을 포함한 증상을 문서화했다. 1986년 4월 〈란싯〉에 논문을 게재한 헬싱키의 소아과 의사 헤이키 펠톨라(Heikki Peltola)와 전염병학자 올리 하이노넨(Olli Heinonen)은 MMR 백신의 접종 후 증상에 대한 이중맹검, 위약 대조 인상 연구를 설계했다.

쌍둥이는 두 그룹 중 하나에 무작위로 배정되었다. 한 그룹은 백신을 맞고 3주 후에 위약을 맞았고 다른 그룹은 위약을 먼저 맞고 3주 후에 백신을 맞았다. 581쌍의 쌍둥이를 대상으로 '접종 후 수일' 동안 나타난 증상을 관찰한 결과는 표로 작성되었는데, 발열이 나타난 경우가 엄청나게 많았다.

1일부터 6일까지 나타난 증상이 기재된 표에서 '가벼운 발열'을 경험한 아동(3세 아동을 포함)의 비율은 1,000명당 163명으로 나타났다. 1,000명당 8명은 '중간' 수준의 열을, 1000명 중 1명은 '고열'을 경험했다.

그러나 핀란드 연구의 묘미는 위약 투여 후 쌍둥이의 체온에 있었다. 위약 투여 후 미열은 1000명당 162명 꼴로 발생해 MMR 백신 투여군보다 1명 적었다. 중간 정도의 발열도 1명 적었다. 고열의 경우 차이가 없었다. 따라서 백신으로 인한 즉각적인 발열의 가능성은 무시할 수 있는 수준이었다.

열흘 뒤 발열이 최고조에 달했지만 전반적으로 진짜 부작용은 드물었다. 펠톨라와 하이노넨은 연구 결과가 "널리 사용되는 MMR 백신의 부작용이 생각보다 흔하지 않다는 사실을 보여준다"라고 평가했다.

그러나 이 연구 결과도 3번 엄마가 틀렸음을 증명할 수는 없었다. 진술만으로는 충분하지 않다고 할 수 있을 뿐이다. 웨이크필드, 토미, 빅트리, 다른 활동가들이 과학에 대항하여 피난처를 찾은 곳은 진술이었다. 그들은 엄마들은 그냥 알 수 있다는 원칙을 고수하며 끔찍한 사연들을 생생하게 제시하고 부모들에게 백신 피해를 스스로 증명할 권리가 있다고 주장했다.

변호사 로버트 케네디는 애틀랜타에서 열린 백신 반대 집회에서 "만 명이 똑같은 말을 하면 결국 과학이 된다"고 말했다.

"이 여성들은 자녀들에게 무슨 일이 일어났는지 알고 있습니다. 그들은 자녀들에게 무슨 일이 일어났는지 알고 있어요."

바로 그때, 벌써 수년 전이긴 하지만, 나는 논란에 뛰어들었다. 2번 엄마는 1996년 9월 로열프리 소아과 의사에게 아들이 MMR 백신 접종 후 2주 뒤부터 머리를 부딪치기 시작했다고 말할 때 알고 있었을까? 2003년 11월, 내게 '약 6개월' 뒤였다고 말할 때는 알고 있었을까? 2001년 11월 법정에서 진술서를 제출할 때는?

그녀는 제약회사를 고소했다. 그녀의 변호사는 합의를 이끌어 내려고 했다. 그러나 대형 제약사들은 조용히 나오는 법이 없었다. 소송 중에 다른 부모가 내게 준 법률 문서에서 웨이크필드에게 거대한 아이디어를 심어준 전화를 했던 2번 엄마는 피고인 스미스클라인 비첨 측의 진술을 인정했다. 백신 접종 후 9개월 동안 소년의 의료 기록에는 자폐증과 관련된 증상이나 새로운 증후군의 징후가 없었다.

그 사실을 직시하면 시간적 연관성은 터무니없는 소리였다. 2번 아동은 존 오리어리의 홍역 검사를 받았다. 2번 엄마는 변호사를 통해 제정신이라면 누구라도 의구심을 품을 만한 사실을 소송에서 인정했다. 그녀는 영국 왕립사법재판소에서 "자폐 스펙트럼 장애와 위장 장애의 증상들이 꼭 예방 접종 후 수일이나 수주 이내에 나타나는 건 아니다"라고 인정하면서도 "중요한 특징은 증상들이 백신 접종 전이 아니라 접종 후에 나타난다"고 주장했다.

그것은 2번 아동의 강점이었다. 웨이크필드는 "2번 아동이 백신에 의해 피해를 입은 것이 분명하다"라고 말했었다. 기억의 신기루에서 벗어난 것은 2번 엄마만이 아니었다. 6번 엄마도 진술을 하기 시작했다. 두 자녀를 로열프리의 연구에 등록하고 다른 아동도 소개한 엄마('고음의 비명'을 질렀다던)였다. 따라서 (내가 조사하기 전까지 공개적으로 알려지지 않았던) 그녀는 〈란싯〉 논문에 대해 4분의 1, 자폐증으로 표시된 아동들의 3분의 1을 담당한 셈이었다.

6번 엄마는 의료정보의 비밀 유지라는 베일 뒤에서 처음부터 문제를 일으켰다. 그녀의 주장이 사실인지 우려스러웠던 소아과 의사 시몬 머치는 런던에서 60마일 떨어진 곳에 있는 임상의를 만나러 갔다. 사회 복지사는 두 소년을 '위험한' 등록부에 넣는 것을 고려했다. 바의 집단 소송 종료를 검토한 독립 변호사 패널은 두 아이 모두 누군가를 고소할 근거가 될 만한 의학적 질환을 가지고 있지 않다고 밝혔다. 그녀의 주치의는 일반의료위원회 패널에 "그녀는 매우 혼란스러운 사람이었고 상담할 때마다 이야기가 달랐다"라고 진술했다.

2번 엄마와 6번 엄마 모두 웨이크필드와 함께 일하고 그를 위해 캠페인을 벌이며, 그의 연구에 대한 내 조사를 방해하기 위해 최선을 다했던 지지자였다. 6번 엄마는 그의 네트워크에 있는 다른 친구이자 언변이 화려한 거짓말쟁이인 10번 엄마의 절친이기도 했다.

그녀는 원래 열두 명의 부모 중 한 명이 아니었지만 로열프리 위장 클리닉에서 내시경 검사를 받기 위해 아들을 데려갔고 바의 소송에 참여해 법정에도 자주 출석했으며, 유스턴 로드에도 나타났다.

"그가 우리 아이들을 구했습니다."

그녀가 교통 체증을 뚫고 소리쳤다.

"웨이크필드 박사가 우리 아이들을 구했어요. 웨이크필드 박사와 그의 동료들이 우리 아이들을 구했습니다."

유일한 걸림돌은 많은 엄마들이 알게 된 후 경악한, 성가신 의료 기록이었다. 10번 엄마는 18개월 된 아들이 MMR 백신을 접종하고 발열이 시작된 '즉시' 말을 하지 않고 눈을 맞추지 않았다고 한다. 그녀는 아이가 주사를 맞고 나서 6시간 동안 발작과 구토를 했으며, 6개월 동안 식물인간 상태로 지냈다고 주장했다.

그러나 기록을 철저히 검토한 판사는 10번 엄마의 주장을 믿지 않았고 변호사가 싫어하는 F로 시작하는 단어를 사용했다. 그는 "이 사건에서 확립된 중요한 사실은 [10번 아동에게] 자폐 스펙트럼 장애가 있음으로 요약할 수 있다"고 판결했다.

"MMR 백신이 그의 자폐증을 유발했다는 증거는 없습니다. 백신의 부작용에 대한 부모의 진술은 조작되었습니다."

왜 아니겠는가? 스스로에게 물어보라. 만약 정부나 제약회사에서 돈을 훔쳐서 백만장자가 될 수 있는데, 실패하더라도 감옥에 가기는커녕 비판도 받지 않을 게 확실하다면, 한 번 시도해보지 않을까? 당신은 어떻게 하겠는가? 그리고 당신에게 발달장애가 없는 아이가 있고 몇 가지 사실만 잘못 기억하면 아이로 인한 그 모든 혼란과 걱정, 비용이 해결된다는데, 아이에게 발달장애가 없다는 사실이 당신의 도덕적 계산에 영향을 미치겠는가?

이것이 바로 인간들의 냉혹한 계산이다. 인간은 급제동을 해서 차를 뒤로 가게 하고, 크루즈선에서 식사를 한 뒤 소화기 질환이 발생했다고 거짓

말을 하고, 테러 공격의 참사 현장에 있었던 척해서 보상을 손에 넣지 않는가? 반대편에 있는 제약회사, 부패한 의사, 거짓말쟁이 과학자, 한통속인 언론인들이 공모를 했다고 웨이크필드가 설득했다면, 설득당한 사람들도 범죄자가 되는가?

확실히 도덕성을 담보하는 만능패는 여기에 있었다.

그러나 그러한 슬픈 계산은 3번 엄마와는 몇 광년은 떨어져 있는 것이었다. 나는 그녀가 거짓말을 한다고 생각한 적이 한순간도 없었다. 자녀를 보고도 설명할 수 없었던 연결 고리를 매력적인 웨이크필드 박사가 찾아줬다면 믿지 않을 부모가 어디 있겠는가? 셀 수 없이 많은 다른 사람들과 마찬가지로 그녀는 예의 바른 사람이었지만, 그것이 그녀가 맞았는지 틀렸는지 말해줄 수는 없었다.

몇 년이 지나고 나는 부모들의 진술이 시간이 지남에 따라 자주 바뀐다는 사실을 알아차렸다. 기억은 희미해지고, 사건들은 압축되고, 진술은 지나치게 증폭시킨 실험실 DNA처럼 뒤죽박죽되었다. 그러다가 답변보다 질문을 더 많이 유발하는 정보가 수면 위로 떠올랐다.

웨이크필드의 특별한 친구로 자신의 아들 빌리가 MMR 백신의 피해자라고 주장하며 2016년에는 의사들이 아이들을 살해하고 있다고 말하면서 미국을 순회한 폴리 토미를 보라. 벡스드에서 그녀와 남편 조나단은 아들이 13개월차에 백신을 맞고 "통제가 불가능할 정도로 몸을 흔들기 시작했고 고열을 동반한 발작을 일으켰으며 다시는 전으로 돌아가지 못했다"고 설명했다.

그랬을지도 모른다. 그러나 17년 전 영국 텔레비전에서 자폐증에 좋다는 돼지 호르몬을 판매할 때 한 말은 현저히 달랐다. 그들은 빌리의 발달에 문제가 생기기 시작한 생후 9개월 전까지 모든 것이 남부럽지 않을만큼 좋았다고 말했다.

"우리는 아이가 잘 듣지 못해서 언어 발달이 지연되는 건 줄 알았습니다."

조나단이 프로그램에 나와 한 말이다(그는 백신이나 발작에 대해서는 언급하지 않았다).

"사람들이 계속, '중이염이 있어서 말을 못하는 거야. 들리지 않는데 어떻게 말을 할 수 있겠냐'고 했어요."

들리지 않는다? 초기에 자폐증을 인지하는 과정에서 발생하는 전형적인 혼란이었다. 두 차례 토미의 진술 간 차이는 일시 중지 버튼을 누르게 만들었다. 2010년 2월 토미의 친한 친구라는 사람이 선데이타임스 뉴스 데스크를 통해 내게 전화를 걸었다.

나는 대화를 녹음하며, "토미가 정말로 앉아서 아들의 의료 기록을 본 적이 있습니까?"라고 물었다.

"아, 네, 그럼요. 물론입니다."

친구가 대답했다.

"의료 기록을 보고도 MMR 백신 때문이라고 확신한 건가요?"

"아뇨, 아뇨, 아닙니다. 결코 그런 적은 없어요."

나는 친구의 반응에 놀라움을 금치 못했다. 나는 시간이 서사에 영향을 미친다는 사실을 발견했다. 웨이크필드의 또 다른 팬인 배우 제니 매카시 역시 같은 경험을 했을지도 모른다. 그녀는 오랫동안 책과 방송에서 아들이 MMR 백신의 피해자라고 주장했다. 그러나 이후 소년의 외할머니는 밀워키 출신 작가 켄 레이벨에게 소년이 백신 접종 전부터 자폐 행동을 보였다고 밝혔다.

접종 전이라고 했다. 그럼 접종을 받지 않았더라면 어땠을까? 나 역시 그런 일을 겪어야 했을지도 모른다. 잽스의 운영자인 재키 플레처는 웨이크필드에게 2번 엄마를 소개한 사람이었다. 그녀는 바의 집단 소송에 처음으로 서명한 사람 중 하나였고, 〈란싯〉 연구의 피험자 대부분을 소개한 사람이기도 했다. 수년 동안 그녀의 아들은 영국의 대표적인 MMR 백신 피해 아동이었다.

내 관심을 끈 건 플래처 법원 문서와 백신 이상반응 보고 기록이었다. 플레처는 열성 경련이 MMR 백신과 연관이 있다고 진술하고 피해를 유발한 백신의 패치 번호 G0839라고 주장했다. 그러나 의사들은 소년의 발작이 흉부 감염에 의한 것으로 보았다. 제조업체는 해당 패치가 파상풍 예방주사라고 공개했다. 검사 결과 그녀의 아들의 면역 체계는 홍역, 볼거리, 풍진 바이러스에 대한 항체를 생산하지 않았지만 파상풍 균에는 약한 항체를 형성한 것으로 나타났다.

당연히 기억은 시간이 지나면서 옅어진다. 그러나 나는 조사했을 때 진술이 가장 실망스럽고 말이 가장 많은 사람들이 때때로 부모들이라는 사실을 알게 되었다. 변호사들 역시 자신의 소송 사건이 2번 엄마나 미셸 세딜로의 사건과 같이 뻔한 비극을 맞을 때 비슷한 감정을 느꼈으리라 생각한다.

3번 엄마는 백신과 자폐증의 인과관계에 관한 캠페인에 참여하지 않았다. 그녀를 언론에서 본 적은 없다. 그녀는 페이스북에서 분노하거나 거리에서 소리를 지르지는 않았지만, 아들을 위해서라면 거침이 없었다. 그녀는 아들이 복용하는 약물을 조절하기 위해 싸우고 아들의 방에서 옷이 없어졌을 때 항의하고 시설이 형편 없는 요양원을 폐쇄하기 위해 싸웠다. 그녀가 아니었다면 아들은 어떻게 되었을지 누가 알겠는가?

내가 세 번째 방문했을 때 우리는 3번 아동의 남자로서의 삶에 초점을 맞추었다. 이전에 만났을 때는 지게차 운전사인 3번 아빠와 다같이 거실에 앉아 MMR 백신에 대한 이야기를 더 많이 나눴다.

나는 그들에게 웨이크필드의 위험한 주장을 생각하며, "MMR 백신이 아들의 문제와 같은 문제를 일으키고 있다는 것을 알면서도 은폐하고 있는 의사와 정부 관계자들이 있다고 정말로 믿습니까?"라고 물었다.

"네." 그녀가 대답했다.

"아니요." 그가 대답했다. "믿지 않습니다."

"저는 믿어요."

그녀가 반복해서 말했다. 그녀는 정말로 믿고 있었다.

순간이 지나갔다. 그러나 3번 아빠는 의견의 차이를 암시하는 다른 말을 했다.

"사실 저희가 취약한 상태였던 것 같아요. 우리는 답을 찾고 있었습니다."

누가 안 그러겠는가?

그러나 3번 엄마는 우리가 마지막으로 만났을 때 분명히 말했듯, 결코 믿음을 잃지 않았다. 그녀는 MMR 백신을 신뢰하지 않았다. 그리고 여전히 신뢰하지 않는다. 그녀는 수십 년 전 웨이크필드가 로열프리 아트리움에서 열린 기자 회견에서 자신의 전염병을 세상에 퍼뜨리기 위해 한 말을 믿었다.

그녀는 혼합백신에 대한 그의 조언을 되풀이하며 "솔직히 저는 혼합백신을 따로따로 접종하는 것이 더 나은 답이 되었을 것이라고 믿는다"라고 말했다.

그러나 그런 그녀조차 웨이크필드의 모든 말을 믿지는 않았다. 그녀는 그의 거대한 아이디어를 의심했다. 그녀가 보기에 아들이 처한 문제의 궁극적인 범인은 혼합백신에 포함된 홍역바이러스가 아니었다.

"저는 **늘 풍**진이 원인이라고 생각했습니다."

그녀가 말했다.

에필로그

훌륭한 의사

그에 대해 마지막으로 들은 바에 따르면 플로리다 마이애미에서 억만장자의 전처인 슈퍼모델과 살림을 차렸다고 한다. 한동안 모든 사람을 속였거나 내내 몇몇 사람들을 속이는 데 성공했다면, 다음 번에는 더 나은 아이디어를 가지고 나와야만 한다.

그와 함께 있다는 여성은 호주 시드니 출신으로 두 아이의 엄마이기도 한 55세의 엘 맥퍼슨(Elle Macpherson)으로 자선 활동에 기부를 많이 하는 후원자이기도 했다. 스포츠 일러스트레이티드 표지에 수영복을 입고 다섯 번이나 등장해 기록을 세운 것으로 유명한 그녀는 마지막으로 이혼한 남편에게서 4년에 걸친 결혼 생활에 대한 대가로 현금 5,300만 달러와 시가 2,600만 달러 가량의 집을 받았다고 한다.

62세의 웨이크필드는 2017년 11월 그녀의 회사에서 처음 목격되었다. 둘은 플로리다주 올랜도에서 열린 백신 반대 행사에서 예정되었던 것으로 보이는 소개로 만나 저녁 식사를 함께 했다. 불과 두 달 후 뉴저지 레드 뱅크에서 열린 비슷한 종류의 모임에서 두 사람이 함께 있는 것이 두 번째로 목격되었다. 그런 다음 2019년 5월 일리노이주 시카고에서 다시 목격되었다.

록 스타도 아닌 이상 그런 행사에서 웨이크필드만큼 찬사를 받는 사람은 거의 없었다. 박수를 치고 환호성을 지르고 셀카를 찍기 위해 분주한 (주로 엄마들인) 여성들 사이에서 그는 무덤에서 돌아온 넬슨 만델라(웨이크필드

스스로 자신을 넬슨 만델라에 비교한다)나 마찬가지였다. 여성들은 뉴저지에서 90분짜리 영상을 본 여성들은 텍사스 자택에 있는 웨이크필드를 (장작을 자르고 달걀을 부치고, 인터넷을 검색하는) 가정적인 남성으로 칭송했는데, 그는 곧 이 자택을 버리고 맥퍼슨으로 이사했다.

나는 개의치 않았다. 솔직히 말하면 나는 그에게 관심을 가진 적이 없었다. 애초에 자원해서 그를 취재한 것도 아니었다. 약간의 즐거움을 느끼긴 했지만 내가 오랫동안 바랐던 건 출구였다. 우리의 생각이 우리 마음을 빚는다면 누가 이런 일에 수년이라는 시간을 보내고 싶겠는가? 그러나 그가 증거를 감추고 소송을 제기하자 나는 그의 흔적을 추적할 수 밖에 없었.

새로운 내용인가? 사실인가? 단독 취재인가?

나머지는 나와 상관없는 일이었다.

의학은 의사의 일이었고 과학은 과학자의 일이었다. 내 책임은 질문하는 것이었다. 그것이 그의 집이 무너질 때까지 땅을 파는 것을 의미한다면 그렇게 해야만 했다. 진부하게 들리겠지만 나보다 나은 언론인들은 숨겨진 진실 때문에 목숨을 잃기도 했다. (briandeer.com에 기사를 올렸으므로) 사실이 아니라면, 내가 잃을 위험이 있는 것은 집밖에 없었다. 웨이크필드는 그렇게 하려 했다.

마침내 끝이라고 생각했을 때, 수개월 동안 보이지 않던 그가 맥퍼슨 수영장의 악어처럼 다시 수면 위로 나타났다. 2019년 5월 월요일 저녁, 그는 자신이 가장 좋아하는 질병이 발병하자 스카이프에 등장했다.

그가 나타난 곳은 연회장이었다. 맨하탄에서 북쪽으로 30마일 떨어진 록랜드 카운티의 몬세이 마을에 있는 아트리움 그랜드 볼룸이었다. 남녀가 따로 춤을 추는 결혼식, 토라 낭독회, 도장이 찍힌 와인잔으로 더 잘 알려져 있는 이 쇼핑몰은 초정통파 유대인 공동체의 중심지였다. 한때 박멸 직전이었던 바이러스가 그해 봄에 다시 출연하면서 백신 미접종 아동의 공공장소 이용 금지라는 극단적인 조치가 시행된 곳이었다.

그제서야 웨이크필드는 도널드 트럼프에게 배신당했다는 사실을 깨달았다. 트럼프 대통령은 백악관에 들어간 뒤 로클랜드와 뉴욕에서 홍역이 발병하기 전까지 백신 접종에 대해 공개적인 발언을 하지 않았다. 그러다가 그해 경보가 최고조에 달했을 때 가족들이 할 일을 언급했다. 그는 헬리콥터를 타러 가면서 기자들에게 외쳤다.

"백신을 맞아야 합니다. 예방 접종은 정말 중요합니다. 지금 정말로 홍역이 돌고 있습니다. 백신을 맞아야 합니다."

웨이크필드는 상황을 더 잘 알고 있었다. 그날 월요일 그의 임무는 소말리아계 지역 사회를 겨냥했던 몇 년 전 수행했던 임무와 같았다. 예방 접종률이 낮은 지역들이 그의 눈에 들어왔는데, 그는 접종률이 낮게 유지되기를 바랐다. 그는 현재 백신이 "안전하지도, 효과적이지도 않다며, 홍역으로 인한 감염과 사망의 역사적 감소는 백신과 아무런 관련이 없다"라고 설파했다.

그는 먼 하늘에서 나타난 땀에 젖은 유령의 얼굴처럼 기이해 보였다. 1,500석 규모의 연회장에 설치된 스크린에서 2에이커에 달하는 맥퍼슨 주택의 해안가를 잘 활용하고 있다는 듯 그의 이마와 볼이 랍스터처럼 붉게 빛났다. 그러나 얼굴의 두 부분이 유령처럼 창백했다. 코와 눈 주변, 그리고 입 주위가 턱받이로 가렸던 것처럼 창백했다.

"분명히 말씀드리지만, 저는 과학적 사기에 가담한 적이 없습니다."

자동녹음전화를 받고 아트리움으로 소환된 하레디 유대인들 앞에서 그가 말했다.

"제게 일어난 일은 환자의 이익을 위해 제약회사의 이익과 정부 정책을 위협하는 의사에게 일어나는 일입니다."

참을성 없는 웨이크필드는 헬리코박터 파일로리 균을 발견한 두 호주인, 워런과 마셜의 명성을 잊어버린 것이 분명했다. 둘은 제약업계를 완패시키고 거대 제약사를 비판한 뒤 노벨상을 공동 수상했다. 그는 영국 연구원들이 두 백신 제품에서 결함을 발견한 뒤에 자신이 MMR 백신을 비판하기 시작했다는 사실을 깜빡 잊은 듯했다. 존 윌슨은 왕립학회 회원으로 선출되었고 질병통제예방센터 내부고발자는 여전히 정부에서 일하고 있었다. 사기나 부정직으로 기소된 사람은 아무도 없었다. 오직 웨이크필드 뿐이었다. 그는 그 이유를 알고 있었다.

맨해튼 자본가의 지원을 받은 에미상 수상 프로듀서로 벡스드를 제작한 델 빅트리가 연설을 마치자 웨이크필드는 대중에게 말했다.

"여러분은 현혹되었습니다. 홍역에 대해 구체적으로 말씀드리겠습니다."

그의 연설은 불과 45초만에 트위터에 업데이트되었다. 최근에 그가 어떤 입장을 취하고 있는지 보였다. 몇 달 동안 마이애미에서 햇볕을 쬐고 있으리라 예상했던 그는 단순히 맥퍼슨을 사랑하는 방법을 고민한 게 아니었다. 그는 자신을 일종의 스승으로 재포장해 일련의 강의 영상까지 만들었다.

그날 오후 나는 21번째 영상을 세다가 스트로베리 아이스크림을 한 통 사서 메모를 했다. 이제 홍역은 마치 좋은 존재로 보이기까지 했다. 백신은 상황을 악화시키는 존재이고 '집단 면역'은 위험한 망상이 되어 있었다.

유튜브 시청자들은 가슴 위에 손을 포개고 카메라를 보며 말하는 그의 모습에 깊은 인상을 받았다.

"훌륭한 영상입니다."

"당신은 인류의 축복입니다."

"다시 소식을 듣게 되어 반갑습니다."

내가 보기에는 터무니없는 영상이었다. 그는 세계적인 사망과 질병의 감소가 예방 접종의 결과가 아니라 질병이 온화한(milder) 쪽으로 진화하고 있기 때문이라고 했다. 그러면서 한편으로는 예방 접종의 결과로 홍역이 더 많은 해를 끼치고 있다고 주장했다.

제발 그만. 나는 생각했다. 누구 젖은 수건을 가진 사람 없나? 솔직히 더 참을 수 없었다. 그러니까 전염병은 점점 경미해지는데, 예방 접종을 하면 더 위험다다고? 이것이 전 세계적으로 발병했던 홍역에서 우리가 얻은 교훈이라고? 홍역에 감염된 소말리아인계 중 95%가 미접종자로 확인됐다. 록랜드 카운티에 보고된 수치도 마찬가지였다.

홍역바이러스의 유전체를 구성하는 RNA가 비교적 안정적이라는 것은 나도 알고 있는 사실이었다. 웨이크필드와 달리 파라믹소바이러스에 관한 수많은 연구 논문을 발표한 바이러스학자이자 분자생물학 교수는 병원성에 영향을 미칠 만한 변화에 대해 알지 못하며, 병이 경미해지고 있다면 가장 개연성이 높은 이유가 예방 접종이라고 말했다..

그러나 웨이크필드는 전문가였다. 그가 아는 건 무엇일까? 누구를 믿을지 고민할 게 아니라 20년 전 그가 아트리움에서 발표를 할 때 질문을 던졌어야 했다. 이 사람이 누군데 아이들의 안전에 관한 결정을 내린단 말이가? 그는 누구인가? 그가 원하는 게 무엇인가? 환자를 치료하는 일을 좋아하지 않는 건 확실했다. 그렇다고 과학자도 아니었다. 그의 거짓말을 폭로하자 연구원들이 줄줄이 가세해 지적하기 시작했다.

"그의 연구는 쓰레기였어요."

10층 연구실에서 닉 채드윅과 함께 일했던 전 팀원이 말했다.

"교과서에서 홍역에 대해 읽은 것 같은데, 과학은 그렇게 하는 것이 아닙니다."

도우려 했는데 거절당했다고 말하는 사람들도 있었다. 홍역바이러스에 대해 국제적인 명성을 지닌 권위자, 어린이 생검 평가에 경력이 많은 병리학자, 염증성 장 질환 분야에서 세계적인 수준의 임상의 등이 모두 웨이크필드와 공동 연구를 진행하려 했으나 그가 자신들의 조언을 좋아하지 않아 무산되었다고 했다.

한 위장병학 교수는 내게 다음과 같은 내용의 이메일을 보냈다.

"그를 위해 분변 칼프로텍틴 수치를 측정했습니다. 그러자 그가 손상 기전은 백신으로 인한 장 투과성 증가이며, 이로 인해 신경독이 흡수되면서 뇌에 영향을 미친다는 가설을 내 이름으로 작성했습니다. 말도 안 되는 가설이었기 때문에 제가 바로 잡았지만, 자기가 믿는 바와 부합하지 않자 신경 쓰지 않고 제 이름을 지우고 논문을 출판했습니다. 그는 부자가 되었고 유명해졌고, 여신과 함께 살고 있죠."

한 선임 바이러스학자는 이 모든 홍역 사태를 촉발한 〈제이메드 바이롤〉 논문에 대해 동료심사를 해 달라는 요청을 받았다고 했다. 그는 웨이크필드가 촬영한 것이 홍역인지 연구실에 있던 전자현미경 전문가에게 물어봤다고 설명하면서 23년이 지난 지금까지도 잊을 수 없는 기억으로 남아 있다고 했다.

"전문가는, '아뇨. 홍역이 아니라 마이크로 필라멘트입니다'라고 대답했습니다. 마이크로 필라멘트는 세포의 정상적인 구성 요소입니다. [웨이크필드는] '뭔가를 먹고 있는 T세포의 사진'이라고 했는데, 우리 전문가는 '아니에요. 사진을 거꾸로 든 겁니다. 반대 방향입니다.'라고 했습니다."

수많은 정보원이 웨이크필드에게는 의문이나 반박이 제기되지 않는 것이 매우 중요해 보였다고 했다. 수많은 소식통들이 웨이크필드에 대해 질문하거나 반박하지 않는 것이 얼마나 중요한지 말해주었다. 적어도 3명(아마도 4명)이 그가 석사 학위 구두 시험을 볼 때 발생한 놀라운 사건에 대해 말했다. 태도는 당당했지만 질문에 당황했던 그가 '나가버려서' 또는 '뛰쳐나가서'(동사는 진술마다 다름) 시험을 통과하지 못했다고 한다.

"그는 시험관들이 무지해서 자기가 하는 일을 이해하지 못한다고 생각했습니다."

한 교수가 점심 식사를 하며 내게 말했다.

"지금까지 제가 임상 과학 분야에 사오십 년 있으면서 구두 시험 중에 나와버렸다는 사람은 본 적이 없어요."

스트레스를 받는 상황에서는 인성이 드러나기 마련이다. 그런데 흠집이 생긴 건 웨이크필드만이 아니었다. 그의 카리스마에 빠져 평판이 무너지고 경력이 망가진 사람들도 있다. 그의 멘토인 로이 파운더와 학장 아리 주커먼(둘 다 대화를 거부함)은 로열프리 스캔들의 여파로 기사 작위를 받을 기회를 잃었다. 로이 파운더는 왕립 외과대학의 학장직에 출마했다가 내 보도가 나간 이후 선거에서 패배했다. 아리 주커먼은 건강 위기를 촉발한 행사를 주관한 데 대해 동료들의 용서를 받지 못했다.

"18년 동안이나 계속되고 있습니다."

일반의료위원회 패널 앞에서 증언을 마치고 자리에서 일어난 주커먼이 거의 흐느끼며 말했다.

그중에는 당연히 웨이크필드의 논문을 게재한 결정을 영원히 조롱당할 〈란싯〉의 편집장도 있었다. 절차상의 오류로 유죄 판결은 면했지만 햄스테드 히스가 내려다 보이는 콘크리트 성에 들어간 것을 후회하는 호주인 교수 존 워커스미스도 마찬가지였다. 바트, 바트. 그는 바트에 남았어야 했다. '제국의 어머니 병원'이라니. 멍청하기 짝이 없었다.

그러나 이 남성들의 굴욕은 웨이크필드가 자신의 가족에게 안겨준 선물에 비하면 아무것도 아니었다. 이것은 노란 석회암에 조각해 런던에서 기차를 타고 서쪽으로 90분 거리에 있는 비컨 힐 저택 입구에 세워져야 한다고 생각한다.

여기에 앤드루 웨이크필드가 살았다.

환자를 돌보지 않는 의사.

그는 우리에게 두려움, 죄책감, 질병을 안겨주었다.

의학과 언론에 공포와 질병은 이 사태의 처음이자 끝이었다. 부모들은 두려움에 질렸고, 아이들은 예방 접종을 맞지 않았으며, 보호받지 못하고 방치된 사람들 사이에서 되살아난 질병은 때때로 뇌 손상을 유발하고 드물게는 사망을 초래했다.

그러나 내게 이 사건의 실체는 간과된 고통, 즉 죄책감이라는 공포였다.

물론, 신뢰 상실과 질병의 발병에 관한 기사도 썼다. 14년 만에 처음 홍역으로 사망한 영국인(13세 소년)에 대해 보도하기도 했다. 하지만 뉴스나이트의 주홍색 옷을 입은 여성과 나눈 대화 덕분에 나는 처음부터 조금 다른 각도에서 이 위기를 볼 수 있었다.

내가 먼저 그녀에게 전화를 걸어(2번 엄마에게 전화하기 전날) 사연을 들려달라고 부탁했다.

"끔찍했습니다."

2003년 9월 그녀는 내게 아들에게 무슨 일이 있었는지 말해주었고 나는 그 내용을 내 첫 번째 노트 19쪽에 적었다.

"아들에게 예방 접종을 한 뒤 데려갔기 때문에 백신을 맞추기 전에 모든 조사를 했어야 했다는 죄책감이 엄청나게 들었지요."

리차드 바와 커스틴 림은 고객들에게 상기시킬 필요가 있다고 생각한 듯 오랫동안 이 불안을 퍼뜨렸다.

"많은 분들이 자신의 자녀가 백신 피해자일 수 있다는 사실을 받아들이기가 어려워한다는 걸 저희는 알고 있습니다."

그들은 〈란싯〉 논문이 출판되기 전 팩트 시트에 이렇게 기재했다.

"자연적인 질병으로 인해 발생했다면 그 피해는 부모가 통제할 수 없습니다. 그러나 백신으로 인한 피해라면 많은 부모들이 자녀의 예방 접종에 동의했다는 데 죄책감을 느낄 수밖에 없습니다."

약삭빠른 조언이었다. 자책하는 부모들의 고통은 어디에서나 볼 수 있었다. 웨이크필드의 비즈니스 파트너인 폴리 토미는 블랙 버스 투어에서 들은 내용을 이렇게 요약했다.

"누구를 인터뷰해도 마찬가지였어요. 밤에 잠을 못 자고 죄책감에 시달린다고 했습니다."

그는 부모들이 "죄책감과 함께 큰 슬픔에 잠겨 있었다"고 덧붙였다.

그녀는 진통제를 발견했다. 그 진통제는 웨이크필드였고 그녀는 그를 세상과 공유하고 싶었다. 그녀는 그가 출연한 영상에서 백신이 많은 사람들을 다치고 죽게 했다는 사실을 폭로하고 인정할 수 있는 힘을 가지려면 어떻게 해야 하느냐고 물었다.

토미의 말에 뼈가 있었다. 본인은 그렇게 생각하지 않았을지도 모르지만. 나는 그녀가 한 말을 이어지는 한 쌍의 슬라이드에 붙여 넣었다. 그리고 거기에 그녀의 얼굴과 슬로건이 들어간 벡스드 삽화를 삽입했다. "소아과 의사가 아니라 부모들의 말에 귀를 기울이세요." 즉 그녀의 말에 귀를 기울이라는 뜻이었다.

나는 슬라이드에 그녀가 죄책감과 힘에 대해 한 말을 입력했다. 슬라이드를 뒤로 넘겼다가 다시 앞으로 넘겼다. 뒤로 앞으로. 뒤로 앞으로. 슬라이드를 넘겨도 바깥 쪽을 내다보는 그녀의 얼굴은 움직이지 않았다.

그것은 그녀의 선택이었고 많은 웨이크필드의 추종자들 역시 마찬가지였다. 자책하거나 다른 사람을 비난하거나 둘 중 하나였다. 내가 보기에 웨이크필드를 만든 건 그 함정이었다. 웨이크필드는 죄책감과 비난 사이라는 그 지독한 공간 속에서 탄생한 것이다. 당신이 내 말을 들었다면 당신의 아이에게는 자폐증이 없었을 것이다. 저들의 탓이다. 저들의 탓이다. 저들의 한 짓이다.

기억력이 좋은 전문가라면 이미 본 적 있는 일이었다. 그것은 '냉장고 엄마'의 얼굴이었다. 부모에게 선택에 책임을 묻고 속죄를 팔아 돈을 버는 부모 탓하기 전략이었다.

웨이크필드는 과학이 도움을 주지 못할 때 직감을 믿으라고 했다. 그러나 그가 말한 직감은 웨이크필드 자신의 직감인 것 같았다. 하지만 사람들은 그렇게 말하는 그를 대단히 좋아했다. 그들에게 웨이크필드는 사람들을 보살피고 전문가답고, 부당한 대우를 받은 훌륭한 의사였다.

그러나 연쇄 살인범 해롤드 시프먼의 희생자들도 그렇게 말했었다. 시프먼의 추종자들은 동시에 그의 먹잇감이었다. 시프먼의 손에서 살아남은 한 환자는 그의 인기가 대단했다고 진술했다.

"모두가 그를 훌륭한 의사라고 생각했습니다."

엄마들이 웨이크필드 대신 죄책감을 느꼈기 때문에 그는 죄책감을 느낄 필요도 없었다. 엄마들이 그를 대신해 양심의 가책과 수치를 느꼈다. 중요한 것은 엄마들이 단순히 고통받은 것이 아니라(받아서는 안 되는 고통을 짊어졌다) 웨이크필드가 그들의 고통을 이용했다는 것이었다.

바의 실패한 소송 이면에 있는 (의사와 과학자들이 정직하지 않다는) 교활한 암시는 1990년대부터 부모들의 마음을 갉아먹었다. 언론의 황금기에는 꿈도 꾸지 못했던 최신 무기(페이스북, 트위터, 왓츠앱, 유튜브)로 무장한 웨이크필드는 다단계 사기처럼 괴로움과 증오를 팔아 전 세계에서 민병대를 모집했다.

백신 접종 프로그램의 설계자들과 전문가들은 웨이크필드가 어떻게 〈란싯〉에 논문을 기재했는지, 어떻게 사람들을 선동했는지 이해하지 못했다. 백신에 의구심을 품는 의사의 무모함에 분개한 나머지 핵심 질문조차 던지지 않은 것이다.

그들은 여전히 이해할 수 없는 현상에 직면한 채, 왜 백신 접종을 기피하는지에 대해 설문조사를 실시하고 법적 조치를 지지하며, 질병에 대해 경고했다. 그러나 그들은 멈출 줄 모르는 고통받고 상심한 웨이크필드의 군대를 소통 없이 지나치고 말았다.

그러는 동안 양심의 가책을 느끼지 않는 웨이크필드는 아트리움 그랜드 볼룸에서 수백 명의 유대인들에게 연설했다. 그는 자신이 내놓은 것보다 더 많이 가져갈 게 분명했다. 그는 관심을 갈망했다. 그랬다. 그는 자신의 목소리를 사랑했다. 그랬다. 의과대학에서 웨이크필드를 가르쳤던 한 교수는 그를 '지금까지 자신이 만나본 사람 중 가장 심한 관심종자'였다고 설명했다.

웨이크필드는 고전적인 수법인 자신을 희생자로 묘사하는 뻔뻔함까지 가지고 있었다. 그는 자신의 잘못이 아니라는 듯 중얼댔다.

"저는 직업을 잃었어요."

"직장을 잃고, 수입을 잃고, 나라를 잃고, 명성을 잃었습니다."

불쌍한 앤디. 너무 딱하네.

그러나 나는 그에게 뭔가가 더 있다고 생각했다. 그는 사태를 통제하고 있었다. 주제와 대상이 뒤섞인 어둠 속에서 그는 사건을 통제하고 있는 사람이 자신이라는 것을 모두가 알아주길 바랐다. 그는 자신의 선율에 맞춰 춤을 추었다. 나는 그가 그 옛날 병원에 몰래 들어가 흰색 가운을 훔쳐 입고 병동에서 진단과 치료를 했다는 몽상가처럼 속으로는 웃고 있다는 생각이 들었다.

내가 수년 동안 고민했던 문제를 해소해준 건 웨이크필드의 어머니 브리짓이었다. 어느 날 저녁 우리는 대화 중이었고 녹음기가 작동하고 있었다. 그녀가 달지 않은 셰리주를 한 모금 마셨던 것 같다. 그녀는 자신의 둘째아들의 성격을 설명하면서 『섹스, 사랑, 그리고 사회』란 책을 썼던 아버지 에드워드 매튜를 언급했다.

"둘째는 우리 아버지를 많이 닮았어요. 뭔가를 믿기 시작하면 그것을 믿기 위해 세상 끝까지라도 갈 기세였죠."

믿기 위해. 해결책을 찾으러 가는 것이 아니었다. 그는 언제나 자기 주장의 정당함을 입증하려 했다. (영리 목적이 아닌 경우는 거의 없었던) 그의 주장은 자신의 거창한 아이디어가 우세해야 한다는 것이었다. 선배들이나 진실, 두려움이나 죄책감, 질병의 발병에도 그는 개의치 않았다. 어떤 것도 그의 길을 막을 수 없었다.

내가 볼 때 그것은 결코 과학이나 아이들, 엄마들에 관한 것이 아니었다. 언제나 웨이크필드 자신에 관한 것이었다.

연표

1988년 11월
영국에서 홍역, 유행성 이하선염, 풍진을 혼합한 백신인 MMR 백신이 출시되고 한 달 후 앤드루 웨이크필드가 캐나다의 토론토에서 수련 과정을 마치고 런던으로 돌아와 햄스테드의 로열프리 의과대학에서 일을 시작함.

1992년 9월 15일
영국 정부가 뇌수막염을 유발하는 볼거리 바이러스 성분이 포함된 두 MMR 백신 제품의 사용을 중단했다는 뉴스가 보도됨.

1992년 9월 23일
웨이크필드가 MMR 백신의 홍역 성분 및 크론병 연구를 위한 자금을 정부에 요청하고 언론에 알리시 밀 것을 경고힘.

1993년 4월
한 과학 저널이 크론병 환자의 장 조직에서 홍역바이러스를 발견했다고 주장하는 웨이크필드의 논문을 게재함.

1994년 1월
영국인 엄마 재키 플레처가 MMR 백신이 어린 아들의 뇌를 손상시켰다고 주장하며 관련 활동 단체를 창설함. 재키 플레처는 제조사를 고소할 계획을 세우고 유사한 사례를 찾아 나섬.

1994년 9월
작은 마을의 변호사 리차드 바가 영국 법률구조위원회와 MMR 백신 제조사를 상대로 한 집단 소송에서 소송 당사자를 대리하는 계약을 체결함.

1996년 2월 19일
MMR 백신 제조사를 상대로 제기한 소송을 위해 일하는 대가로 바가 웨이크필드에게 엄청난 시간당 수임료를 지불하기로 계약함. 이 계약은 디어의 조사로 폭로되기 전까지 비밀로 남아 있었음.
같은 날, 런던에서 200마일 떨어진 곳에서 한 여섯 살 아이의 엄마가 플레처의 조언을 받고 의사의 추천을 받아 웨이크필드의 연구 프로젝트 최초로 아이를 등록함.

1996년 6월
웨이크필드는 아동이 연구에 참여하기도 전에 MMR 백신이 장(腸)과 뇌 장애를 유발하며, 이의 원인이 되는 새로운 '증후군'을 발견할 것이라며 법률구조위원회에 검사 수행에 필요한 보조금을 신청함.

1997년 6월
웨이크필드가 자신이 개발한 단일 홍역백신과 자폐증 및 염증성 장 질환 치료제에 대해 특허를 출원함.

1997년 9월
미국으로 간 웨이크필드가 워싱턴 DC 근처에서 열린 백신 반대 회의에서 연설함.

1998년 2월 26일

〈란싯〉에 게재된 논문을 발표하는 기자 회견에서 웨이크필드가 MMR 백신을 공격하고 단일백신을 접종할 것을 촉구함. 법률구조위원회와의 계약은 계속 비밀로 유지됨.

1998년 2월 28일

〈란싯〉에 MMR 백신이 유발한 것으로 추정되는 장뇌 '증후군'을 발견했다고 주장하는 웨이크필드의 논문이 발표됨. 웨이크필드는 연구를 시작하기도 전에 이 증후군을 발견할 것이라고 언급하였음.

1998년 3월 3일

웨이크필드가 홍역 백신 등을 개발하는 회사 설립을 논의함. 이 홍역 백신은 MMR 백신에 대한 대중의 신뢰가 훼손되어야만 성공할 가망이 있는 제품임.

1998년 10월

영국에서 MMR 백신 제조업체들을 상대로 제기된 집단 소송의 첫 번째 사례가 제시됨. 웨이크필드가 전문가로 출석해 과학자 행세를 하며 가설과 핵심 증거를 제시함.

1999년 7월

미국 공중보건국과 소아과학회가 백신에 수은이 원료인 방부제 티메로살을 사용하는 것을 중단하라고 촉구함. 소송과 백신 반대 운동이 뒤를 이음

1999년 12월

로열프리가 국제 표준을 준수하여 연구 결과를 재현할 것을 웨이크필드에

게 요청함. 웨이크필드는 대학 측의 요청을 수개월 동안 미루다가 거부함.

2000년 4월

아일랜드 병리학자 존 오리어리가 국회의사당에서 열린 청문회에 출석해 위원들 앞에서 자신의 옆에 앉은 웨이크필드의 주장이 맞다고 증언함. 두 사람이 사업 파트너라는 사실과 오리어리 또한 바와 계약을 했다는 사실을 밝히지 않음.

2000년 11월

웨이크필드가 CBS의 '60분'에 출연해 MMR 백신이 미국에 도입된 후 자폐증이 '극적으로' 증가했고, 이후 영국에서도 같은 현상이 발생했다는 근거 없는 주장을 펼침.

2001년 1월

웨이크필드가 백신 안전성 연구에 관한 보고서를 발표하자, 영국 언론들이 그를 지지하는 캠페인을 시작하고 단일백신의 접종을 촉구하는 기사를 반복해서 보도함.

2002년 1월

웨이크필드가 미국으로 적을 옮기자 언론은 그가 '수백만 달러 규모의' 연구 프로그램 책임자로 임명되었다고 보도했지만, 실제로는 플로리다의 한 진료소에서 가정의로 일하는 것이었음.

2003년 10월

영국에서 MMR 백신 제조사를 상대로 바가 제기한 집단 소송이 증거 부족으로 무산됨. 보건 위기를 촉발한 이 집단 소송의 총비용은 2019년 기준

약 1억 달러에 달함.

2004년 2월
웨이크필드와 바가 비밀 거래를 한 사실과 〈란싯〉 연구 피험자들이 제기한 집단 소송의 상황을 폭로하는 디어의 기사가 런던 선데이타임스 1면에 실림.

2005년 1월
영국의 한 의료보험사의 자금 지원을 받은 웨이크필드가 디어의 폭로에 대해 명예훼손 소송을 제기했다가 중단함. 웨이크필드가 홍보를 목적으로 소송을 제기한 것을 간파한 판사가 재판을 진행할 것을 명령하자, 웨이크필드는 소송을 취하하고 비용을 지불함.

2006년 4월
웨이크필드의 캠페인 이후 홍역이 발병하자, 디어가 홍역으로 인한 사망자가 영국에서 14년 만에 처음으로 발생했다고 보도함.

2006년 9월
텍사스 오스틴의 웨이크필드 연구소에 대한 불만이 제기되기 시작함. 부모들은 위장 질환이 없는 아이들도 대장 내시경 검사를 받아야 한다는 압박이 있었다고 진술함.

2009년 2월
〈란싯〉의 논문과 실제 의료 기록에 엄청난 불일치가 있다는 사실을 폭로하는 디어의 기사가 런던 선데이타임스 1면에 게재됨.

2010년 5월

영국 의사 규제 기관인 의료위원회가 웨이크필드에게 아이들의 고통을 냉담하게 무시한 부정직한 사기라는 판결을 내리고 의료행위 금지 명령을 내림.

2011년 1월

CNN의 앤더슨 쿠퍼가 웨이크필드의 연구를 '정교한 사기'라고 비판한 사설을 보도한 뒤 미국 언론의 거센 비난이 시작됨.

2011년 3월

웨이크필드가 미니애폴리스에 나타나 소말리아계 미국인들을 상대로 연설을 함. 뒤이어 홍역이 발생함.

2012년 1월

백만장자 투자자 버나드 셀츠의 지원을 받은 웨이크필드가 텍사스에서 디어와 영국 의학저널을 고소함. 피고들이 근거 없는 소송이라며 맞고소했으나 관할이 아니라는 이유로 기각됨.

2013년 5월

발달장애가 있어 대장 내시경 검사를 받기 위해 뉴욕으로 간 시카고 출신의 14세 소년 알렉스 스푸어달라키스의 침대 옆에 있는 웨이크필드의 영상이 공개됨. 소년은 며칠 후 자신의 어머니에게 살해당함.

2014년 6월

웨이크필드와 함께 활동하는 백신 반대 활동가 브라이언 후커가 미국 질병통제예방센터의 과학자 윌리엄 톰슨을 함정에 빠뜨려 정부의 백신 연구가 사기라고 주장하도록 유도했으나 결국 실패함.

2016년 4월 13일

배우 로버트 드 니로가 NBC의 투데이에 출연해 웨이크필드가 제작한 91분짜리 영상 벡스드(Vaxxed)를 시청할 것을 촉구함. 영상에서 웨이크필드는 톰슨이 질병통제예방센터의 사기 행각을 폭로했다고 주장함.

2017년 11월 3일

웨이크필드가 부유한 호주출신 슈퍼모델 엘르 맥퍼슨과 만나 관계를 맺기 시작함.

2018년 11월

세계보건기구가 홍역의 세계적인 재발을 경고함. 두 달 뒤, 백신 기피 현상이 인류의 건강을 위협하는 10대 위협으로 선정됨.

2019년 5월

홍역 다발 지역인 뉴욕 중심지에 나타난 웨이크필드가 스카이프를 통해 홍역의 위험성을 일축함. 또한 자신은 "과학 사기에 연루된 적이 없다"라고 주장함.

독자 여러분께

유명 작가인 톰 울프는 저널리즘의 기술에 관한 에세이에서 '관람석에 앉은 문인'이 만드는 결과물을 비판했다. 백신, 자폐증, 과학의 무결성에 관한 많은 책들이 쓰여졌지만, 『세계를 속인 의사The Doctor Who Fooled the World』는 그런 책이 아니다.

이 책은 한 기자가 의학적 측면에 대해 수행한 광범위한 조사에 근거한 보도, 사실 분석, 의견의 산물이다. 2003년 9월 이 사건을 맡았을 때부터 2019년 이 글을 쓰고 있는 지금까지 내 인생은 (휴식기는 있지만) 두려움, 죄책감, 그리고 전염병을 누가 무엇 때문에, 언제, 어디서, 어떻게 만들어 전 세계로 수출했는지에 대한 조사로 점철되어 있다.

앤드루 웨이크필드와 그의 동료들의 연구와 주장에 대한 내 조사 활동은 이 책에서 이야기하기 전에 먼저 영국의 대표적인 주말 신문, 런던 선데이 타임스에 24편 이상의 기사로 보도되는 결실을 맺었다. 그 덕분에 전문 독자층을 위해 세계 5대 일반 의학저널 BMJ(British Medical Journal)의 동료 검토와 편집적인 도움을 받아 증거들을 보강할 수 있었다. 이러한 노력으로 텍스트와 각주를 포함해 수만 단어에 이르는 7편의 기사가 탄생했다.

또한 영국 채널 4 TV 네트워크에서 시청률이 높은 1시간 분량의 프로그램 〈디스패치스〉의 탐사보도를 맡겨줬고 영국 법정에서 열리는 웨이크필드의 재판에 직접 출석하는 강한 의지를 보여준 덕분에 그는 결국 소송 비용을 모두 부담하고 아무런 이의를 제기하지 않고 물러났다.

수년간 수집한 12,000건 이상의 문서가 내 보도를 뒷받침한다. 약 500

개의 영상과 오디오 녹음도 보관되어 있다. 대영 도서관에서 200권이 넘는 책을 대출했다. 검증을 위해 출판 전 원고를 교차 확인하는 데 2,000개 이상의 자료를 참조했다. 각 장에 대한 방대한 양의 주석은 존스홉킨스대학 출판부 웹사이트에서, 자세한 출처는 www.thedoctorwhofooledthe-world.com에서 찾을 수 있다.

정보자유법에 의거해 입수한 문서, 웨이크필드의 연구 및 법원 문서, 관련 아동의 부모를 비롯한 다양한 출처에서 수집한 문서, 그리고 의료 위법 행위를 둘러싼 최장의 청문회에서 나온 600만 단어 분량의 녹취록[계산해 본 적은 없음] 등의 문서를 철저하게 색인하지 않았다면, 책의 분량은 두 배가 되었겠지만, 책은 훨씬 빨리 완성되었을 것이다. 그러나 문서에는 아이들의 안전에 영향을 미칠 수도 있는 실제 인물들과 특정 사실들에 관한 정보가 담겨 있었다.

나는 위증일 경우 처벌을 받는 진술서를 지방 법원에 200장 넘게 제출하고 웨이크필드의 변호사들 앞에서 진술서의 내용을 6시간 30분 동안 증언하였다.

이 이야기는 사실이고, 사실일 수밖에 없다.

감사의 말

몇 년 전에 내 개인 웹사이트(briandeer.com)에 앤드루 웨이크필드의 무죄를 주장한 데이비드 루이스라는 이름의 환경미생물학 박사가 등장한 영상을 게시했다. 영상 속에서 그는 진실이라기에는 지나치게 글을 잘 썼다는 이유로 내 기사가 사기라고 주장한다. 그는 시카고에서 열린 백신 반대 회의에서, "의학이나 과학 분야에서 교육을 받은 적이 없는 브라이언 디어라는 기자가 이 기사들을 썼다고 하는데, 말이 안 됩니다. 이 글들은 의료 실무에 상당한 전문성을 갖춘 사람이 쓴 아주 잘 쓰여진 글입니다."라고 말했다.

내가 그 기사들을 썼다. 그리고 이 책도 썼다. 하지만 저널리즘은 언제나 협업에 달려 있으며, 이 엄청난 작업 역시 뒤에서 지원해준 많은 이들이 있었기에 가능했다. 대중을 오도하려 애쓰는 다른 기사들과 달리, 내 작업은 의학이나 저널리즘 역사상 어떤 프로젝트와도 비교하기 힘들 정도의 검열을 받았을 것이다.

먼저, 편집자 존 위드로와 그의 선데이타임스 팀, 그가 자매지인 타임스 책임자로 가고 나서 후임으로 온 마틴 이븐스. 치열한 우주 경쟁 속에서 내가 길을 잃지 않도록 10년이 넘는 기간 동안 지속적으로 지원해 준 부편집자 밥 타일러, 〈란싯〉이 내 조사를 방해하고 내 기사를 사실이 아닌 것들로 덮으려 할 때 날 구해준 사람도 그였다. 선데이타임스 포커스의 편집자인 폴 누키는 시작부터 함께해 주었고, 마지막에도 원고를 검토해 주었는데, 큰 신세를 졌다. 당시 편집장이었던 리처드 케이스비는 웨이크필드의 측근들이 허위 정보를 퍼뜨리려는 시도를 단호하게 저지했다. 앨런 헌터, 잭 그림스턴, 찰스 하이마스, 마크 스킵워스, 시안 그리피스, 안젤라 코넬, 피터 콘래디, 리처드 우즈, 로즈마리 콜린스, 로빈 모건, 그레이엄 패터슨 모두 몇 년 동안 중요한 역할을 해줬다. 혹시 빼먹은 분들이 있다면 죄송하다.

영국의 5개 지상파 방송사 중 하나인 채널 4는 1시간 분량의 디스패치스 영화 〈MMR: 그들이 말하지 않은 것 MMR: What They Didn't Tell You〉을 지원, 감독, 변호하고 황금 시간대에 방영해 주었다. 뉴스 및 시사 담당인 도로시 번이 프로젝트를 승인했고 부담당자인 케빈 서트클리프는 매일 많은 시간을 할애해 프로젝트를 감독해 주었다. 독립 제작사 트웬티 트웬티 프로덕션의 총괄 프로듀서인 클라우디아 밀네와 프로듀서이자 감독인 팀 카터가 함께 영화의 분위기와 스타일을 잡아줬다. 협력 프로듀서 휴고 고드윈이 조사에 크게 기여했고, 피터 케이스리-헤이포드는 관리에 힘써주었다. 인디애나폴리스 컨벤션 센터에서 웨이크필드와 대면하는 핵심 장면은 이키 아흐메드가 촬영했는데, 움직이는 대상을 촬영하는 그의 기술 덕분에 시청자들에게 웨이크필드의 실체를 보여줄 수 있었다.

이전에 영국의료저널로 알려졌던 BMJ의 편집장 피오나 고들리의 초대로 전문 청중 앞에서 조사 결과를 발표할 수 있었고, BMJ 역사상 가장 많이 읽힌 보고서가 탄생할 수 있었다. 그녀는 개인적으로 〈MMR 공포의 비밀〉 프로젝트를 감독했는데, 이 프로젝트 덕분에 우리의 저널리즘을 미국에 생생하게 전하는 중요한 일을 해낼 수 있었다. 제인 스미스는 핵심 증거들의 사실관계를 확인하는 데 도움을 주었고, 편집자 트레버 잭슨, 토니 델라모트, 데보라 코헨, 레베카 쿰스, 재키 애니스, 트리시 그로브스는 모두 토론과 질의, 확인 과정을 거쳐 기사를 지면과 온라인에 게재하는 데 기여했다.

이 책의 출판사인 볼티모어의 존스홉킨스 대학 출판부에 깊이 감사드린다. 뉴욕시에 있는 아이비타스 크리에이티브 매니지먼트에서 내 주요 에이전트는 베키 스웨렌이었고, 특히 보스턴의 에스몬드 햄스워스와 외국인 권리 담당 이사인 첼시 헬러로부터 많은 지원을 받았다.

공중 보건과 어린이의 안전, 개인의 평판에 잠재적으로 영향을 미칠 수 있는 문제에 대한 법적 조언, 확인 및 지원이 없었다면 내 작업은 불가능했을 것이다. 선데이타임스에서 나와 편집 팀은 변호사 팻 버지와 알라스테어 브렛, 사내 변호사들의 조언을 받았다.

당시 채널 4의 법무 및 규정 준수 부국장이었던 프라시 나이크가 법적 의무에 상응하는 정확성과 공정성을 보장하기 위해 제작팀과 함께 스토리 작업을 수행했다. 법률 및 규정 준수 책임자인 얀 토말린은 '청구인처럼 변호하는 전략'으로 법원 명령을 받아 웨이크필드로부터 의료 기록을 입수했다. 현명한 사람들은 소송을 하지 않지만, 우리는 런던 법정에서 웨이크필드를 볼 수 있을지도 모른다는 생각에 기뻤다. 그는 패배를 인정하고 소송 비용을 지불했다. 위긴의 변호사 아말리 드 실바, 캐롤라인 킨, 파리다 만수르, 로스 실베스터로부터 조언과 지원을 받았다. 5RB의 칙선변호사 아드리엔 페이지, 매튜 니클린(현재 판사), 제이콥 딘의 도움을 받았다.

BMJ의 사내변호사 김 레나르트로부터 BMJ 관련 법률 지원을 받았고, 저작권에 관한 조언은 5RM의 고드윈 부수틸에게서 받았다. 런던의 패러앤드코(Farrer&Co)의 줄리안 파이크와 해리엇 브라운, 미국에서는 빈슨앤드엘킨스(Vinson & Elkins)의 마크 A. 풀러(댈러스), 토마스 S. 레더베리(댈러스), 션 W. 켈리(댈러스), 리사 보울린 홉스(오스틴), 데이비드 P. 블랭크(오스틴)의 도움을 받았다.

동료 검토는 존스홉킨스 대학 출판부의 요구 사항을 충족하기 위해 두 차례 진행했고, 그 과정에서 여러 사람의 도움을 받았다. 또한 BMJ 기사에 대한 동료 검토를 해준 소아과의 하비 마르코비치 박사와 위장관 병리학 분야의 카렐 게보스 교수에게 특히 감사드린다. 특히 잉바르 비야르나손 소화기병학 교수가 이 책의 전체 원고를 읽고 독자들이 발견할 만한 중요한 사항들을 지적해주었다.

런던 킹스 칼리지 병원 병리과의 컨설턴트이자 조직병리학자인 살바도

르 디아스카노 박사의 개인 세미나에서도 도움을 받았고, 순전히 임상적인 목적으로 린제이 바커(하부)와 제레미 나야감 박사(상부)로부터 받은 내시경 검사를 통해서도 큰 혜택을 얻었다. 이안 브루스 교수는 분자생물학 분야에서 중합효소 연쇄반응 부분을 검토해주었다.

이 밖에도 많은 사람들이 친절한 지원, 조언, 문서, 도움을 주었다. 특히 발달 문제 및 기타 문제가 있는 자녀를 둔 부모들 중 웨이크필드와 관계가 있는 분들, 백신 캠페인 활동을 하는 분들이 정보를 제공해주었다. 신변보호를 위해 이름은 언급하지 않겠다.

그리고 이 책을 읽는 모든 사람들(또한 그렇지 않은 많은 사람들)과 웨이크필드의 측근 중 특별정보원으로부터 엄청난 도움을 받았다. 그는 10년 내내 각종 증거와 문서, 자료를 제공했다. 그에게 하고 싶은 말이 훨씬 더 많지만, 다른 곳에서 하도록 하겠다.

존경받는 동시대 언론인 중 한 사람인 해롤드 에반스 경에게 깊이 감사드린다. 그는 나를 에이전트에 추천해주었다. 신문 편집과 디자인에 관한 그의 책들 덕분에 1980년대에 선데이타임스에 처음 들어갔을 때 허세를 부릴 수 있었다. 이 주제에 대해 더 말하자면, 토니 뱀브리지(1937-1997)에게도 평생의 빚을 졌다. 그는 선데이타임스 비즈니스 뉴스의 편집자로서 내게 기회를 줬고, 결과적으로 반지 않아도 될 고통을 감내해야 했다. 토니 레넬도 마찬가지다. "아니야, 다시 해 봐." 젊은 기자였던 내게 그가 해준 조언은 내 마음의 등불이 되었다. 참된 지혜이다.

브라질 상파울루의 파울루 앙리케 니코 몬테이로와 비비안 레더먼, 칠레 산티아고 안드레스베요 국립대학교의 가브리엘 레온, 대영 도서관 과학 섹션의 직원, 런던 임페리얼 전쟁 박물관, ABI Prism 7700 PCR에 대한 브리핑을 주관한 매사추세츠 월섬 서모 피셔 사이언티픽스의 J. 오브라이언을 비롯해 실질적인 도움을 준 많은 분들께 감사드린다.

나의 벗인 닉 다우닝과 라이언 G. 윌슨도 중요한 조언과 지원을 해줬고,

몇 년 동안 이 모든 일에 관한 내 이야기를 참고 들어주었다. 주로 상파울루의 FM 방송을 들으며 글을 썼고, 차우차우 종인 허니는 내 의자 옆에서 잠을 잤다. 허니가 곁에 있었던 동안에는 뒤에서 공격을 받은 적이 한 번도 없다.

이 책이 탄생하기까지 수행된 모든 조사 활동은 런던 선데이타임스, 채널 4 TV 네트워크, BMJ에서 전적으로 지원해 주셨다. 출판사의 선인세와 웨이크필드의 변호사들이 내 웹사이트 관련 소송 비용으로 지불한 수표도 조사 활동에 썼다.

세상을 속인 의사: 닥터 웨이크필드
과학, 속임수, 백신과의 전쟁

1판 1쇄   2025년 7월 31일

지은이	브라이언 디어
옮긴이	이윤정
편집	김효진
교열	이수정
디자인	최주호
펴낸곳	마르코폴로
등록	제2021-000005호
주소	세종시 다솜1로9
이메일	laissez@gmail.com
페이스북	www.facebook.com/marco.polo.livre

ISBN   979-11-92667-89-8 03510

책 값은 뒤표지에 있습니다. 잘못된 책은 교환하여 드립니다.